高等学校教师教育核心课教材

U0732343

学校心理辅导

主编

张婉莉

刘华山

中国教育出版传媒集团

高等教育出版社·北京

内容提要

本书围绕学校心理辅导这一主题，基于循证研究，从学校心理辅导概述、学校心理辅导技术、学校心理评估与档案建设、学习困难的心理辅导、高效能学习的心理辅导、非适应性情绪辅导与积极心理特质培育、校园人际适应的心理干预与辅导、青少年心理危机干预与生命教育、学生生涯辅导、教师职业心理健康辅导、多元心理辅导资源建设等 11 章入手，介绍了学校心理辅导的理论与方法。此外，书中还呈现了大量学生研习创作的学校心理辅导科普视频和音频资源，既强调科学性和专业性，又强调实践操作和共育指导。本书内容基础，案例丰富，实用性强，是一本兼具专业系统性与实践操作性的教材。

本书可作为教师教育核心课教材，也可作为心理学专业课教材，还可作为学校心理辅导教师、心理咨询师和社会工作者的学习与参考用书。

图书在版编目（CIP）数据

学校心理辅导 / 张婉莉，刘华山主编. -- 北京：高等教育出版社，2025.3

ISBN 978-7-04-061941-6

Ⅰ. ①学… Ⅱ. ①张… ②刘… Ⅲ. ①教育心理辅导 Ⅳ. ① G448

中国国家版本馆 CIP 数据核字（2024）第 052456 号

学校心理辅导

Xuexiao Xinli Fudao

| 策划编辑 | 陈 容 韩奕帆 | 责任编辑 | 陈 容 | 封面设计 | 李小璐 | 版式设计 | 马 云 |
| 责任绘图 | 裴一丹 | 责任校对 | 马鑫蕊 | 责任印制 | 张益豪 | | |

出版发行	高等教育出版社	网　址	http://www.hep.edu.cn
社　址	北京市西城区德外大街 4 号		http://www.hep.com.cn
邮政编码	100120	网上订购	http://www.hepmall.com.cn
印　刷	北京鑫海金澳胶印有限公司		http://www.hepmall.com
开　本	787 mm×1092 mm　1/16		http://www.hepmall.cn
印　张	18.5		
字　数	390 千字	版　次	2025 年 3 月第 1 版
购书热线	010-58581118	印　次	2025 年 3 月第 1 次印刷
咨询电话	400-810-0598	定　价	45.00 元

本书如有缺页、倒页、脱页等质量问题，请到所购图书销售部门联系调换
版权所有　侵权必究
物 料 号　61941-00

学校心理辅导是学校教育工作人员主要针对学生实施的一项心理助人活动，目的是帮助学生正确认识自己和周围的环境，确立有意义的人生目标，克服成长中的障碍，提高社会适应能力，促进人格完善和个人潜能的充分发展。

国外学校心理辅导在早期发展过程中，是一项侧重职业生涯领域的助人活动，之后才扩展到心理健康、情绪、人际关系、学习、纪律与行为等各个方面。而在我国，学校心理辅导的兴起却是源于广大一线教师对一个时期以来学生心理困扰和障碍日益增多状况的关注，所以学校心理辅导的侧重点从一开始就是学生心理健康辅导，在教育系统的正式文件中则多以"心理健康教育"指称这项工作，因而，学校心理健康教育这一术语也就更为社会公众所熟悉，时至今日，学校心理辅导与心理健康教育几乎成了同义语。

严格地说，学校心理辅导与心理健康教育的含义是有一些差别的。学校心理辅导涉及的领域几乎与学校教育相重叠，其中的学习辅导、生涯辅导等内容，在通常意义上并不包含于"心理健康"的概念之中，学校心理辅导比学校心理健康教育的含义更为宽泛。而且，随着我国全面加强和深化新时代学生心理健康工作，学校心理辅导的内涵和内容也在拓展、丰富着。2023年，教育部等十七部门联合印发的《全面加强和改进新时代学生心理健康工作专项行动计划（2023—2025年）》中，提出了健康教育、监测预警、咨询服务、干预处置"四位一体"的工作目标，足见国家已然扩展了学校心理辅导者的工作范畴，不局限在学校心理健康教育方面。不过，只要对学校心理健康教育的内容作出包容性更强的界定，这两个词语的交替使用并不会造成理解上的困难。

我国学校心理辅导工作起步于20世纪90年代初期，经过心理学、教育学领域一大批学者的持续研究，加之中小学一线教师的艰苦探索，已在理论和实践上取得了长足的进步。时至今日，我国学校心理辅导已经走上正规化轨道，纳入大多数学校的常态化工作体系中。国内外学者曾把学校心理辅导视为现代学校的一个重要标志，回顾30多年来我国中小学的变化，应该承认，学校心理辅导这一现代学校标志的出现和学生心理健康工作体系的确立，无疑是我国基础教育改革和发展中一道亮丽的风景线。

在这一过程中，教育部及其他有关各部门颁发实施的一系列重要文件，对于引领、推行、指导和规范学校心理健康工作发挥了重要作用。为贯彻党的二十大报告中明确提出的"推进健康中国建设""把保障人民健康放在优先发展的战略位置""重视心理健康和精神卫生"的精神，《全面加强和改进新时代学生心理健康工作专项行动计划（2023—2025年）》提出了建设学校、家庭、社会和相关部门协同联动的学生心理健康工作格局。这些政府文件传达了"人民健康第一"的发展理念，彰显了学校心理辅导工作的合法性和庄重性，也对加强和完善新时代学生心理健康工作提出了更高的要求。

学校心理辅导是一项触及青少年情感、自尊等内部心灵世界的专业活动，不是单纯依靠奖惩和说理等教育手段就可以取得理想效果的。不断提高其科学性、专业化水平，就成了保障这一活动的实效性的关键。科学性、专业化水平的提高，一方面有赖于心理学、教育学、精神卫生工作者对心理辅导、心理咨询、心理健康教育有关理论、方法和技术的研究，有待他们探索青少年成长中出现的各种问题的解决途径，收集有效辅导的证据；另一方面是提高中小学教师从事学生心理辅导工作的科学性，这不仅因为每个教师都有维护学生心理健康的职责，除了专职的学校心理辅导教师外，班主任、科任教师都有责任把心理辅导融入班级管理、渗透课程教学之中，努力落实好"全员心育""课程心育""全域心育"，这就需要把握促进学生发展的各种核心条件，了解并运用心理辅导的基本原理和方法；更重要的是，教师本身也是心理辅导的重要资源。因此，把学校心理辅导的基本原理和方法纳入教师教育的内容体系之中，提高全体教师，特别是心理辅导教师专业训练的质量，是增强学校心理辅导工作实效性的关键。

正是基于此，我们组织了部分专攻心理咨询与学校心理学领域的高校教学科研人员，以及从事多年学校心理健康教育的、具有丰富实践经验的中小学教师，编写了这本教材，旨在为志在助力儿童青少年健康成长的广大中小学教师接受教师教育、接受心理辅导专业训练提供新的学习资源。多年来，我国学者已编写了不少有关教材，在促进教师专业发展、推动我国学校心理辅导工作专业化方面发挥了积极作用。但由于新的辅导理念、理论和技术的不断出现，本土化的循证研究日益增多，随着社会变迁而产生的学生心理健康问题不断变化，解决问题的经验不断创造和积累，教材内容的更新和完善始终是一项极有价值的工作。

本书在内容架构的确定和编写过程中力求体现以下特点：

一是开放的专业视野。书中对于近二三十年来备受国内外重视的有关心理辅导与咨询的生态系统发展取向、积极心理干预取向和循证实践取向都作了较详细的介绍，为我们观察新时代学生心理健康问题、制定干预策略提供了新的视角。

二是突出辅导目标的整体性和发展忹。本书强调通过学校、家庭、社会和相关部门协同联动的心理辅导，促进儿童青少年认知、情感、态度、价值观的全面发展。倡导发展性辅导的观念，既要帮助学生克服成长中的障碍，更要引导学生培养积极的心理品质，追求生活的充盈，提升学生的幸福感。

三是科学性和实效性。编者在本书中对学校心理辅导的一些重要概念和原理、各种辅导理论及流派的核心观点，以及诸多辅导方法的介绍，力求做出准确的说明和阐释。而且，还吸收了大量国内外学者近年获得的实证研究证据，为提高学校心理辅导活动的实效性提供了学术支撑。

四是实践性。本书力求贴近我国当代学生的生活实际，包括学习困难的心理辅导、高效能学习的心理辅导、非适应性情绪辅导与积极心理特质培育、校园人际适应的心理干预与辅导、青少年心理危机干预与生命教育、学生生涯辅导等重要议题。同时，本着最大化地促进循证实践的初衷，书中对各种辅导议题的辅导方法、操作步骤、实施要点与典型案例等，提供了具体的、可操作化的介绍，便于读者实操与创新。

此外，书中还呈现了许多学校心理辅导的科普视频和音频资源，这些资源皆是陕西学前师范学院的多届心理学专业本科生在"学校心理学"课程中研习创作的成果，学生在张婉莉老师设计的合作学习项目研究式活动中，将文献研习成果以角色扮演的形式科普大众。而且，这类学生研习创作的成果资源后续还将不断更新和丰富。本书所呈现的多种类实践性资源，倘若能为读者、职前师范生、在职教师的自我突破和专业成长提供某种启示，当是对编者的莫大激励。

全书内容框架由张婉莉制定，各章撰稿人为：第一章第一节，刘华山，第一章第二节，刘华山、张婉莉；第二章，张婉莉；第三章，贺庆莉；第四章第一、二节，信忠义，第四章第三节，张婉莉；第五章，曲苒；第六章，朱昭；第七章第一节，张婉莉，第七章第二节，朱昭、张婉莉；第八章，张婉莉；第九章，王彤星；第十章，张婉莉；第十一章，徐丹。全书由刘华山、张婉莉统稿。

尽管全体编写人员付出了极大的努力，但良好的主观愿望与呈现的结果之间总有一定的差距。由于能力和经验局限，难免有疏漏之处，恳请专家和读者给予批评指正，以期更加完善。

刘华山

2024 年 12 月

目录

第一章　学校心理辅导概述 ……………………………………………………… 1

　　第一节　学校心理辅导的内涵与特点 ………………………………………… 2
　　第二节　学校心理辅导的基本取向 …………………………………………… 6

第二章　学校心理辅导技术 ……………………………………………………… 30

　　第一节　学校心理辅导的基本会谈技术 ……………………………………… 31
　　第二节　学校心理辅导的常用技术 …………………………………………… 37

第三章　学校心理评估与档案建设 ……………………………………………… 44

　　第一节　学校心理评估概述 …………………………………………………… 44
　　第二节　学校心理健康评估与档案建设 ……………………………………… 49

第四章　学习困难的心理辅导 …………………………………………………… 55

　　第一节　发展性阅读障碍的心理辅导 ………………………………………… 55
　　第二节　数学学习障碍的心理辅导 …………………………………………… 61
　　第三节　注意缺陷多动障碍的心理辅导 ……………………………………… 68

第五章　高效能学习的心理辅导 ………………………………………………… 83

　　第一节　学习动机辅导 ………………………………………………………… 84
　　第二节　学习策略辅导 ………………………………………………………… 100
　　第三节　创造性及其培养 ……………………………………………………… 113

第六章　非适应性情绪辅导与积极心理特质培育 ⋯⋯⋯⋯⋯⋯ 128

　　第一节　焦虑情绪辅导 ⋯⋯⋯⋯⋯⋯⋯⋯⋯⋯⋯⋯⋯⋯ 129
　　第二节　抑郁情绪辅导 ⋯⋯⋯⋯⋯⋯⋯⋯⋯⋯⋯⋯⋯⋯ 141
　　第三节　积极心理特质培育 ⋯⋯⋯⋯⋯⋯⋯⋯⋯⋯⋯⋯ 156

第七章　校园人际适应的心理干预与辅导 ⋯⋯⋯⋯⋯⋯⋯⋯ 168

　　第一节　校园欺凌的心理干预 ⋯⋯⋯⋯⋯⋯⋯⋯⋯⋯⋯ 169
　　第二节　行为成瘾的心理辅导 ⋯⋯⋯⋯⋯⋯⋯⋯⋯⋯⋯ 189

第八章　青少年心理危机干预与生命教育 ⋯⋯⋯⋯⋯⋯⋯⋯ 199

　　第一节　青少年心理危机及其干预 ⋯⋯⋯⋯⋯⋯⋯⋯⋯ 199
　　第二节　青少年生命教育 ⋯⋯⋯⋯⋯⋯⋯⋯⋯⋯⋯⋯⋯ 215

第九章　学生生涯辅导 ⋯⋯⋯⋯⋯⋯⋯⋯⋯⋯⋯⋯⋯⋯⋯⋯ 224

　　第一节　生涯辅导概述 ⋯⋯⋯⋯⋯⋯⋯⋯⋯⋯⋯⋯⋯⋯ 225
　　第二节　学生生涯辅导实施 ⋯⋯⋯⋯⋯⋯⋯⋯⋯⋯⋯⋯ 231

第十章　教师职业心理健康辅导 ⋯⋯⋯⋯⋯⋯⋯⋯⋯⋯⋯⋯ 244

　　第一节　教师职业心理健康管理 ⋯⋯⋯⋯⋯⋯⋯⋯⋯⋯ 244
　　第二节　教师职业倦怠辅导 ⋯⋯⋯⋯⋯⋯⋯⋯⋯⋯⋯⋯ 250

第十一章　多元心理辅导资源建设 ⋯⋯⋯⋯⋯⋯⋯⋯⋯⋯⋯ 261

　　第一节　学校"三全育人"的心理辅导资源建设 ⋯⋯⋯⋯ 261
　　第二节　学校家庭社会协同联动的心理辅导资源建设 ⋯ 269

主要参考文献 ⋯⋯⋯⋯⋯⋯⋯⋯⋯⋯⋯⋯⋯⋯⋯⋯⋯⋯⋯⋯ 279

第一章　学校心理辅导概述

　　学校心理辅导是学校教育工作人员主要针对学生实施的一种心理助人活动，是全社会心理健康服务体系的重要组成部分。作为一种服务于学生德智体美劳全面发展的事业，学校心理辅导的兴起和发展与 20 世纪初学校心理学的产生和职业辅导运动的出现有着密切关系。当前，许多国家和地区建立了以学校为基础的学生心理辅导体系。

　　在我国，早期的学校辅导工作是从职业辅导开始的。1913 年，清华大学前身清华学校校长周诒春领导实施了职业辅导工作，旨在帮助学生了解自己的能力和兴趣，选择职业。1917 年，黄炎培、蔡元培、梁启超等发起创立了中华职业教育社，在推行职业辅导活动方面取得了一系列成就，并将辅导活动延伸到学校教育的其他方面。

　　我国学校心理辅导兴起于 20 世纪 90 年代初，当时的研究者对国外学校辅导所知甚少，对我国台湾地区学校心理辅导的发展了解也非常有限。因为当时社会上和高校里已经有使用"心理咨询"这一名称的心理服务，大家考虑中小学生辅导的时候，也较多关注心理健康方面，但又觉得中小学生的心理帮助服务应该有"针对未成年人"的特点，于是就确定为"学校心理辅导"。学校心理学首次在我国出现是 1993 年 10 月，当时是借中国心理学会第六届理事会成立之机，经中国科学技术协会批准，"学校管理心理学专业委员会"改为"学校心理学专业委员会"。1994 年，我国在湖南省岳阳市第一中学首次召开了"全国中小学生心理辅导与教育学术研讨会"。1999 年 8 月 13 日，教育部正式出台的《关于加强中小学心理健康教育的若干意见》（以下必要时简称《意见》）中，使用了"心理健康教育"这一名称。2000 年，林崇德等学者在我国出版的第一本《学校心理学》教材中写道："我国学校心理学的建设，是从学校心理健康教育入手的，起步于 80 年代。"[1] 2013 年，俞国良等学者在《论学校心理辅导制度建设》一文中指出，普及、巩固和深化学校心理健康教育，必须大力促进学校心理辅导制度建设，包括根本制度、基本制度与具体制度。2023 年 4 月 20 日，教育部等十七部门联合印发的《全面加强和改进新时代学生心理健康工作专项行动计划（2023—2025 年）》中使用了"学生心理健康工作"这一名称，并将健康教育作为"四位一体"工作目标之一，与监测预警、咨询服务、干预处置并列。

　　我国学校心理辅导从一开始就是学生心理健康辅导。一方面，党和国家高度重视

---

[1] 林崇德，辛涛，邹泓. 学校心理学 [M]. 北京：人民教育出版社，2000：12.

儿童青少年的心理健康，大力支持学校心理健康教育工作；另一方面，心理学、教育学、精神卫生工作者为我国学校心理辅导工作提供了学科上的支撑。近年来，特别是党的十八大以来，我国学校心理辅导走上了正规化、制度化、常规化的发展道路。

第一节　学校心理辅导的内涵与特点

学校心理辅导在近百年的发展历程中，其基本概念、理论、内容和方法都发生了深刻变化，社会变迁和文化差异导致各国、各地区学校心理辅导的形态和观念呈现出同中有异的格局。澄清学校心理辅导的概念，了解学校心理辅导的内容、与其他育人活动的关系，明确学校心理辅导者——教师的学生观等，是促进学生德智体美劳全面发展的重要议题。

一、什么是学校心理辅导

学校心理辅导，也称学校辅导、心理辅导、学生辅导，是研究学校教育及相关情境下的心理助人活动规律与实践应用的一门科学。学校心理辅导者在一种建设性的人际关系中，运用其专业知识和沟通技能，向学生提供满足其需要的协助，帮助其克服成长中的障碍，在学习、情感、人际关系等方面做出最佳适应；在这一过程中促进学生正确认识自己，培养责任感，确立适当的人生目标，达到自我潜能的最佳实现。

就目前我国学校心理助人工作的名称而言，存在多名称指代同一事物的现象：学校心理辅导、学校心理咨询、学校心理学、学校心理健康教育等。在相当一段时间内，我国教育界习惯将中小学的心理助人工作称作心理辅导，而把高校的类似工作称作心理咨询，之后又统称学校心理健康教育；将高校培养学校心理辅导专门人才的专业称作学校心理学。2023 年，教育部等十七部门印发的《全面加强和改进新时代学生心理健康工作专项行动计划（2023—2025 年）》明确将"健康教育"确定为新时代学生心理健康工作的"四位一体"目标之一，指明了学校心理辅导者的工作职责。

学校心理辅导既有心理咨询的一般特点，又有其特殊性。与一般心理咨询活动一致的是：二者都是基于建设性的人际互动，由专业助人者对来访者实施的有目标的、专业的心理助人活动；就理论依据和所采用的方法与技术而言，二者没有本质上的不同。

论及学校心理辅导与一般心理咨询的差别时，二者还是存在程度和侧重点的不同。相较而言，学校心理辅导的特殊性主要体现为：其一，学校心理辅导主要指学校教育情境中的心理服务，可将其视为整个教育活动的一部分，因而更凸显整体性、发展性和教育性功能。其二，学校心理辅导的对象是全体学生，是正在成长的儿童青少年。其三，学校心理辅导的内容更加广泛，活动方式更加多样。其四，由于学生群体及其所属问题的独特性，学校心理辅导的策略和方法具有一些特殊性。

二、学校心理辅导的内容

学校心理辅导的内容与儿童青少年所面临的问题有关，受制于国家或地区的教育总体目标，同时也会随着社会变迁发生变化。因此，学校心理辅导的内容会体现文化和时代的特异性。新时代，我国学校心理辅导的内容既要符合学生群体的生活实际，又要兼顾发展性辅导目标与矫治性辅导目标。主要包括以下十个方面：

（一）学习辅导

学习辅导包括学习动机与态度辅导、学习方法与策略辅导。学习动机与态度辅导旨在指导学生了解学习的社会意义和个人意义；了解自己的学习潜能，建立适当的学业志向水平；建立能力发展的信念，乐于接受有适当挑战性的任务，积累成功经验，提高自我效能感。学习方法与策略辅导旨在使学生逐渐掌握注意策略、理解与记忆策略、阅读策略及自我监控策略等，学会"如何学习"，养成良好的学习习惯，高效地学习。此外，学习辅导还包括对学习困难学生的辅导、入学学习生活适应问题的辅导、考试焦虑的辅导等。

（二）社交辅导

社交辅导旨在帮助学生发展社会兴趣，激发人际交往的意愿；遵循社会交往的礼仪和规范，以平等、友善的态度待人；学会人际沟通技能，学会在集体场合表达意见；维持良好的家庭关系、同伴关系、师生关系；适应集体中的合作和竞争；学会建立和维持友谊；克服社交障碍；学会化解同学之间的冲突；等等。

（三）自我与人格辅导

自我与人格辅导旨在帮助学生正确认识自己，了解自己的发展潜力，知道"我是谁""我应该向哪里去"，形成自我认同；学会自我接纳、自我控制；克服害羞、自卑、执拗、孤独、自我中心、沉溺于幻想等人格缺陷。

（四）情绪辅导

情绪辅导旨在使学生能够合理表达、宣泄情绪；敏感地识别他人的情绪；通过认知重组、宣泄、转移或转介等方法化解消极情绪，缓解学习、考试带来的压力和挫败情绪；以积极的态度看待自己和他人，增强积极情绪，养成乐观心态。对有较严重的焦虑、抑郁症状者转介治疗。

（五）偏差行为辅导

偏差行为辅导旨在帮助学生克服说谎、打架、吸烟、饮酒、对立违抗、校园欺凌、网络与手机依赖等不良行为，养成良好的行为习惯。

（六）职业生涯辅导

职业生涯辅导旨在帮助学生了解职业特点、职业价值和求职信息；了解自身的能力倾向，了解自己的专业和职业兴趣；指导学生选择适合自身发展的专业和职业，为未来要从事的专业和职业做好准备。

（七）休闲辅导

休闲辅导旨在帮助学生了解休闲的意义，培养正确的休闲观念和参与休闲活动的兴趣；掌握从事体育运动、艺术活动、旅游、消费、课外阅读等活动所需的知识与技能，学会合理安排休闲活动的时间；帮助矫正网络成瘾、手机依赖等障碍。

（八）生命教育与危机干预

生命教育与危机干预旨在帮助学生理解生命的价值，懂得珍惜自己和他人的生命，培养生命安全意识；培养积极面对生活压力的韧性，追求幸福人生；消除轻视生命、消极对待生命的态度和自我伤害行为。

（九）青春期教育和性心理辅导

青春期教育和性心理辅导旨在帮助学生认识性别差异，接受性成熟过程中出现的生理变化；建立适当的性别角色；在与异性同学的交往中学会互相尊重，维持良好的关系；克服青春期生理变化和性成熟带来的心理干扰，如对性问题的过度关注；对外貌、体型不满引起的自卑，克服性别刻板印象。

（十）价值观辅导

价值观辅导旨在帮助学生了解价值的多元性，让学生学会在两难、多难的情境中做出价值选择，了解自由选择与责任的关系；尊重他人的价值选择；形成正确的世界观、人生观、价值观。

三、学校心理辅导与学校其他育人活动的关系

学校心理辅导已成为一项制度化、常规化的育人工作。了解心理辅导与学校其他育人活动的关系，对提高辅导工作实效、整合学校各项育人工作至关重要。

（一）学校心理辅导与学校心理健康教育

学校心理健康教育一直是我国学校心理辅导的重心，以至于在一段时间里，学校心理辅导与学校心理健康教育混用，尽管前者的内容范围要比后者更加宽泛。本书认为，高质量的学校心理辅导可以确保和增强学校心理健康教育的课程教学与实践活动的科学性和实效性。因为，学校心理辅导无论是作为一门学科，还是作为一种实践，已然拥有长期的理论探索成果和大量的循证研究积累，借助心理辅导的理

论、技术与研究成果，可以大大提高学校心理健康教育的科学性和实效性。

（二）学校心理辅导与德育

学校心理辅导和德育都是重要的育人活动。德育是教师按照一定的社会要求，有目的、有计划地向学生施加影响，以培养学生的思想意识和道德品质的活动，包括思想政治教育、道德教育与法律教育等。学校心理辅导和德育虽在学生观和基本的工作目标、内容、原则、方法等方面存在一些不同，但作为重要的学校育人活动，两者存在着天然的一致性：一方面，德育重视培养学生积极的人生观、人生态度、利他精神、社会兴趣和责任感，而这些内容正是心理健康者的重要特征；另一方面，学校心理辅导为提高德育工作的实效性创造了有利条件，既为学生接受道德教育提供了心理基础，又为改进德育工作提供了有益借鉴。

在实际的教育实践活动中，教师要将学校心理辅导和德育相结合，充分发挥二者的优势，在互相支持和配合中，统一于落实立德树人根本任务。我国许多中小学在这方面做出了有益探索。

［拓展资源］
学校心理辅导与德育的联系与区别

（三）学校心理辅导与学科教学

学校心理辅导与学科教学紧密联系，相辅相成。一方面，学习辅导是学校心理辅导和学科教学都关注的重要内容。学校心理辅导视域下的学习辅导，侧重点不是"学会哪门课程"，而是"学会学习"，通过对学生学习动机和学习策略的辅导，促使学生"愿学""会学"。已有研究认为，结合学科教学进行的学习辅导更为有效。

另一方面，学校心理辅导是提高学科教学效果的重要手段。其一，学科教师要通过各种心理辅导活动维护学生的心理健康，帮助学生建立积极的自我概念，保持乐观进取的心态，缓解学习过程中体验到的焦躁不安与挫败情绪，为学生精力充沛地投入学习提供良好的心理准备。其二，学校心理辅导者针对学习困难学生的心理评估、转介处置、心理辅导乃至家庭教育指导等，为学科教师实施个别化教学和有针对性的教学改革提供了重要支持。

四、学校心理辅导者的学生观

学生观是教师对"学生是怎样一种存在""要培养什么样的学生"等问题持有的一种隐性认知。学校心理辅导者——教师的学生观，相较于辅导的理论取向与技术技能，以及辅导者的个人特质等方面而言，会持久且稳定地影响辅导工作的实效性。学校心理辅导者应秉持如下学生观：

第一，相信学生是可以改变的。相信每个学生都有潜能，都具有可教育性，都能在教育影响下发生合乎目的的改变。这不但是合格的心理教师，也是称职的教育工作者应该持有的教育信念。中小学生是正在成长着的儿童青少年，可塑性大，他们的一些偏差行为和适应不良心理，更多的是发展中特有的问题，是不学习、不充分学习和错误学习的结果，只要给予正确的引导和帮助，就能得到改变和克服，走上健康发展的道路。

第二，尊重学生的合理需要。学生最重要的需要有三种：一是归属的需要，是指学生渴望得到关爱、受到器重、能与同伴友好合作，获得信任感与归属感；二是完成学业的需要，是指学生希望掌握学习内容、胜任学业和其他社会任务，获得效能感或胜任感；三是自我决策的需要，是指学生需要独立选择的自由，需要有影响环境、影响他人的机会，获得权力感或控制感。倘若学生的这些需要受到忽略或无法被满足，他们很可能选择错误的方式来满足，表现出偏差行为。例如，通过设法引起他人的注意来寻求权力，通过控制他人来寻求报复，通过侵犯他人来找回"公平"，甚至自暴自弃。

第三，同感地理解学生。同感地理解学生与评价地理解学生不同，秉持前一学生观的教师会通过学生的眼睛看事物、看问题，能体察学生的所思、所想、所为，能体会学生的感受，即如学生一般感同身受；秉持后一学生观的教师习惯按照自己事先设定好的标准来观察学生、了解学生，最终做出对与错、好与坏的判断。教师要同感地理解学生，就要平衡好"设身处地"与"保持客观"的关系。

第四，外攻性问题和内攻性问题并重。学生的偏差行为与心理问题可以分为外攻性与内攻性两类：外攻性问题如课堂违规、不礼貌、顶撞师长、打架、破坏公物或恃强凌弱等；内攻性问题如自卑、自贬、悲观、自残、孤僻、冷漠等。学校育人活动容易忽视学生的内攻性问题。实际上，内攻性问题如果得不到妥善处置，则对学生的心理健康和人格发展的负面影响程度不亚于外攻性问题。

第五，关注学生的全面发展。全面发展就是德、智、体、美、劳都发展，也是一个人知、情、意、行都发展。教师既要关注学生的认知发展与生涯发展，更要关注学生的情感、态度、价值观的发展。

当前，我国学校心理辅导工作的主力军是学校心理教师，正在探索引入诸如心理咨询师、心理治疗师、社会工作者等其他心理助人资源。社会转型期加之学校心理健康专业师资的极大短缺，使当前学校心理健康工作显得更为复杂、艰巨和有挑战性，进而对学校心理辅导者的专业胜任提出了更多、更高的要求。随着全员心理育人时代的到来，社会和教育领域对全体中小学教师寄予厚望，通过深植"课程心育""全员心育""全域心育""全过程心育"的理念，培养广大教师的学生心理辅导能力，从而更好地服务于新时代学生的健康发展。

第二节　学校心理辅导的基本取向

社会历史的变迁影响着人们的心理健康观和对心理健康工作的研究与实践。新时代赋予了我国学校心理健康工作新意义、新要求与新挑战。作为对当前我国社会发展的两大时代特征——社会转型与社会和谐发展的积极回应，新时代学校心理健康服务的研究与实践应突出整体性与发展性。①

───────────────

① 俞国良，谢天. 大心理健康教育观：背景、内涵和路径 [J]. 教育科学研究，2019（1）：61-68.

这是因为，一方面，社会转型会全方位地影响一个人的心理健康，尤其是遭遇快速的社会环境变化，往往是影响个体心理健康的重大风险因素。因此，如何适应变化迅速的环境，就成了社会转型时期个体心理健康的一个很重要的议题。心理发展的生态系统理论为整体性地推进新时代学校心理健康工作提供了一个很好的分析和行动框架。

另一方面，身处社会转型时期的我们，能切身体会到中国式现代化带给整个社会生活的诸多积极变化。在追求全体人民共同富裕、物质文明与精神文明相协调、人与自然和谐共生的中国式现代化目标中，社会和谐发展自然成了当前我国一个重要的时代特征，这些都迫使发展性成为新时代心理健康的一个重要议题。学校心理健康工作应从矫治性向发展性转变，聚焦学生的发展需要，将心理健康与自我实现紧密联系起来，积极纳入具有发展性的心理辅导主题，如生涯规划辅导与积极心理品质促进等。

除了积极回应整体性与发展性的时代发展主题，学校心理健康工作还要坚持科学性，尤其是要加强基于数据驱动、问题解决、结果导向的循证实践，而这种循证实践亟须本土化的循证干预研究来支撑。

以下将分别从循证实践取向、生态系统取向、积极心理干预取向等三个视域或路径，分别回应如何加强新时代我国学校心理健康工作的整体性、发展性与科学性。

一、学校心理辅导的循证实践取向

多年来，学校心理辅导工作不断遭受科学性、有效性和专业性的质疑。循证实践（evidence-based practice，EBP）兼具研究的科学性和实践的艺术性等特征，是推动学校心理辅导工作健康发展的一条有效路径，是心理健康服务体系科学化的重要一环。循证实践是一种新的实践形态，大约在 20 世纪八九十年代，伴随着医学实践领域掀起的"循证医学"之风，社会科学实践领域迎来了"科学化"浪潮，促成了"循证实践"这一新的实践方式，形成了诸如循证心理治疗、循证教育学、循证管理学等多门新兴学科。[①]

心理学领域首次正式引入循证实践始于 2005 年，见于美国心理学会（APA）的政策文件《心理学中的循证实践》，认为心理学循证实践是"在意识到服务对象的特征、文化与偏好的情况下，将最好的、可供使用的研究证据与实践者的专业技能整合起来，以指导心理学各领域的具体实践。"循证心理治疗（evidence-based psychotherapy，EBPT）是循证医学向临近学科渗透时最先形成的领域，是指治疗者在意识到心理求助者的特征、文化与偏好的情况下，将最佳研究证据与临床技能整合起来实施的心理治疗。[②]继美国之后，英国、德国、加拿大、澳大利亚等国的心

---

① 杨文登，叶浩生. 社会科学的三次"科学化"浪潮：从实证研究、社会技术到循证实践 [J]. 社会科学，2012（8）：107-116.

② 杨文登，叶浩生. 循证心理治疗：心理治疗发展的新方向 [J]. 心理科学，2010，33（2）：500-502.

理学会均发表了心理治疗领域的循证实践政策申明，"尊重证据"成为心理治疗界的一种文化、一场运动、一个新方向。

（一）循证实践的证据类型

循证心理治疗认为，心理治疗是一个由多方主体共同演奏的"交响乐"，因此认可参与心理治疗的各方，包括研究者、心理助人者、心理求助者与利益相关者（政府监管方与医疗保险方等），均有资格创建循证实践的证据。这种将四方纳入证据生产行列的做法，促成了各方通力协作、贡献多视角证据资源的格局。因此，循证心理治疗所倚重的证据是多来源、多层次的。既有治疗方法的证据，又有监控当事人反应、症状与功能的证据，还有治疗计划、修正、完成与终止的证据。这些证据可进一步划分为五类表征方式：科学研究、治疗手册、指南、标准、数据库。[①]

（1）科学研究证据包括在实验室或临床情境中所获得的关于治疗策略、评估、临床问题及与病人群体相关的科学结论，以及心理学或相关领域基础研究与临床相关的研究结果。循证心理治疗尤为推崇科学证据，此类证据能清楚回答"哪些治疗方法对哪些病人在何种情境下最为有效"。

（2）治疗手册是对各种治疗方式所作的一种高度结构化或概要式的执行说明，是治疗方法培训与传播的重要载体。循证实践将治疗手册作为实践证据的重要形式，使实践者能像研发者一样有效地"复现"某种干预。

（3）指南是有关心理工作者实施某些具体职业行为的一组规范性陈述，分为实践指南和治疗指南。实践指南为具体的实践议题提供参考意见，如女童保护指南、校园欺凌防治指南等；治疗指南则是为具体的病症提供治疗建议与原则，如儿童注意缺陷多动障碍治疗指南。

（4）标准是关于某一问题的一系列命令式的陈述，比指南的强制性程度高，一般设有强制执行的专门机构。

（5）数据库是循证心理治疗证据存在的重要方式，包括元分析、治疗手册、指南、标准、自助手册、培训资源、测评量表、应用程序等多种证据资源。享誉世界的循证心理治疗数据库有：美国"循证项目与实践注册系统"，当前该系统已认定了394个干预项目，涉及药物滥用、抑郁、焦虑等几乎所有心理障碍的干预方法；美国心理学会临床心理学分会官方网站的 Research-Supported Psychological Treatments 栏目；美国有效儿童治疗网；英国"提高心理治疗获得机会项目"等。我国亟须建设本土化的循证心理干预数据库。

（二）循证实践判定最佳证据的依据

循证实践追求的最高伦理目标，即以"最佳证据"保证"最佳实践"。所谓"最佳证据"，通常能正面回答以下6个问题：一是研究方法是否科学；二是研究样

---

① 杨文登，李晓苗，张小远. 心理治疗循证实践中"证据"的四个基本问题 [J]. 心理学报，2017，49（6）：841-852.

本是否具有代表性；三是研究能否作为指南、原则来指导实践；四是研究能否推广或迁移至临床实践情境；五是能否在足够充分的研究证据的基础上得出结论；六是研究能否适用于其他种族、民族或偏远地区人群。循证实践假设，证据有等级之分，科学性是证据分级的首要标准。由此循证心理干预有 3 个判断准则：

第一，科学研究获得的证据级别更高。最高级别的是随机控制实验（randomized controlled trial，RCT）研究和元分析或系统综述，此类证据主要以期刊论文、图书章节或拥有公信力的政府与行业调查报告等形式存在。

第二，研究设计更严谨的证据级别更高。最初心理治疗领域直接借鉴了循证医学的三级分级标准，将研究设计的严谨度作为判断循证心理治疗证据的"金标准"，即设计良好的随机控制实验研究的证据级别最高，准实验研究、相关研究、病例研究类证据次之，专家意见与描述性研究的证据级别最低。之后，循证心理治疗依据研究设计的证据分级更具包容性，承认每种研究设计各有优势，适合解决不同问题，各有特殊用途：随机控制实验研究能获得因果结论，元分析能综合多个量化研究的结论，临床观察或个案研究适合提出科学假设，质性研究能了解被试的主观状态，过程—结果类研究能了解心理治疗的改变机制。简而言之，研究方法的严谨度应是判断循证心理干预证据的一个指标，而非唯一指标。

第三，适合解决实践问题的证据级别更高。循证实践是实用主义与经济理性主义的忠实拥趸，认为判断研究证据好坏的最终标准，应看其能否最大化地保障病人的利益。基于此，循证实践提出了评价研究证据的三条标准：一是相关性，即研究证据与需要解决的问题的一致性；二是充分性，即研究证据与众多其他同类研究结果的一致性；三是真实性，即研究证据是否会受到财政、权力等诸多利益冲突的影响或污染。美国心理学会则用疗效和实效两个指标来衡量研究证据的实践性能，前者代表了某种干预方法对某种病症或问题的作用程度，后者代表了真实临床情境中某种治疗方法的可执行性、灵活性、有效性与可推广性。

值得注意的是，依照这种证据"分级系统"，判断循证实践的研究证据标准一直是个难题，有关讨论经久不息。矩阵结构式证据分类法，即创建一个按具体问题寻找合适证据的矩阵，有望超越"分级系统"单凭研究方法分级研究证据的做法[①]，其效果如何尚待循证反馈。

（三）循证实践应用证据的操作步骤

将研究证据翻译、移植、推广到真实的临床情境中，为心理求助者提供最好的服务，并非易事。循证实践执行"AAATIE"六步操作法，来促进研究证据更顺利地推广至实践领域。

1. 第一步：提问（asking）

以简洁的问题形式，提出具体的临床问题。详细考察心理求助者的情况，根据

---

① PETTICREW M，ROBERTS H. Evidence，hierarchies，and typologies：horses for courses[J]. Journal of epidemiology and community health，2003，57（7）：527-529.

其表现，运用观察、量表和／或访谈等技术，尽可能全面地搜集信息，提出具体的临床问题。问题一般包含心理求助的对象、心理问题和有待实践的干预方法，比如认知行为疗法是否适用于患有抑郁的青少年？

2. 第二步：获取证据（accessing）

获取可能的最佳证据。针对提出的临床问题，从科学研究、治疗手册、指南、标准、数据库等五类循证实践证据中检索可用资源，一般先检索指南、标准或治疗手册等已有的解决方案，如果没有再检索元分析或系统综述，最后检索原始的研究文献。

3. 第三步：评价证据（appraising）

评价证据，即批判性地评价已获得的证据。依据循证心理治疗的三个判断准则，综合考量可用证据的疗效与实效，找出最佳证据。以美国"循证项目与实践注册系统"评估证据的做法为例，有 3 个最低标准：一是所研究的某种干预方法应包含"结局评定"，且应符合该系统的两大干预目标之一（药物滥用或心理障碍）。具体到结局评定，又包含 4 个指标，即方法的严谨度、效果量、项目保真度和概念框架。二是研究中至少使用了一个实验设计或准实验设计，且要有结构的前／后测。研究必须有控制组或对照组，实验法还要求随机匹配被试。仅有前／后测的单组研究，无论是纵向研究还是横向研究，均不满足此标准。三是研究结果必须刊登于同行评审期刊、专业图书或权威的评估报告中，且时限必须是近 25 年内。[①]2015 年，该系统采用 3 个等级来区分证据：有效——有强有力的证据证明存在良好效果，有希望——有充分的证据证明存在良好效果，无效——有充分的证据证明无效或有伤害。

4. 第四步：迁移证据（translating）

将证据保真性地迁移至真实的实践领域。运用具体化技术，将最佳证据分解转化为可操作的行动框架，尽可能不失真地、完整地将其应用于自身的临床实践。

5. 第五步：整合（integrating）

临床实践者综合考量证据、自身临床技能与心理求助者的多样性。全面权衡最佳证据与自身的临床技能、心理求助者的适配性，与心理求助者协商决定是否采用该证据来施治。

6. 第六步：评估（evaluating）

评估整个心理助人过程的有效性。该环节关涉心理干预的全过程，从病人而非从病症出发，基于前面各环节的多种证据，促使心理求助者获益最大。循证心理治疗评估涵盖了治疗方法、治疗方案、治疗进程以及预后、督导与培训等各个方面，以确保心理求助者的利益最大化。

（四）学校心理辅导循证实践的行动框架

学校心理辅导领域的循证实践应涵盖心理教师全部的专业实践活动，包括心理健康教育课程教学、个体与团体心理咨询、学生心理健康评定与档案建设、学校心

---

① 杨文登，宋艳，王孟成. 如何实施循证心理治疗：以美国循证项目与实践注册系统为例 [J]. 中国临床心理学杂志，2016，24（6）：1154-1156，1119.

理健康教育实践活动以及学校—家庭—社会协同"心育"工作等。学校心理辅导循证实践是权衡三方的结果：一是要权衡研究者提供的证据价值；二是要权衡实践者的临床技能；三是要权衡心理求助者的多样性。每种权衡要考量诸多因素，具体见图1–1。

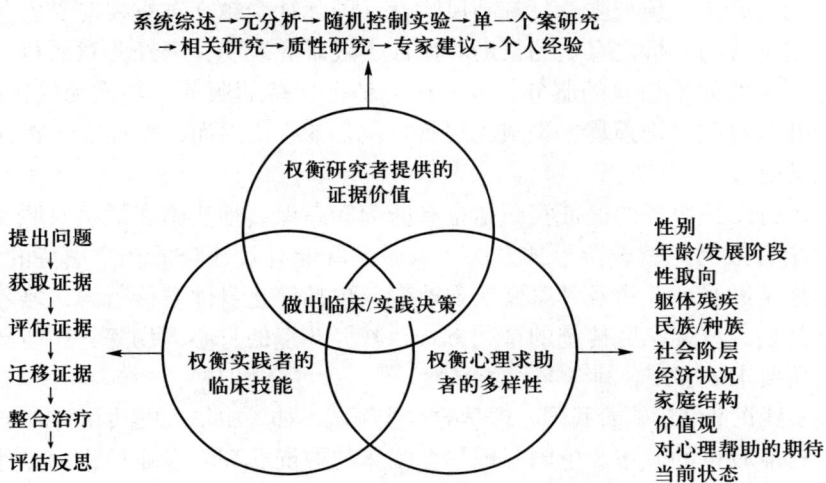

系统综述→元分析→随机控制实验→单一个案研究
→相关研究→质性研究→专家建议→个人经验

权衡研究者提供的证据价值

提出问题
↓
获取证据
↓
评估证据
↓
迁移证据
↓
整合治疗
↓
评估反思

做出临床/实践决策

权衡实践者的临床技能   权衡心理求助者的多样性

性别
年龄/发展阶段
性取向
躯体残疾
民族/种族
社会阶层
经济状况
家庭结构
价值观
对心理帮助的期待
当前状态

图1–1 学校心理辅导领域的循证实践结构

学校心理辅导领域实施循证实践时，除了要全方位地考量以上三方如何影响证据推广应用的疗效和实效之外，还应思考权衡以下四个问题：

第一，研究证据的样本不一定能代表现实世界的心理求助者。尤其是被誉为"最佳证据"的随机控制实验研究，因其选择被试的"典型性"操作，恰好忽视了共病者、病情严重者，以及心理求助者的特征、文化与偏好等因素，削弱了这种证据的外部效度，导致推广应用受限。

第二，研究证据的取得过程可能存在偏倚。最典型的是容易受制于研究者"理论忠诚度"的影响，即研究者因为忠实于特定的治疗理论、取向和思想，影响研究过程，使其有意或无意地发生偏倚，致使研究结果产生虚假差异。

第三，研究结果的发表与出版可能会受到基金资助与"出版偏见"的影响，致使其不能发表，或表现出社会赞许效应。如此一来，临床实践者就因难以掌握研究证据的全貌而影响其循证实践的实效。

第四，临床实践者在证据检索与执行方面可能存在动机不足、策略欠缺或效能感不高等问题。

（五）儿童青少年心理辅导循证实践的典型案例举隅

1. 校园欺凌的循证实践防治案例

校园欺凌防治备受国际社会各界广泛关注。2019年初，联合国教科文组织发布了一项关于该议题的循证实践报告——《数字背后：结束校园暴力和校园欺凌》，该报告引用循证实践的研究思路，基于大规模调查数据、国际区域性学术研究成果和典型性案例分析等 3 类证据，提炼出全球校园欺凌防治的 9 个有效要素，描绘了一幅全球校园欺凌防治的"最佳证据"数字图景，为全球校园欺凌的治理提供了有效证据。[①] 更详细的介绍见本书第七章第一节。

2. 儿童虐待的循证实践干预案例

鉴于儿童虐待干预与服务具有高风险性，国际社会越来越重视对受虐儿童开展有科学证据支持的、行之有效的帮助。循证实践研究表明，未经儿童照料者知情同意的服务，未经效果检验的服务，没有研究证据支持的服务，甚或无效果的服务，都可能使儿童身陷受虐险境，造成无可挽回的后果。[②] 因而，循证实践在儿童虐待干预领域备受青睐。

儿童虐待干预服务的循证实践是指有能力和高保真地实施在随机对照实验中已被证明安全有效的儿童虐待干预方法。该服务既能有效地降低儿童虐待的发生率，又能科学地帮助受虐儿童及其家庭实现改变，包括停止身体虐待行为，培养良好的家庭沟通技能，改变家庭传统的育儿方式，减轻儿童的身心创伤等，还能契合政府服务购买所要求的客观、科学与可测量性。[③]

循证实践正悄然影响着我国心理学的实践领域，如《中华人民共和国精神卫生法》的修订、行业政策的颁布、中国心理学会临床与咨询心理学专业机构和专业人才注册系统的创建、心理治疗的过程—效果研究、心理治疗评估工具的研制等，都不同程度地体现了循证实践的理念。那么，我国的心理助人从业者对循证实践的接受度如何呢？2023 年，有项研究选取了 186 名心理师，旨在检验系统性的在线培训能否有效改善心理师对循证实践的知识、行为、信心和态度。研究者采用自主开发的一套系统性循证实践在线课程，将被试随机分为循证实践培训组、案例研讨组和等待组，其中循证实践培训组接受了 16 小时的循证实践在线课程培训，案例研讨组参加了 16 小时的在线案例研讨会。研究以在线问卷的方式分别于研究的基线期、干预后、1 个月后和 3 个月后等 4 个时间点，测量被试对循证实践知识、行为、信心和态度的改变程度。结果显示，干预前后，循证实践培训组和案例研讨组在 4 个指标上均有显著提高，进一步比较两组后发现，循证实践培训组比案例研讨组对循证实践的信心有更大幅度的提高。这项研究表明，针对循证实践的专项性培训能多方面地提升我国心理师的循证实践胜任水平。[④]

学校心理学工作者要努力成为好的研究"消费者"，主动关注、搜集最佳的循证实践证据，将其转化为科学、有效的实践活动，积极、客观、审慎地开展循证辅导，切实加强和改进新时代学生心理健康工作的科学性与实效性。

① 韩蕊，石艳. 联合国教科文组织基于循证实践的校园欺凌防治路径研究：以《数字背后：结束校园暴力和校园欺凌》为例 [J]. 比较教育研究，2020，42（5）：78-84.
② GAMBRILL E. Avoidable ignorance and the ethics of risk in child welfare[J]. Journal of social work practice，2017，31（4）：379-393.
③ 李雪燕，邵倩茜，林昭君. 美国儿童虐待的循证实践及启示 [J]. 社会工作，2021（3）：10-24，107.
④ 臧寅垠. 在线系统干预提升我国心理师的循证实践：一项随机对照试验 [C]. 中国心理学会 2023年临床与咨询心理学学术大会内容摘要，2023，7：10.

二、学校心理辅导的生态系统取向

传统学校心理辅导工作的基本模式是医学模式或心理病理模式。相较于生态学模式而言，基于医学模式的学校心理辅导框架存在比较明显的功能失调，在问题提出与问题解决上有较大的局限性。以儿童阅读障碍的发生机制为例，该障碍应是多层系统交互作用的产物，这些系统包括儿童个体自身、学校教育、主流社会环境、家庭系统、社区变量和社会文化等，各个系统及彼此之间的错综复杂的作用关系，是理解儿童阅读障碍发生机制的关键所在。然而，医学模式几乎只关注与病理相关的因素，导致其对儿童阅读障碍的界定与问题解决存在明显问题。

学校心理辅导的生态系统模型主张从人与环境互动的角度和过程来理解个体的心理健康与心理问题。对心理健康的研究必须在社会生态这个大背景下进行。提升青少年心理健康水平的关键是厘清该群体心理健康的影响因素与发生机制。

通常采用两种方式来划分青少年心理健康的影响因素：依据诸因素与青少年心理健康的关系方向，分为风险性因素和保护性因素；依据诸因素的来源，分为个体因素和社会因素。其中风险性因素有家庭、同伴、学校、发展中的行为问题、药物滥用等；保护性因素有个体的行为、情绪的自我调节、高质量养育及同伴关系等。[1]个体因素有药物滥用、早孕等生理因素，以及心理行为问题、人格障碍等。[2] 社会因素又可分为结构性因素和近端性因素，前者如教育、战争与冲突、社会财富与收入不公平、性别与种族不平等，后者如学校环境、家庭、邻居、同伴等。[3]

由此可见，社会环境是影响青少年心理健康的重要因素。布朗芬布伦纳与莫里斯于 2006 年提出了社会环境影响个体心理发展的生态系统理论，将影响个体心理发展的诸多社会环境因素归纳为一个由微观系统、中观系统、外层系统、宏观系统和时间系统等五个子系统构成的嵌套式生态系统。

（一）青少年心理发展的生态系统理论

布朗芬布伦纳的心理发展生态系统理论认为，社会影响可以归纳为以个体为圆心扩展开来的嵌套式系统（见图1-2）。这一系统的核心是个体，包括个体的生理、心理特征；紧邻个体的是那些能够对其产生最直接影响的社会因素，如家庭、学校、社区、邻里等，称为微观系统。包裹着微观系统的是该系统中各因素的交互作用，比如家庭与学校之间、学校与社区之间、家庭与邻里之间的关系，布朗芬布伦纳称为中观系统。中观系统之外是那些直接影响微观系统中重要他人的因素，如父母的

① KIELING C, BAKER-HENNINGHAM H, BELFER M, et al. Child and adolescent mental health worldwide: evidence for action[J]. The lancet, 2011, 378（9801）: 1515-1525.
② PATEL V, FLISHER A J, HETRICK S, et al. Mental health of young people: a global public-health challenge[J]. The lancet, 2007, 369（9569）: 1302-1313.
③ VINER R M, OZER E M, DENNY S, et al. Adolescence and the social determinants of health[J]. The lancet, 2012, 379（9862）: 1641-1652.

工作状况等，这些因素构成了外层系统。位于外层系统之外的是宏观系统，包括特定文化中的价值观、态度、习俗等。最后，随着生命历程而发生的环境事件与转折等社会变迁，以及这些社会变迁对其他系统中因素的影响，构成了时间系统，居于整个生态系统模型的最外层，如在研究离异家庭的儿童青少年时发现，父母离异第一年里的消极影响最大，两年之后因家庭变动而导致的互动混乱逐渐减少且趋于平稳。[①]

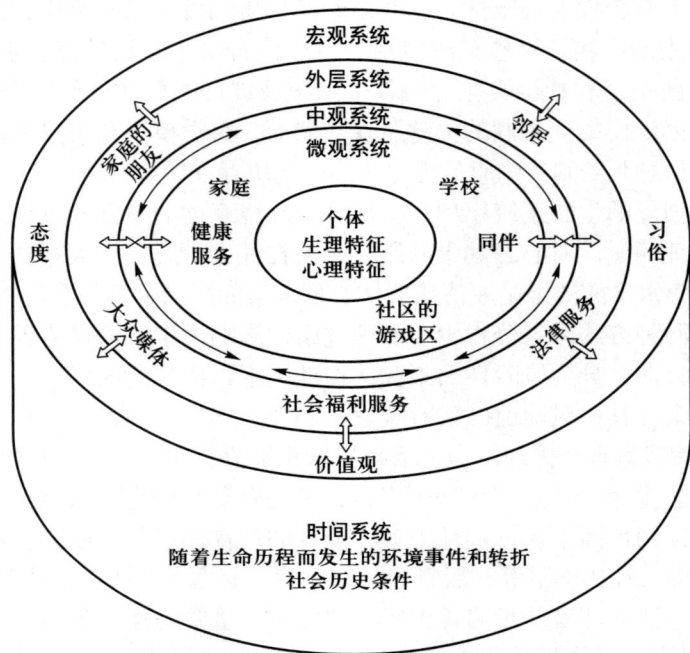

图 1-2　青少年心理发展生态系统理论示意 [②]

在诸多青少年心理发展的社会影响因素中，快速变化的社会环境对个体心理健康而言是一把双刃剑。以我国学者的两项横断历史研究来看：一项针对我国 1992—2005 年有关中学生心理健康相关的文献分析表明，我国青少年的心理健康水平随年代增长而缓慢下降。该研究认为，造成该趋势的最重要的原因是社会转型，包括生活水平的日益提高，城市化进程加快，教育普及，贫富差距扩大，失业率、离婚率与犯罪率上升等社会因素。[③]

另一项研究也采用横断历史研究法分析了我国青少年的心理健康变化趋势，结果发现自 1992—2005 年的缓慢下降之后，我国青少年的心理健康水平逐渐提升。该研究从社会变迁的视角给出了诠释，即普及心理健康知识、开设心理健康课程、加强心理健康师资队伍建设等是青少年心理健康水平发生逆转的重要原因。[④] 概而

[①] 俞国良，李建良，王勍. 生态系统理论与青少年心理健康教育 [J]. 教育研究，2018，39（3）：110-117.

[②] 桑特洛克. 青少年心理学：第 11 版 [M]. 寇彧，等译. 北京：人民邮电出版社，2013：55.

[③] 辛自强，张梅. 1992 年以来中学生心理健康的变迁：一项横断历史研究 [J]. 心理学报，2009，41（1）：69-78.

[④] 李天然. 青少年心理健康的新特点与自我抽离的关系 [D]. 北京：中国人民大学，2016.

言之，时间系统中的教育改革事件影响了宏观系统中的教育观、教育标准和教育内容，进而影响了外层系统与微观系统中的学校课程设置、教师培训、制度建设等因素，最终促进了青少年心理健康水平的提升。

　　以上两项研究均证实，社会转型对青少年心理健康的影响是各生态系统间相互作用的结果，而且社会转型的影响力兼具风险性与保护性。当前，我国社会正经历着急剧的经济转型、城镇化、教育体制改革等诸多社会变迁，直接或间接地改变着我们的学习方式、工作方式和生活方式，最终必然影响着我们的心理健康。由此可见，厘清社会转型对青少年心理健康的作用机制，是提高我国青少年心理健康服务质量的关键。布朗芬布伦纳的生态系统理论为探索社会转型如何影响青少年的心理健康提供了一个有效的理论分析框架。

（二）社会转型影响青少年心理健康的社会生态系统模型

　　2018 年，俞国良等人依据心理发展的生态系统理论，构建了社会转型影响青少年心理健康的社会生态系统模型（见图 1-3）。[①] 该模型认为，社会转型对青少年心理健康的影响依赖生态系统中各子系统间的传导。社会转型首先影响宏观系统、时间系统中的相关因素，然后对外层系统、中观系统、微观系统产生一系列的影响，最终影响青少年的心理健康水平。

［师生共创
科普］
"爱子有方"
"我想要的
不是你"

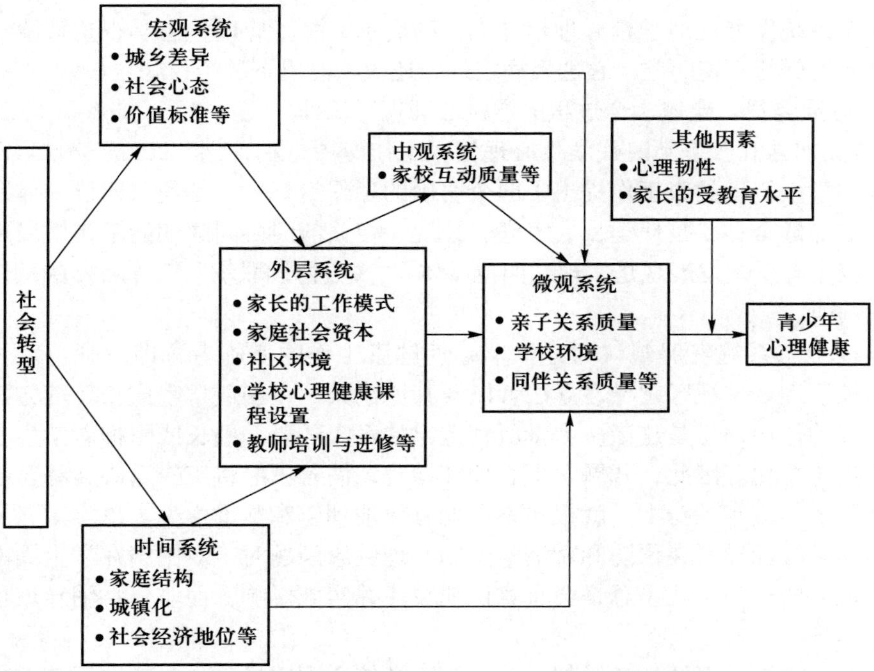

图 1-3　社会转型影响青少年心理健康的社会生态系统模型

---

① 俞国良，李建良，王勍. 生态系统理论与青少年心理健康教育 [J]. 教育研究，2018，39（3）：110-117.

该模型厘析了社会转型影响青少年心理健康的中介变量。具体来看：

（1）典型的微观系统中介变量有亲子关系质量——亲子沟通频率、家长监控水平、父母冲突、教养方式等；保护性学校环境——支持性的师生关系、参与校园生活的机会、学校认同感与归属感等；风险性学校环境——师生冲突、校园欺凌、过度竞争的校园文化等；同伴关系质量——同伴接纳、同伴拒绝、同伴欺负等。

（2）典型的中观系统中介变量是家校互动质量，包括家长参与学校活动的频次、强度与出席者范围（全家参与还是个别家长参与）。当然，家校互动程度会在一定程度上受制于家庭收入与父母工作等因素。

（3）典型的外层系统中介变量有家长的工作模式、家庭社会资本、社区环境、学校心理健康课程设置、教师参与心理健康的培训与进修等。

（4）典型的宏观系统中介变量有城乡差异、社会心态、价值标准等。

（5）典型的时间系统中介变量包括家庭结构、城镇化与社会经济地位等。一项有关社会经济地位与儿童青少年心理健康的元分析，针对的是1990—2011年发表的相关研究，结果显示，社会经济地位与儿童青少年心理健康呈负相关，前者的下降会导致后者问题的增多，低社会经济地位的儿童青少年产生心理问题的概率是其他人的2～3倍。[①]

（三）生态系统视域下的学校心理辅导工作要点

生态系统发展观对学校心理辅导工作的启示，除了应以生态学视角解读学生的心理健康发展与心理问题、心理疾病之外，还应关注以下3个议题：

1. 开展全员、全域、全过程的学校心理辅导工作

《全面加强和改进新时代学生心理健康工作专项行动计划（2023—2025年）》对新时代的学生心理健康工作提出了两个明确的工作目标：一是使"四位一体"的工作体系更加健全；二是使学校、家庭、社会、相关部门协同联动的工作格局更加完善。学校生态系统发展观是实现"四位一体""多方协同联动"工作目标的理论支撑和行动框架。

学校生态系统发展观认为，学生心理健康工作的实施者，即教师、家长、同伴、学校管理者、社区领导、立法者以及其他成人，在创造学生成长环境方面起着至关重要的作用，正是这诸多力量所营造出的育人环境，助长或阻抑着学生心理问题的产生与恶化。因此，开展学生心理辅导时，倘若不能将工作重心转移至学生身边那些重要的成年人身上，就根本不可能有效地理解和帮助学生。事实上，那些有胜任力的学校辅导者在预防和矫治学生的心理健康问题时，对围绕在学生周围的诸多重要他人的行为，几乎总是会有意识地关注并实施影响，而非仅将辅导聚焦于学生个体本身。

当前，学校乃至社会各界都一致认为，学校心理辅导工作应突出系统性与发展

---

① REISS F. Socioeconomic inequalities and mental health problems in children and adolescents：a systematic review[J]. Social science and medicine，2013，90：24-31.

性取向，但由于欠缺全面规划，使这一观念很难落实到实际工作中。林孟平就此构建了一个发展取向、全校参与的学校心理辅导工作框架（见图1-4）。[①] 全校参与的学校心理辅导，顾名思义，就是实施全校总动员的心理辅导活动和心理辅导服务。在这个工作框架中，辅导与教育是互为表里、相辅相成的，所有的心理辅导活动都围绕促进学生健康自我形象这个核心（包含健康的学术自我形象、健康的情绪自我形象、健康的体能自我形象与健康的社群自我形象），基于学校－家庭－社会协同育人的伙伴关系，开发多元的课程资源、学校资源与社会资源，营造积极的、人性化的校风，再通过提供发展性与补救性的心理辅导服务，为学生的学习与成长创造成功经历，肯定学生的个人价值，使其发挥潜能，实现全面发展。

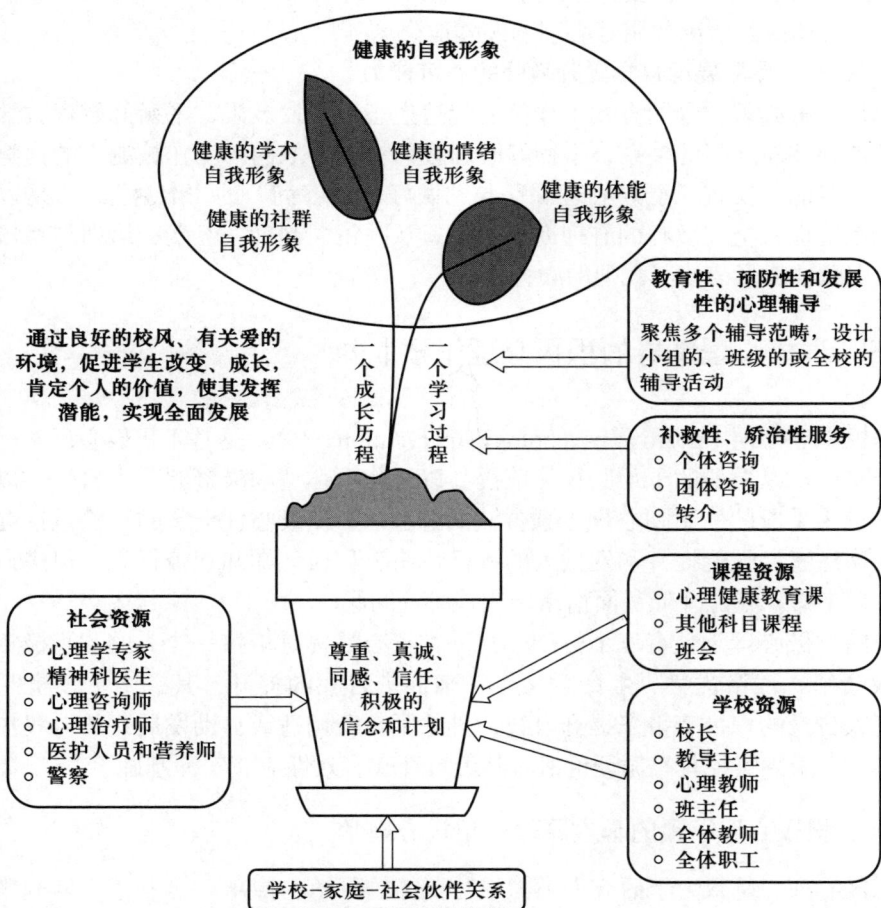

图1-4　发展取向、全校参与的学校心理辅导工作框架

2. 构建具有心理支持性的学校生态环境

学校心理辅导的研究和实践错综复杂地嵌套在不断变化的生态现实中。心理教

[①] 林孟平. 心理咨询与治疗 [M]. 北京：生活·读书·新知三联书店，2022：395-422.

师作为学生、学生的家庭生态系统和学校生态系统的一部分，必须反映、响应和积极主动地面对这些系统，改造这些系统。最重要的就是通过建立学校－家庭－社会三方关系，动员全员协同创建全域、全过程的学校心理辅导生态格局，并且将该理念纳入其所构建的发展取向的、全校参与的学校心理辅导工作框架。

一方面，当我们理解学生的心理问题、制定相应的干预措施时，要关注学生周围的诸多系统的影响力。另一方面，学校心理辅导的目标是使学生所处的生态系统正常工作，通过尽可能地为学生的重要他人赋能，协同建构能支持学生健康自我形象发展的学校－家庭－社会伙伴关系。这个工作框架与《中小学心理健康教育指导纲要（2012年修订）》中"三位一体"的心育服务体系建设相一致，即科学构建以"区域心理咨询中心—学校心理辅导室—心理咨询网站及心理咨询热线"三位一体的心育服务体系，筑牢并用好心理助人阵地。

3. 基于生态发展观科学提升教师的心育能力

一是理解心理教师的有效工作技能应持生态系统发展观，平衡好教育教学技能与心理辅导技能之间的关系，平衡好心理教师在辅导取向与工作技能上的优势与局限。以"双能"实现"上好心理课"与"做好心理咨询"的"双赢"。二是以生态发展观系统提升全校教师的心理助人水平，从政策、制度、经费、培训与考核等方面，生态化地考量与培养教师的心育能力。[①]

三、学校心理辅导的积极心理干预取向

积极心理干预（positive psychology intervention，PPI）是基于积极心理学的基本原理开发的，以循证的干预路径为前提，以强化个体"积极资源"为目标，以改变积极变量为手段的一系列心理干预方法的总称。[②] 积极心理干预的对象包括健康人群与临床患者，既能提升和发展人的积极情绪、积极认知和积极行为，促进自我实现与心理丰盛，亦能降低负面情绪，改善心理问题。

判断积极心理干预有三个标准：其一，核心目标是培植一个人的"积极资源"，如积极情绪、性格优势、生命意义等，来促进自我的提升；其二，干预机制是通过改变人自身的积极变量来提升自我，排除了自我调适或自助发展式的自我提升活动；其三，干预路径具有循证价值，其可行性和有效性应有实证基础。[③]

（一）积极心理干预的基本原理：积极心理学

积极心理学是致力于研究人类力量与美德的科学。1998年，马丁·塞利格曼基于对百年来心理学研究与心理治疗的反思，提出了积极心理学概念。历经20余年

① 向祖强，张积家. 心理健康教育教师的有效工作技能：基于生态文化的考察[J]. 教育研究，2018，39（7）：102-110.

② 段文杰，卜禾. 积极心理干预是"新瓶装旧酒"吗?[J]. 心理科学进展，2018，26（10）：1831-1843.

③ KASHDAN T B, CIARROCHI J V. Mindfulness, acceptance, and positive psychology: the seven foundations of well-being[M]. Oakland, CA: New Harbinger Publications, 2013: 140-165.

的建设，积极心理学对当前的心理学发展产生了重大影响。积极心理学认为，积极心理的缺失是心理疾病的主要原因，因此，防治心理疾病的一条重要途径就是培养人的积极心理，提高幸福水平。心理咨询与治疗的工作重点，不是减小伤害和修正缺陷，而是培养能抵御心理问题与疾病的积极品质。

（二）积极心理干预的基本策略

历经 20 余年的研究和实践，积极心理干预已形成了四大基本干预策略：认识和运用积极品质、感知和欣赏积极体验、训练和养成积极思维、建立和维持积极关系。

1. 认识和运用积极品质

积极的人格品质是指一个人性格中的优势、个人兴趣、天赋、价值观等。基于性格优势的干预，是积极心理干预最广泛采用的基本干预策略，最常用的模型是"认识—探索—运用"三阶段干预模型。

西方研究者在这方面做了许多循证干预研究，比如增强美的欣赏力的在线课程[1]，干预时长为期 3 周，内容涉及美丽日记、美丽意识、美丽作品与分享论坛等，旨在通过接触美的事物，了解美的作用，提升受训者对美的感知，改善美学态度，进而达到增进幸福感的目的。再比如培养幽默感的项目[2]，主要干预任务包括做 3 件有趣的事、收集有趣的事、运用幽默以及用幽默应对压力等。

基于性格优势的三阶段干预模型的第一步是了解自身优势，常用方式有问卷调查、优势评价、识别突出优势等；第二步是强化优势，包括想象自己最好的状态、观察他人的优势等；第三步是在日常环境中践行和锤炼优势，不断提升幸福感。

2. 感知和欣赏积极体验

消极情绪使我们活下来，积极情绪使我们活得更好。诸如愉悦感、主观幸福感、希望感、效能感、自我决定感、心流等，都是人们向往和追求的积极心理体验。丰富和增强这类主观体验是积极心理学研究的重要议题。促发积极情绪可以通过"感受—视角—行动"干预模式来实现，即感受积极事件的出现、调整视角观察积极事件、采取行动创造积极事件。这方面的循证干预策略包括：增进个体与自然的联结、学习表达感恩、投身心流活动、品味积极的回忆等。

（1）增进个体与自然的联结

人对自然环境的依赖使自然成为个体幸福感的必要成分。宜人的气候、美丽的风景、悦耳的鸟鸣与和煦的清风，置身其中能使人从身心各个方面获得积极体验，还能缓解压力，帮助个体恢复注意力，乃至获得心理的丰盈与丰盛。这方面的循证干预也很多，比如鼓励当事人走向户外，亲近自然，参与田野劳作，聆听自然的声音，观察野生动物，拍摄自然美景并分享交流至公共空间等。

---

① MARTINEZ-MARTI M L，AVIA M D，HERNANDEZ-LLOREDA M L. Appreciation of beauty training：a web-based intervention[J]. The journal of positive psychology，2014，9（6），477-481.

② WELLENZOHN S，PROYER R T，RUCH W. Humor-based online positive psychology interventions：a randomized placebo-controlled long-term trial[J]. The journal of positive psychology，2016，11（6），584-594.

（2）学习表达感恩

感恩是一种人际现象，源于一个人积极的主观经历所诱发的积极情绪，以及因受他人帮助而获得的积极认知和人格品质。感恩的发生是四个要素构成的循环过程。这四个要素是施恩者、施恩者的善意与善行、受惠者、受惠者的感恩之情与报答行动。感恩从施恩者对受惠者的善意与善行开始，到受惠者对施恩者表达感恩之情与报答行动结束，这种积极的人际互动不断促发双方更多的积极体验与积极行为。国内一项有关感恩与主观幸福感关系的元分析，通过对 62 项研究 31 975 个样本量的统计结果表明，感恩者的主观幸福感最强，而且感恩与主观幸福感、生活满意度、积极情感均呈显著正相关，而与消极情感呈显著负相关。①

感恩情绪作为积极体验的重要元素，可以通过一些积极的心理干预策略来获得。具有循证干预价值的策略有：觉察到自己就是善意与善行的受惠者；用感恩清单、感恩日记来记录自身的感恩事件或经历；用感谢信、感恩拜访向他人的善意和善行表达感恩；实施感恩教育活动与练习，比如创作感恩图、描绘感恩树、记录每天做的"三件好事"等。

（3）投身心流活动

心流（flow）是指人完全沉浸于喜爱的活动中，短暂失去自我和时间意识的一种积极情绪状态。② 我国学界也将心流翻译为"福乐""沉浸""福流""流畅感"等。当我们从事一项有明确目标的挑战性活动，并且自身资源与此活动相匹配（即挑战性活动在个体的"最近发展区内"）时，就会体验到心流。这一时刻不仅令人享受，还能激发个体学习新技能、增强效能感、发掘自我潜能、提升生活品质。

从活动中体验心流的前提条件是卷入（engagement），即自觉、自愿地投身于有难度、有价值的活动中，并努力完成。此时所体验到的心流会更有意义，是一种寻求意义的过程，人的愉悦感也会更强。③ 研究表明，音乐表演时的心流体验能促使人理解音乐演奏的意义，自然而然地醉心于音乐，产生学习并坚持演奏音乐的动机。投身于团体活动时的心流体验则能创造和维持积极的人际关系，增进成员间的情感交流与人际互动，建立更强的情感联结，获得群体认同感。

积极心理干预通过帮助当事人寻找、接触、计划和实施适切的心流活动，促使其获得心流体验，进而提升幸福感。在心流状态下，个体专注于任务解决，容易忽视外部刺激，因此，静态的、挑战性任务比较适合激发人的心流状态。有研究指出，中国传统文化艺术实践活动，如习练诗书画印、太极拳、八段锦等，对激发心流体验与丰盛感很有帮助。④

① 丁凤琴，赵虎英. 感恩的个体主观幸福感更强？：一项元分析 [J]. 心理科学进展，2018，26（10）：1749-1764.
② CZIKSZENTMIHALYI M. Flow：the psychology of optimal experience[M]. New York：Harper & Row，1990：39-41，72-77，41-53.
③ 韩布新，王歆睿. 心流至兴盛：全面幸福的综合模型 [J]. 苏州大学学报（教育科学版），2022，10（2）：83-94.
④ 韩布新，王歆睿. 心流至兴盛：全面幸福的综合模型 [J]. 苏州大学学报（教育科学版），2022，10（2）：83-94.

（4）品味积极的回忆

品味是一种将自身的注意力聚焦于积极体验上，关注、产生、欣赏积极情绪的能力。品味干预强调通过关注积极体验、改善认知和行为，来增强和延长积极情绪。从时间维度来看，品味可划分为品味回忆（品味过去的快乐与美好）、品味当下（品味当前的快乐与美好）和品味预期（想象未来的快乐与美好）。

品味积极的回忆能唤起积极情绪，提升幸福感和生活满意度，缓解抑郁和焦虑。在品味过程中，随着积极事件的发生，个体专注于自身积极的情绪与情感，主动察觉、辨识并加强自身所拥有的资源和优势，来增加或延长当下的积极体验。要注意的是，品味当下与正念略有不同，前者是有意识地关注和增强愉悦感与幸福感，后者则强调不加评判地觉察当下的全部体验。

品味发生的心理过程一般包括三个环节：一是品味体验，即意识到有关的刺激、事件、情绪、情感等；二是品味过程，即对所觉察的事物做主动加工处理时的生理与心理过程；三是品味策略，即采取行动和办法来维持和加强积极体验。

积极心理干预增强个体品味的策略包括：第一，提升对当下事件的积极体验的觉察与品味能力。感官体验练习是最常用的方法，也称感知敏感化训练法，比如著名的"葡萄干品味练习"，即邀请受训者以安静而好奇的心，运用自己的触觉、视觉、听觉、嗅觉和味觉，集中心神于葡萄干上，感知葡萄干，用不一样的、更智慧的方式关注葡萄干。又如，鼓励当事人每天花点时间回顾和记录那些习以为常的事情（吃饭、散步、洗澡、上课等），然后思考这种认真记录与匆匆度过之间有何异样的感受。这类训练能帮助当事人学习聚焦于当下稍纵即逝的瞬间，通过增强感知敏感性，丰富积极体验，提升幸福感。第二，丰富对积极事件的品味方式，可训练的品味方式有行为表达、自我激励、当下感受、与他人分享、记忆建构、避免扫兴、对比、心流、敏锐感知、细数幸运等。[①]

3. 训练和养成积极思维

积极思维者会对未来抱有积极期望，且能积极采取行动去争取期望中的结果。希望和乐观是最典型的积极思维。积极思维能通过削弱消极思维来降低消极情绪。积极心理干预重视培养当事人的积极思维方式，以积极的视角探索和实现目标，以及用积极的信念促进优势和心理丰盛。分别对应的具有循证实践价值的干预策略有：

（1）积极反刍思维训练

反刍思维是个体面对压力事件时，自发地反复思考消极或积极情绪及其本质和影响的一种心理现象，包括正常反刍思维与病理性反刍思维，前者思考如何实现目标，后者思考现实和目标之间的差距。反刍思维也可分为消极反刍思维与积极反刍思维，前者是非建设性的反刍思维，其核心成分是抽象思维，表现为把问题的原因、意义和后果推广到其他情境中；后者是建设性的反刍思维，其核心成分是具体思维，表现为把问题限定在具体的情境中加以分析和解决。研究表明，积极反刍思

---

① BRYANT F B. Savoring Beliefs Inventory（SBI）: a scale for measuring beliefs about savoring[J]. Journal of mental health，2003，12（2）: 175-196.

维与积极心理变化相关，消极反刍思维则更可能引发心理疾病。

国内有研究团队多年聚焦积极反刍思维的研究与临床实践，开展了多项循证干预实验，证明了积极反刍思维训练法能有效降低消极反刍思维，提高心理健康水平，且使用起来灵活方便。下面重点介绍该训练法的基本理念、核心技术和具体策略。①

积极反刍思维训练有五个基本理念：其一，积极和消极反刍思维都是习得的思维习惯，可以通过学习加以改变。其二，训练重点在于把消极反刍思维习惯应用到积极情绪中去，而非改变具体的不合理信念，因为当积极反刍思维占优势时，消极反刍思维自然处于劣势，不合理信念也就会被淡化。其三，人人都会有轻微的消极反刍思维，我们应学习理解并接纳这一点。其四，训练需要涵盖对过去、现在、未来及自我的积极思考，但以关注现在为主。其五，借助讨论积极反刍思维的方式与方法，强化积极反刍思维。

具体到技术层面，积极反刍思维训练的核心技术是依据积极反刍思维条目（见表 1-1），训练人的积极思维方式。具体策略主要有四种：

表 1-1　积极反刍思维条目

享受快乐	积极应对
1. 会觉得生活很美好	1. 会提醒自己保持冷静
2. 会为自己感到骄傲	2. 会想有什么可以做的
3. 会感到自己精力充沛	3. 会想到"吃一堑，长一智"
4. 会觉得幸福	4. 会激励自己振作起来
5. 会觉得自己很棒	
6. 会觉得前途一片光明	

一是将好事抽象化，将坏事具体化。遇好事时，提高到对自我与人生的积极肯定的层面上，如成绩进步时可以肯定"我有潜力"。这与条目中的"享受快乐"相吻合。遇坏事时，降低到具体细节上，如成绩退步时发现"丢分因没看清题目，以后注意"。这与条目中的"积极应对"相吻合。须注意的是，遇好事也可以分析具体原因以便持续发展，但分析原因前后都要用抽象化思维来肯定自我，以便强化抽象思维，避免具体思维弱化积极体验。相反，退步时则不能用抽象化思维来否定自我，以避免产生消极反刍思维和过分概括化的认知曲解。

二是将好事主体化，将坏事客体化。遇好事时，用"我"为主语进行思考，归因于"我"或"我们"，如"我进步了，说明我有实力"。这与条目中的"享受快乐"相吻合。遇坏事时，可借鉴叙事疗法中的外化技巧，用"他或他们"或者起个名字或昵称，如用"淘气鬼"进行思考，"淘气鬼退步了，你冷静分析一下具体问题出在哪里，吃一堑，长一智"，这与条目中的"积极应对"相吻合。

---

① 杨宏飞. 积极反刍思维训练的理论依据和方法初探 [J]. 应用心理学，2019，25（3）：272-280.

三是训练问题解决。遇坏事时，不要回避，而要思考具体的解决方法及操作步骤。消极反刍思维者往往沉溺于自我否定的抽象化思考，不去解决具体问题，所以有必要进行问题解决的思维训练。这与条目中的"积极应对"相吻合。

四是学习接纳与宽容。对于没必要解决的问题和没办法解决的问题，思考如何去接纳与宽容，帮助当事人从无谓的反复思考中解脱出来。

该团队还将积极反刍思维训练运用于中学生心理健康课程，开发了4个模块14次课时的专题性培训（具体设计如表1-2所示）。结果显示，实验组经过14次训练课后，学生的心理健康水平显著提高，而对照组的变化则不显著。[①]

表1-2 基于积极反刍思维训练的中学生心理健康课程设计

训练模块	辅导主题	课时
1. 建立辅导关系	信任之旅：关系建立	第1次
	漂流瓶：关系增进	第2次
2. 积极反刍思维的概念学习与初步应用	优点罗列：积极反刍思维初体验	第3次
	多彩的思维：分享和学习反刍思维	第4次
	我在想什么：改变你的反刍思维	第5次
	绘制生命树：积极思考我的社会支持力量	第6次
3. 探索积极反刍思维的训练方法	曼陀罗画：思维和情绪的觉察	第7次
	正念训练：积极思维和情绪的引导	第8次
	正念训练：积极情绪调节	第9次
	优势取舍：识别和应用自身优势	第10次
	我的好事，你的坏事：主、客观化训练	第11次
	自画像：问题解决导向练习	第12次
	生命线：具体化和抽象化联系	第13次
4. 巩固和反馈训练效果	成长雕塑：结束与巩固	第14次

（2）希望疗法

希望疗法是基于希望认知理论发展而来的一系列干预方法。希望认知理论历经20余年的发展，已在世界范围内得到认可。该理论认为，"希望"是一种目标导向的积极思维策略，包括目标思维、动力思维与路径思维3个部分。希望思维强调，人的认知过程是以目标设定为前提，以具有互惠性关系的动力思维和路径思维为实际支撑的，情绪状态的副产品具有反馈机制，影响个体的希望认知过程及结果。

希望与乐观不同，二者的共同成分都是对目标的信念，区别在于预期未来的方

---

① 张弛. 积极反刍思维训练课对中学生心理健康的促进作用 [D]. 杭州：浙江大学，2019.

式和对预期事件的控制上，希望是以目标为中心的动力思维和路径思维，乐观则是指向未来的积极预期。多项临床与实践领域的相关研究证实，希望思维能改善个体身心症状、帮助行为矫正、维护心理健康、促进个体适应以及激发个人成长等。[①]

希望疗法具有适用范围广泛，干预方法简单，既能独立实施又能与传统心理干预相融合等特点。其核心机制是通过干预来促发和增强人的希望思维。该疗法分为灌输希望与提升希望两个阶段。前一阶段的工作包括：理解"希望"的内涵；以积极的视角回顾自身经历；关注所获得的成就；明白希望感是贯穿生命始终的；在回顾中形成"目标"的概念；探索和明晰自己所追求的目标。后一阶段的工作包括：寻找通向目标的方法和路径；聚焦所面临的挑战，探索克服困难的方法；增强实现目标的动力思维。

（3）幸福疗法

幸福疗法是以心理幸福感的多维度模型为干预内容发展起来的一种短期的积极心理干预策略。该模型认为，心理幸福感包含个体对环境的掌握、个人的成长、生活的目的、自我决定、自我接纳以及与他人的积极关系等多个维度。[②]

幸福疗法包含 3 个阶段：在初期阶段，当事人要学习如何选择那些能体验到最佳幸福感的情境；中期阶段是干预的核心阶段，当事人要学习如何识别那些导致幸福感中断的想法和信念，旨在改变对幸福的信念和态度，强化积极行为；在末期阶段，当事人要学习如何与那些影响幸福感维度的想法和信念做心理上的辩论，进而修正。

幸福疗法的具体技术与认知行为疗法相近，主要包括认知重构法、参与愉悦感的活动（不包含以放纵或回避的方式获得快乐的行为）、自信训练、问题解决等。通过培养当事人的自我决定能力、环境掌控能力与积极思维，达到减轻痛苦、提升幸福感、促进心理功能最优化的干预目的。同希望疗法一样，幸福疗法既可以独立使用，又可以与传统的认知行为疗法结合使用。不仅可用于个体辅导，也可用于团体辅导。

4. 建立和维持积极关系

积极关系是幸福感的一大支柱，能带来更高的生活满意度、希望、感恩与灵性。积极关系包括社会融合感、支持他人与被人支持。这方面的积极心理干预策略有：培养亲社会行为，学习积极回应，提升社会融合感等。

（1）培养亲社会行为

亲社会行为及其心理动力过程反映了学生在自我发展和社会性发展上所能达到的最优状态。该状态涉及自我意识的觉醒、自我能量的增长、积极的同伴关系和良好的群体适应。研究发现，青少年最认同的亲社会行为是具有体力和精神支持的帮助行为，尤其是那些发生在同伴间的、能凸显社交性和群体性的友好行为。这些行

① 谢丹，赵竹青，段文杰，等. 希望思维在临床与实践领域的应用、特点与启示 [J]. 心理科学，2016，39（3）：741-747.

② FAVA G A. Well-being therapy：current indications and emerging perspectives[J]. Psychotherapy and psychosomatics，2016，85（3）：136-145.

为都在利他性连续体上，包含提升自我、改善人际、促进社会公共利益的三类三层次行为。在提升自我的亲社会行为干预中，主要议题有澄清自我概念与建立基本价值取向；在提升社交类亲社会行为干预中，主要议题有识别同伴情绪、关注积极情感、调控自身情绪、应对人际冲突策略等；在群体社会化的亲社会行为干预中，主要议题是理解、学习和适应同龄群体内的显性与隐性规范。

亲社会行为的学校干预就是通过培育学生的亲社会品质与亲社会行为，最后达至最优状态。学校干预也是目前国内亲社会行为干预的主流模式。相比家庭和社区，学校干预的优势明显，更具组织性和系统化，具有更强的仪式性和目的性，为亲社会行为的干预和管理提供了必要的环境支撑与制度保障。近年来涌现了一批本土化的以学生为对象的亲社会行为干预循证干预研究，下面列举三个案例：

小学生"同伴冲突解决六步法"[①]：采用情景模拟方法，提高小学生解决同伴冲突的策略水平。六个步骤彼此相连，第一步是了解他人的想法，第二步是了解他人的感受，第三步是了解他人产生想法和感受的原因，第四步是换位思考，即站在他人的角度重新考虑问题，第五步是提出尽可能多的解决冲突的方法，第六步是选出公认的最合理有效的解决冲突的方法。其中，第一、二、四步旨在培养学生的移情和观点采择能力，学会换位思考；第三步旨在训练学生合理归因，促使冲突双方在解决目标上达成一致；第五、六步旨在改变学生认知，不轻易对问题解决设限。

小学生情绪胜任力干预项目[②]：基于六个系列干预活动，提高小学四年级学生的情绪词汇量、情绪识别能力和情绪调节能力，以促进小学生的积极心境、自我控制力与亲社会性。其中，在"察言观色"任务中，学生抽签并用面部表情和肢体动作表演各种情绪（如高兴、悲伤），其他同学进行猜测，提高情绪分化能力；在"情绪反斗棋"任务中，学生掷骰子走棋盘，按棋盘上各步的规定抽签并表演各种情绪的引发事件和伴随行为，增强对"事件—情绪—行为"关系的理解；在"情绪大魔方"任务中，学生观看电影《我的兄弟姐妹》中的过年与分离两个片段，感受影片中人物的情绪体验，判断表达和隐藏的情绪，了解情绪表达的规律、原因和结果；在"情绪变色龙"任务中，引导学生写出缓解或消除"不高兴"和"紧张"情绪的方法，并在团体中分享，认识情绪的可变性；在"情绪遥控器"任务中，学生面对挑衅情境"别人故意把你的水彩画弄脏了"，说出愤怒产生时的想法、行为反应和结果，讨论如何控制和消除愤怒情绪，学习积极有效的愤怒控制法；在"情绪减压阀"任务中，学生画出自己感到有压力时的样子，再把画解释给同学听，说出压力下自身的状态和感受，了解压力的来源，学习有效应对压力的方法。

初中生亲社会行为团体辅导课程[③]：课程围绕建立关系、维持关系和冲突解决3

---

① 王磊，谭晨，寇彧. 同伴冲突解决的干预训练对小学儿童合作的影响 [J]. 心理发展与教育，2005（4）：83-88.

② 寇彧，徐华女，倪霞玲，等. 提高小学四年级学生情绪胜任力的干预研究 [J]. 心理发展与教育，2006（2）：94-99.

③ 杨晶，余俊宣，寇彧，等. 干预初中生的同伴关系以促进其亲社会行为 [J]. 心理发展与教育，2015，31（2）：239-245.

个主题，设计连续 10 周的团体辅导课，帮助初中生建立、维持和解决同伴关系与冲突。根据内容和任务难度，依次设置 2 次、5 次、3 次课程。学生按座位就近分组，每组 8 人左右。每次课程都安排两三个具体的社交情境，学生先思考和讨论每个情境的社交目标、社交情境与社交策略等问题，再练习社交技能，包括课上练习与课后实践作业。

具体来看，亲社会团辅课程包括三部分：

其一，建立关系的课程，分五个步骤帮助学生学习如何建立同伴关系。第一步是"寻人信息"热身活动，引导学生讨论"大家愿意与什么样的人建立同伴关系"；第二步是展示设计的同伴交往情境；第三步是评估任务环境，就某个具体交往情境进行分组讨论，解决诸如在此情境中应该确立怎样的社交目标，哪些是积极的社交目标，如何评估社交情境、熟悉性以及他人可能的想法等问题；第四步是提出和筛选策略，依据可接受性、可行性等标准，尽可能多地提出策略，选出最优策略在全班分享；第五步是练习策略，以小组为单位，在设定的交往情境下演练，分享感受，对失败的演练合理归因；课程结束时，布置课后实践作业。

其二，维持关系的课程，学习如何更好地维护同伴关系。先以"盲人之旅"活动开场，引入辅导主题，然后针对关系维持中常见的具体问题情境，引导学生进行针对性的讨论与练习。其余有关如何选择积极的社交目标、评估人际任务环境、丰富和筛选社交策略、练习人际应对策略目标等辅导议题，在步骤设计上与建立关系的课程相同，最后要布置一系列实践作业。

其三，冲突解决的课程，效仿"同伴冲突解决六步法"，包括了解他人的想法、了解他人的感受、了解他人产生想法和感受的原因、换位思考、提出尽可能多的解决冲突的方法、选出公认的最合理有效的解决冲突的方法等六个步骤。先是"最佳配图"热身活动，体会在完成任务时，站位不同，感受不同，思考如何既不伤害彼此，又能合理解决冲突；再向学生展示两三个具体的冲突情境，学习如何确立积极的社交目标，如何使用"同伴冲突解决六步法"找到合理有效的解决办法，最后布置课上与课后实践作业。

（2）学习积极回应

积极回应是指积极地、有建设性地回应他人。如何回应他人，直接影响着人际关系的质量和个人幸福感。积极回应能促进人际沟通，改善人际关系。这方面的积极心理干预循证策略有：一是每天练习积极回应，即对他人有意义或重要的信息表达关切和支持，每天至少一次。二是实施"But Free Day"积极干预项目，即要求学生以积极、主动的方式回应他人，要注意不能在言语中表达或者暗含否定的意味。

（3）提升社会融合感

社会融合感干预要考虑个体对不同群体融合的文化特异性。一个人的行为和态度能反映其社会融合程度，常用的两个衡量指标是参与群体的行为和对群体的认同感或归属感。群体有初级群体和次级群体之别，前者类似家庭纽带关系的群体，成员之间有更多面对面的互动和大量的自由交往，能充分表现自己的个性与情感，也能从中获得个人情感的满足。次级群体最熟悉的就是各种学术、文化、社团和生产组织，是为满足特殊目标而构建的群体，成员之间的互动更多的是从中获得个人利益的满足，而个性展现与感情投入则少得多。

社会融合具有文化差异性。中国人的社会融合表现出"差序格局"的特点。一个人处在差序有别的群体中，以个人为中心，与他人的关系如水波纹般向外推出，距离越远，关系就越淡，构建出了一个以自我为中心的、从家庭到整个社会的、由内至外的所属群体的连续谱。常见的是，连续谱越向外，人的社会融合感越低，对相应群体的认同感和归属感越低。

从中国人社会融合的差序格局连续谱观之，个体对初级群体的社会融合度要高于对次级群体的社会融合度。然而，个体对次级群体的社会融合有其不能取代的作用。正如社会网络理论的假设，当人们与次级群体中的成员交往时，往往可以获得异质性的稀缺资源，并带来收益。研究表明，满足了基本生活需要后，个体会倾向于扩大自己的社会网络，与外界建立更广泛的联系，以谋求再发展。可见，融入次级群体，代表了一种更深入的社会融合。一项本土实证研究就发现，上网时间的延长会增加个体对次级群体的社会融合行为，而且上网程度的加深会强化个体对初级群体的融合。①

（三）影响积极心理干预临床效能的因素

积极心理干预要获得很好的效果，就要充分考虑个体长期生活的关系情境，关注情境因素对个体积极心理品质的调节作用。因为，人的行为与行为后果并非完全由人的心理意志所决定，而是心理与生活环境之间交互作用的结果。即便是积极的心理品质，如果用错地方也会出现问题。

在多数情境下，积极心理品质确实能有效增进幸福感，但在某些情境中，也的确会损害或削弱幸福感。已有许多研究表明，诸如宽恕、乐观、善良、仁慈、利他等积极心理品质，在绝大多数情况下，确实对提升人的幸福感很有效，但若不区分场合，或者说对积极心理品质的消极效应视而不见、不善加调控的话，给个体造成的伤害也是屡见不鲜的。②

可见，实施积极心理干预时，如何使积极的活动有效助益当事人的幸福感，应充分考量个人特征、活动特征等。其中，个人特征包括当事人的个性、情绪特质、参与干预活动的需求、活动中的配合程度等因素；活动特征包括干预的频率与时间点、任务的多样性和连续性、当事人获得的社会支持等因素。

（四）我国学校实施积极心理健康教育的循证实践

我国学校开展的积极心理健康教育，发端于孟万金于1991年发表的《儿童学

① 雷鸣. 上网影响个人的社会融合吗：以陕西和广西为例 [J]. 西安交通大学学报（社会科学版），2015，35（1）：14-19，65.
② 陈浩彬. 积极心理特质消极效应研究进展及评析 [J]. 首都师范大学学报（社会科学版），2013（4）：151-156.

习障碍的诱因与诊治》一文。从最初对学习问题的关注，发展到后来的塑造积极心理、奠基幸福人生的教育目标。2007年，中国学校积极心理健康教育实验正式在全国拉开帷幕。[①]

积极心理健康教育秉承积极心理学取向，承继和借鉴了中国和西方有关"积极"思想的精华，以积极和发展为取向，旨在有目的、有计划地增进学生与国民心理健康的一种理论和实践体系。积极心理健康教育将学生和社会的积极因素视为研究和教育的重心，将奠基学生幸福人生的终极教育目标划分为三级。其中，一级目标以预防教育为主，面向全体学生，注重开发潜能和培养心理素质；二级目标以解决心理问题为主，针对学生普遍发生的心理问题，实施辅导和咨询；三级目标以矫正心理疾病为主，针对有心理障碍和疾病的个体，实施心理诊断和治疗。

积极心理健康教育的实践重心在一级、二级目标上，即强化一级目标，兼顾二级目标，通过转介专业门诊治疗实现三级目标，使积极心理健康教育落实到全体学生，体现在学生成长的各个方面。

积极心理健康教育的核心任务是开发学生的心理潜能，培养积极的心理品质，并针对教师和不同学段的学生提出了六维积极心理品质，构建了不同学段学生积极心理品质的序列化培养体系（见表1-3）。同时还提出了21项教师积极心理品质，即兴趣与创造力、热爱学习、多角度回答问题、洞察力、热情活力、勇敢和坚持、诚实、爱与被爱、友善、社交智力、领导力、团队精神、公平、谦虚、自制力、宽容、审慎、信念希望、幽默风趣、感恩、审美等。

表 1-3　不同学段学生积极心理品质的序列化培养体系

学段	学生最需着重培养的积极心理品质
幼儿园	好奇心、创造力、自制力、坚持、社交智慧、责任心、审美、希望与乐观等
小学低年级	求知力、真诚、宽容、思维与洞察力、领导力等
小学高年级	创造力、求知力、思维与洞察力、真诚、领导力、宽容、谦虚、持重、心灵触动等
初中	爱、信念与希望、友善、谦虚、执着、创造力、真诚、宽容、领导力等
高中	思维与洞察力、谦虚、信念与希望、持重、执着、真诚、创造力、领导力等
大学	创造力、思维力、领导力、希望信念、团队精神、真诚、自制力、幽默、谦虚、审慎等

积极心理健康教育课题组历经多年的数据收集与分析，成功开发了20余项系列测评工具，包括中国中小学生积极心理品质量表、中国大学生积极心理品质量表、中国教师积极心理品质量表、小学生积极道德品质量表、中学生积极道德品质量表以及中国中小学生的尊严量表、希望量表、自信量表、学业效能感量表等。采

用这些评估工具，研制了我国中小学生积极心理品质的常模及万人数据库与七大区域数据库，并在全国设立了 15 个试验区、300 多所实验校，形成了以点带面、全国整体推进的教育实验格局。一项针对 2007—2017 年我国积极心理健康教育研究的元分析结果表明：积极心理健康教育的研究对象涉及范围广泛，研究方法科学有效，研究理论基础扎实，问题导向鲜明，结果具有重要的指导价值。[①]

思考题

1. 学完本章后，结合本书前言，请为我国学校心理辅导实践活动的发展历程画像，再与同伴分享交流你的画像。然后讨论所画之像与其他国家的相似之处与不同之处分别是什么。最后大家一起尝试描绘中国学校心理辅导的未来走向。

2. 结合本章推荐阅读资源，从学校心理辅导的循证实践取向、生态系统取向、积极心理干预取向 3 个视域或路径中，选择一个你最感兴趣的视域或路径，从自身经历以及你的观察出发，谈谈你对所选视域或路径的思考。

推荐阅读

1. 林崇德，辛涛，邹泓. 学校心理学 [M]. 北京：人民教育出版社，2000.
2. 刘华山. 心理健康概念与标准的再认识 [J]. 心理科学，2001（4）：480-481.
3. 林孟平. 心理咨询与治疗 [M]. 北京：生活·读书·新知三联书店，2022.
4. 俞国良，李建良，王勍. 生态系统理论与青少年心理健康教育 [J]. 教育研究，2018，39（3）：110-117.
5. 杨文登，李晓苗，张小远. 心理治疗循证实践中"证据"的四个基本问题 [J]. 心理学报，2017，49（6）：841-852.
6. 韩布新，王歆睿. 心流至兴盛：全面幸福的综合模型 [J]. 苏州大学学报（教育科学版），2022，10（2）：83-94.

---

① 侯洁，张茂聪. 我国积极心理健康教育研究十年总结：基于 CNKI 学术期刊 2007—2017 年"积极心理健康教育"和"积极心理品质"主题文献的可视化解读 [J]. 中国特殊教育，2017（5）：36-43.

第二章 学校心理辅导技术

二十多年来，学校心理工作者的培养与培训研究始终是国外学校心理学研究的四大热点议题之一。[①] 相关研究显示：心理教师的培养与培训应聚焦循证实践干预训练[②]、课堂管理能力与心理辅导能力[③] 等方面。以德国为例，学校心理学家培养与培训的主要课程模块有 3 个：资源和问题解决导向的心理咨询、学校危机干预、学校心理诊断。从美国学校心理学工作者的教育培训效果研究来看，以行为科学为指导的人才培养方法，是有效提升从业者胜任特征的最主要的途径，尤其是在提升心理咨询的相关胜任特征方面，该方法更有优势。[④]

坚持提升能力是改进新时代学生心理健康工作专项行动的基本原则之一。未来的学校心理辅导者应能为学生、教师、家长及整个教育系统提供全方位的心理健康服务。教育部等十七部门在《全面加强和改进新时代学生心理健康工作专项行动计划（2023—2025 年）》中提出的"四位一体"的学生心理健康工作目标，基本规定了我国学校心理工作者的人才培养规格和胜任特征框架。

此外，提升学校心理工作者的能力还关涉两个重要议题：个人发展与个人成长。前者与个体需求的变化过程和具体训练目标相关，可在内容、途径、结果上进行规划、实施和评估；后者则主要涉及身体、智能、社会、情绪和精神等多层面的成熟与变化，是个体努力趋向这些目标时所取得的自我品质的积极变化。当个体在某个确定方向上得到了积极发展时，此发展即为成长。实践中常会混淆这两个议题，直接导致对咨询师个人成长的重视不足，甚至是忽视。从咨询师生涯管理来看，个人成长一直都是一个非常重要的发展议题。心理助人者的个人成长过程，就是通过学以致用，在自身生活中体验所学、反思所学，促进个人抉择与改变，努力活出生命的意义，使自身在现实生活与助人实践中保持一致。[⑤]

---

① 孔燕，朱芬，王少. 国外学校心理学研究的进展：基于 WOS 数据库 1232 篇文献的分析 [J]. 外国中小学教育，2017（9）：14-22.

② SHERNOFF E S, FRAZIER S L, MARINEZ-LORA A M, et al. Expanding the role of school psychologists to support early career teachers: a mixed-method study[J]. School psychology review, 2016, 45（2）: 226-249.

③ GERICH M, TRITTEL M, SCHMITZ B. Improving prospective teachers' counseling competence in parent-teacher talks: effects of training and feedback[J]. Journal of educational and psychological consultation, 2017, 27（2）: 203-238.

④ 马红宇，唐汉瑛. 美国学校心理学家培养的经验及其启示：基于胜任特征的学校心理学家的培养 [J]. 华东师范大学学报（人文社会科学版），2012，51（4）：146-151.

⑤ 孟莉. 心理咨询师专业发展中的个人成长 [J]. 陕西师范大学学报（哲学社会科学版），2004（2）：117-121.

　　当前，我国学校心理工作者亟须提升的是心理咨询相关的知识、技能、态度与价值观等方面的胜任力。这一方面是因为该能力直接关涉心理课程教学、个体与团体辅导、学生心理评定与学校心理健康教育活动等核心职业活动的效能；另一方面是因为该能力是我国当前学校心理辅导队伍最薄弱、最欠缺的部分。

　　要锤炼心理咨询助人能力，我国著名精神病学家许又新在 2015 年中国心理学会第四届临床心理学注册工作委员会大会上的主旨发言中讲到，心理助人者的基本功应包含三个方面：态度方面的基本功、技术方面的基本功、知识理论方面的基本功。另一位临床学者赵旭东在《我的心理治疗之路》一书中写道：心理咨询与治疗者可以通过精进以下几项能力来改善自身的助人能力，包括同理心和共情的能力，温暖地表达关切的能力，开放性地与人建立信任感的能力，清晰、简明、实在、得当且接地气的交流能力。[①] 学校心理辅导者可以从基本会谈技术与常用辅导技术两个方面来精进自身的助人能力。对广大中小学教师而言，若有这两项技术傍身，亦会切实改善师生关系，提高师生沟通质量，提高立德树人成效。

[拓展资源] 许又新教授谈心理咨询的基本功

第一节　学校心理辅导的基本会谈技术

　　心理助人是指心理辅导者帮助心理求助者探索情感、获得领悟，使其在生活中做出改变的一种专业活动。心理助人技术的起源可追溯至心理学家罗杰斯对复述的运用以及当事人中心理论。他假设，心理助人者对当事人的非评判性、共情同感、接纳和理解，能帮助当事人接纳并理解自己。心理学家希尔基于当事人中心理论提出了"三阶段助人模式"[②]，被江光荣誉为"对当代心理咨询的一个极为恰当的理论整合"。

　　三阶段助人模式构筑在实践、理论和实证研究基础之上，旨在运用心理助人技术，引导当事人探索自身的问题，更好地理解这些问题，并在生活中做出改变。该模式将主要的心理治疗理论整合在三个阶段的心理助人过程中：探索阶段以当事人中心理论为基础，领悟阶段以精神分析理论和人际关系理论为基础，行动阶段则以行为治疗理论为基础。有了这些心理治疗理论的指引，三阶段助人模式能更好地帮助心理助人者决定如何推进助人过程。

　　三阶段助人模式的相关实证研究表明，彻底的探索为当事人获得领悟搭建了平台，深入的领悟为行动决策铺平了道路，而改变又会鼓励当事人回过头来探索自身的问题。该模式的三个阶段分别有对应的助人目标和助人技术。探索阶段有三个目标：一是专注并倾听当事人所说的一切，心理助人者主要透过非言语行为来实现；二是鼓励当事人探索自己的想法，主要的助人技术有重述和针对想

---

① 赵旭东，施琪嘉. 我的心理治疗之路 [M]. 成都：成都时代出版社，2020：8-9.
② 希尔. 助人技术：探索、领悟、行动三阶段模式：第3版 [M]. 胡博，等译. 北京：中国人民大学出版社，2013：20-23.

法的开放式提问；三是鼓励当事人探索自己的情感，主要的助人技术有情感反映、情感表露和针对情感的开放式提问。领悟阶段也有三个目标：一是促进当事人觉察，心理助人者主要通过挑战技术来实现；二是促进当事人领悟，主要的助人技术有解释、针对领悟的开放式提问和领悟性自我表露；三是处理治疗关系，即时化是该阶段的主要技术。行动阶段的主要目标是鼓励当事人探索可能的新行为，促使当事人下定决心采取行动，引导当事人发展行动策略，协助当事人评价和修订行动计划，并对当事人尝试的改变提供反馈等。该阶段主要的助人技术有提供信息、过程建议、直接指导、针对行动的开放式提问和策略性自我表露等。

以上涉及的技术大致有 12 项，其中前 6 项为促进探索的技术，第 7～9 项为促进领悟的技术，第 10～12 项为促进行动改变的技术。下文在介绍开放式提问与情感表露技术时，将关联技术一并介绍、辨析。侧重探索类技术的考虑是：除非当事人面临危机，此时行动要在探索分析之前，否则帮助当事人对自身及问题的深度探索，无疑是所有心理会谈的起点和有效会谈的基石，探索类技术也是构建良好咨询关系的关键。

一、专注技术

专注是指心理助人者以身体姿态表达心向当事人。专注旨在向当事人传达这样一种信息，即心理助人者正在注意他，并鼓励他更开放地表露自己的想法和感受。表达专注可以通过以下非言语行为来实现：温柔、和蔼、邀请式的语调，前倾、开放式的身体姿势，适度的目光接触、点头和微笑等。其中，太少的目光接触会让当事人觉得心理助人者对其所言不感兴趣，而太多的目光接触则会令当事人有被侵犯、支配、控制甚至吞没的不适感。太少的点头会令当事人觉得心理助人者并没有注意自己而感到焦虑，而太多的点头则会让当事人分心。过度微笑会有讨好、嘲笑之嫌，也会因为与严肃的话题不符而使心理助人者表现得有失真诚。

二、倾听技术

倾听是指心理助人者获取并理解当事人传达的信息。专注是倾听的基础，但专注并不能确保倾听。倾听需要心理助人者专注于当事人的一切，包括言语和非言语的行为、环境、文化和呈现的问题等，其中，语境是倾听的重点。判断心理助人者是否在倾听当事人的表达，可以看其是否对所听到的信息做出准确的陈述。可以参照艾维等人划分的三种水平来把握这种准确度：水平一是心理助人者的陈述较之当事人的表达有所减少，甚或有所曲解；水平二是心理助人者的陈述与当事人的表达基本一致，可以互换；水平三是心理助人者的陈述较之当事人的表达有所增加，道出了当事人想说却未说，甚或当事人亦未曾触及的内容。可见，好的倾听有两个要领：一是能识别出当事人所表达的关键信息，如内隐的、主要的、感受性的、能促进了解自我和理解情境的信息；二是将这些信息清晰、简洁、贴切地反馈给当事人。

三、重述技术

重述是指心理助人者对当事人讲过的内容、表达过的意思加以复述或转述。相较于当事人的独自思考，心理助人者的重述犹如一面"镜子"或"回音壁"，让当事人不加以评判地听见或看见自己的所言所思。重述不是重复当事人已表明的信息，而是觉察、捕捉和反馈那些"敏感点"，如当事人关注最多的、卷入最深的、感到疑惑的、觉得矛盾的以及尚未解决的点等等。借助这种镜面反馈，当事人能更顺畅、更聚焦、更深入地探索、澄清和评估自己的想法。重述可以用句子或关键词来表达，内容既可以是此时此地的，也可以是之前会谈中的信息。一般而言，心理助人者重述时的话要比当事人的表达更简洁、清晰、准确、聚焦。概述是重述的一种，指的是将当事人表述的多个想法整理在一起反馈，或是拣出要点和主旨来反馈。重述和概述意在凸显当事人的所言所思，因此既不应超出其所表达的意思，又不必探究缘由。例如："因此，最近这段时间你很难好好地学习。""这一年里你在人际关系上困难重重。"心理助人者可以变换表达方式来使用重述技术，如："我听到你说……""听起来这像是……""我想是不是……""你刚说到……""所以是……"

四、开放式提问技术

与封闭式提问仅需要一两个词作答不同，开放式提问要求当事人做解释、说明或叙述。开放式提问多用在会谈的开始、模糊、卡壳或漫谈时，此时心理助人者提出一个开放性问题，抽丝剥茧般帮助当事人澄清、聚焦和探索。心理助人者运用此项技术时，要用温和的、支持的、非评判的语气，从当事人最具能量或情感的重要问题切入，逐个提问而非连珠炮似的发问，同时表达关切，保持好奇。提问要聚焦当事人而非其他人，聚焦当下而非过去，且应变换方式来发问，诸如："关于……请再多说一点。""一想到……你眼前会浮现出什么？""你那样讲是什么意思？""……意味着什么？""请再举个例子，我估计能明白。"

希尔将开放式提问分为四种：针对想法的开放式提问、针对情感的开放式提问、针对领悟的开放式提问、针对行动的开放式提问。要区分的是，针对领悟的开放式提问旨在帮助当事人思考其所思、所感、所为的深层含义，从而促使其对问题有所领悟，如："你对所发生的这些事情有何感想？""你是怎么把自己的感受和此事联系起来的？"针对行动的开放式提问，意在帮助当事人弄清有关其行动改变的具体内容，如："你曾尝试过哪些方法？""当你那样做时，结果怎样？""在这种情形下你会怎么办？"

五、情感反映技术

情感反映是指心理助人者以陈述的方式清楚地表明当事人的感受。表述的情感可以是当事人曾说过的，或是心理助人者基于当事人的非言语信息所推测的。情感反映是让当事人沉浸于自身的感受，并识别、确认甚至接纳该感受的一种理想的干预措施。心理助人者应以试探性的、温和的方式，共情同感地对当事人做出情感反映。选择当事人最突出的情感进行反映，可以只说出当事人的情绪情感，也可以同时反馈其情感和缘由，如"听起来你感到……""所以你觉得……""你觉得……是因为……""如果我是你，可能会觉得……""依你的样子，我猜想你觉得……"，等等；心理助人者可以变换句式来给出情感反映。心理助人者不必太纠结于所反馈的信息是否"很精准"，只需要比较接近当事人的感受，一般情况下即可起到帮助作用。

六、情感表露技术

情感表露是指心理助人者向当事人表达自身那些与当事人在相似情境下的感受。表露内容可以是心理助人者的真实体验，也可以是一种换位思考后的感受，还可以是对当事人所述内容的当下感受等。对于那些不善于表达自身感受的当事人，心理助人者运用情感表露具有很好的榜样示范作用，能激发当事人识别、命名和表达其情绪情感。在运用情感表露技术时，心理助人者要避免将自身感受强加于当事人，通过类似这样的表达——"那时，我觉得……我想你是否也有同样的感受……"来践行对当事人的尊重。当情感表露后，心理助人者应将会谈的焦点再次转回当事人，可以探寻当事人对心理助人者情感表露的感想。

当心理助人者通过分享自身获得领悟的经验来鼓励当事人进行更深层的探索时，称为领悟性自我表露。这里的前提条件是，心理助人者的生活经验中恰巧有一条能促进当事人领悟的事情，通常是那些已经解决好的，并有新见解的经验，然后心理助人者再将表露聚焦所获得的领悟，而非问题解决的细枝末节上，从而帮助当事人更好地理解自身的问题。最有效的领悟性自我表露宜短不宜长，且表露之后应立即将会谈焦点转向当事人。例如："我从小跟着爷爷长大，他前年去世时，我有很长时间整个人都是木木呆呆的，直到我意识到这就是迷失了自己，低落的心境才逐渐缓过来。我想知道这是否也是你当下的处境？"

当心理助人者通过分享自身曾尝试过的行动策略来鼓励当事人改变行动时，称为策略性自我表露，简称策略表露。从效果来看，与其直接告诉当事人该做什么，不如向其袒露自己的尝试。在给出策略表露之前，心理助人者要确保对当事人的问题进行了充分的探索，在自身的经验中检索到了与当事人问题相契合的行动策略，并以商讨的口吻分享给当事人，没有"必须""应该"似的要求或期待，仅是提供了点子，被采纳与否应充分尊重当事人的意愿，最后再将会谈的焦点转回至当事人，积极寻求其反馈。例如：“在那段减肥的日子里，每次我完成了 15min 的慢跑之后，都会奖励自己玩 10min 游戏。这样的方法对你来说是否有用？”

七、挑战技术

挑战，也称面质或质对，是心理助人者指出当事人适应不良的信念、想法、不一致之处，或者指出还未意识到、不愿改变的矛盾之处。从挑战所揭示的内容来看，往往似当头棒喝般会给当事人带来很强烈的冲击感，若时机不对、方式不当，则当事人难免会产生害怕、卡壳、迷茫、被误解、茫然不知所措，甚或愤怒等消极反应。因此，心理助人者应审慎、温和、尊重、试探性地使用挑战，要以共情同感的态度邀请当事人直面矛盾之处、不一致之处，包括当事人前后话语之间的矛盾、言行之间的矛盾、行为和行为之间的矛盾、价值观和行为之间的矛盾、自我知觉和经验之间的矛盾、理想自我和现实自我之间的矛盾、当事人自知与咨询师观察之间的矛盾等。这些未曾觉察之处犹如一道道防火墙，在当事人过往的生活中曾有过助益，但时至当下却显得适应不良，成为发展的阻碍。心理助人者运用挑战的目的，不在于打破这一道道防火墙，而是要向当事人指出它们的所在，鼓励当事人在墙上打开一扇门，并学习何时打开以及何时关上。这样挑战的对抗性和攻击性就会弱化，反而提高了支持性和接纳度。在实际应用中，心理助人者可以先共情同感地用挑战呈现当事人的不一致，然后做出情感反映，或者给出有关不一致的解释，最后再针对当事人被挑战后的感受提出开放式问题，鼓励其探索，促进其领悟。

八、解释技术

解释是指超出当事人表面的陈述或认识，为当事人的行为、想法或情感赋予一种新的意义、缘由或说明，使当事人从一种新视角、新角度来看待自己的问题。解释的有效性主要在于引导当事人投入会谈活动，引发其高水平的体验，识别出混乱、矛盾或模糊的议题，松动和重构问题解决的图式，乃至提高自我控制力。心理助人者要以温和、审慎、共情同感的合作态度，有节制地运用解释技术。好的解释符合当事人的“最近发展区”，不宜太深、太多、太快，否则会因为超出了当事人的理解能力而起到反作用。希尔认为，一条解释的好坏，重在其实效性而非准确性，通常会使当事人有恍然大悟、茅塞顿开、重获希望或跃跃欲试之感。

心理助人者要让解释成为双方合作共创的惊喜，这样能更好地促发当事人的领悟。通常可用以下方式给出解释：其一，将两个看似无关的事情联系起来，如“你今天对同学发火，与你难过的经历有关吧”。其二，点明当事人所思、所感、所为的心理议题，如“你的考试成绩好一次坏一次，我想知道这是不是害怕成功，才使你难以保持好成绩、好状态”。其三，解释当事人的防御、阻抗或移情，如“你每次坐在这里，都要给我讲一个精彩的长故事，让我没法插话，似乎在向我伸出的援手说‘不’”。其四，给出一个新框架来理解当事人的问题，如“你觉得自己像个被娇惯的孩子，而在我看来，你是因为常常担心被冷落、被抛弃，才会像个小孩一样总黏着别人"。

九、即时化技术

即时化是指心理助人者表露其当下对当事人的感受、对咨访关系的感受或是与当事人相处中自己的感受。心理助人者这种"此时此地"的感受，被亚隆誉为"最主要的治疗力量"，也是心理助人者和当事人"最好的伙伴"，亦被基斯勒誉为最有效的助人技术之一。即时化有 3 种亚型：当事人即时化，如"你看上去坐立难安，似乎身处这里很不自在"；咨询师即时化，如"现在我觉得很紧张，我能察觉到你对我很愤怒"；关系即时化，如"此刻我感觉你将我推得很远"或"你提到似乎没有人理解你，我想知道你是否想说，我并不理解你"。

即时化有很强的挑战意味，如果运用不当，就会有评判、冒犯甚或激惹当事人之嫌，因此，心理助人者要在真诚、尊重、共情同感的氛围中温和地挑战当事人；要避免评价性的、说教式的表达，尽量使用第一人称，在第一时间将自身感受表达给当事人，并寻求当事人的反馈。心理助人者要提高自身的敏感性，识别并用好"此时此地"事件，可留意以下时机：滔滔不绝地使对方插不上话时；自我感觉出类拔萃，表现出傲慢自大甚或不可一世时；交流很被动，就等着对方提问题、递话头时；语调低沉单调，没有任何眼神交流时；不同意对方说的任何话时；过分努力却毫无效果时；等等。这些情境中之所以没有加主语，是因为它们不仅是当事人的可能表现，也可能是心理助人者的行为。由此可见，心理助人者首先要对自身有足够的觉察力和理解力。

十、提供信息技术

提供信息是指心理助人者向当事人提供具体的资料、意见、事实、资源、解答或观点。该技术主要用在行动阶段。当心理助人者确认当事人对学习新东西持开放的心态时，就可以像教师一样提供信息，包括说明行为的意图和目标，讲解要尝试的行为策略，提供心理测验和活动作业的信息，科普一些与当事人相关的心理现象或心理学规律等等。用好该技术，并非要求心理助人者成为"万事通"，而是要在明白自身局限性的前提下，以诚实、尊重、非评判的态度给予当事人必要的资源，同时密切观察当事人的反应并积极寻求其反馈。如同给出解释一样，提供信息也应遵循节制原则，同一时间不要提供太多。相较于直接给出答案，心理助人者应将焦点放在帮助当事人探索如何获取其所需的信息上。

十一、过程建议技术

过程建议是一种直接指导，是指心理助人者指导当事人在会谈过程中做些什么。例如，在心理会谈的现场，邀请并指导当事人采用空椅技术进行自我对话，或采用角色扮演技术来练习人际策略等。在行动阶段，过程建议技术常用于行为练习活动。心理助人者要设法给出当事人一个尝试练习的理由，并确信地表达"这个练习会有帮助"，然后给予清晰、温和的讲解、指导与反馈。例如："你想在这儿，在此刻尝试下角色扮演吗？""初次尝试空椅技术，多数人都会有些别扭和不自在，但请相信我，随着练习的深入，你会感受到空椅技术对认识自我是很有帮助的。""在刚才的练习中，好的部分是……还需要调整的是……"在提供过程建议时，心理助人者应充分尊重当事人的自主性，仔细观察当事人的反应，如果后者出现犹豫、退缩、反驳、顾左右而言他或不理会等"不想""不能"的抗拒心理时，心理助人者首先要允许、理解和接纳，避免陷于争执和对抗，然后做出退让，撤出竞争，转而运用探索技术帮助当事人理解这种"不想""不能"，或者使用即时化技术处理紧张的咨访关系。

十二、直接指导技术

直接指导是指心理助人者建议或劝告当事人在会谈之外做些事情。布置家庭作业是最常见的直接指导，能鼓励当事人将会谈中的所学运用在生活中，巩固和保持会谈中的改变。直接指导意在探索选择的多样性和可能性，以及如何做决定，而非代替当事人直接做出决定。因此，在给出直接指导之前，心理助人者要确保对当事人的问题已经进行了深入彻底的探索，并以合作和尊重的心态，真诚邀请当事人共同探讨改变的计划、制定行动的方案、调整改进的过程。心理助人者在事前、事中和事后都要清楚自身和当事人有关指导的动机、意图和时机，避免助长当事人的依赖和推诿。直接指导的建议不宜太难、太多、太耗时，而要清晰、具体、好操作，还能契合当事人的优势与资源，更重要的是与当事人的问题相匹配。如遇当事人抗拒直接指导，心理助人者可参照过程建议技术的相关应对策略。

第二节　学校心理辅导的常用技术

樊富珉认为，恰当且适时地灵活运用有咨询理论支撑的专门技术，可以促成咨询目标的有效达成，为当事人带来建设性的改变。以下呈现的心理辅导技术均有其理论依据，且在推动当事人达成辅导目标上所发挥的切实效用具有丰富的循证依据。

吉布森和米切尔于 1996—1997 年对 170 名从事学校心理咨询的美国咨询协会（ACA）会员做过一个咨询理论取向调查，从各个理论取向被选择的频率来看，约有80% 的受访者秉持的咨询理论取向都无外乎四类：认知行为理论（包括行为疗法、指导疗法和理性情绪疗法 3 个分支）、人本存在主义理论（包括罗杰斯的以人为中心理论和存在主义理论 2 个分支）、阿德勒个体心理学说和现实疗法。选择四类咨询理论取向的学校心理咨询师人数分别占总人数的 28%、24%、14% 与 10%，总计占比 76%。

基于此，本书主要选择介绍这四类咨询理论取向下的专门技术，同时考虑现实疗法的基本倾向亦归属于认知行为理论取向，并参考对西安市中小学心理健康教育专家的相关访谈情况，选取了专家同仁比较推崇的后现代咨询理论取向，最终共计五类咨询理论取向的九种专门技术。每种专门技术配有陕西学前师范学院心理学本科生的角色扮演视频，视频脚本改编自埃尔福特所著的《心理咨询师必知的 40 项技术》，由四人小组合作完成，更贴近我国学校心理辅导的情境。

一、基于认知行为理论的专门技术：重构法与认知重构法

（一）重构法

重构法是认知行为疗法与阿德勒疗法的常用技术。该法以新方式或新角度呈现当事人的处境，采用更积极、更具建设性的观点，使其问题看起来更容易解决。重构法有三个重要假设：一是问题的产生不是事件本身，而是对事件的看法；二是个体拥有实现改变所需的一切资源；三是改变对一种行为模式的看法，会产生与之相适应的新行为。

心理助人者可分三步实施重构法。第一步，不带偏见地、共情同感地倾听，不质疑当事人的想法、看法、观念和信念，而是充分了解当事人的问题和处境，给予其更多自由来决定是否要坚持、放弃或修改自身的非适应性想法。第二步，以当事人的立场搭建起一座"心桥"，使其从新视角、新角度重新看待问题，提出替代性的新观点。搭建"心桥"可以使用的方法有：重贴标签法——用一个积极的词句替代原来消极的词句，如用"关注"替换"嫉妒"；定名法——用可控的特定行为替换不可控的特征性标签，如用"学生的问题行为"替换"问题学生"；积极赋义法——用动机良好的行为替换症状性行为，如用"老师因为关心我，给了我很多限制"替换"老师只想控制我"。第三步，与当事人合作加固这座"心桥"，直至当事人实现视角转换。

（二）认知重构法

认知重构法是经典的认知行为疗法技术，通过改变当事人的习惯性思维模式，帮助其减少偏执、改善体验。认知重构法有两个主要假设：一是非适应性想法会引发自我挫败感；二是改变认知后，非适应性想法亦可松动和改变。认知重构法有觉察想法、改变思维和重新认识自我及世界等三大目标，可通过以下七步实施：

第一步，全面了解当事人的问题处理方式。第二步，让当事人觉察自己的想法，看到自己的思维过程，搜集证据并探讨对证据的解释。第三步，让当事人看到自己的思维过程如何影响其幸福感与挫败感，凸显其想法的非适应性，启动改变想法和思维模式的意向。第四步，让当事人学习如何评估自身与他人所具有的逻辑性

的、理性的、适应性的思维模式。第五步，当事人通过实验和自我对话来学习如何改变内部语言，帮助当事人重新认识自己和世界。第六步，重新审视适应性思维过程，以实例和证据强化之，制订合理可行的改变目标。第七步，结合思考中断法、角色扮演法、家庭作业等途径，巩固当事人的理性思维模式。

二、基于人本现象学理论的专门技术：动机性访谈法

动机性访谈法旨在提升当事人改变的动机，鼓励当事人实现心理辅导中约定的变化。该技术由威廉·米勒和斯蒂芬·罗尔尼于 2002 年构建，借鉴吸收了普罗查斯卡的五阶段变化说。五阶段变化说包括前意向阶段，此时当事人尚未有要改变的需求；意向阶段，此时当事人犹豫不决，但愿意去权衡改变的利与弊；决定阶段，此时当事人已觉察到要改变，但还未做出改变的承诺；行动阶段，此时当事人已然承诺要改变，并付诸积极练习；保持阶段，此时当事人能将心理辅导中的变化迁移至生活中。

动机性访谈法主要包括协同、唤醒和自主等三个关键性过程。其中，协同是指心理辅导者与当事人双方协商合作，一起探索当事人的改变动机；唤醒是指激发当事人的改变动机；自主则是将改变的责任赋权于当事人，尊重其自由意志。

心理辅导者运用动机性访谈法时，应遵循四项工作原则：

原则之一，共情同感当事人。包括让当事人感到自己被理解，促进当事人理解自身所思、所感与所为之意义，揭示当事人的理想生活方式与现实生活方式的差异，激发当事人表达内心冲突以及接纳其在改变上的矛盾体验。

原则之二，帮助当事人呈现其内在的矛盾与冲突。可以通过 OARS 策略来实现，其中"O"即开放式提问（open-ended questions），就是针对当事人的所思、所感与所为，深度探索并使之具体化；"A"即肯定（affirmations），即呈现当事人的优势与资源；"R"即反映技巧（reflecting skills），就是用情感反映、释意与澄清等会谈技术，呈现当事人的深层体验；"S"即概述（summaries），就是在一次动机性访谈中，抓住会谈的衔接点或过渡点，多次归纳总结当事人对改变的感受和态度。

原则之三，化解当事人的阻抗。包括接纳当事人对改变的阻抗；探索当事人在改变上的冲突；提供新视角，帮助当事人重构其问题处境；鼓励当事人对自身的问题解决负责等。

原则之四，激发自我效能感。通过聚焦当事人已有的成功应对，鼓励其学习如何对自身改变的感受和态度进行归纳和总结，强化当事人想改变、能改变、会改变的信念，为接下来的付诸行动做准备。

三、基于阿德勒个体心理学说的专门技术：自我信息法与仿佛法

（一）自我信息法

自我信息法通过干预当事人的人称代词使用习惯，促使其对自己的情感、行

为或态度负责。该法以弱化反击的方式表达情感，不大可能导致当事人的阻抗。自我信息法是阿德勒疗法常用的技术之一，用来改善当事人的人际关系和人际理解力。

阿德勒疗法看到了个体内在的利他性和对协同目标的需求，尊重个体的社会兴趣与生活方式。该疗法认为，一个人的社会兴趣源于其同父母的早期互动，之所以会出现非适应性问题，是因为一些人际互动环境或人际互动条件妨碍了正常社会兴趣的养成。生活方式则是个体应对生活挑战时所产生的独特的目标与信念。基于此，阿德勒疗法的核心目标包括：一是理解当事人对所处人际互动环境的解释，并尝试改造这种解释；二是帮助当事人发展具有利他性的替代性生活方式，改善其对人际互动的理解力和人际关系质量。

心理辅导者可采用以下策略来实施自我信息法：其一，让当事人用"我"，而非用"它""你"或"我们"来称呼自己。其二，可用三段式结构或四段式结构来教授当事人，前者的图示可表达为"行为→情感→效应"，后者的图示可表达为"行为→情感→效应→期待"。其三，聚焦当事人的行为而非人格。其四，向当事人解释"我信息"与"你信息"的区别。

心理辅导者要敏感于自我信息法的使用时机，如当事人对其行为或情感不负责任时，心理辅导者想要识别问题却遇到当事人的防御和阻抗时，当事人想通过一些"小变化"来解决问题时，双方探讨更复杂的问题时，等等。由此可见，自我信息法的优势在于鼓励当事人承认自身所存在的问题、情感或理念，能弱化当事人用防御的方式来表达情感，以及应对其阻抗，促使当事人更多地表达内心的情感与体验，正视或再认其所处的情境，从而更容易促成冲突双方开放、尊重地沟通，为不同的、相异的观点表达留出余地。

（二）仿佛法

[师生共创
科普]
仿佛法

仿佛法以阿德勒个体心理学说为理论基础，其优势在于改变观点、改变行为。仿佛法旨在帮助当事人理解改变的路径，发展出改变的能力或技能。阿德勒疗法认为，一个人会依据其所建构的认知地图来指导自身生活，仿佛此虚构就是真实一般。基于此假设，心理辅导者可以运用仿佛法帮助当事人改变其虚构，提升问题解决的有效性。

心理辅导者在使用仿佛法时，可参照如下策略：其一，使用"假象反思"三步法，包括"剧本采风"阶段、"创作剧本"阶段和"演出剧本"阶段。"剧本采风"，就是用类似"我想要成为的人"之议题，激发当事人的反思性，帮助其构建有效的认知地图，深入理解自我行为的改变。"创作剧本"，就是心理辅导者与当事人协商合作，共同构建一套可改变的行为群，使"我将能……"等议题具体化。"演出剧本"，就是鼓励当事人在心理辅导之外努力尝试新行为，从挑战性最小的行为开始演练，在尝试成功时给予适当强化，促使当事人在反思中不断调整这个致力于改变的剧本。其二，在当事人重复旧的无效行为模式时，对其表达尊重、理解和接纳，并鼓励其尝试改变。其三，鼓励当事人做出改变的承诺。

四、基于后现代咨询理论取向的四种专门技术

量表技术、例外技术与奇迹问句技术均是焦点解决短期疗法（solution-focused brief therapy，SFBT）常用的干预工具。SFBT有五个基本的工作假设或原则，即：关注引发建设性改变的当事人成就；让当事人认识到每个问题都有例外；小的积极变化会带来大变化；以接触、详述和复制例外来解决问题；用积极的、可量化的、活跃的词句表述目标。SFBT曾被成功应用于儿童青少年群体，专注于改变当事人的行为，而非发展其洞察力。因此，SFBT类技术更受行为导向、直接干预和具体目标的当事人青睐。

（一）量表技术

量表技术是一种将复杂问题具体化的心理辅导技术。由史蒂夫·德·沙泽尔首创。该技术的优势在于可将当事人较为抽象的想法、感受和行为，转化为具体的、有事实依据的、可达成的目标。心理辅导者给出一个包含10级（1～10）或100级（1～100）的量表，邀请当事人量化其问题，比如从悲伤到幸福、从冷静到愤怒、从毫无动力到动力十足等。一般而言，数字越大，表示越积极的结果或体验。等级量表既可以用形象化的方式来呈现，比如常见的社交表情简笔画；亦可用编号阶梯来呈现，比如表达期待的变化。量表技术用来评估关系质量时则称为关系量表，一方面可呈现他人对自己的看法，另一方面可做自我评价，然后两相对照，促进当事人觉察。

[师生共创科普] 量表技术

（二）例外技术

例外技术擅长探索问题解决方案。所谓例外，也称间歇期，就是当问题没有发生时，当事人所拥有的暂时性解决方法。例外技术的主要假设包括：所有问题都有间歇期；个体倾向于否认例外的重要性；例外有助于生成解决方案。心理辅导者通过多方探寻和澄清，帮助当事人探明其问题的间歇期，使其看到自身所拥有的问题解决资源库，再鼓励其采取行动。

[师生共创科普] 例外技术

心理辅导者使用例外技术时要注意以下七点：一是在敏锐的倾听中寻找潜在的解决方案、力量源泉和个人资源。二是用一种满怀希望的、鼓励的方式指出例外。三是具体化地、翔实地呈现例外。四是促使当事人关注自身，如："有没有可能是你做了什么不一样的事情，才出现了这次例外？"五是带着尊重与共情同感来探寻，如："你的处境的确艰难，请问在哪种情况下，你的感觉会比较好一点？"六是布置作业以详勘例外，如："请重点记录……"七是围绕当事人的资源探寻例外，如："这时你做了什么不同于往常的事情？"

（三）奇迹问句技术

奇迹问句技术是通过启发当事人幻想一种成功的问题解决情境，来帮助其重构问题情境。该技术更直接地回应了焦点解决短期疗法关于"将聚焦问题的情境转向

[师生共创科普] 奇迹问句技术

聚焦问题解决的情境"之假设，使当事人探索"什么才是我真正想要的"，而非那些不想要的。因此，心理辅导者使用奇迹问句技术时，应将探索聚焦问题真的不再发生时意味着什么，会有何不同，可能的变化是什么，当事人如何知晓这一切等。由此可见，奇迹问句技术的优势在于帮助当事人设立清晰、具体的目标。

心理辅导者使用奇迹问句技术时要关注以下五点：一是关注当事人已经拥有的而非缺乏的资源，从而设立积极的而非消极的目标。二是探索如何弥合"奇迹问句的变化"与"实际发生的变化"之间的差距。三是帮助当事人形成实际的、合理的、聚焦于自身的解决方案。四是运用奇迹问句技术后要紧跟深度探索，且聚焦识别例外和行为上的变化，如："是不是正在发生或曾经发生过改善的迹象？如果有，区别是什么？如果你做了不同于以往的行为，那么你究竟做了什么？能不能继续这么做？"五是结合量表技术和例外技术使用奇迹问句技术，如："倘若以 1～10 分来打分，你刚才描述的这种奇迹情况是 10 分，那 5 分会是什么样子呢？"

常用的奇迹问句话术有："假设有天晚上，在你睡熟时发生了奇迹，你现在的这个问题解决了，你怎么知道发生了奇迹？有什么不同吗？""如果这个问题突然不存在了，你明天会在学校做出哪些和平时不一样的事情 / 行为？这个奇迹的征兆会是什么？然后又会怎样？""如果有两部电影都是关于你的，在第一部电影中，你的生活也存在这些问题，而在第二部里没有。我已经对第一部电影中的你有很多了解，现在请你告诉我，第二部电影中的你会是什么样子呢？谁会出现在第二部电影中呢？他们会做些什么？你会有哪些不同的举动？""如果有人施魔法让这个问题消失了，你怎么知道它消失了呢？"

（四）空椅技术

空椅技术是使用面对面放置的两把空椅，请当事人用角色扮演的方式，充分表达其对立面的想法和态度。空椅技术起源于心理剧，之后又整合了格式塔治疗理论。格式塔治疗理论关注一个人如何感知此时此地的问题，旨在提高当事人对其当下体验的觉察，通过为当事人提供解决当下乃至将来问题的诸多帮助，使其学习如何解开抑制其图形与背景体验之间的封锁。

空椅技术的优势在于帮助当事人宣泄体验和情绪，澄清对立面的想法与态度，加深人际联结和情感联结，避免其与所处环境的疏离。心理辅导者在使用空椅技术时，要先建设工作同盟，可依据这六步来推进：第一步，帮助当事人觉察到自身的对立感受，邀请当事人解释为什么要用空椅技术。第二步，选择当事人对立感受中最深的一面，使用即时化技术，在此时此地呈现之，加深当事人的对立体验。第三步，帮助当事人表达体验最突出的那一面，这步要避免评判当事人的表达，可以建议当事人用夸张的手势、音调与词句等来表现其体验，帮助当事人聚焦"What and How"来澄清和概括其对立体验，在当事人充分表达之后或者卡住时，停止空椅技术。第四步，选择当事人想法和态度的另一面，交换一把椅子，重复第三步，做反向表达。第五步，再次交换椅子和角色，直至当事人确认了其对立面的想法和态度。第六步，通过知情同意，鼓励当事人尝试行动改变方案。

🍃 思考题

1. 学完本章内容，谈谈你是如何理解学校心理辅导的基本会谈技术与常用技术两者之间的关系的。你认为除了这两类技术之外，一个好的学校心理辅导者还应该掌握哪些技能或本领？

2. 就本章所提供的诸多学校心理辅导的基本会谈技术而言，你觉得自己的擅长之处是什么？哪些原因让你在这些方面有这么好的表现？带着对这两个问题的自我反思，与你的同伴交流，看看你们彼此的优势和资源有何不同。希望你能在同伴中找到榜样，刻意锤炼你不擅长的会谈技术。

3. 从本章所提供的诸多学校心理辅导常用技术中，选择 1～2 种技术，谈谈它们分别适用于哪些学生辅导情境，你会如何将其运用在今后的教学活动或班级管理工作中，你又会怎样"改造"所选的技术，使其更好地服务于你的学生辅导活动。将你的设想与同伴交流分享。

🍃 推荐阅读

1. 中国心理学会临床心理学注册工作委员会伦理修订工作组，中国心理学会临床心理学注册工作委员会标准制定工作组. 中国心理学会临床与咨询心理学工作伦理守则 [J]. 心理学报，2018，50（11）：1314-1322.

2. 马红宇，唐汉瑛. 美国学校心理学家培养的经验及其启示：基于胜任特征的学校心理学家的培养 [J]. 华中师范大学学报（人文社会科学版），2012，51（4）：146-151.

3. 赵旭东，施琪嘉. 我的心理治疗之路 [M]. 成都：成都时代出版社，2020.

4. 埃尔福特. 心理咨询师必知的 40 项技术：第 2 版 [M]. 谢丽丽，田丽，李想，译. 北京：中国人民大学出版社，2020.

第三章　学校心理评估与档案建设

　　身心健康是个体一生发展的根基。促进学生身心健康、全面发展，是党中央关心、人民群众关切、社会关注的重大课题。随着经济社会快速发展，学生成长环境不断变化，学生心理健康问题更加凸显。如何测量评估学生的心理健康水平、预防学生心理危机事件的发生是学校心理健康的重点工作。2012年12月，教育部印发《中小学心理健康教育指导纲要（2012年修订）》指出，"谨慎使用心理测试量表或其他测试手段，不能强迫学生接受心理测试，禁止使用可能损害学生心理健康的仪器"。2019年12月，国家卫生健康委等12部委联合印发《健康中国行动——儿童青少年心理健康行动方案（2019—2022年）》强调，"卫生健康等部门要依托现有资源建设儿童青少年心理健康状况数据采集平台，追踪心理健康状况变化趋势，为相关政策的制定完善提供依据"。《全面加强和改进新时代学生心理健康工作专项行动计划（2023—2025年）》，将"规范心理健康监测"内容单列，强调要加强心理健康监测，定期开展学生心理健康测评。

　　在国家层面，根据新时代学生心理健康工作要求确定的心理评估与档案建设部署，为学校心理健康评估与档案建设指明了方向。在实践层面，学校心理评估不仅要关注学生的心理健康水平，还要关注有特殊需要的学生，比如注意缺陷多动障碍、社交障碍、适应困难的学生。因此，学校心理学工作者需要掌握学校心理评估的相关技能，要能通过量表与访谈相结合的方式甄别有特殊需要的学生，提供转介建议，制订实施相应的教育辅导方案。

第一节　学校心理评估概述

　　心理学家桑代克指出："凡客观存在的事物都有其数量。"此后，麦柯尔进一步指出："凡有数量的东西都可以测量。"心理学的发展逐渐实现了对人的能力、人格、心理健康等心理特性的评估，加深了对人类心理现象的了解，促进了心理学在实践中的应用。

一、心理评估的内涵

　　美国心理学家卡特尔在1980年提出了"心理测验"这个术语，之后的心理学家给予这一概念阐释和完善。总体来说，心理测验是根据一定的测量科学和心理学原理，使用一定的操作程序对个体的认知、行为、情感等心理活动予以量化。心理测验是心理评估的工具，心理评估是应用心理测验实现对个体的了解，是通过心理学量表、会谈等手段，对个体的认知、情感、个性、心理健康、社会适应性等特征做出科学评价。心理评估具有以下三个特点：

（一）间接性

时至今日，我们尚不能直接评估人的心理活动，而需借助考量一个人的行为，通常是对测验问题或任务的反应，来推断其心理特征。间接性反映了心理评估就是将个体特有的、稳定的、可辨别的心理特征转换为一组可操作的测量指标，而后再依测量指标的结果获得心理推断的过程。

（二）相对性

在对人的行为进行评估时，没有绝对的标准，有的只是一个连续的行为序列，评估者要考量心理行为与对应群体该项心理行为特征的比对。所以每个人的评估结果都是与所在团体或大多数人的行为或某种人为确定的标准相比较而言的，比较的团体不一样，评估结果也就不一样。

（三）客观性

客观性是一切评估活动的基本要求，反映了评估工作的科学性和有效性。心理评估要达到物理测量的客观性很难，毕竟前者要控制的变量更多、更复杂。标准化心理测验极大地促进了心理评估的客观性，为心理评估提供了可靠的依据。

但是，心理评估所具有的间接性和相对性，提醒学校心理辅导者要慎重地进行心理评估，最好是将其作为心理辅导的辅助手段而不是唯一途径。[1]事实上，那些经验越丰富的心理辅导者，越倾向于采用多元方法来评估学生心理，心理会谈或个案访谈法就深受其青睐。[2]

二、学校心理评估的内涵与原则

学校心理评估是指学校在心理科学、相关法律法规的指导下开展的，对学生认知、情感、个性、心理健康等特征做出的评定。

学校肩负育人使命，在开展心理评估时需要坚持以下原则：

（一）学校心理评估的量表要规范

一是要根据学校心理评估的目的确定需要测量的心理特征。例如，了解新生入

---

① 张厚粲，余嘉元. 中国的心理测量发展史 [J]. 心理科学，2012，35（3）：514-521.
② 刘霞. 心理测验在心理咨询中的应用 [J]. 陕西师范大学学报（哲学社会科学版），2002（S1）：75-77.

校之后的适应情况，可以测量学习适应、生活适应、情感和社会适应等，找出合适的量表，查看量表使用说明，确保信效度在可接受范围内。

二是要考虑备选量表是否适合学生群体，比如题目描述是否考虑了未成年学生的特征，是否存在不良的暗示和引导性提问。

三是查看备选量表的常模是否更新及时，如果确实没有新近修订的参照工具，在排除其他因素的情况下可优先选择标准参照测验。因为标准参照测验中标准的建立通常基于较为确定的专家共识，相对于常模参照测验有更好的稳定性。

四是要根据学生的年龄特征选取时长合适的量表。如果题目数量过多，评估耗时过长，就有可能导致有效回答率下降。

（二）学校心理评估要关注学生的变化与发展

学校心理评估不是终点，而是帮助学生的起点。学校心理评估的目标在于帮助学生更好地了解和发展自己，帮助学校为学生提供更适合的教育教学。教师要在工作中以积极的态度指导和帮助学生，而不是匆忙地给学生下结论、贴标签，歧视甚至放弃他们。

学生心理发展是一个动态变化的过程，对学生的心理评估要持续进行。一次心理评估是学生在特定时空的表现，有着时间和空间上的限定性。特别是在心理健康方面，要进行多次施测和分析。

从积极心理学的视角来看，学校心理评估不仅在于诊断和筛选学生的问题和困难，更在于发现和研究学生已经拥有的良好品质。

学校心理评估是为了更好地开展学生心理发展支持与教育引领。实践证明，对学生了解得越多、越深，教育的针对性就越强，效果也越好。学校借心理评估了解学生的现状，制订帮助计划，为学生提供更多的教育。

三、学校心理评估分类

心理评估是为了解个体心理现象，包括心理过程、心理状态、个性心理三个模块。从内容的角度来看，有多少种心理现象就可以进行多少种心理评估，基于不同目的与不同情境，心理评估具有不同的类别和功用。按照不同的分类标准，学校心理评估包括以下类型：

（一）能力、人格、心理健康评估

1. 能力评估

能力作为一种心理特征，通过成功地解决各种实际问题而表现出来。分析一个人怎样解决问题，取得了什么成果，就可以间接地判断其能力。能力评估可分为一般能力评估与特殊能力评估。一般能力评估，即智力评估，这是目前世界各国普遍流行的一类心理评估，常用的量表有斯坦福－比奈量表、韦克斯勒智力量表等。特殊能力评估，即评估个体在不同领域展现出的能力，如机械操作能力、音乐能力、管理能力等。特殊能力评估具有较强的针对性，例如，西肖尔编制的音乐能力测验就是针对音乐能力编制的。特殊能力测验应由相关专业人员组织施测。

目前，创新能力的重要性被越来越多地强调，创新能力测验也引起了人们的普遍关注。但是目前这类测验的标准化程度还不高，距离实际推广应用还较远。

2. 人格评估

人格是构成一个人的思想、情感及行为的独特模式，是一个人区别于他人的稳定的心理特征。人格主要包括气质、性格以及自我调控系统。目前使用较多的人格评估量表主要有卡特尔16种人格因素问卷（16PF）、艾森克人格问卷（EPQ）、明尼苏达多相个性调查表（MMPI）、大五人格因素测定量表（NEO-PI-R）以及中国人人格量表（QZPS）等。

需要注意的是，青少年的人格处于发展完善的过程中，通常不对未成年人进行人格诊断类评估。

3. 心理健康评估

心理健康评估是目前学校应用最为广泛的心理评估，主要用于教育部门和学校监测学生心理健康动态、衡量心理健康工作质量，是健康教育、监测预警、咨询服务、干预处置"四位一体"学生心理健康工作体系的关键一环。具体内容将在下一节详细阐述。

（二）个别心理评估与团体心理评估

1. 个别心理评估

个别心理评估是指一次仅以一位被试为对象，通常是由一位主试与一位被试在面对面的情形下进行。个别心理评估的优点在于主试对被试的行为反应有较多的观察与控制机会，尤其对特殊群体不能使用文字而只能由主试记录其反应时，就必须采用面对面的个别评估。个别心理评估的主要缺点是不能在短时间内经由测验收集到大量的资料，同时需要主试具有心理评估技能。

2. 团体心理评估

团体心理评估是指在同一时间内由一位主试，必要时可配有多名助手对多人乃至群体进行施测。团体心理评估的优点在于可以在短时间内收集到大量资料，因此在学校心理评估中被广泛采用。例如，学生在入学或毕业时的心理健康普查就属于团体心理评估。团体心理评估的缺点是被试的行为不易被控制与记录，容易产生测量误差，精确度与可信度不如个别心理评估，因此，团体心理评估往往用来做心理普查和初筛，要获得更加科学、可信的结果则需要进一步访谈。

（三）纸笔测验与操作测验

按照评估的实施方式，心理评估可分为纸笔测验和操作测验。

1. 纸笔测验

绝大多数的心理测验通过纸笔实施，评估所用的是文字或图形材料，实施方便，团体心理评估多采用此种方式。但文字材料易受被试的受教育程度的影响，比如幼儿园儿童和小学低年级学生不适合采用纸笔测验。

2. 操作测验

操作测验是为弥补纸笔测验的缺陷而开发的。如果要对特殊儿童或不同文化背景的被试进行心理评估，可能受限于文化知识或文化与语言的隔阂，则需要采用操作测验，如瑞文推理测验。操作测验的项目多属于对图片、实物、工具、模型的辨认和操作，无需使用文字作答。此种测验大多不宜团体实施，要花费大量的时间，如韦克斯勒智力测验中的操作分测验。

（四）描述性评估、诊断性评估与预测性评估

按照实施的目的及功用，心理评估可分为描述性评估、诊断性评估和预测性评估

1. 描述性评估

无论是教育中的"因材施教"还是辅导中的"循证咨询"，都强调对学生的充分了解。描述性评估往往适用于此种情境，如艾森克人格问卷等人格测验即属于这一类型，其目的在于对个人或团体的能力、性格、兴趣、知识水平等进行了解与把握。

2. 诊断性评估

当学校心理辅导教师想对学生进行针对性的辅导与咨询时，或者需要将学生进行转介时，就需要将学生的心理问题进行诊断性评估，其目的在于描述学生问题的类别及严重程度。

3. 预测性评估

当教师想了解学生未来的学业成就或心理健康程度时，就可采用预测性评估，即通过测评分数以及相关参照标准预测学生将来的表现和所能达到的水平。

（五）最佳行为评估与典型行为评估

根据评估内容是否存在正误之分，心理评估可分为最佳行为评估和典型行为评估。

1. 最佳行为评估

当学校心理辅导教师想知道学生发展的最高、最优水平时，就可选择最佳行为评估。此种评估往往与认知过程、行为结果有关，要求被试尽可能做出最好的回答或行为。能力评估、成就评估均属于最佳行为评估。

2. 典型行为评估

有时候心理辅导者仅仅想了解某项行为发生的频率，如心理健康、人格评估作出判断和界定的依据就是心理行为发生的频率，频率的高低代表着某种问题行为、倾向、特质存在与否，因而这一类问题没有对错之分，一般也不严格要求答题时间。此种评估要求被试按通常习惯的方式作出反应。在实施典型行为评估时，一

定要提醒学生回答无对错之分，否则容易造成学生瞻前顾后，影响评估结果的有效性。

（六）结构性评估与投射性评估

按照评估项目的明确性、反应的限定性、评分与计分的标准性等指标，心理评估可分为结构性评估和投射性评估。评估问题明确，反应的限定性高，评分与计分标准统一，则属于结构性评估，否则就属于投射性评估。

1. 结构性评估

结构性评估所呈现的刺激和被试的任务是明确的，即量表的结构维度清晰，问题表述清楚，被试的反应被控制在有限的范围内，对其评分与计分也较为容易进行可操作化处理。绝大多数的心理评估都属于结构性评估。

2. 投射性评估

在投射性评估中，刺激没有明确意义，问题模糊，对被试的反应也没有明确规定，著名的罗夏墨迹测验、主题统觉测验皆属于投射性评估。由于呈现问题的方式和反应的方式模糊而不明确，对于被试的反应也缺乏明确的界定与限制，对投射性评估结果的解释需要极为深厚的心理咨询与治疗理论和丰富的临床经验。投射性评估结果的准确性、客观性、科学性低于结构性评估。

第二节　学校心理健康评估与档案建设

青少年时期是个体发展的黄金时期。青少年要面对生理、心理的发育和发展、社会阅历的扩展及思维方式的变化，特别是面对社会竞争的压力，他们在学习、生活、自我意识、情绪调适、人际交往和升学就业等方面，可能会遇到各种各样的心理困扰或问题。《全面加强和改进新时代学生心理健康工作专项行动计划（2023—2025 年）》提出要"建立'一生一策'心理健康档案"。帮助学生了解自身心理健康状态，建立学生心理档案，是学生身心健康成长的必然要求。

一、学校心理健康评估的意义

专业的心理评估可以更加全面、客观、准确地了解学生的心理健康状况，有助于学校和教师有针对性地开展教育工作，心理评估在学校教育中的作用主要体现在以下四个方面：

[拓展资源]
新生心理
评估方案
示例

（一）帮助了解学生心理状态和特征

心理健康，预防胜于治疗。心理健康评估可以收集学生心理的量化数据，了解学生心理发展状况，教师根据心理健康评估结果，对学生进行分类管理，从而优化学校心理健康教育效果，提升学生的自我认知，促进学生健康发展。

（二）帮助预警学生心理与行为问题

心理健康评估可以帮助学生、家长正确认识常见的心理现象。这样一方面可以增加学生积极求助的意愿，另一方面也可以帮助教师与家长识别学生潜在的心理问题，做到早发现、早干预。心理健康知识的普及对于中小学生来说尤为重要。

大多数发展性心理问题，如注意缺陷多动障碍、孤独症、学习障碍等，都有非常明显的异常行为表现，其实很容易被觉察到。然而在过去，由于缺乏相应的心理学常识，教师、家长甚至学生自己会错误地将这些异常行为表现解读为粗心、学习态度差、智力落后等。这不仅延误了干预的时机，还会给学生的毕生发展蒙上阴影。因此，开展心理评估、预警心理与行为问题十分重要。

（三）帮助建立学生心理档案

心理健康评估的结果是建立中小学生心理档案的基础。学校可以根据周期性的心理评估结果，形成校级、年级、班级和学生个体的、全面的、综合的心理档案。

（四）帮助教师更好引领学生健康成长

心理健康评估结果为学校更加积极主动地开展心理健康教育与辅导提供了准确有效的支持。教师可根据心理健康评估结果对心理健康水平有待提升的学生加强跟踪辅导，针对学生的具体情况开展积极关注、个体辅导、及时跟踪、主题活动等，帮助学生保持积极的心态，实现健康成长。

二、学校心理健康评估的实施

学校心理健康评估需要综合考虑校情、学情，选择合适的评估工具与手段，有效组织施测过程，将收集到的信息与访谈相结合，科学合理地解释评估结果。

（一）心理健康评估参考量表

1. 症状自评量表

［拓展资源］
SCL-90 量
表及其常
模 20 年变
迁之研究

症状自评量表（symptom checklist-90，SCL-90）由心理学家德若伽提斯于1975年编制，是应用于心理健康状况鉴别及团体心理卫生普查的实用、简便而有价值的量表，也是当前使用最广泛的精神障碍和心理疾病门诊检查量表。该量表有 90个项目，包括感觉、思维、情感、行为、人际关系、生活习惯等内容，可以评定特定时间范围内，通常是评定一周以来的心理健康状况。量表包括躯体性、强迫症状、人际关系敏感、抑郁、焦虑、敌对、恐怖、偏执、精神病性等9个症状因子。

2. 中学生心理健康诊断测验

中学生心理健康诊断测验是周步成等人对日本铃木清等编制的不安倾向诊断测

验进行修订而成，是适应我国中学生标准化的心理健康诊断测验。该测验主要测评的内容为：学习焦虑、人际焦虑、孤独倾向、自责倾向、过敏倾向、身体症状、恐怖倾向、冲动倾向。

3. 中学生心理健康量表

王极盛于 1997 年编制了中学生心理健康量表。该量表共有 60 个项目，包括 10 个分量表，分别为强迫症状、偏执、敌对、人际关系敏感、抑郁、焦虑、学习压力感、适应不良、情绪不稳定、心理不平衡，采用 5 级评分制。分量表与总量表的相关系数在 0.77～0.87，内容效度比较理想。

4. 社会支持评定量表

社会支持评定量表是肖水源等心理卫生工作者在借鉴国外量表的基础上，根据我国的实际情况自行设计编制的，在心理学中，社会支持指的是一个人从自己的社会关系（家人、朋友、同事等）中获得的客观支持以及个人对这种客观支持的主观感受。社会支持不仅是指物质上的条件和资源，也包括在情感上的支持。该量表适用于 14 岁以上的各类人群（尤其是普通人群）。

该量表以社会支持与身心健康的关系为理论指导，根据当事人的社会支持情况，对形成当事人心理障碍的社会环境因素做出可能性推测。测验结果还可以作为影响因素引入心理障碍、疾病的成因研究中。

以上量表均收录在公开在售的学校心理测评软件系统中，购买软件即可按照软件使用说明进行学生心理健康评估。这些量表可单独使用，也可根据需要组合使用，比如将症状自评量表与社会支持评定量表组合使用。

（二）AI 多维度心理评估

AI（人工智能）多维度心理评估是指通过实时视频数据采集技术，结合心理学、生理学技术、震动影像技术、机器视觉、人工智能、数据分析等技术，获取学生相关心理、生理指标及心理健康状况，搭建情绪度量模型。学生只需在设备规定位置静止站立 1min，通过实时视频数据采集就可获取学生的心理、生理指标，包括：攻击性、压力、紧张、自信、平衡、可疑、能量、自我调节、郁闷、神经质、抑制、幸福感、活力度等，以此反映学生在测试时段的心理状态。

[拓展资源]
AI 多维度
心理评估
示例

（三）数据结果与访谈评估相结合

无论是心理量表还是 AI 多维度心理评估，都需要与心理学专业人员和学生面谈评估相结合。这是因为人的精神世界变化复杂，技术手段可以提升心理健康评估的效率，但基于技术手段的心理健康评估结果不是结论。比如，某班最近发生了一起心理应激事件，导致各类数据监测到这个班的学生情绪低落，这个时候就需要心理学专业人员结合实际情况评估这些"低落"的情绪反应是正常的，还是超出了正常范围。心理学专业人员能更好地判断哪些学生是需要格外关注的，以及需要什么程度的关注，从而更好地判断学生现在的情况，更有针对性地帮助学生而不是过度关注。

三、学生心理档案建设

学生心理档案是记录和反映学生心理状况和特点的一种重要工具。它可以帮助学校、家庭和社会了解学生的心理健康水平，及时发现和解决学生的心理问题，提高学生的心理素质和适应能力，促进学生全面发展。

（一）确定建档对象和范围

学生心理档案的建档对象应包括所有在校学生。为了全面了解每名学生的心理状况，应该尽可能覆盖所有学生，不要遗漏或者忽视任何一名学生。

（二）收集和整理档案资料

建立学生心理档案的资料主要有以下六类：

（1）背景资料，包括学生的基本信息（姓名、性别、年龄、籍贯等）、家庭情况（家庭结构、经济状况、父母教养方式等）、重大社会事件（家庭变故、挫折经历等）等。

（2）在校表现，包括学业表现、兴趣爱好、人际交往、班级岗位、教师评价、自我鉴定等。

（3）心理素质，包括智力能力、人格特征、心理健康状况等，可以通过心理量表进行评估。

（4）学习适应性评估，包括学习方法、学习习惯、考试焦虑等方面的诊断和教师指导情况。

（5）教师及同伴观察记录，包括对学生日常行为和心理表现的观察和记录，例如，是否有异常或者危机迹象，包括抑郁、焦虑、暴力、自残等。

（6）心理辅导记录，包括对需要心理咨询或者干预的学生进行的咨询过程和效果的记录，如咨询时间、次数、主述、症状表现、工作诊断意见、原因分析、咨询方法与过程、咨询效果、追踪记录等。

收集和整理心理档案资料的方法有以下三种：

（1）心理评估。通过设计或者选用合适的心理量表，收集学生的心理素质、学习适应性等方面的数据。

（2）访谈或观察。通过与学生进行一对一的访谈或者小组访谈，或者对学生的日常行为和心理表现进行观察，收集学生的背景资料、在校表现、心理辅导记录等方面的信息。

（3）智慧校园大数据等其他来源。例如，通过智慧校园取得与学生家长、教师、同学的联系与沟通，或者查阅学生的成绩单、奖惩记录、作品集等，收集学生的相关资料。

收集数据时要注意保护学生的隐私和尊严，避免引起学生的反感或误解。要注意保持客观公正，避免受到主观偏见或误导的影响。

（三）分析和评价档案资料

收集和整理好档案资料后，就要对档案资料进行分析和评价，以便了解学生的心理状况和特点，发现和解决学生的心理问题。

分析和评价档案资料的方法有以下三种：

（1）统计分析。通过运用各种统计方法，如描述性统计、相关分析、回归分析、因子分析等，对档案资料进行量化和归纳，得出一些客观、科学的指标和结论。

（2）比较分析。通过运用各种比较方法，如横向比较、纵向比较、内部比较等，对档案资料进行相互对照和差异检验，发现一些规律性特征。

（3）解释分析。通过运用各种解释方法，如因果分析、功能分析、动机分析等，对档案资料进行深入探究和原因剖析，揭示一些隐含和深层的问题与需求。

（四）利用和更新档案资料

建立学生心理档案的目的不仅是收集和保存资料，更重要的是利用资料，为学生的心理教育和发展提供服务和指导。

利用和更新档案资料的方法有以下四种：

（1）个别辅导。根据档案资料，对有心理问题或者有需求的学生进行个别辅导，帮助他们排解困扰、调整情绪、提高能力、规划未来等。

（2）班级教育。根据档案资料，对某个班级或群体学生的心理特点和问题进行分析，制订相应的心理健康教育计划和方案，提高学生的心理素质和适应能力，增强班级或群体的凝聚力和向心力。

（3）学校管理。根据档案资料，对全校或者某个年级学生的心理状况进行总结和评价，为学校心理健康教育与管理提供参考和建议，优化学校心理健康教育环境和氛围，营造有利于学生心理发展的条件。

（4）家庭合作。根据档案资料，与学生家长进行沟通和协作，让家长了解学生的心理状况和需求，增进家长对学生的关爱和支持，协调家庭与学校之间的教育目标和方式，形成教育合力。

四、学校心理健康评估与档案建设展望

（一）借助人工智能推进学校心理健康评估与档案建设

随着人工智能技术的发展，学校心理健康评估与档案建设可借助人工智能推进，建设学校心理健康教育研究与评估的人工智能工程，实时监测学生心理健康状态，及时应对学生心理危机，促进学校心理健康教育工作的智能化发展。

（二）基于大数据的心理健康动态监测

借助无处不在的大数据（如网络使用、宿舍管理、课堂出勤等方面的数据），最

大限度、最高效率地扩充潜在的心理健康筛查指标，使对学生心理危机的排查摆脱时间和空间的制约，及时收集和处理大量在线或实时数据，通过对各类数据的处理，实现学生心理预警的动态化管理，提高学生心理危机识别的时效性。同时，借助大数据技术建立基于学生日常行为分析的心理危机预警模型，可以利用当事人的各类日常生活痕迹来弥补临床诊断量表评估的不足，并通过模型实时评估学生的心理健康状态，实现对高危个体的实时心理监控和自动预警。

（三）心理健康评估与学科教育评估有机融合

学校心理健康评估应与学科教育评估相融合。学校可以将心理健康评估知识融入各个学科中，通过学科教育关注学生的心理健康状态。同时，提升教师的心理健康评估能力，使其在学科教育中能够更好地关注学生的心理健康发展。

🍃 思考题

1. 学完本章后，请制订一份班级心理评估方案。可以向在校工作的心理学人士请教方案的必要性与可行性，与同学一起讨论方案的改进措施。

2. 结合本章推荐的心理评估工具，你觉得心理评估工具的发展前景是什么？在借助人工智能推进学校心理健康评估与档案建设方面，你有怎样的构思？请写出来与同学一起讨论其可行性。

3. 如何实现心理健康评估与学科教育评估融合，请谈谈你的想法。

🍃 推荐阅读

1. 戴晓阳，王孟成，刘拓. 常用心理评估量表手册 [M]. 3 版. 北京：北京科学技术出版社，2023.

2. 戴海琦. 心理测量学 [M]. 3 版. 北京：高等教育出版社，2022.

3. 姜力铭，田雪涛，任萍，等. 人工智能辅助下的心理健康新型测评 [J]. 心理科学进展，2022，30（1）：157-167.

第四章 学习困难的心理辅导

学习困难，或称学业不良、学习障碍、学习无能、学习失能等，是指各种原因导致的学习失常，表现在听、说、读、写、推理和数学能力的获得与使用等方面的困难，排除了视、听、运动等方面的感官障碍与智力缺陷。[①] 纵观全球，学习困难问题在不同国家的发生率普遍较高且相对稳定。一项学习困难发生率的元分析结果发现，阅读障碍的发生率为 7.1%，数学学习障碍的发生率为 5%～7%，书面表达障碍的发生率为 7%～15%，男女比例为 2∶1～3∶1。[②] 此外，注意缺陷多动障碍也是导致学习困难的一种常见的神经发育障碍，在我国的患病率约为 5.6%[③]。

党的二十大报告提出要加快建设教育强国，促进教育公平。学习困难问题若解决不好，就容易在一定程度上影响教育的平衡充分发展，影响教育公平的实现。对学生个体的健康发展来说，各种类型的学习困难不仅直接影响特定知识与技能的学习效果，而且可能泛化到特定学习领域之外，制约整体学业的发展，甚至影响学生的生活、人际交往，以及良好个性的发展与积极心理品质的塑造，因此有必要对学习困难展开针对性的辅导与帮助。本章聚焦三种常见的学习障碍——发展性阅读障碍、数学学习障碍与注意缺陷多动障碍，重点在于介绍其内涵、成因、辅导干预手段，以期帮助教师尽早识别或转介学困生，助力这些学生更好地融入班级，适应学校生活。

[师生共创科普]
"他为什么不做作业"

第一节 发展性阅读障碍的心理辅导

一、发展性阅读障碍的界定

发展性阅读障碍这一概念最早来自欣谢尔伍德提出的"字词盲"现象。"字词盲"是指学生在学习阅读中存在着较大的困难。经过了一个多世纪的研究与探索，目前认为发展性阅读障碍指的是拥有正常智力水平与教育机会，无生理神经性或器质性缺陷的学龄儿童，其标准化阅读测验成绩显著低于正常儿童两个年级，是一种

---

① 上海市教育科学研究所初中学习困难学生教育研究课题组. 学习困难学生发展的特点及学校教育的反思 [J]. 上海教育科研，1992（5）：5-8，61.

② 郭海文，余韶卫. 特定学习障碍诊断的研究进展 [J]. 实用医学杂志，2023，39（4）：395-399.

③ 李世明，冯为，方芳，等. 中国儿童注意缺陷多动障碍患病率 Meta 分析 [J]. 中华流行病学杂志，2018，39（7）：993-998.

较为常见的学习障碍。① 从短期来看，阅读障碍会影响儿童在整体言语能力上的正常发展，若不及时施加干预，这种不良影响则会蔓延至儿童的认知、情感、自我概念、社会性发展等方面。因此，发展性阅读障碍受到了教育界与研究者的广泛关注。

20 世纪 90 年代，针对我国儿童的汉语阅读障碍被首次诊断提出。②2010 年前后，我国儿童的汉语阅读障碍发生率为 3.5%～10%。③ 在影响汉语阅读障碍的诸多因素中，性别、家庭社会经济地位与父母的受教育程度最为关键。具体表现为：男生的汉语阅读障碍发生率显著高于女生；较高的家庭社会经济地位、完整的家庭结构、良好的家庭氛围、受教育程度较高的父母等，是儿童阅读能力发展的保护性因素，反之，能预测较高的儿童汉语阅读障碍检出率。④

二、发展性阅读障碍的成因

阅读是从书面字词中提取意义的认知过程，包括视知觉和语言加工两部分，因而一部分学者认为，阅读障碍主要是儿童的视知觉障碍导致的，欣谢尔伍德对"字词盲"的研究认为，阅读障碍主要是儿童的视觉加工缺陷所致。后来的学者发展其观点，提出阅读障碍的非语言特异性理论，认为感知觉的正常发展是高级认知、语言和言语发展的先决条件，阅读障碍是更深层次、更基本的视觉与听觉障碍造成的，其根本原因在于非语言的听觉能力和视觉能力的损伤或发展不完善。这类理论的核心是阅读障碍没有语言特异性，不局限于语言学层次。另外一部分学者认为，语言可能是影响阅读障碍的重要因素，发展性阅读障碍被视为语言障碍连续体中的一部分，是一种语言加工缺陷，这一系列观点发展成阅读障碍的语言特异性理论。综合非语言特异性理论和语言特异性理论的观点，一般认为以下因素可能与儿童的发展性阅读障碍有关：

（一）视觉加工缺陷

阅读障碍者在实际阅读过程中容易出现跳字、越行、文本模糊等现象，研究者由此认为阅读障碍者可能存在视觉加工缺陷。后续的研究证实，阅读障碍者的视觉通路存在缺陷，他们对视觉言语刺激信息的敏感性较低，更有学者认为阅读障碍者存在视觉系统缺陷——视觉大细胞缺损，而听觉缺陷则使阅读障碍的症状加重。但后续也有研究发现，视觉大细胞缺损不是阅读障碍者所独有的特征，阅读障碍不是单纯由视觉加工缺陷引起的。越来越多的研究者认为，视觉加工缺陷是阅读障碍的结果而不是原因。

① 孟祥芝，舒华. 西方发展性阅读障碍研究进展 [J]. 心理学动态，1999（4）：14-19.
② 张承芬，张景焕，殷荣生，等. 关于我国学生汉语阅读困难的研究 [J]. 心理科学，1996，19（4）：222-226，256.
③ WADSWORTH S J，OLSON R K，DEFRIES J C. Differential genetic etiology of reading difficulties as a function of IQ：an update[J]. Behavior genetics，2010，40（6）：751-758.
④ 刘志军，陈会昌. 7 岁儿童语言表达的影响因素分析 [J]. 心理科学，2005，28（5）：1126-1130.

（二）注意缺陷

注意是所有心理活动发生的前提，正常的阅读获得需要注意的参与。实际研究发现，阅读障碍者的注意是分散的，其指向性与集中性不足，因而注意缺陷很可能是阅读障碍的直接原因，主要体现在注意广度障碍与空间注意障碍方面。注意广度指的是单位时间内注意对象的数量。研究者在一项实验中给阅读障碍儿童呈现 5 个辅音字母，随后让其口头报告字母，结果发现无论是报告 5 个字母还是报告某一特定位置的字母，阅读障碍儿童的表现都显著低于正常同龄组儿童。[①]

多项研究证实，空间注意障碍是汉语阅读障碍认知加工的突出特征。因为汉字作为一种图形文字，存在着较为精密的空间布局，涉及视觉空间辨认、视觉空间分析、视觉空间扫描、视觉空间记忆等多方面的能力。

（三）语音意识、正字法与语素意识缺陷

语音意识是指个体对自己语言中语音成分的觉知和操作能力。在拼音文字中，语音意识缺陷是阅读障碍的核心缺陷。尽管汉语属于表意文字，但现有研究发现，语音意识缺陷是造成汉语阅读障碍的重要原因之一。阅读水平低的儿童，其形旁意识、声旁意识的发展晚于阅读水平高的儿童，且利用汉字的形旁与声旁推测整字的音、义上的能力明显滞后。[②]

正字法加工是指对特定语言中书写习惯的理解和拥有辨别书写正确与否的知识，涉及汉字组字规则意识和汉字的结构意识。研究发现，阅读障碍者的正字法规则发展滞后，他们在识别汉字时，形似错误所占比例很大[③]，其字形学习也落后于正常儿童，在字的表征和加工上存在缺陷，正字法冗余信息的敏感性发展缓慢等。

语素意识对汉语儿童的阅读具有重要的作用，汉语的语素意识包括词素意识、同音和同形词素意识、形旁意识等。[④] 有学者认为，语素意识缺陷可能是导致汉语阅读障碍的核心认知因素。[⑤]

三、发展性阅读障碍的评估

根据前述，发展性阅读障碍的理论观点可以归纳为非语言特异性理论和语言特异性理论。不同研究者提出了不同的阅读障碍筛选标准，这也是阅读障碍检出率高

① BOSSE M L，VALDOIS S. Influence of the visual attention span on child reading performance：a cross-sectional study[J]. Journal of research in reading，2009，32（2）：230-253.

② SHU H，ANDERSON R C. Role of radical awareness in the character and word acquisition of Chinese children[J]. Reading research quarterly，1997，32（1）：78-89.

③ 丁玎，刘翔平，李烈，等. 阅读障碍儿童识字特点研究 [J]. 心理发展与教育，2002（2）：64-67.

④ MCBRIDE-CHANG C，SHU H，ZHOU A B，et al. Morphological awareness uniquely predicts young children's Chinese character recognition[J]. Journal of educational psychology，2003，95：743-751.

⑤ SHU H，MCBRIDE-CHANG C，WU S，et al. Understanding Chinese developmental dyslexia：morphological awareness as a core cognitive construct[J]. Journal of educational psychology，2006，98（1）：122-133.

低不一的重要原因。目前，广泛接受的筛选标准主要有以下五种。

（一）排除式筛选标准

如何界定阅读障碍，会直接影响如何筛选发展性阅读障碍者，亦会导致阅读障碍检出率的明显差异。排除式筛选标准包括两种：一种是非排除式界定，即无论强度与缘由，所有发生在阅读过程中的困难都被视为阅读障碍；另一种是排除式界定，即排除智力落后，仅将阅读障碍限定在智力正常却有普遍的语言缺陷上。依据这两种界定的阅读障碍检出率显然会有差异。世界卫生组织对阅读障碍的界定属于排除式界定，即将阅读障碍者限定在"非言语智力正常且在教育机会、社会环境、经济条件、学习动机或情绪方面与其他儿童无明显差异"的情况下，阅读成绩明显落后于同龄智力相当者的儿童。

（二）基于 PASS 理论的筛选标准

PASS 理论认为，完整的智力应包括计划（planning）—注意（attention）—同时加工（simultaneous）—继时加工（successive）过程，人的认知活动由注意唤醒（基础层次）、同时加工－继时加工（中间层次）和计划（最高层次）三级系统组成，三者的协调合作保证了一切认知活动的运行。阅读属于认知活动过程，依据 PASS 理论，阅读障碍是一种认知过程障碍，即在计划、注意、同时加工和继时加工的一个或几个方面出现了困难。[1]

基于 PASS 理论，阅读障碍的筛选就是评估儿童的阅读信息加工过程，戴斯等人基于 PASS 理论编制了一个标准化测验，即戴斯－纳格利里认知评估系统（Das-Naglieri Cognitive Assessment System，CAS）。该测验由 12 类任务构成 4 个分测验，分别测量学生的计划、注意、同时加工和继时加工水平，然后根据测验总分与分测验得分确定阅读障碍的类型。

（三）基于听力理解—阅读理解差异的筛选标准

有学者认为，阅读过程主要由低加工水平的"解码过程"和高加工水平的"语言理解"两个独立过程构成[2]。解码指的是通过对语言的基本单位进行编码、存储、加工而将字形和字音联系起来读出书面文字；理解指的是知晓字、词的语义和句法。阅读障碍可能是解码受损、理解受损或二者共同受损造成的，因此可将听力理解—阅读理解差异作为阅读障碍者的筛选标准。在实际操作中，可以对被试进行识字量与阅读理解测验，被试的识字量和阅读理解测验成绩中的任意一项低于正常水平，则视其为阅读障碍者。

---

① 李芳. PASS 认知历程模式及其在阅读障碍儿童中的运用 [J]. 中国特殊教育，2003，41（5）：56–59.

② GOUGH P B，TUNMER W E. Decoding，reading and reading disability[J]. Remedial and special education，1986，7（1）：6–10.

（四）基于语音意识的筛选标准

语音意识是指对由音节构成的词的理解，是区分构成语句的语音单位的能力，它可以由语音意识测验进行诊断。已有研究表明，语音意识对于阅读的习得意义重大，阅读障碍者的语音意识较差。[1] 研究者在单词解码的基础上进一步指出，语音意识缺陷是解码困难的主要原因，采用语音意识测验（快速自动命名和言语短时记忆）即可筛选出阅读障碍者。[2]

（五）基于教育矫治效果的筛选标准

阅读障碍的绝大多数研究者或直接或间接地认同"智力水平与阅读水平相匹配"的假设，却忽略了个体阅读能力发展的外部环境。基于此，有研究者认为，以智力水平与阅读水平的差距来界定阅读障碍是不合适的，主张以儿童的阅读平均水平和进步速率来区分阅读能力缺陷的儿童。[3] 这种筛选标准有助于及早发现潜在的阅读障碍者，使其在出现严重的阅读障碍之前就能被发现，从而尽早获得有效矫治。

不同研究者对阅读障碍的界定不同，且筛选的标准与程序、方法也存在着较大的差异，尽管中小学教师和心理咨询师不能对阅读障碍儿童进行诊断性筛查，但心理教师应当了解阅读障碍的表现、成因与诊断标准，如此能在日常教学中尽早识别出那些需要帮助的学生，尽早与家长协同应对。同时也将有利于教师科学理性地看待阅读障碍学生的发展，给予其更具针对性的帮助与支持。

四、发展性阅读障碍的干预与辅导

发展性阅读障碍的干预与辅导在手段和策略上具有多样性。其中，干预手段主要分为两类：一类是基本感知觉缺陷干预，另一类是语言学层次的认知缺陷干预。[4] 从干预的策略性来看，主要包括教学干预、非语言学认知干预和语言学认知干预。鉴于学校心理辅导教师的专业活动特点，以下着重介绍三类策略性干预。

（一）教学干预

教学干预是最常使用的阅读障碍干预方法，是指教师在教学过程中有目的地增加阅读材料的丰富性、延长阅读时间和增加阅读练习机会等，从而达到改善学生阅

① SHARE D L, STANOVICH K E. Cognitive processes in early reading development：accommodating individual differences into a model of acquisition[J]. Issues in education：contributions from educational psychology，1995，1：1-57.
② TORGESEN J K, WAGNER R K. Alternative diagnostic approaches for specific developmental reading disabilities[J]. Learning disabilities research and practice，1998，13（4）：220-232.
③ FUCHS L S, FUCHS D. Treatment validity：a unifying concept or reconceptualizing, the identification of learning disabilities[J]. Learning disabilities research and practice，1998，13（4）：204-219.
④ 孟泽龙，张逸玮，毕鸿燕. 发展性阅读障碍亚类型研究进展 [J]. 心理发展与教育，2017，33（1）：113-121.

读能力的一系列教学方案与方法。[①] 教学干预的本质是通过较为集中的、与阅读相关的教学活动，使学生积累较为丰富的阅读素材，对提升学生的阅读能力具有潜移默化的作用。教学干预随阅读障碍的类型、教学实际等情况可灵活变化，只要有利于学生阅读水平的提高，就不用拘泥于某一标准固定的模式。

目前较为成熟的阅读障碍教学干预方法包括基于计算机的干预、故事结构教学法、交互教学法、字词教学干预等，皆被证实在提升阅读理解能力和阅读流畅度方面是有效的。（1）基于计算机的干预是以电子媒介设备为载体，如移动电子设备、电子教科书、多媒体绘本等，为阅读障碍学生提供较为丰富的、多感官通道的阅读刺激，从而提升干预的有效性。（2）故事结构教学法是以教师建构的故事为载体，以故事的事件、背景、角色和结果作为教学框架对阅读障碍学生进行教学干预。（3）交互教学法聚焦师生间的对话，教师示范后师生轮流担任教师角色，最终将责任转移给学生，达到增强学生自我康复和文意理解能力的目的。[②]（4）字词教学干预是通过部首识字教学、词汇识别教学等方式，对阅读障碍学生进行教学干预。

（二）非语言学认知干预

非语言学认知干预的目的在于改善阅读障碍学生的一般认知能力，主要提升学生的注意力、视听感知觉、记忆等方面的认知能力。例如，工作记忆训练对阅读障碍的视觉空间记忆、中央执行功能及阅读流畅性具有一定的提升作用。[③] 又如，视觉加工训练能够利用视觉支持策略训练阅读障碍学生的组织、解释及分辨感官刺激的能力，最终促进其阅读能力的发展。[④]

（三）语言学认知干预

语言学认知干预指向改善与阅读障碍相关的言语信息的表征和加工能力，主要包括语音意识干预、阅读流畅性干预、语素意识干预、正字法意识干预等。[⑤] 与拼音文字的干预一样，语音意识干预是汉语阅读障碍干预中使用最多的一种干预方法，对阅读障碍学生的识字量、语素、语音、正字法意识以及阅读流畅性等均有一定的效果。[⑥]

阅读流畅性干预的优势在于提高阅读速度，在实际干预过程中，阅读加速训练、重复阅读和解码强化策略使用较多。阅读加速训练采用基于计算机的训练程

① 李欢，张晓玫，韦玲，等. 近十年英汉阅读障碍干预方法的比较研究 [J]. 现代特殊教育，2019（2）：49-57.

② 李伟健，姚静静. 初中学习困难学生阅读交互教学实验研究 [J]. 应用心理学，2004，10（3）：18-22.

③ 刘艳，陶云，王晓曦，等. 发展性阅读障碍与工作记忆损伤研究进展 [J]. 心理与行为研究，2015，13（6）：846-852.

④ TED B G，RODGER S，DAVIS A. Test of visual perceptual skills-revised：an overview and critique[J]. Scandinavian journal of occupational therapy，2003，10（1）：3-15

⑤ 王艳碧，余林. 我国近十年来汉语阅读障碍研究回顾与展望 [J]. 心理科学进展，2007（4）：596-604.

⑥ WANG L C. Effects of phonological training on the reading and reading-related abilities of Hong Kong children with dyslexia[J]. Frontiers in psychology，2017，8：1904.

序，以学生自定步调的阅读速度为基础，逐步加快阅读材料的呈现速度，从而达到改善其阅读流畅性的目的。重复阅读则是反复呈现同一阅读材料，学生反复阅读，从而实现速度和理解上的提升与深化。解码强化策略是通过形义意识、形音意识与字形关系、阅读流畅度以及阅读理解训练等系统化的阅读综合训练，以达到提升阅读流畅性的目的。

语素意识干预主要是针对汉语语素中的词素意识、同音语素、同形语素、形旁意识的认识和操纵方面所进行的干预训练，对学生的语素意识、阅读能力、识字能力以及学业成绩均有较好的干预效果。

正字法意识干预由汉字结构、部首以及部首位置等学习任务组成，通过汉语部件知识教学、句子结构教学等正字法意识干预可提高学生的阅读和拼写能力。

阅读障碍作为一种较为复杂的学习障碍，涉及一系列的认知操作过程及语言因素。目前对汉语阅读障碍的界定、筛选及干预方案并未获得一致的认识，因此，有赖于学者继续深入探究，以获得更科学、更具针对性的干预与改善方案。

第二节　数学学习障碍的心理辅导

数学以高度的抽象性与严密的逻辑性为主要特征，比阅读活动更需要学生具备相应的学习能力。数学能力作为一种特殊的心理能力，是学生顺利完成数学活动所必须具备的，是直接影响其活动效率的一种个性心理特征。它是在数学活动过程中形成和发展起来的，并且是在这类活动中表现出来的一种比较稳定的心理特质。在教育过程中，并不是所有的学生都能够顺利获得相应的数学能力，某种或某几种数学能力的落后容易造成学生数学学习障碍，数学能力不足的学生人数往往随年级升高而逐渐增多。

一、数学学习障碍的界定

数学学习障碍是学龄儿童学习障碍的常见亚型。研究发现，学龄儿童数学学习障碍的发生率达 5%～10%[1]，且与其他学习障碍有较大的共生性[2]，大约 50% 的阅读障碍者同时存在数学学习障碍[3]，大约 11% 的注意缺陷多动障碍儿童同时存在数学学习障碍。与学习障碍儿童的特征类似，数学学习障碍儿童拥有正常的智力，且无

---

[1] RIVERA D P. Mathematics education and students with learning disabilities: introduction to the special series[J]. Journal of learning disabilities，1997，30（1）: 2-19.

[2] 孙金玲，张承芬. 阅读障碍与数学学习障碍共生现象的研究 [J]. 中国特殊教育，2007（1）: 49-54.

[3] MORSANYI K，VAN BERS B，MCCORMACK T，et al. The prevalence of specific learning disorder in mathematics and comorbidity with other developmental disorders in primary school-age children[J]. British journal of psychology，2018，109（4）: 917-940.

明显的神经或器质性病变，但其数学成绩明显落后于同龄儿童。[①] 数学学习障碍多表现为理解数字概念、准确计算数字、数学推理、问题解决或者基本数学技巧等方面存在障碍或不足[②]，其中尤为突出的是数学问题解决障碍[③]。数学学习障碍有时也称数字阅读障碍或数学阅读障碍，部分数学学习障碍者甚至在日常生活中看时间、数钱或心算等方面也存在问题。数学学习障碍儿童自我报告在数学学习中容易感到困难、挫折，难以学习。

数学学习障碍不仅直接影响学生的数学成绩，降低其数学学业期待，而且会影响其他学科的学习，甚至极大制约学生在学业成就与心理健康上的良性发展。因此，数学学习障碍受到了世界范围内教育学家、心理学家的广泛关注。

二、数学学习障碍的识别

数学学习障碍属于一种学习障碍，其识别标准主要参照学习障碍的识别模型，即美国学习障碍联合委员会设定的三个确认标准：纳入标准，依据标准化成就测验分数显著低于正常水平来判定；排除标准，排除感官问题、智力发展落后或文化差异等导致的学习困难者；需求标准，学生需要接受特殊教育辅导。由于很难准确测量一个人真实的数学能力发展水平，在现实操作中往往将数学成绩与其智力水平不相匹配的学生视为数学学习障碍者。具体来说，数学学习障碍的识别包括以下三种方法：

（一）成就—智力差异比较法

成就—智力差异比较法是最为直观的方法，其从数学学习障碍的界定出发，假定智力水平与数学成绩相匹配，数学成绩低于智力水平则意味着存在发展障碍，二者的差距可作为判断数学学习障碍的核心标准。在实际操作中，如果学生数学成绩低于正常儿童两个年级，则被视为存在数学学习障碍。成就—智力差异比较法注重数学学习成绩与潜在数学能力间的差异，即个体内差异，忽略了排除标准和特殊教育标准，容易筛选出感官功能障碍和文化、教育刺激不足导致的数学学习障碍学生。[④]

（二）以学业成绩为核心的排除法

以学业成绩为核心的排除法将学生的学业成绩视为核心标准。一般先是按照一定比例选出数学学业成绩较差的学生，如学业成绩在后 5% 的学生，然后作智力筛查进而排除低智力学生，接着辅助临床评定排除诸如感官障碍及教育机会缺乏等的

① LUCANGELI D, PATRIZIO E, TRESSOLDI M B. Effective strategies for mental and written arithmetic calculation from the third to the fifth grade[J]. Educational psychology, 2003, 23（5）: 507-520.

② 黄大庆, 陈蒲晶, 陈英和. 数学困难儿童解题策略综述 [J]. 中国特殊教育, 2008（9）: 57-61

③ 胥兴春. 数学学习困难及其心理分析 [J]. 中国特殊教育, 2003（3）: 54-57.

④ 宛燕, 陶德清, 廖声立. 小学数学学习困难儿童的工作记忆广度研究 [J]. 中国特殊教育, 2007（7）: 46-50.

个体，最终筛选出的学生即为数学学习障碍学生。[1] 这种识别方法是目前教育界使用较多的方法，但这种方法关注的是学生间差异，忽略了个体内差异，因而很容易受群体的整体水平影响。

（三）以临床诊断为核心的识别法

以临床诊断为核心的识别法是以学生在具体的学习活动中的学习行为表现为核心进行分析诊断。具体做法是，首先，由班主任和任课教师对学生进行学业成绩与品行等方面的全面评定，筛选出数学学习困难但阅读正常的学生。其次，对这部分群体进行智力测查，排除智力有缺陷的学生。再次，通过与班主任及学生本人的个别访谈，排除存在心理健康问题、教育机会缺失的学生，最终筛选出的即为数学学习障碍学生。[2] 这种识别方法在一定程度上克服了前两种方法的局限，兼顾了排除因素和特殊教育标准，但对数学学习障碍的外延把控过宽，更多考查学生的行为而非数学学习能力。

数学学习障碍是一类较为复杂的认知障碍，科学诊断结果仍然需要借助专业机构与专业人员。目前识别手段与方法在随着数学学习障碍研究的深入而不断改进，教师切不可将一次诊断的结果"标签化"，这会对学生的学业与心理发展造成二次伤害。

三、数学学习障碍的成因

（一）数学学习障碍者的认知加工缺陷

早期研究者倾向认为遗传是造成数学学习障碍的重要原因，随着研究的逐步深入，对数学学习障碍的理解不断加深，研究者倾向从认知信息加工的角度看待数学学习障碍的成因。完整的认知信息加工包括注意过程，感觉输入、存储与加工过程和计划监控过程，数学学习认知过程中的任意一个或多个环节上的缺陷都有可能造成数学学习障碍。

1. 数学问题表征

数学学习即为信息加工过程，第一步在于输入信息，对于数学学习来说，即对数学问题的表征。数学学习障碍儿童在表征数学问题时会表现出问题表征类型单一、问题表征不精确等问题。首先，数学学习障碍儿童由于工作记忆容量的限制，单位时间内可用的心理资源较少，因此问题表征时间较短，并未对数学问题进行充分的"输入"。其次，数学学习障碍儿童由于知识结构的问题，问题表征类型单一，而正常儿童能基于不同的知识与经验将同一问题从不同角度表征为更多的类型。最后，由于信息加工能力不足，数学学习障碍儿童的表征缺乏有效性。[3] 因此，数学

① 俞国良，曾盼盼. 数学学习不良儿童视觉-空间表征与数学问题解决 [J]. 心理学报，2003，35（3）：643-648.
② 刘昌. 数学学习困难儿童的认知加工机制研究 [J]. 南京师大学报（社会科学版），2004（3）：81-88，103.
③ 胥兴春，刘电芝. 数学学习障碍儿童问题解决的表征研究 [J]. 心理科学，2005（1）：186-188.

学习障碍儿童在"输入"数学问题方面就存在障碍与缺陷。

2. 工作记忆

工作记忆的概念来自短时记忆，它被用来衡量在信息受到阻碍时个体暂时存储信息的能力。在需要高级认知活动参与的复杂任务中，工作记忆可对相关信息进行控制、规划与主动保持，数学学习作为一种复杂的学习任务必然需要工作记忆作为支持。目前绝大多数学者认同工作记忆是数学学习最为重要的认知支持系统，工作记忆缺陷是导致数学学习障碍的关键性因素之一。[①] 研究发现，数学学习障碍儿童不但工作记忆容量显著低于正常儿童，而且在语音加工速度、短时记忆、中央执行功能以及整体工作记忆能力方面都存在明显不足。

3. 问题解决策略

数学学习障碍儿童除了问题表征与工作记忆限制外，其在合理利用问题解决策略上也落后于正常儿童。有学者提出了评估儿童学习策略使用能力的四个维度：（1）策略种类；（2）策略的使用频率；（3）策略的执行；（4）策略的选择。[②] 以这四个维度来评估数学学习障碍儿童问题解决策略的特征，结果发现，数学学习障碍儿童与正常儿童相比，都发展出了相同的策略，但数学学习障碍儿童在策略的选择上缺乏灵活性与变通性，往往会更多地使用某一特定的策略，甚至会选择那些不成熟的策略。此外，即使采用同样的策略，数学学习障碍儿童的执行效率也远远低于正常儿童。[③] 因此可以说，数学学习障碍儿童的问题解决策略发展水平低，反应时间长，明显滞后于正常儿童。[④]

策略的选择及使用效率也与儿童的元认知发展水平有关。所谓元认知，即个体对认知心理活动的监控与调节。数学学习障碍儿童在策略的选择与变换、策略使用、策略效率等方面存在问题，说明其在数学问题解决前的计划与规划不足，在数学问题解决过程中的监控不强，在数学问题解决后的调整不充分。[⑤]

（二）影响数学学习障碍的非认知性因素

认知信息加工过程中的缺陷是导致数学学习障碍的重要因素与直接原因，而非认知性因素既是造成数学学习障碍的间接原因，也可能因为数学学习障碍使自身的阻碍作用加深，进而形成恶性循环。

① SWANSON H L，SACHSE-LEE C. Mathematical problem solving and working memory in children with learning disabilities：both executive and phonological processes are important[J]. Journal of experimental child psychology，2001，79（3）：294-321.

② LEMAIRE P，SIEGLER R S. Four aspects of strategic change：contributions to children's learning of multiplication[J]. Journal of experimental psychology：general，1995，124（1）：83-97.

③ 徐速. 西方数学学习困难研究的综述 [J]. 心理科学，2005（1）：143-145.

④ 朱莉琪. 数学学习困难儿童解决简单加减法的认知特点的实验研究 [J]. 中国特殊教育，1999（3）：34-37.

⑤ REZAEISHARIF A，LALEH H. Comparison cognitive learning strategies，metacognitive and cognitive planning between in students with and without learning dyscalculia disabilities[J]. Journal of learning disabilities，2018，8（1）：7-22.

1. 数学学习动机与兴趣缺乏

学习动机是学习活动的动力系统，动机缺乏将影响学生对数学学习的投入与坚持，更容易导致学习困难。数学学习障碍儿童在学习动机方面表现为动机不足、不稳定、持续时间短且多为外部动机，而数学学习成绩优秀的儿童更多具有内部的、稳定的学习动机。在长期的数学学习活动中，数学学习动机的缺乏容易导致学生产生数学学习障碍，这种障碍又会影响学生的自我效能感乃至自我意识，长此以往形成恶性循环。

2. 数学基础知识缺陷

建构主义学习理论认为，任何知识的获得都有利于认知结构中的已有知识经验，数学学习过程更需要认知结构中的已有知识作为同化新知识的基础。认知结构中已有知识越丰富，且与新知识间的相似性、关联性越大，学生在学习新知识时就更容易。[①] 在一项针对数学教师的调查中，71% 的教师认为，基础知识不扎实是学生形成数学学习障碍的原因之一，具体来说表现在以下方面：第一，数学概念理解偏差。数学概念由于受直观及日常语言的影响而产生理解上的偏差；第二，对数学规律和数学思想方法的掌握和运用中出现障碍，特别是问题解决过程中数学思想方法的提炼和迁移能力较弱，难以形成广泛联想，实现问题的不断转化和变式，进而增加学习负担和难度。[②]

四、数学学习障碍的干预与辅导

数学学习障碍并非先天的遗传与教育机会的缺失造成的，所以数学学习障碍与获得性障碍不同，数学学习障碍是可以通过特殊的、专门的手段加以改进的。通过对数学学习障碍相关文献进行梳理发现，干预模式与辅导模式是改善数学学习障碍的两种主要模式。

（一）数学学习障碍的干预模式

数学学习障碍可以通过特殊的、专门的干预得到明显改善。具体效果表现为：其一，从干预对象来看，数学学习障碍的干预效果随学生年龄的增长而逐渐增强。其二，从干预实施的主体来看，研究者主导的干预效果显著优于数学教师主导的干预效果。其三，从干预规模来看，干预对象的规模越小，干预效果越好，一对一的干预模式显著优于大组干预效果。其四，从干预目标来看，干预效果由小到大依次为早期算术、综合技能、分数、问题解决、数学运算、数学实施。其五，从干预手段来看，同伴教学辅助的效果显著优于教师直接教学、计算机辅助教学、预设流程教学。[③]其六，从干预频率来看，小于 3 次 / 周的干预效果比 3～5 次 / 周的干预效果更好。其七，

① 陈祥彬. 小学生数学学习困难的原因及教学对策 [J]. 课程·教材·教法，2007（1）：46-50.
② 韩龙淑. 数学学习困难学生成因的调查分析及对策研究 [J]. 教育理论与实践，2003（24）：40-41.
③ 柳笛，毛祎雯. 数学学习困难学生数学技能干预效果的元分析 [J]. 中国特殊教育，2021（1）：66-74.

在干预总次数上，干预次数不要太高，大于 36 次的干预效果优于 36 次以下，但干预次数较多，数学学习障碍学生更能受益。[①]

数学学习障碍的单纯干预研究并不多，更多的干预是嵌套于学习困难的干预中，这些干预在干预对象、干预实施者方面存在较大的差异，主要包括个案干预与群体干预、学校干预与家庭干预，涵盖教育学、心理学、医学等多个领域。总的来说，数学学习障碍的干预模式主要有三种：教育干预、心理干预、综合干预。

1. 教育干预

数学学习障碍学生的教育干预主要由教师或研究者在课堂教学中实施。这种干预在聚焦学生数学学习策略与问题解决策略的同时，注重对教学模式、教学方法乃至师生关系的改进。众多的研究证实，教育干预对数学学习障碍的改善具有一定的效果。[②]

2. 心理干预

对数学学习障碍学生的心理干预主要有认知能力干预、心理健康干预及行为干预等方面。心理干预往往由研究者实施，聚焦学生数学学习的各个环节与心理过程、学习策略与元认知水平及心理健康等方面。现有研究业已证实，心理干预具有一定的改善效果。

3. 综合干预

由于数学学习障碍的影响因素众多，若聚焦某个特定心理过程或环境或关注学习环境的改变，都难以整体性、系统性地改善学生的数学学习过程。基于这种考虑，研究者提出采用综合性的方法进行干预。这种综合性包含多层次、多方面，可以是干预内容的综合（如数学知识与认知能力干预相结合），也可以是干预途径的综合（如家庭干预与学校干预相结合）。综合干预从采用单一的干预技术向综合干预技术转变，家庭与学校的合作进一步增强，干预方法多样化、科学化等趋势明显，因而越来受到研究者的推崇。

（二）数学学习障碍的辅导模式

数学学习障碍的辅导模式往往聚焦数学学习困难学生的学习动机的辅导、数学问题的表征、解题策略与数学学习过程的监控等方面。教师希望帮助数学学习困难学生减少数学学习的畏难情绪，激发数学学习的内部动机，提高问题表征能力、策略与过程的监控能力，最终改善数学学习效果。

1. 诱导外部动机，激发内部动机

数学学习动机是激发学生投入数学学习的动力所在。已有研究发现，数学学习障碍学生缺乏学习数学的动机，且数学学习成绩不同的学生在学习动机的表现上也各不相同；数学学习动机的缺乏是学生出现数学学习障碍的一个重要原因。

---

① 李欢欢，黄瑾，郭力平. 我国数学学习困难儿童干预效果的元分析 [J]. 全球教育展望，2019，48（5）：117-128.
② 李新宇，李伟健. 小学数学学习困难学生加减应用题的补救教学 [J]. 中国特殊教育，2004（12）：63-67.

因此，要改善数学学习障碍的状况，就要提高学生的数学学习动机，对此，可利用外部动机进行诱导。数学学习需要较强的逻辑思维能力的参与，学生在学习过程中很容易产生畏难情绪，教师可尝试提供较为容易的数学学习任务并采用一定的奖励措施，通过外部奖惩系统，激发学生学习数学的外部动机。由于提供的数学学习任务较为容易，学生能够获得一定的成就感，在一定的成就感的基础上，逐渐激发学生学习数学的内在动机，促使其外部动机向内部动机转化，从"我学习数学是为了获得奖励"转变成"我学习数学是因为我喜欢数学"。

2. 提高数学问题表征能力

数学问题表征能力较差或者缺乏适当的问题表征方式是数学学习障碍产生的重要原因。数学问题本身最能体现数学的精髓，因此，衡量儿童的数学水平主要是从数学问题的解决入手，并以此作为评价标准。许多研究表明，建构一个恰当的问题表征是数学问题解决的关键环节。正确的问题表征是解决问题的必要前提，在错误或者不完整的问题空间中进行搜索，不可能求得问题的正确解。所以，内部表征能力被认为是影响学生解决数学问题的重要因素之一。

研究表明，学生的数学表征能力，尤其是空间表象能力与数学成绩之间呈正相关。数学学习障碍学生在解决数学问题时，由于没有能够形成有效的数学表征，对抽象的数学材料就难以理解；而一些数学成绩较好的学生在解决数学问题时，能够把抽象的数学符号转化为形象的表征系统，以更具操作性和复杂关系的形式对信息进行编码和处理。通过表征系统还可以减少记忆负荷或提高存储能力，而数学学习障碍学生与学习成绩优秀学生的表征存储能力相差较大。没有相应的表征存储能力，在大脑中就难以对数学问题进行完整有效的加工，自然也就难以取得良好的问题解决效果。

数学学习障碍学生往往难以摆脱问题的具体内容，难以把问题的各种数学成分联系起来。也就是说，数学学习障碍学生仅是对数学问题进行零散加工和表面表征，难以对问题形成实质表征和理解。不同的表征方式会产生不同的结果：空间形象表征有利于数学问题的解决；图片表征则不会对问题解决产生促进作用。因为一些学生对采取何种数学符号进行表征没有足够的、有效的经验或策略，所以他们易采取一种最为简易的表征方式——图片表征，而这种表征方式与数学问题的成功解决呈负相关。少数数学学习障碍学生的空间形象表征能力不足，只能采用视觉化的图片表征方式理解问题，当然也就缺乏有效性。因此，教师需要提高数学学习障碍学生的数学表征能力，帮助其实现从抽象数学符号向形象表征系统的转化，提升空间形象表征能力。

3. 学习数学解题策略

研究发现，数学问题的成功解决与学生的解题策略有很大的关系，缺乏解题策略是学生不能正确解决较复杂应用题的重要原因。数学学习障碍学生通常采用相对无效的策略或完全不使用策略，缺乏适当的解题步骤和规则系统，不能区分相关的数量关系，不能正确理解题意和选择适当的认知策略等。许多数学学习障碍学生往往相信只有唯一的正确答案或唯一的解答方式。因此，有不少学者通过专门的解题思维训练或结合应用题教学开展思维策略训练，提高学生的解题水平和数学成绩。例如，科文顿的创新思维教程、鲁宾斯坦的问题解决模式、迈耶的解应用题思维过程四阶段理论、刘电芝的解题思维策略训练等。这些训练都取得了显著的效果，数学学习障碍学生的成绩获得了提高。尽管学生可以通过教育和训练了解和掌握解题策略，解题策略的灵活运用却不能通过教育和训练立竿见影。因而，较低的学习迁移能力也是导致学生数学学习障碍的重要原因。

4. 训练数学学习的元认知技能

学习不仅是对材料的识别、加工和理解认知过程，同时也对该过程进行监控和调节。元认知技能就是对认知活动进行监控和调节。已有研究发现，在解决数学问题的活动中，既需要各种认知因素的参与，更需要个体不断地对认知活动进行监控和调节、选取策略、调整思路等。

对比数学学习障碍学生与其他学生解决数学问题的过程后发现，元认知水平在一定程度上决定了学生的数学学习成绩，即高元认知水平的学生知道何时、如何运用知识，甚至在认知策略水平较低的情况下，他们的解题成绩要高于具有较高认知策略水平但元认知水平较低的学生。不同数学能力水平的学生在遇到较难的题目时，其元认知方面的表现也各不相同：数学能力水平较高的学生往往会自觉地对问题进行分析和钻研，表现出较高的元认知水平；而数学学习障碍的学生往往选择放弃，表现出较低的元认知水平。

在教学实践中，教师可通过元认知技能训练，引导学生面对问题时多分析题目隐含的线索，运用现有的知识与方法，"跳出来"思考问题解决的策略。

第三节   注意缺陷多动障碍的心理辅导

[师生共创
科普]
"注意力不
集中怎么办"

注意缺陷多动障碍（attention deficit and hyperactivity disorder，ADHD，又称多动症）是一种儿童期起病的慢性神经发育障碍，以持续的注意力不集中、多动和冲动为主要特点。注意缺陷多动障碍是儿童期最常见的神经发育障碍，患病率在世界范围内约为 7.2%[1]，我国的这一数据约为 5.6%[2]。注意缺陷多动障碍深刻影响学生的学业成绩、幸福感与社会交往。近年来，注意缺陷多动障碍日益受到儿童精神科、儿童神经科、发育行为儿科、儿童保健科、康复科等相关学科专业人员的广泛关注。

注意缺陷多动障碍起病于儿童期，约 50% 的儿童患者可持续至成人期。[3]20 世

---

① THOMAS R，SANDERS S，DOUST J，et al. Prevalence of attention-deficit/hyperactivity disorder：a systematic review and meta-analysis[J]. Pediatrics，2015，135（4）：2014-3482.

② 李世明，冯为，方芳，等. 中国儿童注意缺陷多动障碍患病率 Meta 分析 [J]. 中华流行病学杂志，2018，39（7）：993-998.

③ LARA C，FAYYAD J，DE GRAAF R，et al. Childhood predictors of adult attention-deficit/hyperactivity disorder：results from the World Health Organization World Mental Health Survey Initiative[J]. Biological psychiatry，2009，65（1）：46-54.

纪60年代到70年代初期，医学界一直将注意缺陷多动障碍看作只局限于儿童的疾病。但近几十年来，大量研究资料表明，注意缺陷多动障碍并不是像既往认为的那样，会随年龄增长逐渐消失，而是一种可以持续到成年期并严重影响个体社会功能的慢性迁延性疾病。一项针对注意缺陷多动障碍患儿组的10年随访研究显示，有58%的人至成年期仍符合《精神障碍诊断与统计手册》（第4版）中注意缺陷多动障碍的诊断标准。[1] 如果不能很好地控制注意缺陷多动障碍症状，儿童期注意缺陷多动障碍可持续至青少年期，甚至成年期。

几十年来，由于诊断标准、资料来源、抽样方法和诊疗技术的不断变化，我国注意缺陷多动障碍儿童的检出率存在较大波动。针对这一现象，先后有两个研究团队分别进行了文献的元分析，得出了基本一致的研究结果。

2017年，李福轮等人针对中国儿童注意缺陷多动障碍患病率问题，采用元分析技术，系统检索了万方数据知识服务平台、中国知网、维普数据库、PubMed及中国生物医学文献服务系统等数据库，筛选出1979—2016年发表的33篇相关文献，累计样本总量为132 204例。结果显示，我国注意缺陷多动障碍儿童总患病率为5.5%，其中男童患病率是女童的2.2倍，西部地区注意缺陷多动障碍儿童检出率明显高于中部和东部。[2]

2018年，李世明等人同样采用元分析技术，对1946—2017年发表的有关我国注意缺陷多动障碍儿童患病率的中英文文献进行系统梳理，就锁定的20篇文献而言，涉及注意缺陷多动障碍儿童的累计样本总量为88 755人，其中男童46 216人，女童42 539人，覆盖了我国12个省份、2个直辖市，结果显示，我国注意缺陷多动障碍儿童总患病率为5.6%。[3]

由此可见，我国儿童注意缺陷多动障碍已然成了一个重要的公共卫生问题，虽然当前数据略低于世界水平，但与国际发展趋势一致，我国注意缺陷多动障碍儿童检出率有逐年上升之势。考虑到注意缺陷多动障碍对儿童终身发展的深远影响，亟待以社会之合力加强防治。

一、注意缺陷多动障碍儿童的表现与识别

注意缺陷多动障碍主要表现为与年龄不相称的注意力分散，注意广度缩小，不分场合的过度活动和情绪冲动，患儿多伴有学习问题、品行问题与冲动、多动问题。《精神障碍诊断与统计手册》（第4版）将确诊的注意缺陷多动障碍进一步划分为

[师生共创科普] 走进注意缺陷多动障碍

① BIEDERMAN J, MONUTEAUX M C, MICK E, et al. Young adult outcome of attention deficit hyperactivity disorder: a controlled 10-year follow-up study[J]. Psychological medicine, 2006, 36 (2): 167-179.
② 李福轮，谢晴牧，赵乾龙，等. 中国儿童注意缺陷多动障碍患病率的Meta分析 [J]. 临床荟萃，2017, 32 (12): 1079-1083.
③ 李世明，冯为，方芳，等. 中国儿童注意缺陷多动障碍患病率Meta分析 [J]. 中华流行病学杂志，2018, 39 (7): 993-998.

3种亚型，即注意障碍为主型，多动与冲动为主型和混合型。在《精神障碍诊断与统计手册》（第5版）中，将注意缺陷多动障碍亚型改为描述主要的症状表现，这样旨在降低各亚型之间的差异性和局限性，而且将症状出现的年龄由5.5岁放宽至12岁，以减少漏诊，增加患儿的诊疗机会。

　　注意缺陷多动障碍的临床诊断应由专业人员（通常是精神科医师）给出，他们会在采集详细病史的基础上，综合体格检查、行为观察、精神检查、临床心理评估，结合必要的实验室、神经电生理、影像学检查结果，依据《精神障碍诊断与统计手册》（第5版）或《国际疾病分类》（第11版）中注意缺陷多动障碍的诊断标准，最终做出临床诊断。学校心理辅导者和全体教师应了解注意缺陷多动障碍的相关表现与诊断标准，提高识别注意缺陷多动障碍的敏感性，及早关注那些需要专业帮助的学生，然后协同家长，转介疑似注意缺陷多动障碍学生就医，确保注意缺陷多动障碍学生和家长能及时获得可靠的医疗资源。

关于注意缺陷多动障碍的诊断标准（节选）[①]

　　以下分别描述了注意障碍、多动与冲动两种诊断应达到的条件。注意缺陷多动障碍儿童会表现出所列症状中的6项或更多，至少持续6个月，且这些症状达到了与发育水平不相符的程度，并直接负性地影响了社会和学业/职业活动。年龄较大（17岁及以上）的患者，至少需要表现出所列症状中的5项。

　　1. 注意障碍

　　（1）经常不能密切关注细节，在作业、工作或其他活动中粗心大意（例如，忽视或遗漏细节，工作不精确）。

　　（2）在任务或游戏活动中，经常难以维持注意力（例如，在听课、对话或长时间的阅读中难以维持注意力）。

　　（3）当别人对其直接讲话时，经常看起来没有在听（例如，即使在没有任何明显干扰的情况下，也显得心不在焉）。

　　（4）经常不遵循指示，以致无法完成作业、家务或工作中的职责（例如，可以开始任务，但难以维持注意力，容易分神）。

　　（5）经常难以组织任务和活动（例如，很难管理有条理的任务；难以把材料和物品放得整整齐齐；凌乱，工作没有头绪；时间管理不佳；不能遵守任务截止日期）。

　　（6）经常回避、厌恶或不情愿从事那些精神上需要持续努力的任务（例如，学校作业或家庭作业，对于年龄较大的青少年和成人来说可能包括准备报告、完成表格或阅读长篇文章）。

[①] 美国精神医学学会. 精神障碍诊断与统计手册：第5版[M]. 张道龙，等译. 北京：北京大学出版社，2016：25-28.

（7）经常丢失任务或活动所需的物品（例如，学校的资料、铅笔、书、钱包、钥匙、文件、眼镜、手机）。

（8）经常容易被外界的刺激分神（对于年龄较大的青少年和成人来说可能包括不相关的想法）。

（9）经常在日常活动中忘记事情（例如，做家务、外出办事；对于年龄较大的青少年和成人来说，可能包括回电话、付账单、约会）。

2. 多动与冲动

（1）手脚经常动个不停，或在座位上扭动。

（2）当需要坐在座位上时，经常离座（例如，离开教室、办公室或其他工作场所）。

（3）经常在不适当的场合跑来跑去或爬上爬下（对于年龄较大的青少年和成人来说，可能仅限于感到坐立不安）。

（4）经常很难安静地参加游戏或课余活动。

（5）经常忙个不停，好像被发动机驱动着（例如，在餐厅、会议中无法长时间保持不动，或觉得不舒服；可能被他人感受为坐立不安）。

（6）经常讲话过多。

（7）经常在提问结束之前答案就脱口而出（例如，接话，不能等待交谈顺序）。

（8）经常很难等到轮到他（例如，很难排队等候）。

（9）经常打断或侵扰他人（例如，插入别人的对话、游戏或活动；没有询问或未经允许就使用他人的东西；对于年龄较大的青少年和成人来说，可能包括侵扰或接管他人正在做的事情）。

注意缺陷多动障碍的临床表现除以上两类核心症状外，还存在情绪冲动与情绪调节障碍等问题，有三种典型表现：其一，高情绪冲动性与自我调控缺陷，情绪的行为表达强度超过情绪反应水平，需要较长时间才能恢复。其二，高情绪冲动性与有效的自我调控在较短时间内达到强烈的情绪反应，主观情绪强度与行为表达密切相关，有效的自我调节缩短了峰值时间，但高情绪冲动性增加了患者再次爆发极端情绪的风险。其三，虽无情绪冲动但有明显的自我调控缺陷，负性情绪的行为表达慢于主观体验，自我调节缺陷延长了情绪和不良反应。

二、儿童注意缺陷多动障碍的成因

目前，学术界有关注意缺陷多动障碍的成因及发病机制仍无一致结论。一般认为，注意缺陷多动障碍是生物、心理、社会等多因素作用的结果。近年来，随着注意缺陷多动障碍在神经心理学、神经影像学、基因和环境交互作用、动物研究等方面取得的重大研究进展，多数学者认为，该疾病是遗传因素与环境因素交互作用下的多基因复杂性神经发育障碍 [①]。

在遗传因素方面，注意缺陷多动障碍可能是多种候选基因累积效应的结果。2023 年的一篇文献述评梳理了 2017—2022 年国内外相关研究，旨在探索相关候选基因与注意缺陷多动障碍临床症状之间的关系。该研究纳入了 39 篇目标文献，聚焦分析了多巴胺系统、5- 羟色胺系统、去甲肾上腺素系统、代谢酶系统等候选基因。结果表明，注意缺陷多动障碍的发病机制可能是多种候选基因累积效应的结果，上述候选基因共同影响着注意缺陷多动障碍临床症状的出现，且种族、性别、年龄等因素会对候选基因的识别产生一定的影响。[②] 更具体的甄别工作亟须大型合作研究来跟进。

在执行功能方面，有关注意缺陷多动障碍儿童额叶功能的回顾研究表明，执行功能障碍是注意缺陷多动障碍的核心症状。执行功能是由前额叶皮质介导的，一般用 2 个指数 8 个维度作为评价注意缺陷多动障碍儿童执行功能的重要指标。其中，行为调节指数包括抑制、情绪控制和认知灵活性等 3 个维度，元认知指数包括启动、工作记忆、计划 / 组织、组织材料和监测等 5 个维度。[③]

在环境因素方面，家庭因素受关注最多。现有研究发现，家庭养育环境与注意缺陷多动障碍密切相关。一项关于我国注意缺陷多动障碍儿童家庭危险因素的元分析表明，良好的教养方式、父母受教育程度高以及母亲性格外向等因素，可降低儿童注意缺陷多动障碍的发病风险；而父母关系差和注意缺陷多动障碍的家族史，会增加儿童罹患注意缺陷多动障碍的风险。[④] 具体而言，在家庭居住环境上，2020 年的一项元分析表明，暴露于香烟烟雾环境中的儿童，出现注意缺陷多动障碍症状的概率要比未暴露者高 2.7 倍 [⑤]；在家庭人际关系上，注意缺陷多动障碍儿童的家庭具有矛盾性高、亲密度低和情感表达少的特点 [⑥]；在父母关系质量上，在 2 岁 9 个月时经历过父母间情感缺乏的儿童，在 7 岁时被诊断为注意缺陷多动障碍的概率会提升 2 倍 [⑦]；在养育方式上，专制型养育方式的父母，缺少理解和情感温暖，更倾向于用严厉的训斥、体罚和偏爱等方式回应注意缺陷多动障碍儿童，而这种养育方式会进

① BRIKELL I，BURTON C，MOTA N R，et al. Insights into attention-deficit/hyperactivity disorder from recent genetic studies[J]. Psychological medicine，2021，51（13）：2274-2286.

② 吴晨超，宋海东. 注意缺陷多动障碍候选基因关联研究的 2017-2022 年进展（综述）[J]. 中国心理卫生杂志，2023，37（11）：965-969.

③ 于敬龙，张颖，张蕾，等. 认知训练改善注意缺陷多动障碍儿童执行功能行为系统评价及 meta 分析 [J]. 中国康复医学杂志，2022，37（10）：1371-1375.

④ 张亚峰，孙桂香. 儿童注意缺陷多动障碍家庭危险因素的 Meta 分析 [J]. 中国当代儿科杂志，2015，17（7）：721-725.

⑤ NILSEN F M，TULVE N S. A systematic review and meta-analysis examining the interrelationships between chemical and non-chemical stressors and inherent characteristics in children with ADHD[J]. Environmental research，2020，180：108884.

⑥ 周妍，朱若平，徐琪，等. 家庭环境因素对注意缺陷多动障碍症状程度和社会功能受损的影响 [J]. 中国神经精神疾病杂志，2022，48（1）：28-33.

⑦ RUSSELL A E，FORD T，RUSSELL G. Socioeconomic associations with ADHD：findings from a mediation analysis[J]. PloS One，2015，10（6）：e0128248.

一步损害注意缺陷多动障碍儿童的正常发展。① 由此可见，构建家庭—医院—学校协同支持的注意缺陷多动障碍服务体系迫在眉睫。

三、注意缺陷多动障碍儿童的学校心理辅导

治疗注意缺陷多动障碍，目前美国和欧洲的医疗机构建议使用精神刺激药物，但当前的临床药物治疗多伴随副作用，如厌食、体重减轻和失眠等不良反应，容易出现继发的药物滥用风险。②2019 年，美国儿科学会在注意缺陷多动障碍的临床指南中推荐药物与非药物结合治疗。在非药物治疗注意缺陷多动障碍的方法中，循证治疗证据支持较多的治疗方法是认知训练、运动干预和父母培训。③④ 以下将简要介绍这 3 种方法，以期帮助学校心理辅导者与广大中小学教师更好地助力注意缺陷多动障碍儿童的学校适应与发展。

（一）注意缺陷多动障碍儿童的认知训练

认知训练以康复科学和神经可塑性为基础，旨在改善注意缺陷多动障碍儿童的临床症状和执行功能缺陷。我们先来看我国学者新近发表的两项循证研究：一项是元分析研究⑤，另一项是随机对照实验干预研究⑥。

2022 年发表的这项元分析研究评价了认知训练对改善注意缺陷多动障碍儿童执行功能行为系统的影响。该研究聚焦 7 个中英文检索数据库，检索了从建库到 2020 年 9 月的 1 232 篇文献，纳入 14 项符合随机对照临床试验的研究，共计 748 个 18 岁以下的注意缺陷多动障碍儿童。14 项研究所涉及的认知训练有 3 类——工作记忆训练 7 项、注意力训练 1 项、综合认知训练 6 项。所谓综合认知训练，就是包含工作记忆、注意力、抑制控制与认知灵活性训练等多种认知训练。元分析结果表明，综合认知训练能明显改善注意缺陷多动障碍儿童在家时的工作记忆、抑制控制以及总体执行功能行为。相比单一的工作记忆训练而言，综合认知训练因内容更丰富，从而避免了训练中的单调重复，更容易吸引注意缺陷多动障碍儿童持续地参与训练活动。同时，也正因为训练内容的多元化，综合认知训练可促成对注意缺陷多动障碍儿童的多种执行功能行为的协同训练，从而改善其总体的执行功能行为。

---

① 王媛，王鹏，张姗红，等. 注意缺陷多动障碍儿童的父母养育方式与情绪问题的关系 [J]. 中国心理卫生杂志，2019，33（8）：607-611.

② 于敬龙，张颖，张蔷，等. 认知训练改善注意缺陷多动障碍儿童执行功能行为系统评价及 meta 分析 [J]. 中国康复医学杂志，2022，37（10）：1371-1375.

③ 杨莉. 注意缺陷多动障碍 2017-2019 年研究现状与展望［J］. 中国心理卫生杂志，2020，34（7）：594-601.

④ 宋亚刚，吴雪萍，刘伟志，等. 运动干预注意缺陷多动障碍的研究热点与主题演化分析 [J]. 海军军医大学学报，2023，44（9）：1095-1100.

⑤ 于敬龙，张颖，张蔷，等. 认知训练改善注意缺陷多动障碍儿童执行功能行为系统评价及 meta 分析 [J]. 中国康复医学杂志，2022，37（10）：1371-1375.

⑥ 周梅君，魏蓉美，袁晓玲，等. 小组训练对学龄前注意缺陷多动障碍儿童注意品质的干预效果 [J]. 中国儿童保健杂志，2023，31（3）：336-340.

2023 年发表的随机对照实验干预研究探索了小组形式的注意训练对改善注意缺陷多动障碍儿童注意力的效果。该研究以 64 名 4—6 岁的学龄前儿童为对象，实验干预采用的小组四维度注意训练多达十余种。其中，注意的稳定性训练有 6 种：（1）眼球运动的控制练习，即平稳眼追踪运动及注视；（2）听觉辨析练习，即辨认动物、自然界声音、情绪、生活音效；（3）听觉持续任务训练，即持续地记录听到的数字；（4）指令的起始—暂停—继续练习，即在指令完成过程中发出"等一下"的请求；（5）指令的持续性练习，分别以 3s、5s、10s 的时长持续地执行某一项指令；（6）触觉持续辨认训练，即触摸不同的形状、简单物与相似物。注意广度的训练有 4 种：（1）数点纸面上 2～8 个不等的黑点；（2）2～8 位数的数字复述练习；（3）2～8 位数的数字听写练习；（4）长句复述训练，句子包含的字数在 3～20 个。注意转移的训练有 3 种：（1）听词做动作练习，即听到指定类别的物品时，完成指定要求动作；（2）反向游戏，即完成与指令动作或语言相反的动作或语言；（3）正听反写训练，句子包含的字数在 2～5 个。注意分配的训练有 2 种：（1）双手同时画线游戏，包括镜像线条、镜像形状与镜像图形等；（2）视听动作模仿游戏，即同时运用视觉与听觉，注意轻重、节奏、动作的变幻来模仿练习。结果表明，小组形式的注意训练能改善学龄前注意缺陷多动障碍儿童的注意品质与注意力，且能减少其多动冲动。

鉴于此，学校及学校心理辅导者可通过开发科普类的综合认知训练资源，帮助教师和家长了解注意缺陷多动障碍儿童执行功能方面的相关知识，也可通过开发专门的注意缺陷多动障碍学校教育资源，给予这些儿童更有针对性的学校帮助。

（二）注意缺陷多动障碍儿童的运动干预

在注意缺陷多动障碍儿童群体中，5%～70% 有动作技能问题，其中既有粗大动作问题，也有精细动作问题。粗大动作是全身大肌肉或大肌肉群的运动，这方面发展落后的注意缺陷多动障碍儿童常显得动作笨拙、不协调，不合群。精细动作是手腕部及手指等部位小肌肉或小肌肉群的运动，注意缺陷多动障碍儿童主要的精细动作问题表现在书写、穿衣、吃饭、系鞋带等方面。动作技能问题会对注意缺陷多动障碍儿童的社会能力、同伴关系、身心健康产生不利的影响。

运动干预作为注意缺陷多动障碍儿童的辅助或补充治疗，是一种安全、低成本、易实施的干预手段。运动干预注意缺陷多动障碍，其效果与兴奋性药物治疗效果相似。[①] 运动干预可有效改善注意缺陷多动障碍儿童的注意缺陷、多动和冲动等临床表现。2023 年，我国两项元分析研究相继揭示，运动干预还能显著促进注意缺陷多动障碍儿童两类动作技能的发展[②]，可有效改善注意缺陷多动障碍儿童的执行

---

① WIGAL S B, EMMERSON N, GEHRICKE J, et al. Exercise: applications to childhood ADHD [J]. Journal of attention disorders, 2013, 17 (4): 279-290.

② 毕小羽，朱笑彤，朱飞龙，等. 运动干预对注意缺陷多动障碍患儿动作技能影响的 Meta 分析 [J]. 中国儿童保健杂志，2023，31 (12): 1345-1352.

功能①。当然，运动干预效果会存在种类和强度的差异。具体来看，在改善执行功能方面，中等强度运动对注意缺陷多动障碍儿童的抑制控制、工作记忆的改善效果最佳；改善认知灵活性则需要中等强度至高强度的运动干预；开式运动技能（比如持拍类运动）可改善注意缺陷多动障碍儿童的执行功能，每周 2 次且持续 6～8 周的开式运动能改善其抑制控制，对工作记忆的改善则需要更多频次和更长周期的运动干预。在改善注意缺陷多动障碍儿童的运动技能方面，开式运动因为需要更多手指、手腕部的小肌肉群参与，有助于改善注意缺陷多动障碍儿童的精细动作；而跑步与功率自行车等运动，以闭式运动技能为主，能通过改善身体平衡、协调能力和肌肉力量，为促进注意缺陷多动障碍儿童的精细运动奠定基础。

鉴于此，注意缺陷多动障碍儿童的心理帮助，应同时开发家庭和学校两个主场，加强儿童在日常生活学习中的动作技能训练，尤其增加儿童在精细动作方面的活动机会。在满足注意缺陷多动障碍儿童日常学习、生活的身体活动之外，家长要引导和鼓励儿童主动承担适宜的家务劳动，学校要确保每周 1～2 次的体育活动，进一步丰富手工劳动课程，甚至可结合儿童的动作发展状况，家校协同制订个性化的运动干预方案，通过家校共育，积极促进注意缺陷多动障碍儿童的康复与发展。

（三）注意缺陷多动障碍儿童的父母培训

针对注意缺陷多动障碍儿童的父母培训，是一种有效的社会心理干预方法。孩子罹患注意缺陷多动障碍，会对患儿本身、家庭和社会造成沉重的负担。这种负担可分为客观负担与主观负担，前者是照料者在照料过程中实际要付出的时间及财务等具体可测的损失，后者是照料者对于照料负担的主观感受。2018 年的一项问卷调查显示，相较于客观负担而言，我国注意缺陷多动障碍儿童家庭照料者的主观负担更严重；相较于经济负担而言，照料者感知到的时间负担更高。②

注意缺陷多动障碍儿童的父母更易焦虑，而父母的这种情绪体验会增加其低效的管教行为，进而加剧注意缺陷多动障碍儿童的不良表现与功能损害。父母的高焦虑主要源于：缺乏对注意缺陷多动障碍疾病、儿童生长发育特点、预后不确定性以及高发意外伤害等方面的了解；缺乏管理和解决注意缺陷多动障碍儿童问题行为的有效策略。尤其是注意缺陷多动障碍儿童在家庭、学校及社会活动方面的不佳表现，往往是父母焦虑的重要应激源。同样，教师作为注意缺陷多动障碍儿童的重要他人，往往也容易跟注意缺陷多动障碍儿童的父母有同样的心路历程。

学校及心理辅导者应给予注意缺陷多动障碍儿童的家长更多的积极支持，提供相关的培训，以家校协同育人为目标，拓展共育途径，开发共育资源。其一，利用科普资源，帮助父母科学了解注意缺陷多动障碍，提升同理心，理解并尊重注意缺

［师生共创科普］
注意缺陷多动障碍家校共育

① 宋以玲，范碧瑶，白啸天，等. 运动干预对注意缺陷多动障碍儿童青少年执行功能影响的 Meta 分析 [J]. 中国儿童保健杂志，2023，31（9）：1010-1016，1023.
② 黎力，钮文异. 注意缺陷多动障碍患儿家庭照顾负担初步研究 [J]. 中国心理卫生杂志，2019，33（1）：38-42.

陷多动障碍儿童的独特性。其二，教授父母一些适用于注意缺陷多动障碍儿童的行为管理策略。其三，缓解父母在管教注意缺陷多动障碍儿童时的主观负担、时间负担与焦虑感。诚然，以上培训也适用于教师群体。

父母培训的重点有两项：一是为父母提供注意缺陷多动障碍相关知识的心理教育；二是教给父母管理注意缺陷多动障碍儿童行为的方法。研究显示，父母培训最主要的效果是改善父母教养方式，增加正面教育方式，减少负面教育方式，从而可靠地改善注意缺陷多动障碍儿童的品行问题。①

基于认知行为治疗取向的注意缺陷多动障碍亲子干预，是我国学者黄惠玲基于十余年的临床工作积累总结的，适用于小学中低学段注意缺陷多动障碍儿童的父母培训。该方法主要针对有足够认知能力的注意缺陷多动障碍儿童，基于认知行为治疗的理论和技术，以问题解决为导向，培训父母如何训练儿童基于注意力过程来找出问题、制订行为目标和计划、执行计划和评估成效等，重点解决注意缺陷多动障碍儿童所面临的四大次级问题，即人际冲突、愤怒情绪、自卑、学业成绩低下或起伏不定。临床实验表明，基于认知行为治疗取向的注意缺陷多动障碍亲子干预在许多方面成效显著，包括改善注意缺陷多动障碍儿童的同伴关系、增加教师对儿童专注度的肯定、促进父母对儿童的正面管教、培养儿童问题解决式的家庭沟通模式等。

在认知行为治疗取向的注意缺陷多动障碍亲子干预中，适用于父母培训的素材很丰富，下面着重介绍三种父母应对策略。

1. 父母应对策略之一：觉察情绪，修正想法

当面对注意缺陷多动障碍儿童因症状所造成的行为问题时，父母不仅常会有负面的情绪体验，而且情绪波动较大，这样会干扰自己的理性，使自己无法以有效的方式来处理孩子的问题，难以取得有效的结果。

注意缺陷多动障碍儿童的父母为什么会经常体验着强烈的情绪起伏呢？根据认知行为治疗理论，这往往源于父母不自觉的内在想法和归因。这些想法和归因是非适应性的、非理性的，具有过度概括、过度推论或糟糕至极的特点，极容易引发非适应性情绪体验和行为反应。

注意缺陷多动障碍儿童的父母常见的不良想法和归因有："这孩子怎么这么不乖！""他/她为什么不能像其他孩子一样听话！""他/她根本就是故意的！""我拿这孩子实在没辙了！""没有更好的办法来处理这孩子的问题了！""除了吃药，应该没有其他的方法了！""我真是个失败的父母！""这孩子会这样都是我的错！"

如何修正这些想法和归因呢？主要分三步来应对：

第一步：停下来，觉察情绪。面对孩子的问题情境时，父母可以试着觉察自己的情绪，当发现自己对孩子说话的声调和强度都开始升高、对孩子命令的次数增多、自己开始不耐烦或生气时，这些迹象都表明父母已经因注意缺陷多动障碍儿童

---

① RIMESTAD M L，LAMBEK R，ZACHER C H，et al. Short- and long-term effects of parent training for preschool children with or at risk of ADHD：a systematic review and meta-analysis[J]. Journal of attention disorder，2019，23（5）：423-434.

的行为产生了负面情绪，此刻父母不妨先停下来，检视自己在此时的想法和归因。

　　第二步：检视当时的想法。父母发觉自身的情绪后，可以先暂时停下来，检视自己此时有哪些想法和归因，并思考这样的想法和归因对解决问题有无帮助。提醒自己不要让负面情绪影响对孩子问题的处理。

　　第三步：修正非适应性的想法和归因。父母觉察自己的想法和归因，先让自己的情绪缓和下来，再重新面对孩子，重新尝试解决孩子的问题。表 4-1 是注意缺陷多动障碍儿童父母的非适应性与适应性想法和归因。

表 4-1　注意缺陷多动障碍儿童父母的非适应性与适应性的想法和归因

父母的非适应性想法和归因	父母的适应性想法和归因
这孩子怎么这么不乖	很多事情不是孩子能够控制的
他/她根本就是故意的	他/她其实也不是故意的，这些都是症状造成
我拿这孩子实在没辙了 没有更好的办法来处理这孩子的问题了	应该有其他的方法来解决，我应该再试试看
除了吃药，应该没有其他的方法了	吃药只是治疗计划的一部分，而非"答案"
这孩子是有"缺陷"的	我应该接受孩子真实的样子 其实他/她也有很多优点
这孩子什么都做不好	我应该看重孩子的优点，别只看到他/她的缺点
我真是个失败的父母	相比其他孩子，这孩子对父母来说的确更具有挑战
这孩子会这样都是我的错	谁都事先不知道孩子会出现这个问题

　　帮父母明白了想法和归因之后，可以通过布置家庭作业的方式，督促父母反复练习如何调控自身的非适应性反应。当然，这类练习作业要事先征得父母的知情同意。

关于父母练习作业的知情同意

　　每天晚上花 15~20min，选择一件事情做记录。练习如何在面对孩子的症状行为时，及时觉察自身的情绪，辨识自己的应对行为，修正自己的非适应性想法和归因，并学习观察孩子的行为结果。

　　父母只有用心完成作业，孩子的治疗才会有成效。仅知道非适应性想法及其归因的理论，成效并不大，除非多次练习。

　　父母的用心是孩子的福气，也是全家的福气。

---

2. 父母应对策略之二："特别游戏"时间使用"注意"技巧

每天用 15~20min 和孩子共度，这是亲子的"特别游戏"时间。

在这段特别时间里，其他人不能加入，父母也不会被他人打扰。

特别时间快到时，请跟孩子说："我们一起玩的特别时间到了，你想做什么？"允许孩子在合理范围内选择自己想玩的游戏，但要注意不能看电视或玩手机，父母不可干涉或指导孩子要玩什么，应该让孩子自己去选择想玩的游戏。这一点非常重要，如此一来孩子才会开始相信：父母真的对我想做的事情感兴趣，而不是只想控制游戏，将其变成父母自己想做的事情。

放轻松！游戏开始后，先观察孩子一段时间，看看他在做什么，然后在适当的时候加入其中。

观察并欣赏孩子的所作所为。如果孩子喜欢父母口头描述他的游戏内容，就请父母像体育解说员一样，兴奋地大声描述孩子的活动。倘若孩子觉得父母这样会干扰他的活动，请果断停下来。

不要问问题，也不要下命令。这一点非常重要。要尽可能避免在孩子玩的时候问任何问题，除非父母不确定孩子正在做什么，否则提问会影响孩子的兴致。同时，也不要给予孩子任何意见和指示，不要尝试教导孩子做任何事情。父母要做的只有一件事情：让孩子放松并享受你的陪伴，而非教导或控制孩子怎么游戏。

多给孩子正向的反馈。当孩子表现出你喜欢或欣赏的游戏行为时，请给予其赞赏、肯定和鼓励的反馈，注意反馈要正确且真诚，不要谄媚或讨好。

当孩子做出父母不喜欢或不欣赏的不适当行为时，父母只要转身，眼睛看向别处一会儿即可。倘若这些不适当行为一直持续，请告诉孩子："特别游戏时间结束。"然后父母离开房间，同时让孩子知道，在特别游戏时间里，当他的行为变好时，父母就会再跟他一起玩。

把握好节奏，持之以恒。第一周，确保每天花 15~20min 的特别游戏时间与孩子在一起。之后，可以将频率调整为每周 3~4 次。最好将这个特别游戏时间长期固定下来。

父母正向反馈的原则

反馈要立即给予，不要迟疑。

反馈一定要具体到孩子的某一个好行为。

切忌反击式的恭维，比如："你把房间整理好了，为什么你以前不这样做呢？"

父母正向反馈的资源

1. 父母常用的非言语赞赏方式

拥抱。

拍拍孩子的头或肩膀。

亲切地摸摸孩子的头发。

环臂抱住孩子。

微笑。

轻轻亲吻孩子的额头或面颊。

伸出大拇指点赞。

眨眼。

2. 父母常用的言语赞赏方式

我喜欢你……

当你……时，真好！

你真的是大孩子了，因为你……

你这么做……实在是太好了！

做得好！

这样真好！

好棒！

厉害！

了不起！真是太棒了！

哇！你……表示你真的长大了！

你知道吗，以前你还不会……现在你会了，这说明你长大了哦！

好漂亮！

哇！

你一定要告诉妈妈/爸爸，你做了……真不错！

当你做……的时候，我感到很骄傲！

我很高兴，我们一起做……！

3. 父母应对策略之三：问题解决五步法

第一步："停！什么问题？"在儿童遇到问题的时候，父母应先停下来看看出现了什么问题，辨识问题情境，包括识别外在的危险性，观察对方的语调、话语、面部表情和身体姿势等信息。通过观察和分析，利用行为矫正学中目标行为的界定方法将孩子遇到的问题具体化。

在这个环节中，父母要让自己尽快冷静下来。下面是一些父母提醒自己冷静和放松的练习："放松点！放轻松！放轻松一点！""保持冷静！""深深吸一口气！""我开始紧张了，放松我的脖子和肩膀！""注意听！保持冷静！待会就轮到我说了！""如果我现在生气了，就会如他所愿！我要撑下去！""别管它！忽视它！我要撑下去！"

当然，除了上面的自言自语之外，父母也可以使用转移注意力的办法，比如在自己生气或愤怒的时候，去喝水、听音乐、唱歌、睡觉或暂时离开等。

第二步："有哪些方法？"请孩子想一想，针对该问题情境有没有什么解决办法。父母可以先帮助孩子回忆梳理曾使用过的解决办法，再求助其他父母还有哪些可能的对策，尽量帮助孩子丰富其问题解决办法清单，如表4-2所示。

表 4-2   注意缺陷多动障碍儿童可采用的问题解决办法清单

有效办法	说明和举例
坚定的态度	告诉别人你的想法，比如：请你不要插队
表达感受	告诉别人你的感受，比如：你这样做，我觉得很生气
合作与分享	比如：和同学一起玩球，和妹妹一起玩游戏
忽略	比如：当别人一直踢你的椅子时，别理他！当有人叫你的外号时，不理他
倾听	注意倾听别人说话，看他有什么意见
交谈	心平气和地与对方说话，这样比较容易解决问题
轮流	比如：大家别抢，一个一个排队轮流玩
持续眼神接触	这样做表示你在听别人说话，重视对方，这样对方就会很高兴
换位思考	比如：他不是故意的，原谅他吧
内在语言	比如：我要专心，我要冷静
邀请别人参加	面带微笑地走向对方，诚心并认真地邀请对方加入活动。比如：你可以跟我们一起玩吗？

第三步："哪一个方法最好？"请孩子针对想出来的诸多对策，想想哪一个方法最好。可以用"快乐脸、不快乐脸和平静脸"的方式，请父母觉察自己，也可以用此方式推测孩子使用每一种解决办法后的反应。

第四步："做做看！"鼓励孩子将所选择的方法付诸行动。请父母想想孩子曾经历过的失败例子，描述孩子行动未果的状况，分析其问题解决失败的可能原因。在做一做的环节里，儿童很容易因为困难和不顺利产生自卑感或自我否定，表 4-3 和表 4-4 是一些帮助孩子自我肯定和恢复自信心的有效办法。

表 4-3   注意缺陷多动障碍儿童自我肯定的有效方法

坚定的态度	告诉别人你的想法。比如：现在在上课，请你不要和我说话
忽略	比如：别人一直踢你的椅子，别理他！旁边有人在聊天让你不专心，不理他
内在语言	默念鼓励和提醒自己的话。比如：我决不放弃！我要专心！我要努力地做
消除那些让你不专心的东西	比如：把电视关掉，会让你能更专心地写作业；把不需要用到的文具收到抽屉里，让桌面干净整洁，这样你就不会容易分心了
默读	可以一边写作业，一边轻声地念出来，这样可以让自己更专心些
写下重点	上课听到教师说重要的话时，可以拿笔写下来，帮助自己专心
先苦后甜	先做完困难的事情，再找一件好的、喜欢的事情来做，奖励自己。比如：先做完作业，再去玩。先上课，再看电视
写标语	可以把鼓励和提醒自己的话写下来，放在容易看到的地方。比如：放在铅笔盒里、书桌前或压在桌垫下
请别人提醒	在学校可以请同桌提醒自己要专心。在家里可以请父母提醒自己要专心

表 4-4 注意缺陷多动障碍儿童恢复自信心的有效办法

往好的方面想	1. 告诉自己往好的方面想 2. 我有很大的进步空间
相信自己	1. 相信自己的能力 2. 叫我第一名
努力向上	1. 找出原因，努力改进 2. 如果我不能做到最好，也没有关系，就试试看
肯定自己	1. 对着镜子跟自己说：我很棒的 2. 我做得很不错
乐观	1. 不要跟别人比，跟自己比 2. 失败不一定是我的错
不要看低自己	1. 不要看扁自己，我是最棒的 2. 我在很多方面都是很不错的，不要看低自己了

上面的这些方法，父母要经常鼓励儿童练习，让他们变得越来越坚定。坚定的原则包括：

（1）只有你能控制自己的行为，别人都不行。你能要求别人改变，但是别人有权拒绝。

（2）事先想好脱离困境时，你想要得到什么。

（3）清晰地沟通，特别是说清楚你想要的是什么。

（4）注意身体语言，避免被动或攻击的姿态。

（5）做出坚定行为的时间点很重要，要在心平气和、头脑清醒的时候。

（6）要用"我"来陈述，避免使用"应该""绝不"。

（7）当批评别人时，要针对对方的行为，而不要针对这个人。

（8）使用建设性的回应，先称赞对方的优点，然后指出他的问题。

（9）要能够妥协和退让，事先想好哪些是你愿意妥协的，哪些是你不愿意妥协的。

第五步："行得通吗？"。在实施行动之后，引导孩子评估使用该办法的效果。想一想，如果改用其他的对策会不会更好？

问题解决五步法需要常练习、常反思。在孩子放学回家后，父母可以与其讨论在学校的情况，并用该方法与孩子反复练习，鼓励孩子在学校使用问题解决五步法来应对问题。亲子应共同学习、斟酌细节、反思实践效果并讨论改进之策。

思考题

1. 学完本章后，相信你已经了解了中小学生的学习困难表现。回顾你在上学期间接触过的学生，有没有类似发展性阅读障碍、数学学习障碍或注意缺陷多动障碍的同学？将你的学习收获与观察和同伴交流分享。

2. 请从发展性阅读障碍、数学学习障碍和注意缺陷多动障碍这三个辅导主题中，选择一个你感兴趣的，撰写一篇研究性论文：围绕学习困难的表现、可能成因与辅导策略三个方面，尽量清晰地描述你对该辅导主题的理解。

3. 倘若你的学生符合本章所介绍的学习困难者的特征，你会如何调整自己的课程教学？你会开发哪些教育教学资源，使其能更好地帮助这类学生？

🍃 推荐阅读

1. 孟泽龙，张逸玮，毕鸿燕. 发展性阅读障碍亚类型研究进展 [J]. 心理发展与教育，2017，33（1）：113-121.

2. 李欢，张晓玫，韦玲，等. 近十年英汉阅读障碍干预方法的比较研究 [J]. 现代特殊教育，2019（2）：49-57

3. MORSANYI K，VAN BERS B，MCCORMACK T，et al. The prevalence of specific learning disorder in mathematics and comorbidity with other developmental disorders in primary school-age children [J]. British journal of psychology，2018，109（4）：917-940.

4. 柳笛，毛祎雯. 数学学习困难学生数学技能干预效果的元分析 [J]. 中国特殊教育，2021（1）：66-74.

5. 李欢欢，黄瑾，郭力平. 我国数学学习困难儿童干预效果的元分析 [J]. 全球教育展望，2019，48（5）：117-128.

6. 张亚峰，孙桂香. 儿童注意缺陷多动障碍家庭危险因素的 Meta 分析 [J]. 中国当代儿科杂志，2015，17（7）：721-725.

7. 于敬龙，张颖，张蕾，等. 认知训练改善注意缺陷多动障碍儿童执行功能行为系统评价及 meta 分析 [J]. 中国康复医学杂志，2022，37（10）：1371-1375.

8. 吴晨超，宋海东. 注意缺陷多动障碍候选基因关联研究的 2017-2022 年进展（综述）[J]. 中国心理卫生杂志，2023，37（11）：965-969.

第五章 高效能学习的心理辅导

在信息时代，个体的可持续发展能力和竞争能力，在很大程度上取决于学习能力。教师的一个重要任务就是教会学生高效学习，使其具备高效学习能力。

学习动机是高效学习的重要基础。作为学习活动的"发动机"，学习动机是决定学习效果的重要的非智力因素，影响学生在学习过程中的认知、情感、行为等方面的情况。动机的激发和维持是高效学习的前提。然而，学生是如何看待与对待学习的？如何保证学生具有持续的学习动机？本章的第一个主题即学习动机辅导，旨在通过把握学习动机的内涵及内在机制，探索如何激励学生投入学习。

学习策略是高效学习的核心内容，是"学会学习"的标志。纵观人类历史，累积的知识汗牛充栋，爆炸性涌现的新知识铺天盖地，学校教育在有限的时间内难以穷尽，唯有"授之以渔"，教会学生学习，才能以不变应万变。教师应该为学生提供学习策略上的咨询和指导，这已成为教育学家和心理学家的共识。然而研究发现，在教学实施中多数教师既无这方面的意识，也缺少相关的教学经验。[①] 本章的第二个主题聚焦学习策略辅导，揭示学生是如何有目的、有意识地制订有关学习过程的策略与方案的，这些策略与方案是如何提高学习的效果、教师如何帮助学生形成适用的学习策略体系的。

创造性是高效学习的最高追求。创造性人才的成长规律与培养模式是国际社会共同关注的问题，世界各国普遍把培养创造性作为教育目标。[②] 中共中央、国务院《关于深化教育教学改革全面提高义务教育质量的意见》指出，要"促进思维发展，激发创新意识"。2020 年发布的《中国高考评价体系》首次把"创新性"作为一项专门的考查要求。学校是培养学生创造性最为重要的环境，然而与日益增长的社会需求和不断凸显的教育目标相比，旨在培养学生创造性的学校教育实践看上去并没有预期得那样成功。[③] 本章的第三个主题关注创造性及其培养，探索在理解创造性的基础上，教师如何培养学生的创造性。

---

① 刘电芝. 高效学习的追求：学习策略的研究与实践 [J]. 中国教育科学（中英文），2019，2（6）：81-99.
② 林崇德，胡卫平. 创造性人才的成长规律和培养模式 [J]. 北京师范大学学报（社会科学版），2012（1）：36-42.
③ 庞维国. 创造性心理学视角下的创造性培养：目标，原则与策略 [J]. 华东师范大学学报（教育科学版），2022，40（11）：25-40.

第一节　学习动机辅导

　　动机在许多情境中，包括学校、家庭、工作场所等，都有很重要的作用。学习动机是长期的有意义学习必不可少的因素。对于教师而言，学生的学习动机是学习活动中的关键因素。一方面，学习动机的性质决定了学习的方向和进程，学习动机不同导致学生的学习行为各异：在课堂中，有的学生听讲认真、乐在其中，有的学生不时走神、心不在焉，有的学生则痛苦不堪、避之不及。其根源在于学生的学习动机水平和学习模式存在差异。另一方面，学习动机影响学习效果，增强学习动机是提高学习效率最有效的途径之一，其有效性甚至超过延长学习时间、增加学习内容。要想学生从学校教学中有所收获，就必须激发他们的学习动机。

　　然而在现实中，教师要了解学生的学习动机，并非轻而易举，希望进一步调控学生的学习动机则更具难度。学习动机是一种内部结构，隐藏在学习行为背后，教师只能通过学习行为推测学生的学习动机，而相同的学习行为背后的学习动机可能千差万别。也许在同一课堂中，学生听讲都很认真，可其中有的是因为对课程内容感兴趣、想学会它，有的是想在考试中取得高分，有的是为了家长的期望，有的是迫于教师的压力……尽管当时学生表现出了相同的学习行为，但其背后的学习动机不同，后继的学习模式或学习效果也必然存在差异。学习动机还具有情境性及个体差异性，这就进一步增大了教师把握学生学习动机的难度。例如，在支持性教师的指导下，女生的学习动机更强；而在挑战性教师的督促下，男生的学习动机更强。又如，学习动机会随年龄增长而发展变化，当学生步入中学阶段，其学习动机水平可能会下降。总之，对于教师而言，培养学生的学习动机是一个无法回避又极具挑战的课题。

一、学习动机的内涵

　　心理学中将引发并维持活动的倾向称为动机。动机是行为的动力，是行为背后的原因。推动学习活动进行的动机称为学习动机，学习动机是学习过程得以产生、维持和完成的重要条件。学习活动的产生需要动机的推动；要能够不偏离目标坚持下来，需要动机来维持；学生要克服困难，最终完成任务，也离不开动机的参与。

　　作为一个复杂的概念，学习动机可以从不同角度进行分类。根据动机作用的时间长短，学习动机可分为近景动机与远景动机；根据动机的影响范围，学习动机可分为普遍动机与偏重动机；根据动机作用的主次，学习动机可分为主导动机与辅助动机。其中，在学校教育领域最具影响力与应用价值的一种分类是，根据动机诱因的来源将学习动机分为外部动机与内部动机。外部动机是指受外部因素影响而产生的学习动机，持外部动机的学生在诸如好成绩、教师赞赏、避免同学嘲笑等外部诱因的吸引下而学习，具有外部动机的学生关注学习结果或学习的附属物。内部动机是指因个体内在需求而产生的学习动机，与兴趣、信念、理想、好奇心和荣誉感有关。持内部动机的学生关注学习活动本身带来的成就感与满足感。研究表明，我国中小学生学习动力主要来自对考试成绩的追逐等外部动机，巨大的学习压力是我国中小学生学习动力的重要特征。[①]

内部动机与外部动机共同激励学生投入更多精力在学习活动上。学习动机可以是外部的、强化驱动的，也可以是内部的、兴趣驱动的，更多时候是兼而有之的。如果是学生喜欢的学习活动，并且在过去取得过成就，则内部动机可以发挥作用；而如果是学生不喜欢的学习活动，或在过去曾经失败过，需要借用外部力量才能完成，则外部动机可以起到很好的激励作用。一般而言，具有外部动机的学生一旦达到目的，其动机就会下降；而内部动机更加持久，持内部动机的学生更加投入、主动。两种动机可以相互交替、转化。例如，一位学生得到教师的表扬，便会对学习产生兴趣、热情，推动自身更加积极、主动地进行学习，即将外部动机转化为内部动机；当学生对学习感兴趣、投入多，取得优异的成绩而得到奖励时，这种奖励又可进一步增强学生的学习劲头，即内部动机引发外部动机。

整体而言，相较于外部动机，内部动机更为积极、持久，对学业成就影响更大，值得教师珍视。有研究表明，随着学生内部动机的增强，其外部动机对学业成就的影响会逐步由积极转变为消极。[②]良好的课堂氛围有助于学生在学习活动中更多持有内部动机，研究发现，当学习活动是强制性的，学生表现会受到评估，学生担心努力会失败时，就会限制内部动机的生成，学生也就很难沉浸在学习活动中。[③]

二、学习动机的内在机制及培养

个体动机纷繁复杂，对动机的解释也多种多样。心理学家对学习动机的研究始于 20 世纪 20 年代，到目前为止，关于学习动机，行为主义、人本主义与认知学派均给出了具有影响力的解释及相应的培养思路。

（一）行为主义：强化动机理论

1. 理论观点

行为主义将学习看成环境塑造的结果，对动机的基本看法也与之适应，认为动机是奖励和惩罚的结果，是强化的产物，在性质上是外控的。

对于学习活动中的动机，行为主义支持"胡萝卜加大棒"的教育方式——教师在学生表现出目标行为（教师希望看到的行为）时给予强化，如果学生没有表现出目标行为，则不予强化；如果学生总是表现出不相容的行为，则教师在必要时还可

① 孙智昌，项纯，李兰荣，等. 我国中小学生学习动力与学习策略的现状与对策 [J]. 课程·教材·教法，2016，36（3）：78-85，77.
② 郭衎，曹一鸣. 学习动机对学习效果影响的深度解析：基于大规模学生调查的实证研究 [J]. 教育科学研究，2019（3）：62-67.
③ 布罗菲. 激发学习动机 [M]. 陆怡如，译. 上海：华东师范大学出版社，2005：8.

以给予惩罚。强化与惩罚是硬币的两面，都不同程度地改善了学生的学习行为。然而研究者对强化与惩罚的看法存在差异，多数学者鼓励更多采用强化，如斯金纳甚至认为没有必要采用惩罚，只要强化恰当的行为，忽视不恰当的行为就可以完美塑造学生的行为表现。但是也有学者认为惩罚必不可少。

可见，行为主义提倡通过外在诱因来维持学生的学习动机，在学校中获得奖励（如高分、奖品、赞扬、给予权利或荣誉称号等）的学生将会产生进一步的学习动机，没有得到强化的学生将不会产生学习动机，被惩罚（训斥、嘲笑、剥夺权利、低分等）的学生也有可能改变不被认可的行为，转而更加投入学习。很多学校文化中体现了行为主义观，如成绩报告或排名、荣誉证书、颁奖典礼等。

2. 学习动机的培养：合理使用强化与惩罚

强化与惩罚可以增强任务的外在价值，进而激发学生的学习动机。因为采用强化与惩罚会使学生认为完成任务有助于个体"得到想要的"（正强化）或"避免不想要的"（负强化）；不完成任务则可能"承受不想要的"（正惩罚）或"失去想要的"（负惩罚）。而要使用强化与惩罚有效增强学生的任务价值感，需要遵循一定的原则。

（1）正确运用强化

第一，注意强化诱因的选择。虽然有些奖励对任何人都具有作用，但奖励物是一个地地道道的个别化事物，有的学生喜欢物质奖励，有的学生偏爱当众夸奖，有的学生则可能喜欢被摸摸脑袋。即使是同一个人，也会因为主客观条件的不同而对奖励物的接受程度不同。若要提高奖励的效果，必须慎重考虑奖励诱因的选择。首先，强化方式要适应学生的年龄特征。小红花或贴纸对小学低年级的学生可能有吸引力，但高中生则对此"不屑一顾"。其次，利用普雷马克原理，教师可以考虑用学生喜欢的活动作为奖励，激发学生去完成另一种不那么吸引他们的任务。再次，以精神奖励为主，物质奖励为辅。尽可能使用最自然的外部奖励，也就是说，如果在当时的环境下通常出现的是赞扬和微笑，而不是糖果和礼物，那么就使用赞扬和微笑作为奖励。最后，充分认识强化物的情境性及个体差异性，为学生提供个性选择。

第二，淡化强化的外部控制手段色彩。强化不是目的，而是辅助性评价，给予奖赏意味着对个体学有成效的肯定。每种强化都具有信息特性和控制特性，它们的突出性或强弱程度决定着奖赏对内部动机的后果。如果说"今天你练琴练得好，我们去公园玩"，这是强化的信息特性；而说"如果你今天好好练琴，我们就去公园玩"，这是强化的控制特性。对于个体原本极感兴趣的活动，如果给予的奖赏没有信息意义而是一种控制，就会降低个体对该活动的内在兴趣。

第三，注意强化的时机及频率。强化并非在任何时候都有效，当学生反映他们在活动中体验不到兴趣和快乐时可以使用外部强化；而对大多数人来说没有什么价值的任务（如重复练习）要限制使用外部强化。评估、反馈和奖励的频率也会影响强化的效果，如小的但经常出现的奖励比大的但极少出现的奖励更具有诱因价值。

第四，建立一套明确的强化规则。教师在使用外部奖励时要使学生有自我控制感。也就是说，让学生在选择之前就知道他们做出这个选择将会获得什么样的"报酬"。

第五，强化与其他手段相结合有助于降低外部动机的消极影响。如果使用"有形"的奖励（如贴纸、糖果和玩具），就要将这些有形的奖励和赞扬结合起来；要把强化的重点放在学生的努力上，而非能力上。强化要与学生实际付出的努力一致；鼓励学生使用自我赞扬，指出自己的努力在成功道路上的价值，让学生复述："我确实很努力，并取得了成功！"

第六，教师还需认识到一点，即"奖赏未必能够提高学习动机"。在莱伯及其同事所做的奖赏影响动机的研究中，研究者在幼儿园自由活动时间里观察绘画的孩子，并挑选绘画时间长的孩子作为被试，将其随机分成三组。第一组孩子被告知"等会儿会给予'画画高手'的称号"，事后给予奖励；第二组孩子，不事先许诺，但事后给予奖励；第三组孩子，不事先许诺，事后也不给予奖励。随后在自由活动的时间里，再次观察三组孩子的绘画时间。结果发现，第一组的时间减少，第二组、第三组的时间略有增加。由此可见，外部奖赏具有隐蔽性代价：对原本有兴趣的活动给予外部奖赏的话，就会削弱内部动机。动机从内部的转化成外部的，一旦撤销外部的刺激，内部动机就会被减弱甚至消失，从而使学习由内部动机驱动转变为由外部动机驱动，这被称为"过度理由效应"。

（2）慎重使用惩罚

"热炉原则"作为指导实施惩罚的有效原则被广泛使用。这一原则由于触摸热炉与实施惩罚之间颇有相似之处而得名。最明显的相似之处是两者均令人痛苦。除此之外，还有以下相似点：首先，触摸热炉，瞬间感到灼痛，使大脑在原因与结果间形成联系；其次，得到警告，得知一旦接触热炉就会发生什么；再次，结果具有一致性，每一次接触热炉都会得到同样的结果；最后，每个人接触热炉，都无一例外地被烫灼。

这体现了有效惩罚原则的四个特点：第一，即时性。越迅速进行惩罚，个体就越容易将惩罚与自己的错误而非惩罚者联系在一起。第二，事先警告。教师必须事先让学生了解规章制度及行为准则，清楚哪些行为会受到何种惩罚。第三，一致性与连贯性。教师要公平地对待每一名学生，同一违规行为在考虑环境因素的情况下给予相同的惩罚。第四，就事论事，不针对具体人。惩罚应指向不良行为而非学生自身，切忌人身攻击或"翻旧账"。

此外，还要确定惩罚的强度与类型。从惩罚强度来看，一般认为，在阻止学生的不良行为时，较轻的惩罚形式不如较重的惩罚形式有效。但是，某些过重的惩罚形式往往会带来一些"副作用"。研究表明，较重的惩罚会使学生回避并远离惩罚者，不愿听从惩罚者的指导，甚或引发高度焦虑。对动物的研究也表明，极轻微的惩罚通常不会把"不恰当"的行为反应永久消除；中等强度的惩罚则常常有助于抑制被惩罚的行为；而极强烈的惩罚对完全消除已形成的行为非常有效。实际上，研究者还提出，惩罚强度与惩罚时机是相互作用的，惩罚强度比较轻微时，晚惩罚比早惩罚的效果差。从惩罚类型来看，与正惩罚相比，负惩罚的"副作用"相对较小。

（二）人本主义：需要层次理论

1. 理论观点

需要层次理论是第一个与强化理论竞争的动机理论，它将学习行为解释为对需要的反应。尽管较难得到实验验证，但基于需要层次理论的动机模型仍深具影响力。

马斯洛认为人的需要可以划分为一个由低到高的层次结构，依次为生理需要（如睡眠、渴）、安全需要（如远离危险、焦虑或心理威胁）、归属与爱的需要（如来自父母、师长、同伴、团体、文化的接纳）、尊重的需要（如掌握经验、相信自己的能力）、自我实现的需要（创造性的自我表现、好奇心的满足、潜能的实现等）（见图 5-1）。在马斯洛的需要层次理论中，需要按顺序得到满足。除非低级的需要已获得满足，否则高级的需要不会出现。其中前四种为缺失性需要，必须得到一定程度的满足，一旦需要满足，动机就会削弱或消失，而位于顶层的自我实现的需要属于成长需要，并非生存所必须，很少得到完全满足，但是其对个体成长与社会适应具有重要意义。

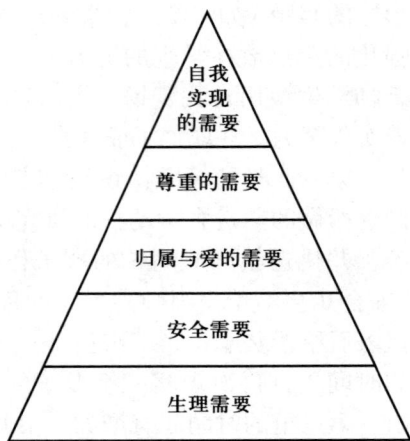

图 5-1　需要层次理论

2. 学习动机的培养：需要层次的依次达成

在课堂中，马斯洛的需要层次理论意味着，一名很累且感到饥饿的学生不太可能认真听讲，感到焦虑或沮丧的学生也很难克服困难、整理思路，容易应付了事，很难有创造性。当然在现实中，也会见到与马斯洛需要层次理论相悖的现象。一方面，有些学生即使环境优越、父母关心爱护备至，也缺乏学习动力。对此马斯洛的说法是，学生本身具有两股潜力：一股使其进取向上，另一股使其退缩逃避。究竟如何发展，教师无法强制学生选择，只有通过建立良好的师生关系来影响其选择。要使学生具有动机，先要使学生感到教师是公正的，是爱护并尊重自己的，并不会因为自己出错而遭受嘲笑或惩罚。另一方面，有些学生即使较低层次的需要未完全得到满足，也可能去追求更高层次的需要，如为了准备考试而废寝忘食，或不顾他人嘲笑而全心投入到某项活动中。因此，教师在理解与应用该理论时必须充分结合学生的实际情况。整体而言，为了成功激励学生，教师要关注与学习有关的各层次需要，学生容易缺失的一般是归属与爱的需要和尊重的需要。

（三）认知学派：归因理论

1. 理论观点

归因，顾名思义，即寻找行为成败的原因。归因理论认为，人人都是朴素的心理学家，个体完成某项任务后，无论成败都倾向于寻找原因。然而不同个体所找出的原因存在差异，形成具有个体倾向性的归因模式；不同的归因模式又会影响个体以后从事类似任务的动机水平。

最早提出归因理论的是海德，他认为个体的动机水平与个人对自己学业上成功与失败的知觉有关。韦纳进一步提出，现实中成败归因不外乎六大因素，即能力（我学习好是因为我聪明）、努力程度（我做得这么好是因为我下了功夫）、任务难度（这道题太难了，所以我做不出来）、运气（我能通过考试是我运气好，蒙的都对）、身心状况（之所以刚才老师提问时我的回答一团糟，是因为我在发烧，头晕乎乎的）、别人的反应（我数学差，那是因为数学老师对我有偏见）。韦纳认为这六大因素又可以从三个维度进行分析：一是稳定性，六大因素中有长久发挥作用的稳定因素，也有暂时发挥作用的不稳定因素；二是因素来源，来自学生自身的原因为内在因素，而来自环境的则为外在因素；三是可控性，如果原因随学生的意志而转移，则属于可控因素，如果影响该原因的因素较多，不完全由学生操控，则属于不可控因素。详见表5-1。

表 5-1　韦纳成败归因理论中的六因素与三维度 [①]

	成败归因维度					
	稳定性		因素来源		可控性	
	稳定	不稳定	内在	外在	可控	不可控
能力	√		√			√
努力程度		√	√		√	
任务难度	√			√		√
运气		√		√		√
身心状况		√	√			√
别人的反应		√		√		√

学生的成败归因不同，尤其是成败归因在三个维度上的特征不同，将直接影响学生的学习动机模式。

首先，归因方式会影响个体对学业成败的情感体验，正如休谟所言"人所自豪的东西必定属于他自己"。一个人只有将成功归结为自身的因素，即内在因素，才会觉得自尊，同样只有将失败归结为自身的因素才会觉得自卑。同时，如果个体将失败归结为不稳定的因素，如运气，就不会失去对成功的希望，而若归因为稳定的因素，如能力，则可能陷入绝望。从可控性维度上来说，将失败归结为可控的因素会引发内疚，归结为不可控的因素则会感到惭愧。与惭愧相比，对学习活动而言，内疚是更加积极的情感。

[拓展资源] 内疚与惭愧 的区别

---

① 莫雷. 教育心理学 [M]. 北京：教育科学出版社，2007：268.

其次，归因方式会影响个体对未来的预期及对自我的认识。前面提到，面对成败，归因不同，个体可能体会到自尊、希望、内疚等积极情感，也可能体会到自卑、绝望、惭愧等消极情感。体会到积极情感的个体会觉得"我很强""我将来能成功""我下次会做得更好"，这会提高个体对后继学习的期望，愿意为学习付出更多的努力，一分耕耘、一分收获，个体更有可能获得较好的学习效果。这种积极的结果会进一步强化个体最初的看法——"我确实有希望、能成功"，进而有更高的期望、付出更多的努力、获得更好的结果，从而进入一个良性循环。而体会到消极情感的个体会认为"我不如别人""我永远不可能成功""等待我的只有失败"，这会降低个体对学习的期望，碰到一点困难就退缩，不愿付出努力，学习效果自然较差。而这种消极结果同样会反过来强化个体最初的看法，伴随而来的是更低的期望、更少的努力、更差的结果，从而陷入一种恶性循环。

可见，学习活动的归因有积极和消极两种模式。积极的归因模式为"成功→能力高、努力足→自豪、自尊→增强对成功的期望→愿意从事有成就的任务"和"失败→缺乏努力→内疚→相对地增强对成功的期望→愿意并坚持从事有成就的任务"。无论成败，持积极归因的个体的动机水平均不会受损。消极的归因模式为"成功→运气→不在乎→很少增强对成功的期望→缺乏从事有成就的任务的愿望"。需要注意的是，当失败时，消极归因的个体则陷入"失败→缺乏能力→羞愧、无能感、沮丧→降低对成功的期望→避免或缺乏对有成就的任务的坚持性"的恶性循环。

2. 学习动机的培养：归因训练

从归因理论出发，学习动机强弱的关键不在于学生获得了多少学业成功或遇到了多少挫折，而在于个体对学习活动成败的归因。积极归因的个体，无论成败，他们的动机都会增强，至少不会减弱；而同样面对成败，消极归因的个体的动机会减弱，不会增强。教师如果能够帮助学生进行合理归因，必将有利于学生维持学习动机。教师可依据以下步骤开展归因训练。

第一步，让学生暴露归因风格。"发现问题是解决问题的第一步。"要想引导学生正确归因，教师首先需要了解学生目前的归因风格，通过让学生暴露自己的归因风格来展示自己对学业成败的解释。

第二步，进行活动，取得成败体验。这一步所进行的活动必须是与学生的消极归因有关的。例如，对于在物理学习方面存在消极归因的高中生，可以选择的活动包括物理补习小组、物理自习辅导、物理兴趣小组等等。在活动过程中，教师要求学生完成一些任务，使其获得成败体验。

第三步，学生进行成败归因。无论学生是否完成任务，教师都要求学生进行成败归因。如果学生表现出积极归因，教师应及时肯定；若出现消极归因，则进入第四步，引导学生积极归因。

第四步，引导学生积极归因。这是归因训练最为关键也是难度最大的一步。首先，澄清不合理归因。由于学生对自己的归因是否正确没有清楚的认识，教师需要在学生暴露出来的归因风格的基础上，引导学生分析自己归因的不合理之处，让学生意识到归因直接影响学习效果。其次，渗透"一分耕耘、一分收获"的意识。使学生认识到每个人不是天生就能获得成功的，成功取决于自身的努力程度。再次，引导学生客观评价自己的学业表现，及时分析成败因素，看到自己还没有努力做到的方面，教师及时对学生的努力给予反馈。最后，使学生持续具有积极归因思维。教师注意选择难度适当的学习任务，把握学生的"最近发展区"，坚持"跳一跳，摘桃子"的原则，设定适合学生能力发展的学习目标。

归因训练不可能一步到位，后三步需要循环进行，直至学生放弃消极归因，尝试积极归因。教师还可以通过组织开展各种活动，如运动竞技活动、综合实践活动、社区服务活动等，有针对性地指导学生合理归因，并让学生多角度地强化积极归因体验，养成正确归因的思维方式。尽管归因训练的具体方式多种多样，但无论采取什么方法，关键都要有助于学生对自己建立信心，让学生在每一个微小的进步中意识到自己的努力是有成效的。

（四）认知学派：成就目标理论

1. 理论观点

成就目标是个体为了获得或达到有价值的结果、目的而参与成就活动的原因。成就目标理论源于成就动机理论。默里提出一种"克服困难，施展才能，力求更快、更好解决难题"的动机。麦克利兰和阿特金森进一步将成就动机定义为在某种优胜标准中对成功的关注。之后的研究者将其引入学校领域来解释学生学习这一成就活动，提出成就目标定向直接影响学生在学习活动中的学习动机模式。

成就目标理论认为，学生的成就目标可以从两个维度进行分析：第一个是"趋近—回避"维度。趋近目标即追求成功的目标，该目标推动人们去寻求成就，使个体产生成功的倾向或追求成功的动机，如在考试中追求好成绩；回避目标以避免失败为目标，该目标推动个体避开成就情境，如总担心考试不及格、逃避考试等。第二个是"掌握—成绩"维度。持掌握目标的个体追求成长，在学习中关注学习本身，他们反复问自己的问题是"学得好不好"，以学习知识作为增强人的能力、理解力和判断力的手段，强调能力的发展。持成绩目标的个体追求表现，他们更关注学习结果，总在意"考得好不好"，把超过他人作为竞争时展现或提高个人能力地位的方式，关注社会比较，希望获得高评价并避免低评价。

[拓展资源] 能力观与成就目标定向

成就目标的两个维度两两结合，可形成四类不同的成就目标定向（见表5-2）。成绩—趋近目标的个体关心如何超越他人，表明自己最聪明、最棒，根据常模标准来评价自身的表现，如在班上考得最好。掌握—趋近目标的个体关注对任务的掌握、学习和理解，根据自己的进步和提高，以及对任务的理解程度来评价自身的表现。成绩—回避目标的个体关心如何不让自己显得能力低下，也根据常模标准来评价自身的表现，如不是班里最差的；掌握—回避目标的个体关心如何避免不理解，个体判断成功的标准是在自我比较的基础上准确无误地完成任务，典型代表是完美主义者，他们尽力避免做错任何事情，力求不出半点错误，在学业成绩下降的个体中也可见到这一目标定向。

表 5-2　4 类成就目标定向

		追求成长与追求表现	
		掌握	成绩
追求成功与避免失败	趋近	掌握—趋近目标	成绩—趋近目标
	回避	掌握—回避目标	成绩—回避目标

研究表明，成绩—趋近目标与掌握—趋近目标与学业成就呈显著正相关，成绩—回避目标与学业成就呈显著负相关，掌握—回避目标似乎不能直接影响学业成就。因此，一种积极的成就目标定向模式为"高成绩趋近—高掌握趋近—低成绩回避"。

2. 学习动机的培养：引导积极的成就目标模式

持有不同成就目标定向的学生，其学习动机模式是不同的，在学习活动中的体验与行为模式也存在差异。因此，教师一方面要结合学生的成就目标特点制定激励策略，另一方面则要引导学生持有积极的成就目标定向模式。

首先，持有不同成就目标定向的学生，其看重的事物或认为有价值的目标有所不同。教师可结合不同的成就目标定向特点展开有针对性的激励。从掌握目标与成绩目标维度而言，持有掌握目标的个体更看重学习活动本身，学会新知识、习得新本领、洞悉事物本质及规律等对其极具吸引力；而公开的表扬、理想的成绩排名、超越他人的优越感对持有成绩目标的个体更具激励意义。从趋近—回避维度而言，在追求成功与避免失败两个目标上表现不同的学生也需要差异化的引导策略，具体见表 5-3。

表 5-3　对不同成就动机类型学生的引导策略 [①]

成就动机类型	特点	引导策略
高趋近低回避型（趋向成功型）	好奇心极强，对学习有极高的兴趣。不断地努力，通常表现得自信、机智。认为学习本身具有价值，为满足好奇心而学习，学习行为无需依赖外界的刺激	1. 教师准备扩充教材内容，鼓励自学并向更难的知识发起挑战 2. 鼓励学生发表作品，给其他学生作参考 3. 请学生担任小老师，帮助一直想不出点子的学生
低趋近高回避型（逃避失败型）	逃避失败胜于对成功的期望。虽然在学校感到厌烦和无聊，但是在学习上并不存在问题，成绩很好但对课程兴趣不高，常常采用逃避的方式	1. 教师应多与这类学生深入对话，找到他们的兴趣点 2. 请学生放轻松，尝试挖掘自己的潜能并找到自身的强项 3. 请学生担任讲故事的人（或其他角色，依其兴趣而定），讲故事给同学听，多参加集体活动

[①] 陈庆章，刘维超，宦若虹，等. 激发学生学习动机的要素和操作方法研究 [J]. 教育探索，2010（10）：115-118.

续表

成就动机类型	特点	引导策略
高趋近高回避型（过度努力型）	在受到成功的诱惑的同时，会对失败产生恐惧感，对一项任务怀有既追求又排斥的冲突情绪。焦虑使他们更加努力地学习，用取得成功来逃避失败	1. 教师设计活动，让他们参与探索性课程，使其厘清自己的价值观 2. 鼓励学生确定自己的目标（界定问题） 3. 让学生担任小老师，利用教别人的机会，增强信息提取能力
低趋近低回避型（接受失败型）	没有对成功的期望，会直接对教师说我不想做。上课不听讲，下课后更不付出努力，对成就表现得漠不关心，用学生自己的话说就是"不喜欢、没兴趣、不想做"	1. 教师设计相关的、有趣的教学活动，引发其学习动机 2. 安排同学帮助这类学生 3. 让这类学生帮教师完成一些工作，例如，把麦克风组件交给他们，组装好后再交给教师使用，教师可借机鼓励他们

其次，无论是从积极的成就目标模式，还是从维度界定本身而言，趋近目标与掌握目标均为更加积极的成就目标定向。因此，教师有必要引导学生更多持有趋近目标与掌握目标。

一方面，增加成功体验，提高自我效能感有助于学生持有追求成功（趋近）的目标。自我效能感是指个体对自身能否成功的一种主观判断和胜任感，是影响学生"成功期望"水平的重要因素。在从事任何活动之前，个体都会对实施能力进行推测或判断。自我效能感形成之后，对个体行为将产生极为深刻的影响：第一，自我效能感决定个体对活动的选择及对该活动的坚持性；第二，自我效能感影响个体在困难面前的态度；第三，自我效能感影响新行为的获得和习得行为的表现；第四，自我效能感影响活动时的情绪。高自我效能感的学生积极迎接挑战、克服困难、信心十足、情绪饱满，愿意为学习付出努力；低自我效能感的学生则满脑子充斥着无能感，回避任务，甚至放弃努力，陷入"习得性无助"。

[拓展资源]
习得性无助

个人已有的成败经验会直接影响对自我能力的判断。一般来说，成功经验会增强学生的自信心，反复的失败则会使学生形成对失败的恐惧感，具有失败恐惧感的学生不敢提出较高的目标，从而会放弃许多尝试的机会，同时也就放弃了许多成功的机会，进而降低自己的效能期望。教师应积极创造机会，让更多的学生体验成功。第一，采用多元评价，发现学生身上的闪光点，多一把尺子就多出一批好学生。第二，看到学生的进步，鼓励纵向比较。鼓励个体与自己过去做比较，这样每个人都有机会获得成功的体验。第三，持久的动力源自有价值的成功。通过提供过于简单的任务，或不切合实际的高评价等方式，帮助学生体验到的是"虚假"的成功，难以获得持久的动力；中等难度的、处于学生"最近发展区"的任务才能提供有价值的成功。

另一方面，探寻学习的意义、发现学习的内在价值，有助于学生更多持有掌握目标。如果学生在学习中懒懒散散、无所事事，一个重要的原因在于不知学习的意义何在。例如，一位小学生问教师："老师，您说学习有什么用？大学毕业生都找不到工作，你们当老师的一个月的薪水还不够买一件衣服呢。我不想学习，那些明星网红成天玩，还可以挣大钱，为什么非要这么苦地学习呢？"如何回答学生的问题呢？教师有必要思考什么样的学习是有意义的。对学生来说，有意义的学习至少包括三个要素：有用、有趣、有效。

有用性是个体在学习活动中追求的目的之一。"有用"是一种内在的价值判断，即使本身是具有价值的事物，也需要他人认同它的价值，才能形成价值感。多维的学习目标有助于学生真正体会到学习的有用性，片面狭隘地把学习看成谋生的手段和获利的工具，学习就很难成为学生发自内心的、有价值的活动。同时要使学生认识并体会到学习的多维价值和丰富的有用性，学习的过程应是有趣和有效的。有趣是积极情绪的唤起，如果学生能体会到学习的有趣性，就会产生良好的情绪，从而在学习中表现得更好、更有效率。而有效是成就感的不断累积。很难想象一个没有体验过学习有效性的学生却能认为学习是有意义的。低年级学生可以用有趣带动有效的学习；高年级学生则开始喜欢向内求索，关注学习的意义与价值，这时更应该重视价值观层面的引导，以此来点燃学生发展的真正动力。

（五）认知学派：期望—价值理论

1. 理论观点

归因理论与成就目标理论从认知角度对学习动机作出解读，而期望—价值理论是将行为理论与认知理论结合起来，从社会认知的角度解释学习动机。期望—价值理论认为动机既来自个体内在的头脑，如想法、计划、对自己能力的认知等，又来自外部的社会环境，如达到既定目标的可能性、达到目标后可能的回报等。当个体感知到有机会获得成功且目标很有意义时，就会受到激励而努力投入。

期望—价值理论认为，个体愿意花在任务上的努力取决于两项因素，即"动机＝期望×价值"。期望是个体对成功完成任务的预期；价值是个体看重这些回报的程度。两因素中缺失任何一个因素，个体都不会投入任何努力，而且只要任何一项水平较低，动机强度就会较弱，只有在期望与价值同时水平高时，动机强度才大。可见，面临一项学习任务时，学生对任务结果的期望和对任务价值的评价会影响其参与任务时的情绪及认知反应（见表5-4），并最终影响其学习动机水平。

表5-4　与期望—价值有关的学生主观体验[①]

		对任务本身包含过程的反应	对参与任务的预期性反应
预期失败	情感	焦虑、尴尬、对失败的恐惧	冷漠、顺从、愤恨
	认知	任务焦点会因为对困惑、失败、无助的知觉而损害，将（差）表现归因为能力不够	认为不可能会"赢"，没有机会赢得想要的回报、满意的分数

[①] 布罗菲. 激发学习动机 [M]. 陆怡如，译. 上海：华东师范大学出版社，2005：12.

续表

		对任务本身包含过程的反应	对参与任务的预期性反应
预期成功	情感	满意（可能偶尔有激动），因熟练成功的表现而自豪	对回报的激动与高兴的期望
	认知	知觉到趋近目标；将（好）表现归因于（高）能力加上相当的努力，关注发展自身的知识与技能	认识到自己可能达到目标，关注达到现有的表现准则
目标价值低	情感	愤怒或恐惧，学生不喜欢该任务，在效果上等同于惩罚	疏远、抵制，学生不想获得相关的知识与技能
	认知	任务焦点会因愤怒而损害，认为被迫参与一项不喜欢或无意义的活动	知觉到任务内容与个人概念、性别角色等之间的冲突，料想参与此项任务会产生不想要的结果
目标价值高	情感	喜欢、高兴，参与活动本身就是奖赏	精力充沛地、热切地学习相关知识与技能
	认知	相当放松，关注活动过程，对参与任务需要什么和如何反应有元认知水平的知晓，学习时关注学习的内容，表现时关注结果的质量	认为当前的任务是达成将来更远大目标的子目标，关注学习的相关方面

当成功期望和任务价值不同时，不仅学生的主观体验不同，而且学生应对课堂任务的策略也有所不同（见表5-5）。

表 5-5　不同期望—价值水平下学生应对课堂任务的策略

	低成功期望	高成功期望
目标无价值	拒绝，不参与	逃避，尽量少做
目标有价值	掩饰，假装会做	投入，尽力学习

当学生看重任务价值，对自己达到任务要求有适当的自信，他们最可能投入。当学生投入任务时，他们会通过发现意义、抓住主题、产生整体性解释来理解任务。将任务中不熟悉的方面看作挑战和价值，认为它们提供了扩展自身对世界理解的机会。

如果学生认识到任务价值，但又觉得自己能力不足以达到要求，便可能采取掩饰的方式。他们想成功地完成任务，但又不能确定做什么、如何做和能否做。这些不确定会威胁他们的自我概念和自尊，因此他们假装理解、找借口、否认困难，或者参与其他有助于保护自我的活动，而不是发展与任务相关的知识和技能。

如果学生认为成功的可能性很大，但任务本身没有什么价值，便可能会采取逃避的方式。学生对自己完成任务的能力相当自信，但找不到参与任务的理由。为应对学校和其他压力，他们可能会关注任务、走过场，以避免教师干预，甚至可能会达成任务目标。但是他们的注意力是分散的，经常会转向其他兴趣，如与同学搞小动作或想其他的事情。

如果学生的成功期望和任务价值判断都很低，他们就有可能拒绝，不参与活动或任务。既缺乏关心任务成功的理由，又缺乏完成任务的信心，学生很容易从任务中退却。有些人变得消极，甚至在心理上麻木；还有些人会愤怒。完全拒绝的学生不仅不参与，甚至觉得没必要假装有能力参与。

2. 学习动机的培养：提升价值与期望

应用期望—价值理论，教师应该帮助学生认识学习活动的价值，确保学生只要投入恰当的努力，就能在这些活动中取得成功。如表 5-6 所示。

表 5-6 使用期望—价值理论增强学生的学习动机 [①]

	对预期成功的学生的激励	对预期失败的学生的激励
目标有价值	学生具有高动机、高努力的特点，学生可以获得成功	学生尽管希望得到该目标但却不想努力。教师必须对学生的努力和微小的进步加以鼓励和奖励，并向学生强调目标的价值
目标无价值	一般来说，教师应降低学生持有这种高动机。教师必须选择更有价值的，而且学生可以成功的新目标；教师应该认识到学生的高动机并加以表扬	学生对目标不在乎。教师必须选择一个新的、更有价值的目标，然后对学生在这一方向上的努力加以鼓励

（六）认知学派：自我决定理论

1. 理论观点

自我决定理论是 20 世纪 80 年代以积极心理学为背景发展起来的一种认知动机观，自我决定理论的创始人瑞安和德西认为，个体是积极向上的，具有自我实现和自我成长的需要。基于反映社会性活动的动机水平的指标，即个体的自我整合（自我决定）程度，组成了一个从自我决定缺失到完全自我决定的连续体模型结构，由低级向高级阶段依次为外部调节、内摄调节、认同调节与整合调节。

自我决定理论认为，个体具有自主、胜任、归属 3 项基本的、与生俱来的心理需要。自主需要是一种自我决定的心理需要，指个体希望在从事各种活动时可以根据自己的意愿进行自主选择。胜任需要是指个体需要在活动中体验到有能力完成该项任务，或者个人感觉自己能胜任或掌控工作。归属需要是指个体希望自己在所处的环境中能感受到来自他人的关怀和爱，感受到自己属于组织中的一员。

2. 学习动机的培养：自我决定推动动机内化

在自我决定理论中，学习动机处于自我决定程度的连续体上，随自我决定程度的逐步内化，个体的动机由动机缺失到外部动机，再到内部动机。学生学习动机的培养是一个动机内化的过程，也是自我决定程度由低级水平向高级水平发展变化的

---

① 斯滕伯格，威廉姆斯. 教育心理学 [M]. 张厚粲，译. 北京：中国轻工业出版社，2003：322.

过程。在学习活动中，教师若能使学生感到对自我的行为和决策拥有充分的选择的权利，将有助于学生产生积极的体验和自主感，推动学习动机的内化。

瑞安和德西通过对自主支持和自主抑制两种不同环境的比较研究发现，自主需要满足更能激发个体的内部动机，即与胜任需要和归属需要相比，自主需要的满足对内部动机的影响最大。已有的实证研究也表明，自主需要对于维持个体的最佳效能尤为重要。而依靠外部教育资源的有效配置来满足学生的基本需求，是促进动机内化的关键。①

综上，研究者就学习动机这一复杂系统展开了多角度的探索，形成了多样化的解读。不同的动机理论从不同的角度揭示了学习这台"发动机"的内部构造与运转机制。在培养学生学习动机的过程中，教师应注意以下三点：

第一，预防是最好的解决之道。对于学生的学习动机问题，越早关注，就越容易干预。不要等学生已经陷入"习得性无助"，产生厌学情绪，甚至患上"学校恐惧症"后再去求助于这些方法，而是尽量不让学生失去学习的动力，"防患于未然"更有价值。教师要善于捕捉教育机会，发掘学生在学习过程中的积极因素，让学生领悟教师言行中传递的真诚情感，并将教师的理解、期待、鼓励转化为自身努力学习的内驱力。在关爱每一名学生的前提下，教师应注重在教学活动中呵护学生的学习兴趣，使课程和教学充分激发学生的学习动机，促进学生全面发展。

第二，充分考虑学生的个体差异。教师需要认识到哪种激励对学生更加重要、最具有激励作用。例如，一名高中生对教师说，他想出去跑步，不愿意坐下来写一篇作文。这时教师就有多种应对之策：可以告诉学生，如果你能够在2h内完成作文，就可以出去跑步（外在激励）；也可以建议学生选择一个他感兴趣的主题——如体育运动，并建议他不断提醒自己，如果能够完成这样一篇作文，学生将会有很大的成就感（内部激励）。究竟选择哪种方式，需要教师做出选择。通过与学生接触，尝试不同的方法，有经验的教师会逐渐发现，对一些学生而言，分数激励效果最佳，而对于另一些学生来说，学习带来的乐趣更具有激励作用。此外，对于来自单亲家庭、经济困难家庭的孩子或留守儿童等不同类型的学生，教师也应采用不同的激励方式。

第三，适度动机对应最佳的学习效果。耶基斯－多德森定律告诉我们，动机水平恰当而不是过高或过低时，学习效果最好。如图5-2所示，起初，随着动机水平的提高，效率水平也随之提高，而当超过一个临界值后，虽然动机水平提高，但是效率水平会随之下降。这个临界值就是完成任务的最佳动机水平。最佳动机水平受任务难度的影响：中等难度的任务动机水平以适中为宜；简单任务的动机水平宜稍高，学习效果最好；困难任务的动机水平只有稍低，才能达到最佳的学习效果。不仅如此，动机强度的最佳点还会因人而异，进行同样难度的学习活动，有的学生的最佳动机水平高一些更好，有的学生则低一些更好。

---

① 于海峰. 学习动机内化的理论反思与教育启示 [J]. 东北师大学报（哲学社会科学版），2011（6）：154-158.

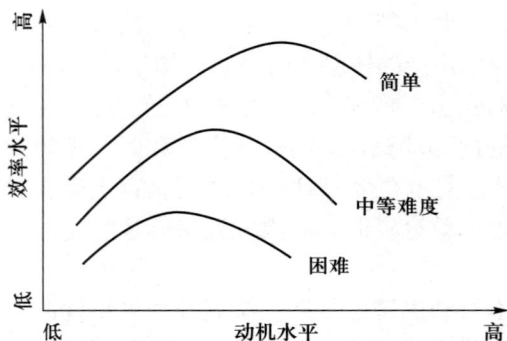

图 5-2　耶基斯 – 多德森定律

　　可见，尽管持久而强劲的动机有利于学习活动的顺利展开，为良好的学习效果提供保障，但在某些具体情境中，进一步增进动机水平可能适得其反。动机过强的学生在学习过程中如同"一根绷紧的弦"，体验到强烈的紧张、焦虑感。过度焦虑会导致注意力难以集中、认知范围狭窄、情绪紧张、过分担忧，以及一些躯体症状如发抖、出汗、尿频等，这同样会影响学生的学习效果。因此，教师不必尝试将学生的学习动机最大化，应"调适"而非一味"激发"。对于学习动机不足、不愿学习的学生，教师需要激发、提升其动机，调动其学习的积极性；而对于学习动机过强、特别看重学习、过于焦虑的学生，教师则应鼓励其放松，以一颗平常心来对待学习，缓解其在学习过程中的焦虑。

[拓展资源]
减少学生
的焦虑

　　总之，学习动机的培养具有很大的灵活性，很难穷尽所有的方法，教师可在深入把握学习动机理论的基础上灵活使用。例如，如果希望激励措施迅速生效，就试着使用行为主义的激励源——强化和惩罚。行为主义的激励源在学校的日常生活中通常都是有效的，但缺少对学生主体能动性的深入理解。如果要持久改变学生的动机，就可以尝试使用认知主义的激励源，包括对工作价值、自我能力的信念，这种方法能引起本质的、更持久的变化。还可以使用人本主义的观点，强调通过当前努力，获得能够受益终身的回报和自我实现的积极体验。在教学实践中，教师应当在充分考虑情境、学生个体差异、教学内容、教师本人特点等多种因素的基础上，关注动机的情境性与个体差异性，将学习动机放在整个"教与学的生态系统"中来看，综合采用多种学习动机理论、观点及培养思路，使学生最大化受益。

三、学习动机的测量工具

　　学习动机的测量工具较为丰富。有些工具着眼于学生动机的整体水平，有些工具从更为具体的层面展开，致力于测量学生学习动机的内在机制与模式。有的将学习动机看作一个由低到高的连续体，有的则偏重测量某一特定的动机水平，如学习倦怠与学习焦虑。有的适用于群体测量，有的还可用于个体检测。教师在选择学习动机的测量工具时，务必结合测量目标与学生特点谨慎选用。

1. 学业投入问卷

学业投入问卷（school engagement questionnaire）共 33 道题，包括行为投入、情绪投入、认知投入 3 个维度。[①]问卷采用 5 点计分：符合程度方面，1 代表"完全不同意"，2 代表"基本不同意"，3 代表"不确定"，4 代表"基本同意"，5 代表"完全同意"：发生频率方面，1 代表"几乎从不"，2 代表"有时不"，3 代表"不确定"，4 代表"有时是"，5 代表"几乎总是"。

2. 成就归因问卷

成就归因问卷由孙煜明主持编制，[②]其中，成功问卷和失败问卷都由原因知觉、期望变化、情感反应 3 部分组成，两者在内容上相反。原因知觉部分按照 $2 \times 2 \times 2$ 维度设计了 8 个子量表，每个子量表包括 5 个问题，共 45 道题（其中 5 道是测谎题）。每道题后附有一个 5 点量表，学生可从完全不同意（1）到完全同意（5）中作出唯一选择，分数越高，表明这一因素对成功或失败的影响越大。期望变化部分要求被试回答"是否愿意再一次参加类似的考试""如果有机会参加，成绩是否会改变？愿为提高成绩而努力学习吗？"等问题，意在了解学生对今后考试结果的期望。采用 5 点计分，分数越高，表明期望越高。情感反应部分按照情感反应受原因特性以及对自己或他人评价等因素影响的观点，将情感反应的指标分为 4 个方面：成功情境下的指标为欣慰、自豪、感激、惊喜；失败情境下的指标为内疚、自卑、怨恨、惋惜。每个问题后同样有 5 个等级供选择。

多维度—多归因因果量表由加拿大心理学者莱夫库尔等人于 1979 年编制。该量表由两部分组成，分别针对学生的学业成就和人际关系两方面归因。量表共 48 道题，其中 24 道题为成就归因，另外的 24 道题为人际关系归因，每个维度下成功与失败的结果归因各占一半。该量表提出了 4 类可能的归因——能力与努力（内控性），运气与环境（外控性）。采用纸笔测验，答题时间为 15～20min。被试按 5 点评分作答，从多维量表可获取多种得分，最常用的是总分，总分为外控性得分减去内控性得分，因题目为 0～4 的 5 点计分，则总分范围在 0～96 分。分数越高，则个体的外控性越高。除总分外，还可只评定学生对失败的归因，此时只需完成对应维度的 12 道题，这样得分范围为 0～48 分。该量表可在多群体中应用，但就其内容和文字难度来看，适用于年龄较大的学生。

3. 成就目标定向量表

成就目标定向量表由刘惠军等人编制。[③]该量表包括掌握—趋近目标（共 9 道题）、掌握—回避目标（共 6 道题）、成绩—趋近目标（共 9 道题）和成绩—回避目标（共 6 道题）4 个分量表。采用 5 点计分，要求学生将题目中的描述与自己的实际情

① WANG M T，WILLETT J B，ECCLES J S. The assessment of school engagement：examining dimensionality and measurement invariance by gender and race/ethnicity[J]. Journal of school psychology，2011，49（4）：465-480.

② 孙煜明. 动机心理学 [M]. 南京：南京大学出版社，1993：270-279.

③ 刘惠军，郭德俊，李宏利，等. 成就目标定向、测验焦虑与工作记忆的关系 [J]. 心理学报，2006（2）：254-261.

况比较："完全符合"记 5 分，"大多如此"记 4 分，"有时如此"记 3 分，"偶尔如此"记 2 分，"完全不符合"记 1 分。学生在某一维度上得分越高，说明他这一维度所代表的特点越明显。

4. 学业自我效能感问卷

学业自我效能感问卷由我国学者梁宇颂和周宗奎编制。该问卷把学业自我效能感分为学习能力自我效能感与学习行为自我效能感两个维度。学习能力自我效能感是指个体对自己是否具有顺利完成学业、取得良好成绩和避免学业失败的学习能力的判断与自信；学习行为自我效能感是指个体对自己能否采用一定的学习方法达到学习目标的判断与自信。每个维度有 11 道题，共 22 道题。

5. 学业自我调节问卷

暴占光对瑞安等人编制的学业自我调节问卷进行了修订。[①] 该问卷共 30 道题，包含外部调节、内摄调节、认同调节、内部动机 4 个维度。采用 5 点计分，1 代表"完全不符合"，2 代表"比较不符合"，3 代表"不确定"，4 代表"比较符合"，5 代表"完全符合"。个体在哪个维度上得分越高，说明越倾向于该种自我决定动机类型。采用相对自主性指数（relative autonomy index，RAI）整体上衡量自我决定动机水平：RAI=2 × 内在动机 + 认同调节 - 内摄调节 -2 × 外在调节。RAI 数值越大，表示自我决定动机水平越高。

第二节　学习策略辅导

学习活动是一项充分体现技能、技巧的活动，学习策略不仅直接影响学习成效，更是"学会学习"的重要指标。诸多调查表明，我国中小学生学习策略的整体水平并不理想，学习策略各维度之间的发展不均衡。资源管理策略水平相对较高，而作为学习策略的核心——认知策略和元认知策略水平整体不理想。[②③④] 对于教育而言，如何教会学生学习与思考无疑是一个既重要又紧迫的问题。

一、学习策略的内涵

（一）学习策略的界定

所谓学习策略，是指学生为了提高学习的效果和效率，有目的、有意识地制订有关学习过程的复杂方案，是学生在学习活动中采用的有效的学习程序、规则、方法、技巧及调控方式。因此，学习策略并非一种被动的、按部就班的学习过程，而

① 暴占光. 初中生外在学习动机内化的实验研究 [D]. 长春：东北师范大学，2006.
② 孙智昌，项纯，李兰荣，等. 我国中小学生学习动力与学习策略的现状与对策 [J]. 课程·教材·教法，2016，36（3）：78-85，77.
③ 张林，张向葵. 中学生学习策略的结构与使用特点 [J]. 心理科学，2006（1）：98-102.
④ 马郑豫，张家军. 中小学学生学习策略的调查研究 [J]. 教育研究，2015，36（6）：85-95.

是学习活动的一个环节，更是一套主动的超越一般学习程序且具有通用性、能监视与调控学习活动的操作系统。

（二）学习策略的特征

1. 主动性

学生采用学习策略一般都是有意识的心理过程。学习策略的使用需要学生主动的加工。在学习时，学生先要分析学习任务和自身特点，然后根据这些条件，制订适当的学习计划。对于新的学习任务，学生总是有意识、有目的地思考着学习过程的计划。只有对于反复使用的学习策略，学生才能达到自动化的水平。

2. 有效性

策略是相对效果和效率而言的。一个人在做某件事时，使用最原始的方法，最终也可能达到目的，但如果效果不好，效率也就不会高。比如记单词，一遍又一遍地朗读，死记硬背，最终也会记住。但是保持时间不会长，记得也不是很牢固；如果采取一定的学习策略，如分散复习或尝试背诵的方法，记忆的效果和效率就会提高。

3. 过程性

学习策略规定学习时做什么与不做什么、先做什么与后做什么、用什么方式做、做到什么程度等方面的问题，因此它是有关学习过程的策略。

4. 程序性

学习策略是学生制订的学习计划，由规则和技能组成。每一次学习都有相应的计划，学习策略也不同。学习策略的程序性特征使得学生不仅要了解学习策略的定义，还要掌握并使用这一策略，只有通过大量的尝试与练习，才能真正掌握学习策略这一程序性知识。

二、学习策略的类型

学习策略从不同的角度可以进行不同的分类。影响最广的一种分类源自麦基奇等人的观点，将学习策略分为认知策略、元认知策略和资源管理策略。此外，还有学者从其他角度对学习策略进行了分类。

1. 认知策略

认知策略是学生对学习材料认知加工的策略，是加工信息的一些方法和技术，有助于有效地理解、保持和提取信息。一般而言，认知策略因所学知识的类型和认知加工水平而有所不同，可分为复述策略、精加工策略和组织策略三类。

复述策略是为了保持信息，运用语言在大脑中重现学习材料或刺激，以便将注意力维持在学习材料上的方法，是一种浅层的信息加工策略。

精加工策略是一种将新学材料与大脑中已有的知识联系起来，从而加深对新信息的理解与记忆的深层的信息加工策略。根据功能的不同，精加工策略可以分为两类：促进记忆的精加工策略和促进理解的精加工策略。

组织策略对所学新知识之间、新旧知识之间的内在联系进行整合，形成新的知识结构，是一种高级的学习策略。组织是学习和记忆新信息的重要手段，其方法是将学习材料分成一些小单元。并把这些小单元置于适当的类别中，从而使每项信息和其他信息联系在一起。在教学中，教师要教会学生对信息进行分类，使学生清楚知识的组织性框架，以提高学生的记忆与理解能力。

2. 元认知策略

所谓元认知，是指对认知的认知，具体地说，就是个体对自己的认知过程及结果的意识与控制。元认知策略是学生计划、监控和调节自己认知过程的策略，主要包括个体在学习过程中合理地安排和调整自己的学习行为的手段，这一策略有助于学生有效安排和调节学习过程。例如，定期检查自己的学习情况，及时调整自己的注意、情绪与动机，调控正在运用的各种学习方法等，均属于元认知策略。元认知策略是学习策略的重要组成部分，也是"学会学习"的主要表现。

元认知策略随着学生的年龄增长而逐渐发展成熟。小学生的元认知策略发展水平还比较低。但无论哪个阶段的教师都有必要了解元认知策略，这些策略是学生未来发展的一个重要方面，也是教师在教学中需要为之努力的重要方面。

（1）计划策略

计划策略是指在一项认知活动前，学生根据认知活动的目标计划各种活动，预计结果、选择策略、想出各种解决问题的办法，并预测其有效性。主要回答诸如我要做什么、打算怎么做等问题。

计划策略具体包括设置学习目标、了解目前具备的学习条件、产生待回答的问题以及分析如何完成学习任务等内容。成功运用计划策略的学生在开始执行学习任务之前，就会估计任务难度、预测完成任务需要多长时间，完成任务将会遇到哪些困难，在遇到困难时如何解决等，为学习活动做积极准备。

（2）监控策略

监控策略主要用于监督和检查个体学习活动的执行情况，主要出现在学习活动开展的过程中，回答诸如我做得怎么样、哪里还需要改进等问题。

监控策略具体是指在认知活动的实际过程中，学生根据认知目标及时评价、反馈自己认知活动的结果与不足，正确估计自己达到认知目标的程度和水平；根据有效性标准评价各种认知活动、策略的效果。例如，阅读时监控自己的注意力、对材料理解程度进行自我提问，考试时监控自己的答题速度与时间。这些策略使学生警觉自己在注意和理解方面可能出现的问题，以便及时发现、加以修正。

（3）调节策略

调节策略是指根据所得的反馈信息和结果及时调整并采取补救措施。一般在学习活动告一段落时采用，回答诸如怎样做更好等问题。调节策略具体是指对认知活动结果的检查，如发现问题，则采取相应的补救措施；根据认知策略效果的检查，及时修正、调整认知策略。

调节策略与监控策略密切相关，常常在学习过程中交替出现。个体在监控策略发现问题的同时就可采用调节策略及时调整学习活动。例如，学习一份材料时，成功的学习者通常能够意识到自己哪里懂了、哪里还不懂，如果自己还不懂，问题出在哪里？是把握的信息不够，还是方法或策略不当等，再据此采取改进或补救措施。

在实际学习过程中，三类元认知策略共同作用：制订计划——监控计划执行情况——作出必要的调整或改进——新的计划，环环相扣地帮助学生顺利开展学习。从更广泛的角度而言，元认知策略还总是与认知策略一起发挥作用的，一个人如果没有使用认知策略的技能和愿望，就不可能成功地进行计划、监控和调节，认知策略帮助个体将新信息与已有信息整合在一起存入长时记忆，而元认知策略则监控指导认知策略的使用。也就是说，教师教会学生多种认知策略后，如果学生没有掌握必要的元认知技能来帮助自己决定在某种具体情境下究竟该使用何种学习策略或改变学习策略，那么他们仍旧不是高效能的学习者。

3. 资源管理策略

资源管理策略是辅助学生管理可用环境和资源的策略，泛指学生对学习动机、情绪、努力程度、学习时间及学习环境等方面的选择与调控。具体包括时间管理策略、动机管理策略、学习环境调控策略和他人支持利用策略等。资源管理策略有助于学生适应环境并调节环境以适应自己的需要，对学生的学习有重要的作用。

（1）时间管理策略

时间是重要的学习资源，学生有效管理时间可以促进学习，增强自我效能感。时间管理策略涉及对学习时间的计划分配，是关注如何有效利用时间的策略。

（2）动机管理策略

学生在特定的学业任务中所采用的，用来维持或增强其努力程度或坚持性的各种活动或技巧，称为动机管理策略，涉及对学习动机及努力程度的调节与控制。具体包括以下策略：

其一，自我激励。自我激励是指学生通过向自己提供完成学习任务所产生的一些积极的结果，提高对某一特定任务所投入的时间与精力，即学生通过对完成已设定目标提供额外的奖励或惩罚来增强完成任务的外部动机，以提高完成任务的愿望。

其二，兴趣提升。兴趣提升是指学生通过增强任务的挑战性、趣味性和吸引力来调控自己坚持完成它的愿望与努力程度。研究发现，当大学生被要求做一项必须完成、重要却乏味的任务时，他们会使用策略来提高自己的兴趣并坚持完成任务。在这项研究中，大学生被要求反复抄写一组字母，直到实验者要求他们停下为止。在这种情况下，一些学生会通过降低任务的重复性来使任务变得不那么乏味。例如，学生按要求抄写字母串，但不断变换字体。这种转换提高了任务难度，却增加了挑战性与趣味性，增强了学生完成任务的愿望。采用提高学习兴趣策略的学生倾向于抄写更多的字母。

其三，掌握目标唤起与成绩目标唤起。这类策略用强调完成学业任务的原因的方法来增强动机水平。采用成绩目标唤起策略的学生会向自己强调诸如超过他人、获得高分、得到他人的赞扬等外部原因；而采用掌握目标唤起的学生则提醒自己关注与任务完成本身有关的原因，例如，获得新知识与新技能、增强对学习内容的理解、自身能力的提高等。有意地注意完成任务的原因，并不会增加或改变学生原有的目标定向。无论强调何种原因，这种强调或提醒均会起到增强学习动机水平的作用。

（3）学习环境调控策略

学习环境调控策略是指学生有意识地对环境加以管理调节，减少环境的干扰，以增加其完成当前任务的可能性，包括个体选择有利于集中注意力的环境、优化不利于学习的环境等。采用此策略的学生不仅控制物理环境，还会调节自身的生理与心理环境，以促进任务的完成，如学生报告说他们会喝茶、吃食物或小睡一会儿来使注意力更集中。有研究者发现，小学三年级的学生就会调控周围的环境，以保证自己集中注意力完成家庭作业。

（4）他人支持利用策略

成功的学习者不仅能够管理时间、环境，调节自身的动机水平，还能够充分调动和利用环境中与人有关的资源。他人支持利用策略包括对学习伙伴与指导者的选择、遇到问题的求助行为等。学业求助策略是其中研究较多的一类。

学业求助策略是指学生在学习中遇到困难时，向他人请求帮助的行为，是一种重要的社会支持管理策略。学习不是一个人的事，学生能与他人进行有效的合作，在遇到自己解决不了的问题时，更需要向他人求助。有研究者将求助分为两类：一类是执行性求助，也称非适应性求助，是指学生在面对本应自己解决的问题时却请求别人替自己完成，求助的目的在于直接获得问题的答案或尽快完成任务，求助者不做任何尝试就选择依赖、放弃独立完成的机会；另一类是工具性求助，也称适应性求助，是指学生借助他人的力量以达到自己解决问题或实现目标的目的，只希望他人提供思路或工具。掌握工具性求助技能的学生，在自己能独立解决问题时会拒绝帮助，在需要帮助时又能得到帮助，因此，工具性求助是一种更加积极的学业求助策略。

4. 其他类型的学习策略

除了麦基奇，还有学者从其他角度对学习策略进行了分类。按学习策略的使用范围不同，加涅把学习策略分为通用学习策略和学科学习策略。通用学习策略是指不与特定学科知识相联系，适用于所有学科的通法、通则，包括信息选择策略、记忆策略、组织策略等。学科学习策略是指与特定学科知识相联系，适合特定学科知识的学习程序、规则、方法、技巧及调控方式。例如，小学语文学习中的形象识字策略、范文启发策略，中学英语学习中的词汇联想记忆策略、语法公式化策略、写作要素策略等。

有研究者从认知负荷的理论出发，将学习策略分为降低或提高认知负荷的学习策略。任何学习，包括认知图式的构建和问题解决活动都要消耗认知资源，都会造成认知负荷。学习策略的应用能够降低学生在学习过程中的外在认知负荷和内在认知负荷，使其能够拥有充分的认知资源来应对学习信息的获取、加工、存储，即学习策略有助于认知资源的最优化配置与使用。与此同时，某些学习策略的应用可以提升学生的相关认知负荷，促使其将剩余的认知资源应用于对学习内容的深度加工，从而提高学习效果。

近年来，有一种新的学习策略——体感学习策略被提出。具身认知的身体观揭示肢体动作在认知过程中起着重要作用。梅多等人在实验研究中要求被试边做数学题边记忆一系列单词或字母，当配合手势时任务完成的效果更好。这同时体现在成人被试和儿童被试身上。[①] 研究表明，无论是数学学习还是语言学习，肢体动作都可以起到促进作用。肢体动作促进学习的现象被称为具身操作效应。这种利用具身操作效应来促进学习效果的方法可作为学习策略的一种新类型，即体感学习策略。

以上各类学习策略并非完全独立，而是具有广泛的相互联系。可以看出，麦基奇的学习策略主要关注通用学习策略，精加工策略、元认知策略可以被看作提高认知负荷的学习策略，复述策略、组织策略则为降低认知负荷的学习策略。值得一提的是，成功的学习者拥有的是相对充实的学习策略储备库，在这个储备库中，各种学习策略合理搭配，随时等待被征用。在具体的学习情境中，个体往往需要整合使用各种学习策略来完成学习任务，提高学习效能。

三、学习策略的测量

了解学生学习策略的现有水平是学习策略培养与教学的前提，研究者研制了多样的学习策略测量工具，以下主要介绍两种综合的学习策略调查量表。

1. 中学生学习策略量表

周国韬等人编制的中学生学习策略量表可用于评定中学生对认知策略与元认知策略的使用。[②] 该量表是在自我调节学习理论、信息加工理论和国内外有关学习策略研究的基础上，根据我国中学生学习的实际情况编制的。量表采用 5 点计分，包括 2 个分量表：认知策略分量表和调控策略分量表。认知策略分量表主要从信息加工的过程中考察学生学习活动中的具体认知方法和技术，此量表共计 16 个题项，包括 3 个维度：（1）表层加工策略，共 8 个题项，指学生对新信息进行分辨、选择、标注、复述和编码加工的行为策略；（2）深层加工策略，共 3 个题项，指学生将学过的知识进行组织、归纳、整理和系统化的策略；（3）检索应用策略，共 5 个题项，指学生正确提取和灵活运用所学知识解决新问题的策略。调控策略分量表共19 个题项，主要考查学生在学习过程中合理地监督、协调、安排和调整自己学习行为的调控手段，用来测定学生对元认知策略的使用，包括 4 个维度：（1）自我计划策略，共 5 个题项，指学生自己安排和筹划学习活动的内容与顺序的策略；（2）监督检查策略，共 3 个题项，指学生有意识地监督和检查自己学习计划执行情况的策略；（3）反馈调节策略，共 5 个题项，指学生根据获得的反馈信息和结果及时调整和采取补救措施的策略；（4）自我总结策略，共 6 个题项，指学习活动告一段落时

① GOLDIN-MEADOW S，SINGER M A. From children's hands to adults' ears：gesture's role in the learning process.[J]. Developmental psychology，2003，39（3）：509-520.
② 周国韬，张林. 中学生学习策略量表编制的研究 [J]. 心理学探新，2002（3）：48-52.

自己能定期回顾和总结学习中的得失的策略。

2. 中小学学生学习策略调查量表

该量表以麦基奇等人的学习策略理论为基础，根据中小学学生的学业状况，以元认知策略、认知策略、资源管理策略为维度和指标编制。[①] 量表测量三类学习策略：（1）元认知策略，包括计划策略和监控策略；（2）认知策略，包括复述策略和加工组织策略；（3）资源管理策略，包括时间管理策略、物力资源利用策略、人力资源利用策略。整个量表采用里克特 5 点计分方式，从"完全不符合"到"完全符合"分别评定为 1～5 分，所有题项均采用正向计分方式，得分越高，表明学生越倾向于使用某一学习策略。

四、学习策略的培养与教学

研究学习策略的最终目的是提高学生的学习策略水平。对于学生而言，他们从不会学习到学会学习的演变是在学习过程中实现的，学习策略是在学习过程中形成与发展起来的。从学习策略的概念提出伊始，如何有效开展学习策略的教学，促进学生学习策略的获得就得到了广泛关注。

（一）认知策略的培养

1. 有效复述的训练

第一，及时复习。艾宾浩斯描述了人类遗忘的规律，即遗忘在学习之后立刻开始，遗忘的进程是先快后慢。根据这一遗忘规律，学生有必要采取及时复习的策略，以便减少短时间内的大量遗忘。

第二，集中学习和分散学习。合理分配学习时间对学习效果具有很大影响。学习时间的分配一般有两种情况：一是集中学习，就是集中一段时间持续学习，如期末总复习；二是分散学习，就是每隔一段时间重复学习一次或几次，如家庭作业和单元复习。对大多数学生和学习材料而言，分散学习的效果好于集中学习的效果。

第三，试图回忆。自问自答和尝试背诵就是将学习与重现交替进行，这样可以提高复述效率。学生借助这种复述策略，可以根据自己回答或背诵的情况检查自己的学习效果和薄弱环节，从而在随后的学习中能够有的放矢地分配学习时间和注意力。

第四，利用记忆中的系列位置效应。记忆中的系列位置效应是指一份材料的开始部分和结尾部分的记忆效果优于中间部分。心理学把这个现象称为前摄抑制和后摄抑制。学生在学习时可充分利用学习材料的系列位置效应，通过巧妙地安排材料的系列位置和时间顺序，把学习的重点和难点放在最有利于记忆的位置和时间上，以保证学习效果。

第五，调动多种感官参与学习。通过多种感官掌握所学内容，是一种有效的

① 马郑豫，张家军. 中小学学生学习策略的调查研究 [J]. 教育研究，2015，36（6）：85-95.

学习策略，如边读边写、边听边看等。多种感官的参与能有效增强记忆，提高学习效率。

第六，利用情境和心境的相似性提高复述效果。在一定情境下，个体能够联想起这一情境下曾经发生的事情，这表明情境的相似性有助于回忆。此外，学习与回忆时的情境相似，也能提高回忆成绩。因此在学习过程中，教师可借助情境创设和心境诱导来帮助学生记忆学习材料。

2. 精细加工策略的训练

（1）促进记忆的精细加工策略

第一，位置记忆法。位置记忆法是一种传统的记忆术，这种技术在古代不用讲稿的演讲中曾被广泛使用，而且沿用至今。位置记忆法实质上是一种视觉想象法，就是学生在大脑中创建自己熟悉的一幅场景，在这个场景中确定一条明确的路线，在这条路线上确定一些特定的点，然后将所要记住的项目视觉化，并按顺序将这条路上的各个点联系起来。在回忆时，按照路线上的各个点提取记忆项目。

第二，谐音字法。谐音字法是指将材料所述的内容用谐音表示出来，以便记忆提取材料的内容。例如，要求记住某中学的总机号码4364494，可以想象2名学生在打电话，A学生问："是三六（436）班吗？"B学生回答："是，就是（4494）。"

第三，表象法。表象法是将材料中的各项内容联系起来产生表象，即在大脑中产生一幅清晰、生动的画面。例如，要求记忆"乌龟、草地、小路"一组词，可以在大脑中产生"草地的小路上爬来一只乌龟"的表象，以便于记忆。

（2）加深理解的精细加工策略

最常用的加深理解的精细加工策略是提要法，这是一种去粗取精、删繁就简、提炼关键信息的方法。例如在学习过程中圈出不知道的词，标明定义和例子，列出观点、原因或事件序号，用"？"表示有疑问的地方，画箭头表明关系，标出总结性陈述，注上评论，表达自己的观点，等等。下面介绍其中2种方法——划线法和笔记法。

划线法能使学生快速找到和复习学习内容中的重要信息。有研究表明，如果学生划出课文中重要的和相关的信息，就能从课文中学到更多的东西。在自由划线的条件下，学生可以将文中已有的结构联系起来。划线法是学生在学习中经常使用的方法，但划线法能不能促进学习，关键在于学生是不是划到了材料的关键之处。使用划线与其他符号注释相结合的策略将更有助于学生思考重点内容。关于划线法的教学，对低年级学生而言，可以逐步教其使用这种方法：教师先向学生解释学习材料中哪些内容是重要的；然后让学生划出一个段落中最重要的一两个句子；最后让学生对划出的句子进行解释。

笔记法是阅读和听讲中使用较为普遍的精细加工策略。学生借助笔记可以有效地维持注意、监控自己的学习过程，有助于发现新知识的内在联系和建立新旧知识之间的联系，有利于知识的概括、总结。

（3）综合的精细加工策略训练

在学习过程中，促进记忆和加深理解的精细加工策略并非截然分开的，有些精细加工策略可以同时具备这两项功能。

比较法。将材料所述的内容与已有的学习或生活经验进行比较，以便理解和记忆材料的内容。例如，要学习"分子在气体中比在液体中相隔更远，所以体积相同的气体与液体，气体更轻"这一观点，可以类比生活中的例子：用同样的毛线编织尺寸相同的毛衣，编织疏松的毛衣比编织紧密的毛衣要轻。

概括法。也称缩句法，指将材料所述的内容加以概括、浓缩成精练的词或句子，以便更好地理解与记忆。例如，要区别与记忆三角形的外心、内心与重心，可将学习内容概括为"外心三边垂、内心三角分、重心三边中"，以便于理解和记忆。

实例法。将材料所述的抽象内容与日常熟悉的实例联系起来，以帮助理解和记忆。例如，学习"负负得正"——$-(-x)=x$，可将具体事例与这一数学内容联系起来：若收入为正，支出为负，那么减少支出（为负）就相当于增加收入。

图示法。将材料所述的内容用简图表示出来，以帮助理解和记忆。

符号转换法。符号转换法是指在学习过程中提取材料中的关键项目，将这些项目用简单的符号进行代换，使材料所述的内容更加简洁明了。这种方法主要用于理科学习和推理论证性文章的学习。

3. 组织策略的训练

组织策略是将分散的、孤立的知识集合成一个整体，并表示出它们之间关系的方法。组织策略有多种表现形式，温斯坦和梅耶提出了两种有用的组织策略：列提纲和画关系图。这些技术能帮助学生分析课文结构，形成知识的结构网络，从而使学生更好地把握材料。

列提纲是以简要的语词写下主要和次要的观点，也就是以金字塔的形式组织材料的要点。每一个具体的细节都包含在高一级水平的类别之下，把需要学习的内容组织成一个有序的框架。通过列提纲训练可以提高学生的组织策略水平。列提纲训练要求教师在教列提纲技能时，先提供一个列得比较好的提纲，然后解释这个提纲是如何统领材料的，之后就可以利用各种不完整的提纲，分步对学生进行训练，如教师为学生提供提纲结构，其中留下一些细目空位，要求学生填补。不完整的提纲又可以有 2 种形式：一种是提纲中只有大标题，所有的小标题由学生完成；另一种是提纲中只有小标题，要求学生写出大标题。

画关系图，就是用图来描述各知识点之间的相互联系；也就是先提炼知识点，然后图解它们之间的关系。在画关系图时，应先找出主要的知识点，这些知识点由核心概念来表示。然后分析这些知识点之间的关系，再用适当的图解标明这些知识点之间的内在联系。在进行画关系图训练时，教师首先要求学生尝试确定重要概念、提炼知识点，这需要学生将学习内容分类分析并分解：主要概念、例子、比较（对比）、相互关系和推断；再分析知识点之间的关系，说明概念之间的相互联系；最后用适当的图解标明这些知识点之间的内在联系。教师可以先使用简单框图将分类模式展开，引导学生进行分类练习，然后再让学生陈述选择理由，尝试独立练习，并在复杂材料中运用。

（二）元认知策略的培养

1. 记学习日记

记学习日记不仅可以促使学生反思学习过程，厘清思路，思考并提出有价值的问题；还能够帮助学生学会学习，能够主动地控制自己的学习。学习日记的内容可包括：今天学习的主要及重要内容，有关知识点及各知识点之间的联系，经自己反思仍不清楚的问题，将一些容易混淆的概念列表对照、鉴别，并举例说明。

2. 学会反思

教师训练学生采用元认知策略，还可以引导学生在学习过程中学会反思，即按照以下步骤进行反思：

第一步，等一等。我对现学的内容是否理解并记住了？我能向他人清楚地描述这一问题吗？

第二步，想一想。产生这一问题大致是什么原因引起的呢？是不是自己对有关知识点没有掌握或缺乏想象力？缺乏解决这一问题的方法与技巧？

第三步，找一找。解决这一问题可采用哪些方法？寻找、阅读哪些有关材料？可以向谁请教？是否需要做相关但难度略低的练习。

第四步，看一看。检查一下采取相应的解决措施后，原先的问题是否得到部分或完全解决。

第五步，做一做。记录解决问题的过程，并决定以后怎样做。

3. 自我质疑

有些学生，特别是低年级学生，往往不假思索地迅速完成作业，而这些作业常常错误百出，究其原因，这些学生缺乏对学习过程的监控，而且也没有对自己的认知过程进行反思的习惯。教师要求学生自我质疑，能使学生逐步形成自我调控、自我检查的习惯。例如，要求学生经常自我提问："我知道正在做什么吗？""我对作业的要求清楚吗？""这样做是否正确？""我有把握吗？"

4. 监控、评估理解能力

教师要求学生在完成学习任务前，认清任务要求，在完成任务或解决问题的过程中，常常给自己提一些问题，如"这一点我理解得对吗""这里的叙述与前面的叙述有矛盾吗""这句话除了字面意思，还有什么深层次的含义吗"，等等。教师可以利用列表的形式提供对某一问题理解程度的判断标准，从而使学生能够对照检查、评估自己的理解能力，逐步形成对学习进程自发的监控与评估。

5. 出声思考

出声思考是指将大脑中思考问题的这一内部过程用外显的语言展示出来，便于学生把握反思学习进程，进而培养元认知能力。这种方法的形式可以多样，例如，教师可以通过展示思维过程中的方法来教给学生出声思考技术。当教师处于问题解决计划或方案设计时，通过语言将自己的思考过程大声地讲出来，展示给学生，便于学生模仿。也可采用结伴问题解决法：一名学生向另一名学生讲述解决某个问题的过程。讲述者要特别详细地描述自己的思维过程，其间同伴认真地听，注意讲述

[拓展资源]
阅读过程中的元认知策略

者的思维过程，并向其提出问题，以使双方思维更明晰。还可以组成学习小组，大家轮流扮演教师，对正在学习的材料进行阐述、提问及总结。

（三）资源管理策略的培养

时间管理策略是最为常用的资源管理策略。有研究表明，学生使用学习时间通常是基于习惯，而不是计划。训练学生掌握时间管理策略需要帮助其意识到时间计划的重要性，并优先考虑时间的运用。

首先，做到有效的时间管理要学会分清事情的轻重缓急。对于不同类型的事情采取不同的应对方式，可以绘制时间管理坐标系来帮助学生分析管理时间（见图 5-3）。

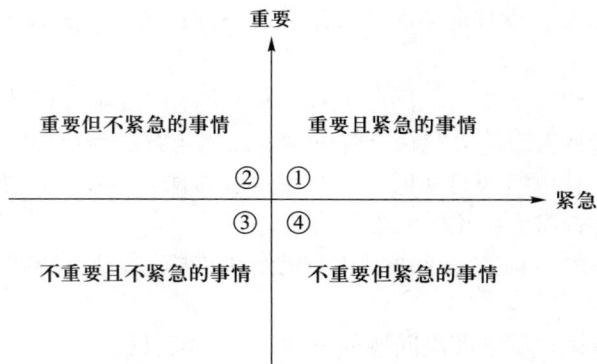

图 5-3　时间管理坐标系

第一象限是重要且紧急的事情。这毫无疑问会成为学生应该优先完成的事情，比如当天的作业，或者需要为明天的考试进行的复习。

第二象限是重要但不紧急的事情。很多学生喜欢拖拉，把原本属于第二象限的事情最后拖成了第一象限的事情，既误时也无效率。其实，重要的事情无论是否紧急都应该有时间就优先完成，这样才不会被紧急的事情催促，像"救火队"一样忙乱。

第三象限是不重要且不紧急的事情。这类事情本应该被安排到零碎的时间内，但由于完成此类事情的难度往往较低，很多学生喜欢选择这类事情来消磨时间。这就需要学会自我监督。

第四象限是不重要但紧急的事情。这类事情经常会冲淡学生的注意力，如在学习过程中有人来拜访，也无重要之事，但必须处理。很多学生就是被这类事情从学习中拉走的。这种事情需要避免，例如，学生可以选择在一个安静的环境里中学习，最好固定时间和地点，并告知他人不要在这个时候打扰。

其次，高效的时间管理需要针对四类事情合理分配时间。高效管理时间需要极力压缩在第三、四象限停留的时间，把精力放在第一、二象限。处理第一象限的事情，普通人和成功人士都要投入一定的时间和精力（20%～30%）。而导致时间管理效果差异的关键在第二象限，成功人士投入 60%～68% 的时间，普通人只有 20%

左右的时间来处理重要但不紧急的事情。成功人士与普通人在时间管理上的差异提示个体要掌握时间的主动权，这样才能保持生活平衡，减少未来可能出现的危机。但值得一提的是，知道了应该将精力放在哪里，并不等于采取了有效的时间管理措施，还必须进行实践，并且持之以恒。

［拓展资源］
有效时间
管理的策略

（四）学习策略的教学

1. 影响学习策略掌握和运用的因素

学习策略的掌握和运用既受学生的内部因素影响，又受学生的外部因素影响。

（1）内部因素

学习动机。学生的乐学程度与会学程度存在密切联系。大量研究表明，学习动机影响学习策略的掌握和运用，学生的成就目标、动机归因、自我效能感不同，其学习策略的掌握和运用情况往往不同。

学生的认知发展水平。学生的认知发展水平是其掌握和运用学习策略的前提。对于小学低年级学生而言，较低的概念发展水平、元认知发展水平都是制约其学习策略掌握和运用的重要因素。教师要针对不同年龄阶段学生的认知发展特点，帮助学生发展和运用适合他们特点的、有益的学习策略。

学生原有的知识经验。丰富的知识经验为学习策略的形成提供了基础，同时又促进着学习策略的掌握和运用。

（2）外部因素

学习策略训练。这是直接影响学生掌握和运用学习策略的主要外部因素。学习策略训练模式多样。但无论采取哪种形式的学习策略训练，都会影响学生的学习策略使用水平。

教师日常的教学方法。在教学过程中，教师教授知识与技能的方式间接影响学生学习策略的掌握水平和应用意识。此外，教师在学习和问题解决中体现出来的策略运用风格，为学生提供了很好的模仿对象。

学习氛围。研究表明，强调掌握、自主与合作的学习氛围有助于促进学生使用、发展和运用深层加工策略和适宜的学业求助策略。而在一种强调竞争、超越他人、服从教师指令的学习氛围中，学生更多地运用表层加工策略，并倾向于回避求助。

2. 促进学习策略的原则

基于学习策略的特点，托马斯和罗瓦提出了一套有效的学习原则。

（1）特定性

学习策略一定要适于学习目标和学生的类型。教师要针对学生的年龄、已有的知识水平，以及学生的学习动机类型，帮助学生选择合适的学习策略或改善其对学习不利的学习策略。同时，还要考虑学习策略的层次，必须给学生大量的各种各样的策略。对年龄较小的学生而言，非常重要的一点是选择适合他们认知和元认知发展水平的学习策略。

（2）生成性

生成性是指在学习过程中要利用学习策略对学习材料进行重新加工，产生某种新的东西，这要求学生进行高度的心理加工。对学生来说，提问、向同伴讲授课程内容等都是有效的生成策略。

（3）有效监控

对策略执行结果的监控强调学生要把注意力集中在学习结果和学习过程两者之间的关系上，监控自己使用每种学习策略所得到的学习结果，以便确定所选学习策略的有效性。经过这样的监控实践，学生就能够灵活地把握何时、何地以及如何使用何种策略。

（4）个人效能感

这也是影响学习策略选择的一个重要的动机因素。那些能有效使用学习策略的人相信，只要自己使用某一策略就会对学习成绩产生影响。教师一定要给学生充分的机会使他们体会到学习策略的有效性。

3. 学习策略的具体教学模式

学习策略的具体教学模式有三种：第一种是与课程教学相结合，将学习策略教学放在自然的学习情境下进行，即同具体学科知识的教学结合起来；第二种是把学习策略教学从具体学科知识的教学中分离出来独立于学科教学内容，进行专门的训练教学；第三种是交叉学习式教学，往往是教师先简短、独立地教授学习策略，包括学习策略的意义、使用范围、条件及具体的操作程序等，然后再将它与具体的学科内容结合起来，根据学习情境的差异，要求并帮助学生把这类策略运用于具体的学习活动中。

［拓展资源］
学习策略的
教学目标

许多教育心理学家研发了各种学习策略训练教程，并进行了实验性质的训练研究。例如，约翰等人的学习策略指导教程、丹瑟洛的学习指导教程、温斯坦的认知学习策略教程、赫伯的内容指导学习教程等。下面介绍 2 种有代表性的学习策略教学模式。

（1）直接教学模式

直接教学模式与传统的讲授法十分类似，由激发、讲演、练习、反馈和迁移等环节构成。在教学中，教师先向学生解释所选定的学习策略的具体步骤和条件，在具体应用中不断给予提示，让学生口头叙述和明确解释所操作的每个步骤，以及报告自己应用学习策略时的思维，通过不断重复，这种内部定向思维可以加强学生对学习策略的感知与理解保持。同时，教师在教学中依据每种学习策略来选择许多恰当的事例说明其应用的多种可能性，使学生形成对学习策略的概括化认识。教师提供的事例应从学生的认知水平出发，由简到繁，使学生从单一策略的应用发展到多种策略的综合应用，从而形成对学习策略的综合应用能力。

（2）交互式教学模式

交互式教学模式是由教师和一小组学生（大约 6 人）一起进行的。旨在教授学生四种策略：总结段落内容；提与要点有关的问题；明确材料中的难点；预测下文会出现什么。这种教学模式特别适合帮助成绩偏差的学生阅读领会。例如，温斯坦的认知学习策略教程。该教程的教学主题包括：背景知识教学，传授学生学习动机和学习策略方面的背景知识；学习方法教学，有助于学生用来监控学习理解和学习活动的方法和策略。该教程在教学方法上比较灵活，可以通过小组讨论、角色扮演、实践练习等方法进行，教师发挥促进者和组织者的作用。教师在教学中的基本步骤包括：首先，指导学生自己说明学习策略的应用过程并举例；其次，加强对应用过程的指导，引导学生注重对学习策略和特征的描述；最后，指导学生阅读课外材料时，把握运用学习策略的时机；对学生运用学习策略后的学习结果进行评价。

最后，在实际教学中，教师不管采取什么方式促进学生掌握学习策略，都要认识到学习策略不是孤立的，专门领域的基础知识是有效利用学习策略的前提条件。教师要善于不断优化教学步骤，为学生提供可以仿效的活动程序；要根据学生原有的学习方式的特点，促进学生有意识地内化有效的学习策略。在具体的学习策略教学过程中，教师应注意以下四点：第一，明确告诉学生如何使用具体的方法并示范；第二，让学生自己来管理学习策略，引导学生对学习策略进行自我解释，但教师要告诉学生在什么时候检查自己的学习策略使用效果，以及如何进行检查；第三，提供足够的教学时间，一次仅教授少量的学习策略，学习策略训练不宜密集进行；第四，教师根据学生的学习结果与学习策略之间的关系反思自己的教学实践，及时调整教学中存在的问题，以适应改进学生学习策略的要求。

第三节　创造性及其培养

从社会发展而言，创造型人物的新发现、新发明和新成果，对全人类的发展都具有重要意义。从个体成长而言，创造性被证实是个体心理健康的先决条件，也是个体自我完善的前提。目前，创造性已成为心理学研究中的一个焦点问题和热门领域。正如吉尔福特所言："没有哪一种现象或哪一门学科像创造性那样，被如此长久地忽视，又如此突然地复苏。"

一、创造性的内涵

创造性的英文 creativity 源于拉丁语 creare，意即创造、创建、生产、造就。创造活动是一种提供独特的、具有社会价值产物的活动。科学中新概念、新理论的提出，新机器的发明，文学艺术作品的创作等，都是不同实践领域中的创造活动。纵观古今中外，从物质文明到精神文明都是人类最高、最美的创造性的表现。

教师只有真正理解创造性本身，才能最大限度地创设有利于开发和利用学生创造性的环境条件。然而，理论界对创造性的理解可以说是众说纷纭。目前较为主流的看法是把创造性定义为，根据一定的目的和任务，运用一切已知条件和信息，开展能动思维活动，经过反复研究和实践，产生出某种新颖、独特，有社会或个人价值的产品及智力成果的能力或特征。这里的产品是指以某种形式存在的物质的或精神的成果。它既可以是一种新概念、新设想、新理论，也可以是一种新技术、新工艺、新产品。

从这个定义来看，判断创造性的标准有三点，即产品是否新颖，是否独特，是否具有社会或个人价值。"新颖"主要是指不墨守成规、破旧立新、前所未有，这是相对历史而言的，是一种纵向比较；"独特"主要是指不同凡响、别出心裁，这是相对他人而言的，是一种横向比较；"有社会价值"是指对人类、国家和社会的进步具有重要意义，如重大的发明、创造和革新；"有个人价值"则是指对个体发展有意义。不难看出，这一定义主要根据结果来判定创造性。然而，这并不意味着没有产生出创造产品的个体就一定不具有创造性。创造性也可以以某种心理、行为能力的静态形式存在，它从主体角度提供并保证个体产生创造性产品的可能性。美国心理学家马斯洛把创造性分为两种：一种为"特殊才能的创造性"，另一种为"自我实现的创造性"。前者指的是科学家、发明家、作家、艺术家等杰出人物的创造性，由此产生出的新想法、新事物是整个人类社会中前所未有的；后者指的是在开发自我潜能意义上的创造性，由此产生的新想法、新事物对社会和他人来说不一定是第一次，但对创造者来说是新的、第一次的。

可见，创造确实就是首创前所未有的事物。不过这里的"事物"是广义的，它既包括有形事物，也包括无形事物；既包括物质产品，也包括精神产品。"前所未有"亦为广义，既可以从全人类的范围内理解，也可以从个体的角度来理解。因而，创造性是多层次、多水平的，创造性的实现是一个持续发展的过程，现实中每个人都有创造性。

二、创造的过程

关于创造的过程，很早就得到了研究者的关注。柏拉图和亚里士多德都曾描述过创造的过程。柏拉图重视"灵感"的神秘，将创造活动的灵感看作外来之物，不受创造者的个人控制。亚里士多德则不认为创造性产品源于某种神秘的力量或是独特、单一的创造过程。对于创造过程的分析，最有影响力的理论是沃拉斯提出的四阶段理论，他认为创造思维大致经历准备期、酝酿期、豁朗期和验证期四个阶段。

1. 准备期

创造思维从收集创造活动的信息、掌握有关技术等准备工作开始。在这一阶段，最重要的是明确创造的目的、掌握丰富的经验、收集广泛的信息和掌握必要的技能。创造活动中的准备分为一般性的基础准备和为了某一特定目的的准备。为了发展创造性思维，不能将准备工作只局限于狭窄的专门领域，而应当有相当广博的知识和技术准备。这一阶段的时间往往是相当长的。

2. 酝酿期

这一阶段是指准备期所收集到的资料经过深入的探索和思考暂时难以产生有价值的想法时，不是靠自己的努力，而是等待有价值的想法、心象的自然酝酿成熟、产生出来。在这一阶段，可以把对该问题的思考从心中抛开，转而想别的事情，或者可以去散步、读其他的书、干别的事等。这个阶段是摆脱了长期的精神紧张之后经验的再加工阶段。大脑中收集到的资料是不会消极地存储在那里的，它也许按照一种我们所不知道的或很少意识到的方式进行着加工和重新组织，酝酿着新思想、新心象。

3. 豁朗期

豁朗期也称产生灵感阶段。在这一阶段中，由于某种机遇突然使新思想、新心象浮现出来，使百思不得其解的问题一下子便迎刃而解。这种现象称为灵感或直觉。许多科学家、文学家都谈到过灵感在创造性思维中的作用。高斯在谈到一段他求证一个数年未解的数学问题的经历时说："终于在两天以前我成功了……像闪电一样，谜一下解开了。我自己也说不清楚是什么导线把我原先的知识和使我成功的东西连接了起来。"

4. 验证期

直觉产生的新观念并不一定都是正确的，也可能是错误的。验证期就是对豁朗期提出的思想、心象给予评价、检验或修正。通过逻辑推理把提出来的思想观点确定下来，完善假设；并通过实验或调查加以验证。或者根据这些思想观点，进行绘画、音乐、小说、诗歌、发明创作，用作品或产品的形式具体表现出来。在验证期，不仅要运用已有的信息，而且也需要获得新的信息。

总之，创造过程不是一种单一的心理活动，而是一系列连续的、高水平的、复杂的心理活动，它是多种高级认知活动的结晶，既是发散思维与聚合思维的统一，也是形象思维与抽象思维的统一，还包括直觉思维、批判性思维、灵感、创造性想象等，它要求人的全部体力和脑力高度紧张，以及创造性思维在最高水平上的运行。例如，自然科学家提出新假设时，先运用发散思维提出各种各样的观点，然后再用聚合思维归纳成假设。形象思维对创造思维来说也是非常重要的。例如，有些化学家想象自己变成了运动着的分子，亲身感受分子遇到的情况。但创造活动中的形象思维还要通过抽象逻辑思维加以验证和确认。

三、创造者的特点

（一）创造者的思维特点

1. 流畅性

思维的流畅性也称思想的丰富性，是指在限定时间内产生的观念数量。在短时间内产生的观念越多，思维的流畅性越强；反之，则思维缺乏流畅性。吉尔福特把思维的流畅性分为四种形式：（1）用词的流畅性，是指在一定的时间内能产生含有规定的字母或字母组合的词汇量。（2）联想的流畅性，是指在限定的时间内能够从一个指定的词当中产生的同义词（或反义词）数量。（3）表达的流畅性，是指按照句子结构要求能够排列的词汇数量。（4）观念的流畅性，是指能够在限定的时间内产生满足一定要求的观念的数量，也就是提出的解决问题的答案数量。前三种形式必须依靠语言，后一种既可借助语言又可借助动作。创造性高的个体在给定的时间内能产生、联想起更多的观念，思维具有敏捷性。

2. 变通性

思维的变通性也称思维的灵活性，是指摒弃旧的思维、方法，开创新的思维、方法的能力。例如，让被试尽可能举出报纸的用途：用来学习、包东西、当坐垫、折玩具、剪成碎片扬着玩、裹在身上取暖、用来引火……富有创造性的人的思维能超越以往习惯的思维方式，在更广阔的视角下开创不同的思路，向众多的思考方向发散，而缺乏创造性的人的思维通常只能想到一个方面而缺乏灵活性和广度。

3. 独特性

思维的独特性是指产生不寻常的反应和不落常规的能力，此外还有重新定义或按新的方式对所见所闻加以组织的能力。例如，在吉尔福特的命题测验中，向被试提出一般的故事情节，要求他们按照自己的意思给出一个适当的题目，富有创造性的人给出的题目更为独特，而缺乏创造性的人大多被禁锢在常规思维中。这表明创造性高的个体善于对信息加以重新组织，产生不同寻常、与众不同的见解。

4. 敏感性

思维的敏感性是指及时把握独特、新颖观念的能力。创造性观念并不处于个体随心所欲的控制之中，它要求个体有敏锐的感受性。独特、新颖的观念就如歌德所说的那样，"像一位陌生的客人"来到思想者身边，富有创造性的人善于抓住事物的关键信息，进行精密细致的思考。

（二）创造者的人格特点

心理学有关创造者的研究不仅集中在其思维特点上，还对创造者的人格特点感兴趣。创造性思维与创造性人格是创造者最为突出的两方面特征。富有创造性思维能力的人是否有不同于一般人的人格特征？

斯滕伯格将关于创造性的人格特点概括为 19 个方面：甘愿理智冒险和面对反对意见；坚持不懈；好奇心；对新的经验保持开放；严格要求自己，热衷于所从事的工作；内部动机强；精力集中；精神自由，拒绝外部强加的限制；自我组织和管理能力强，从众心理低；愿意面对挑战；善于影响周围的人；忍耐模糊；兴趣广泛；善于产生奇特的想法；不因循守旧；情感体验深刻；寻找有趣的情形；乐观；在自我批评和自信之间有一定程度的冲突。

[拓展资源]
创新人才的
心理特质

近年来，又有研究者把与高创造性相关的优秀个性因素概括为：（1）认知个性特质，包括经验的开放性、好奇心、喜欢新颖体验；（2）社会性个性特质，包括自主、自信、果断、勇于挑战传统和权威；（3）动机—情感性个性特质，包括进取心强、意志坚定。

四、创造性的理论

对创造性的深入系统研究始于 19 世纪末 20 世纪初。英国学者高尔顿的《遗传的天才》一书于 1869 年出版，标志着用科学方法研究创造性的开始。之后在研究与争鸣的过程中，形成了关于创造性研究的两种理论思路：一种是以精神分析学派为代表的创造性"人格论"观点，强调潜意识在创造性中的作用；另一种是以格式塔心理学家为代表的创造性"思维化"观点。

从 20 世纪 50 年代开始，创造性研究得到了突飞猛进的发展，取得了许多突破性成果。1950 年，吉尔福特在美国心理学年会上发表了题为"创造性"的著名演讲，极大地推动了创造性的研究。人本主义心理学的兴起和发展也使人们开始重视人的潜能开发和个体的充分发展，认识到创造性是与自我实现相联系的人格特征，是人生来就具备的潜能、并非伟人所独有，从而导致从广泛的领域和对象上研究创造性。认知心理学家认为，创造性是大脑对情景的一种完美经验的组织以及完善、灵活的认知结构。

经历一个多世纪的探索后，研究者越来越明确地认识到创造性绝非一种单一结构，而是能力与其他方面的复合，逐渐放弃了"单维创造论"，渐渐地构建起了创造性系统观，使得创造性研究向"多维取向"和"聚合模型"发展，并形成了一系列新的理论模型。

（一）吉尔福特的创造性结构理论

20 世纪最早对创造性进行系统研究的当推吉尔福特。吉尔福特认为，智力应包括对创造性表现特别重要的能力，因而特别注重鉴别智力中的种种基本能力，从操作、结果和内容 3 个维度对智力进行分析（见图 5-4），提出了智力三维结构模型。

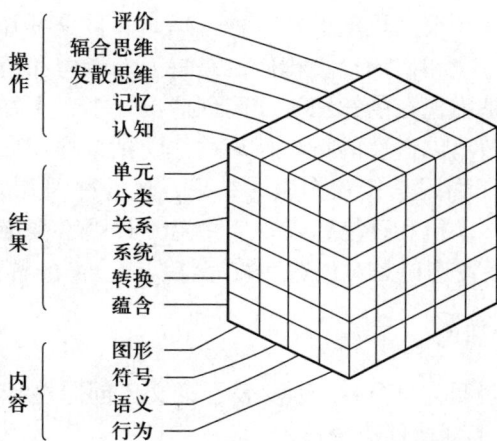

图 5-4　智力三维结构模型

吉尔福特理论对智力与创造性做了区分，提出智力是用各种形式对不同种类的信息进行加工的能力或功能的系统组合，而创造性则是种种基本能力的组织方式。

可见，吉尔福特从思维角度对创造性进行了微观视角的解读，极大地促进了人们对创造性的理解，并推动创造性研究成为科学研究热点。然而吉尔福特对发生在思维过程以外的创造性内容关注不足，将其笼统地当作环境变量引入，同时忽略了个体特征对创造性思维过程的作用。

（二）斯滕伯格的创造性理论

1. 创造性三维模型理论

20 世纪 80 年代末期，斯滕伯格通过创造性的内隐理论分析法提出了创造性三维模型理论。这一理论认为，创造性由既相互独立又相互联系的 3 个维度组成：第一个维度是创造性的智力维度，包括成分智力、情景智力、经验智力。第二个维度是创造性的智力风格维度，常常使创造性的智力维度带有一定的倾向或风格。第三个维度是创造性的人格维度，包括冒险性、求知欲以及乐意为了获取知识去刻苦工作等个性特征。创造性三维模型理论认为，任何一种创造性都是以上 3 个侧面共同作用的结果，由于 3 个维度相互结合的程度、成分、方面以及各维度所起的作用等有所区别，从而体现出创造性的复杂多样性，创造性个体是智力、风格和人格特征的完美结合体。

斯滕伯格的三维模型理论提出了创造性是多种因素共同作用的结果，是智力与其他因素复合的观点。这意味着在实际教育教学过程中理解与培养创造性不应仅局限于发散思维，还应重视智力的元成分及其他心理特征的作用。创造性三维模型理论代表着研究者倾向于将创造性的认知、人格和社会层面整合起来理解创造性的发展趋势。

2. 创造性投资理论

创造性投资理论是斯滕伯格和他的助手在分析以往创造性构成理论的基础上提出的。他们认为创造性在很大程度上是一种选择，并且是可开发、可培养和可提升的心理特质。人的创造性和市场投资相似，是将人的能力和精力投入到新的、高质量的思想上面，创造是用现在的知识、才能创造出更多、更好的有价值的产品。尽管所有人都想使自己做出创造性的贡献，却往往受到自身和环境方面的种种限制而未能如愿。创造性是 6 种因素相互作用的结果，这 6 种因素分别是：智力、知识、思维风格、人格特征、动机和环境，在现实中这 6 种因素很难同时出现又恰到好处地相互作用。创造性投资理论是对创造性较完整、较全面的解释。

（三）创造性成分理论

美国心理学家艾曼贝尔于 1983 年发表了论文《创造性社会心理学：一种组成成分观念》，正式提出了创造性成分理论。

创造性成分理论是一种综合性的创造性构成要素理论。它提出了一切领域产生创造性的必要和充分构成要素，认为创造性的产生是 3 种组成成分联合作用的结果，它们是领域技能、创造技能和工作动机，它们的共同作用决定了创造性水平的高低。

领域技能是指个体在某一领域所具备的、有助于产生各种可能反应的全部背景，也可以说是指个体进行创造加工的"原材料"，包括该领域有关的实际知识、基本技能、特殊才能等等。领域技能所能达到的水平一方面取决于先天的认知能力和感知运动能力，另一方面也取决于个体所接受的正规教育和非正规教育。创造技能是指对创造性水平具有最直接影响的，甚至对问题解决具有决定作用的方面，它包括启发产生新观念的知识、有利于创造性的认知风格和工作风格等。创造技能除了取决于训练外，还与创造者的个性有关。工作动机包括两个方面：一是个体对工作的基本态度，二是个体对自己从事该工作的理由的认知。

创造活动的过程大体可为五个阶段，即提出问题、酝酿准备、产生反应、验证反应和评价结果。工作动机负责发动和维持创造过程，并对提出问题和生成方案阶段有影响；领域技能则用于提供该过程的全部材料，它决定了初始搜索的可能途径，并为所产生的可能反应提供评价标准，即直接影响酝酿准备和验证反应阶段；创造技能则充当控制和执行部门，它对搜索方式起决定作用，即直接影响生成方案阶段。后来，该理论的提出者修正其成分模型并加入"社会环境"的成分。强调支持的社会环境会直接影响内部动机、统合外部动机，进而影响创造过程。

该理论开启了对创造性社会环境以及多元文化与创造性关系的心理学研究，使创造心理学的研究对象和研究方法更加复杂，研究内容更加丰富。

（四）创造性系统理论

美国学者契克森米哈赖从生物进化和文化演进的角度进一步提出了创造性系统理论。他认为，创造性是一种文化现象，其产生和发展与生物进化的过程相似。该理论从创造性产生的个体出发，融入了两个重要的环境因素：一个是文化因素，称为领域或专业；另一个是社会因素，称为场域。创造性是个体、领域和场域三个因素在其所建构的系统中相互作用和影响的结果。创造是在特定专业领域中的活动，是具有特定人格特点和人格整体性的人与外部环境相互作用的结果，这个外部环境包括领域和场域。个人、领域和场域就成为创造性系统的三个基本要素，三者交互作用是决定创新思想和创造行为产生的关键。

创造任务的完成人是个体，个体的创造性不是在真空中实现的，而是以一定的领域和场域为依托的。领域可以理解为专业或学科，由一系列的符号系统组成，包括专业知识、技能和价值观等，代表一种文化资本，具有文化传递和创新参照作用，个体通过系统学习和专业训练可获得和养成，领域是创造性产生的基础条件，为创造性生长提供必要的土壤。场域是由活跃在这一领域及有关方面的人员组成的，在狭义上是特定领域的学者共同体，在广义上是一种社会组织，代表的是一种社会资本，具有选择、评价、鼓励或刺激创造的作用。个体在具有专业内容的基础上，打破传统，产生新的观点，并且这种观点得到了这一领域的专家、学者或导师的认同，决定将其纳入该专业领域之中，个体的创造性便产生了。

创造性系统理论强调专业领域中的背景知识在个体创造性活动中的作用，以及个体与场域内同行的交互作用。该理论改变了创造性研究的基本问题，从"什么是创造性"和"创造性是由什么构成的"转变为"哪里有创造性"。它不是将创造性视为特殊的产品或者人物特征，而是将其视为个体、领域和场域相互作用的结果，将文化的作用具体化为领域和场域对创造者的影响，使得人们对创造性的认识有了更加广阔的视角。

（五）其他的创造性理论

1. 创造性 4C 模型

传统的创造性研究一般采用经典的二分法，即把创造性分为日常创造性与杰出创造性。日常创造性，也称"小 C"（Little-C）创造性，这种创造性几乎人人都具有，包含普通人日常生活的各个方面。杰出创造性，也称"大 C"（Big-C）创造性，即只有伟人才具备，这种创造性要能解决特别难的问题，创造出天才作品或取得巨大成就。这种二分法过于强调创造性的主体与静态性成果，限制了创造性的动态性与发展性，难以用来解释学生的创造潜能。美国学者考夫曼和贝格托于 2009 年在二分法的基础上提出了创造性 4 C 模型。他们认为，除了以上两种创造性外，还存在另外两种，即"微 C"（Mini-C）创造性与"专 C"（Pro-C）创造性。

"微 C"创造性是指学习过程中内在的创造性，表现为对经验、行动或事件所作出的新颖且有个人意义的诠释，比如写诗、作画、创作儿童短故事、为自己设计服装与发型、中学生在课堂上设计基础的科学实验等，都能体现"微 C"创造性。"专 C"创造性主要是指在任何创造性领域中表现出来的专业水准，它代表了超越"小 C"而又没有达到"大 C"水平的发展性进步，如美术设计人员把某种构想或计划通过一定的审美观念和表现手法使其视觉化、形象化的创作过程等。

根据创造性 4C 模型，每个人都具有创造性，并且都是从"微 C"创造性开始，"微 C"创造性是所有创造性的起源，没有"微 C"创造性就没有"大 C"创造性。"大 C"创造性的形成往往离不开"微 C"创造性的最初发现、"小 C"创造性的技能和技巧发展以及"专 C"创造性才能的磨炼，这也符合从量变到质变的哲学原理。所以，创造性 4C 模型基本上代表了个体创造性一生的发展轨迹。

创造性 4C 模型可以很好地描述学校情境中学生创造性的发展。例如，某位中学生写了一篇表达自己某种情感的作文，这属于"微 C"创造性。教师觉得这篇作文写得好，帮助他进一步修改完善，在全校作为范文展示，此时该作文属于"小 C"创造性。学校觉得这篇作文有发表的潜力，于是找专业作家进一步给予指导，最终这篇作文发表在了文学杂志上；受此鼓舞，这位学生对文学产生了兴趣，在作家的指导下又在专业杂志上发表了一些作品，此时他的作品就达到了职业创造的水平，即"专 C"创造性。后来，这位学生选择学习文学并成为一名职业作家。若干年后，他可能写出具有重大影响力的作品；如果真是如此，这些作品就属于"大 C"创造性。在实际的教育情境中，大多数学生的创造性停留在了"微 C"和"小 C"水平。尽管如此，教师仍要小心呵护并鼓励学生的微创造，帮助其把微创造发展成小创造；这样经过多年学习并获得专业成长之后，学生便可能发展到"专 C"创造性乃至"大 C"创造性水平。

2. 创造性的游乐园理论

创造性的游乐园理论是由贝尔和考夫曼于 2005 年提出，是一种以迪士尼乐园为比喻的创造性理论。这个理论把创造性视作一个多层次的因素，通过四个层次来理解创造性如何同时具有领域特殊性和领域一般性。

第一个层次包括如智力和积极性在内的一般因素，这是任何创造性领域都需要的，相当于进入任何一家游乐场都必须有门票一样。第二个层次包括在特定领域里被视为有价值的、可被接受或被要求的能力和特质。这些可能包括特定的知识、技能或者对特定主题的深入理解。例如，对游客的年龄、兴趣爱好、文化背景等多方面因素的理解和适应，以及安全、卫生等方面的要求。第三个层次包括创造性的独特性，可能涉及独特的视角、解决问题的方法或创新的思考方式。这个层次可以类比为游乐场中的独特景点或活动，根据游客需求进行个性化的设计等。第四个层次是公共评价标准，可能包括一些广泛接受的创造性测量标准，如原创性、实用性等。这个层次可以被视为游乐场中的公共设施，如休息区、餐饮区等，为游客提供了必要的支持和便利，旨在让游客可以更好地体验游乐设施的乐趣。

创造性的游乐园理论提供了一种理解和培养创造性的方法和一个实用的多层次框架，有助于理解创造性如何在不同的领域中发挥作用，以及如何被评价和应用。

从创造性理论发展的历程可以看出，对创造性的认识已经从原来单一的理论向多元化、复合化方向发展，从一般领域向特殊领域推进，愈发强调创造性的自主性与生成性，研究也越来越趋于跨学科、跨领域的社会多元化。[①]创造性理论的新进展为进一步认识和理解创造性现象不断开辟新途径。

五、创造性的测量

随着创造性研究的开展和深入，对测量创造性的工具需求越来越迫切，期待依据测量结果来评定个体的创造性水平。创造性的测量方法包括量表法、情境测量法、作品分析法等。总的来说，最为常用的还是测验法，这里介绍六种常用的创造性测量工具。

（一）吉尔福特发散思维测验

该测验主要用于测量发散思维，测验由言语测验和图形测验两部分构成，共14个项目。言语部分共10个项目，测量字词流畅创造性、观念流畅创造性、联想流畅创造性、表达流畅创造性、多种用途创造性、解释比喻创造性、效用测验创造性、故事命题创造性、推断结果创造性和职业象征创造性等。图形部分共4个项目，包括作图创造性、略图创造性、火柴问题创造性和装饰创造性。测验一般适用于初中水平以上的个体，测验结果可得到流畅性、变通性、独特性和精确性4个分数。综合分析4个分数，即可判断个体的创造性思维水平。

后来吉尔福特又编制了一套相似的儿童创造性测验，包括5个言语分测验和5

---

① 庞维国. 创造性心理学视角下的创造性培养：目标，原则与策略 [J]. 华东师范大学学报（教育科学版），2022，40（11）：25-40.

个图形分测验，其中有 7 个分测验由原测验改编而来。两套测验具有相似的结构，均为对被试反应的数量、速度和新颖性等进行计分。

（二）威廉斯创造性测验表

威廉斯继承和发展了吉尔福特的理论。他认为在教学情景中，认知的和情意的行为与启发创造潜能有重大的关系。于是设计出认知情意互动的教学模式，并制定了一套测验来测量这一教学模式的效果，这就是威廉斯创造性测验表。

威廉斯创造性测验表包括 3 部分：发散思维测验、创造性倾向测验、威廉斯创造性量表。前两个测验是为儿童青少年设计的团体测验。发散思维测验有 12 道题目，都是未完成的图，要求被试在规定的时间内完成，其目的是测量左半脑的言语能力和右半脑的非言语视知觉能力。测验结果反映了一个人的创造性思维的流畅性、变通性、独特性和精确性的程度。创造性倾向测验共有 50 道题，答案三选一。主要用以测量大脑左半球的言语分析和右半球的情绪处理能力的交互作用。测验可以得到 4 种因素分和总分。4 种因素分主要评价被试的创造性在好奇心、想象力、挑战性和冒险性等 4 个方面的表现程度。威廉斯创造性量表是一种评定量表，让父母或教师对儿童创造性的 8 个方面进行评定，共有 52 道题。

（三）托兰斯创造性思维测验

托兰斯创造性思维测验于 1996 年编制而成，从幼儿园儿童到成人都适用，已得到广泛运用。

托兰斯创造性思维测验由言语测验、图画测验以及声音和词的测验构成，每套测验都有两个复本。测验任务无固定答案，再加上多维度评估测验结果，因而托兰斯测验的评分工作相对费时。

言语测验由 7 个分测验构成，分别是：提问题创造性、猜原因创造性、猜后果创造性、产品改造创造性、非常用途测验创造性、非常问题创造性、假想创造性。图画测验分为 3 个分测验，都是呈现未完成的或抽象的图案，要求被试完成它们，使其具有意义。3 个分测验分别是图画构造创造性、未完成图画创造性、圆圈（或平行线）测验创造性。声音和词的测验由创造性声音与表象、拟声与表象两个分测验组成。言语测验从流畅性、变通性和独特性以及（图画测验中的）精细化来评分，而声音和词的测验只记独特性得分。

（四）芝加哥大学创造性测验

美国学者盖泽尔斯和杰克逊于 20 世纪 60 年代初编制了一套创造性测验。该创造性测验共有 5 个分测验，包括语词联想创造性、用途测验创造性、隐蔽图形创造性、完成寓言创造性和组成问题创造性。其中有的源自吉尔福特的创造性测验。该测验一般适用于小学高年级至高中阶段的学生，采取测验或学业考试的形式在教室中集体施测。芝加哥大学创造性测验包括 3 个方面的计分标准，即反应数量、新奇性与多样性，分别对应吉尔福特提出的流畅性、独特性和变通性。

（五）青少年创造性倾向问卷

青少年创造性倾向问卷是我国学者申继亮等人在前人研究成果的基础上编制而成的，旨在考察青少年对创造性活动所具有的积极的心理倾向，包括自信心、好奇心、探索性、挑战性和意志力 5 个方面，共 37 道题。[①]问卷为纸笔测验，可进行团体施测，采用里克特 5 点计分，由被试判断题项描述与自身情况的符合程度，得分越高，表明被试的创造性倾向发展越好。该问卷已经在国内多个研究中得到使用，具有良好的信效度。

（六）创造性 4C 认知量表

创造性 4C 认知量表英文版最初由 20 道题组成，其中前 16 道题代表创造性 4C 的 4 个维度，即"大 C""专 C""小 C""微 C"，每个维度 4 道题。每个题项都是描述有关产品、人物或过程的语句，如"创造性天才""具有传奇色彩的创造性作品"等，要求被试根据自己的真实感受评价每个语句所表现出的创造性程度，采用里克特 5 点计分。为了探讨公众对低水平创造性与无创造性在认知上的差异，该量表还增加了代表无创造性（简称"无 C"）维度的 4 道题。修订后的中文版量表共 18 道题，分为 4 个分量表，即"大 C""微 C""无 C"分量表各 4 道题，"专 C"和"小 C"分量表共 6 道题。[②]

随着创造性研究的深入，测量方法也在不断发展，工具表现出多样化、综合化的趋势，从原来对创造性进行静态的、结果性的研究转变为动态的、过程性的研究，多学科交叉，取长补短，致力于从多角度揭示创造性过程中的心理机制。

六、学校教育中的创造性培养

几乎所有的研究者都认为，创造性是可以培养的。学校在培养学生创造性的过程中扮演重要角色。然而，与日益增长的社会需求和不断凸显的教育目标相比，旨在培养学生创造性的学校教育实践看上去并没有预期的成功。例如，一项对中、日、英、德四国青少年创造性的跨文化比较研究表明，我国青少年的创造性发展喜忧参半，其在流畅性、灵活性等思维特征，以及好奇心、冒险性、开放性等创造性人格方面表现良好，而在新颖性这一重要指标上有待提高，坚持性和自我接纳性水平相对较低，在涉及解决与生活相关的科学问题、进行产品设计和产品改进时表现得也还不够好。[③]可见，在学校教育中，尽管教师普遍看重学生的创造性，也试图发展学生的创造性，但是对于何时及如何有效地促进学生的创造性思维发展却并无把握。

---

① 申继亮，王鑫，师保国. 青少年创造性倾向的结构与发展特征研究 [J]. 心理发展与教育，2005（4）：28-33.

② 孙崇勇，李淑莲，张文霞. 创造性 4C 认知量表（PC4CS）中文版的信、效度检验 [J]. 中国健康心理学杂志，2016，24（7）：1046-1050.

③ 申继亮，师保国. 青少年创造性跨文化比较及其启示 [J]. 中国教育学刊，2010（6）：11-14.

关于如何培养创造性存在多种观点，各国也采取了不同的模式，概括起来有四种：第一，学科渗透模式。第二，技能训练模式。第三，英才教育模式。第四，联合培养模式。然而无论采用何种模式，创造性思维、创造性人格和创造性环境都是重要的创造性素质。[①]

（一）创造性思维训练

思维是指导个体行为的核心要素，创造性思维是创造性的核心成分。训练创造性思维可直接提升学生的创造性水平。

1. 创造性思维训练的具体技术

在创造性思维培养过程中，教师普遍希望得到关于创造性的具体描述，期望得到一些能够立刻运用到课堂教学中的具体操作技术。以下介绍 3 种常用的促进学生创造性思维发展的方法。

（1）头脑风暴法

头脑风暴法，又称奥斯本智力激励法，是指运用人的智慧去冲击问题。一般采用开会的形式组织人们对特定的问题进行讨论，互相启发，引起联想，引发较多、较好的设想和方案。一种设想会激发联想，这些联想又会激起更多、更好的联想，进而形成了一股"头脑风暴"。头脑风暴法的目的就是在短时间内产生解决某一问题的许许多多的方法。通过头脑风暴法可以得到一些意想不到的解决问题的途径。在这个过程中，参与者的创造性思维也得到了促进与发展。头脑风暴法可以用于大小集体，也可用于个人，组织规模通常以 10～12 人为宜。

（2）特征列举法

特征列举法是由克劳福德于 1931 年提出的，他认为，创造是对旧事物的改进，通过改进某事物的特征，或把某一事物的特征添加于另一事物之上，从而完成创造过程。因此，此技术的程序首先是列出一产品的关键特征，然后列出对每一特征可能进行的改变，或设想把某一物体的特性加到另一个物体上去。例如有这样一个问题：如何改进粉笔？首先你要列出粉笔的主要特性，如形状、大小、颜色等，然后考虑怎样改变这些特性，如用彩色代替白色，制成特大体积的粉笔，制作一个可以用手把握的粉笔套等。

（3）吉尔福特的创造性思维培养方法

吉尔福特在总结有关文献的基础上，提出了一套前后有序的培养创造性思维的策略。他强调，创造性思维中有两个关键的智力活动：发散思维和转化（即对信息的重新组织），所以他的培养方案着重对学生的发散思维能力和转化能力进行训练。吉尔福特提出了一些具体的培养创造性思维的策略，包括拓宽问题、分解问题、常打问号、快速联想、暂不评价、持续地努力思考、列举属性、形成联系、捕捉灵感等。

2. 利用生成活动来促进创造性思维

观点生成是创造性思维最本质的特征，能够引发观点生成的活动，如要求学生

[拓展资源] 运用头脑风暴法需遵循的原则

[拓展资源] 学科教学中的生成实例

[①] 林崇德，胡卫平. 创造性人才的成长规律和培养模式 [J]. 北京师范大学学报（社会科学版），2012（1）：36-42.

进行创造、发明、发现、想象、假定、预测、设计的各类任务，是激发创造性思维的最佳载体。

3. 在课堂上示范创造性

教师通过自身演示创造性可以有效地激发学生的创造性。在学科教学中，教师既可以结合具体学习内容，演示分析问题的各种视角，示范各种创造性解决问题的方法，也可以把自己的教学视为创造性行为，不断展示各种教学形式，从而帮助学生习得创造性思维的方法。研究显示，为学生提供创造性的样例可以增强其创造性表现。有研究者让两组被试根据自己的想象画外星人，其中一组先看关于外星人的高创造性的画作样例，而另一组则不看。结果显示，观看样例组被试的画作在创造性方面的水平更高。[①] 可见，这些研究表明，为学生示范创造性是增强其创造性的重要途径。

4. 加强创造性元认知训练

根据创造性理论，每个学生都拥有创造性潜能，都具备从事微创造或小创造的能力。然而在具体的任务情境中，很多学生可能意识不到这一点。为此，培养学生的创造性元认知能力，丰富其关于创造性的知识（即知道什么是创造性、有哪些表现、如何发展）、关于创造性自我的知识（即知道自己在创造性方面的优势和不足）以及关于创造性情境的知识（即知道在何时、何处、为何、如何进行创造），应该作为课堂教学中的一项重要任务。[②] 在课堂情境中，教师可以结合具体的学习实例向学生解释什么是创造性，它在本学科学习中有哪些具体的表现形式，丰富学生关于创造性的知识，发展他们的评价技能及元认知监控能力，引导学生反思自身在创造性方面的优势和不足。

5. 创造性思维活动设计

开发科学的创造性训练课程，有必要按照螺旋式发展和层级递进的原则，科学架构创造性培养的总目标、维度目标和活动目标。进而以思维型课堂活动模式开展活动。世界各国均广泛开展了创造性思维活动设计实践。

[拓展资源]
创造性思维
课程与活动
设计

（二）创造性人格塑造与创造性环境创设

在实际教学中，除了应用各类创造性思维培养策略与技术，教师是否拥有对学生创造性的积极态度，是否有能力创设有利于创造性培养的环境、塑造学生的创造性人格，对培养学生的创造性至关重要。

1. 师生互动，创设创造性的教育氛围

创造性存在于个体与环境的互动之中，创设有利的环境是实现学生创造性培养的关键。如果使学生感受到教师鼓励、认可学生的创造性想法，并且希望他们能有越来越多的创造性表现，那么在这样的教育氛围中学生的创造性自然会得到更大的提升。

---

① YI X，PLUCKER J A，GUO J. Modeling influences on divergent thinking and artistic creativity[J]. Thinking skills and creativity，2015，16，62-68.

② KAUFMAN J C，BEGHETTO R A. In praise of clark kent：creative metacognition and the importance of teaching kids when（not）to be creative[J]. Roeper review，2013，35（3），155-165.

为创设有利于学生创造性发展的教育氛围，教师需要设置创造性活动目标、内容框架及方法步骤；提供知识与技能支持，营造安全、开放、创造性的活动氛围；学生陷入思维定势或僵局时，教师通过提问的方式，启发学生转变思考角度，或者引导学生相互讨论。在活动结束后，采用对话、团队讨论、艺术表演和作品展示等方式引导学生对创造过程进行评价、反思和总结。

同时，小组讨论、小组合作、头脑风暴和作品展示等过程中良好的同伴互动，以及学生与环境的互动也是提升创造性的有效途径。

2. 赞赏学生的创造性人格

研究发现，教师对于具有创造性的学生的人格特征了解十分有限，且缺少一致性。与德国教师相比，中国教师对学生创造性特征的认可程度更低，教师喜欢的学生特征与创造性人格特征并不重合（见图5-5）。[①] 教师了解创造性学生的人格特征，并对其抱有赞赏态度，有助于保护及塑造学生与创造性有关的人格特征。

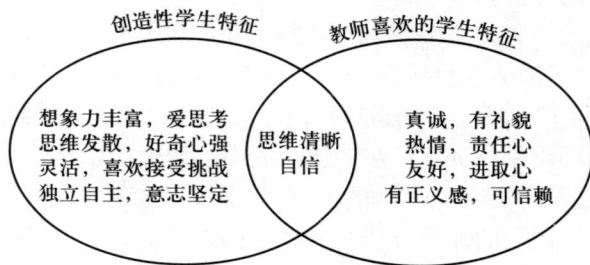

图 5-5   创造性学生特征与教师喜欢的学生特征比较

3. 为学生的创造性活动提供示范与反馈

反馈是影响学生学习质量的最为重要的因素之一。教师的反馈在学生的创造性发展中同样具有极为重要的地位。其一，反馈是帮助学生把微创造提升为小创造的最为重要的条件；其二，对学生的创造性产物给予积极反馈，有助于增强学生的创造性与自我效能感，进而促进其后续的创造性活动的开展。

4. 褒奖学生的创造性表现

教师对学生的创造性表现给予褒奖，有助于强化其创造性行为。但奖赏对学生创造性表现的促进作用是有条件的。首先，奖赏需要与创造性存在相依关系。在创造性活动过程中，如果仅给予奖赏而不提示个体需要展示创造性，其创造性表现尚不如没有得到奖赏的个体。其次，要明确奖赏的具体功能。如果以控制的方式来提供奖赏，会让学生感到自己正在被"贿赂"或支配，他们在创造性活动中的自主性会降低，其创造水平也会随之下降。

5. 把创造性纳入评价标准

把创造性纳入评价标准本身就代表了对创造性的重视，这对学生的创造性表现

---

① 倪佳琪，芦咏莉，刘霞. 中德教师的创造性学生观和创造性培养观的比较研究 [J]. 教师教育研究，2013，25（3）：92-96.

具有重要的导向作用。有研究者很早就发现了"要有创造性"指导语效应，即在被试从事创造性任务之前，明确对其提出"要有创造性"要求会显著提升其创造性表现。[①] 这提示教师要想鼓励学生的创造性，就应设立一个单独的、用于评估创造性的标准。久而久之，学生就会把创造性纳入自我概念，把创造性素养作为评判自我的重要指标。

当然，创造性思维、创造性人格与创造性环境之间并非彼此孤立的，而是三者交互作用，形成一个综合体；学生创造性的培养也要综合考虑多种因素及其相互关系，形成整体化方案。

思考题

1．学习本章有关学习动机的内容后，请谈一谈你对内部动机与外部动机的理解，在诸多的学习动机理论中你最认同哪一个，请简述该理论的观点及对应的动机调节理念与方法。

2．学习策略是"学会学习"的主要内容之一，请绘制思维导图梳理各类学习策略，并结合专业谈一谈如何在教育教学过程中培养学生的学习策略。

3．什么是创造性？你如何理解学生的创造性？结合本专业设计一份学生创造性测评与培养方案。

推荐阅读

1．陈庆章，刘维超，宦若虹，等．激发学生学习动机的要素和操作方法研究[J]．教育探索，2010（10）：115-118.

2．郭衎，曹一鸣．学习动机对学习效果影响的深度解析：基于大规模学生调查的实证研究 [J]．教育科学研究，2019（3）：62-67

3．林崇德，胡卫平．创造性人才的成长规律和培养模式 [J]．北京师范大学学报（社会科学版），2012（1）：36-42.

4．庞维国．创造性心理学视角下的创造性培养：目标、原则与策略 [J]．华东师范大学学报（教育科学版），2022，40（11）：25-40.

---

① 庞维国，韩建涛，徐晓波，等．"要有创造性"指导语效应及其对创造性教学的启示 [J]．心理与行为研究，2016，14（5）：701-708.

第六章 非适应性情绪辅导与积极心理特质培育

近年来，儿童青少年的情绪问题日益显现，成为社会积极关注的一个重要议题。中国科学院心理研究所联合多方机构和单位在 2021—2022 年共采集包括青少年和成年人在内的总样本逾 19 万份，对国民心理健康现状进行了调查，在《中国国民心理健康发展报告（2021～2022）》中指出：本次调查的抑郁风险检出率为 10.6%，焦虑风险检出率为 15.8%。其中青年为抑郁的高风险群体，18—24 岁年龄组的抑郁风险检出率高达 24.1%，显著高于其他年龄组；25—34 岁年龄组的抑郁风险检出率为 12.3%，显著低于 18—24 岁年龄组，但显著高于 35 岁及以上各年龄组。焦虑风险检出率的年龄差异呈现类似趋势。[1] 此外，对于不同群体的心理疾病识别能力结果显示：青少年、老年、中小学教师和心理咨询工作者群体的抑郁障碍识别率分别为 12.3%、24.7%、29.7% 和 72.3%，社交焦虑障碍识别率分别为 73.8%、55.4%、84.9% 和 95.4%。同时，调查采用《国民心理健康素养问卷》考察了个体对于心理健康知识、心理健康意识、积极心态、心理疾病识别、专业求助态度和心理疾病的病耻感等方面的认知，结果显示，青少年、老年、中小学教师和心理咨询工作者群体的心理健康素养水平分别为 6.4%、7.6%、15.8% 和 50.7%，其中青少年、老年人和中小学教师群体距离 2030 年国民心理健康素养水平提升到 30% 的目标还有较大差距。

一项关于中国儿童青少年精神流行病学的研究报告于 2021 年发表，该研究从 2012 年底开始在北京、辽宁、江苏、湖南、四川五个省市中选取约 74 000 名儿童青少年作为样本，结果显示，6—16 岁的儿童青少年精神障碍患病率为 17.5%，其中注意缺陷多动障碍占 6.4%、焦虑障碍占 4.7%、对立违抗障碍占 3.6%、抑郁障碍占 3.0%、抽动障碍占 2.5%。[2] 俞国良等人筛选了 2010—2020 年的 1 135 篇相关文献（其中，小学生纳入 101 篇，被试人数 289 396 名；初中生纳入 222 篇，被试人数 711 769 名；高中生纳入 252 篇，被试人数 913 421 名），对我国中小学生心理健康问题检出率进行了系统的元分析，研究表明：我国小学生心理健康问题的检出率由高到低依次是睡眠问题、抑郁、焦虑、攻击行为、退缩、违纪行为和躯体化；其

---

① 傅小兰，张侃. 中国国民心理健康发展报告：2021～2022[M]. 北京：社会科学文献出版社，2023：1-29.
② LI F，CUI Y，LI Y，et al. Prevalence of mental disorders in school children and adolescents in China：diagnostic data from detailed clinical assessments of 17，524 individuals[J]. Journal of child psychology and psychiatry，2022，63（1）：34-46.

中前三项检出率偏高，后 4 项检出率较低，说明小学生整体心理健康状况尚可。[①]
初中生的心理健康问题方面，焦虑、抑郁和自我伤害检出率排在前三位，之后是自
杀意念和睡眠问题；检出率整体上随年级而增高，其中焦虑尤为明显。[②] 高中生心
理健康问题的检出率排在前四名的依次是抑郁、焦虑、睡眠问题和自我伤害，且较
为严重；之后是自杀意念、躯体化、自杀计划和自杀企图（未遂）；对高年级、欠发
达地区高中生的心理健康问题应予以重点关注。[③]

　　儿童青少年的情绪问题已经成为一个不容忽视的社会问题，国家高度关注儿童
青少年的心理健康，出台了一系列政策文件。2023 年 1 月，共青团中央、全国少工
委印发《关于加强共青团新时代未成年人保护工作的意见》，强调要集中力量开展生
命安全守护、心理健康守护、网络素养提升、法治意识提升、困境群体关爱等五个
重点行动。《中国儿童发展纲要（2021—2030 年）》明确提出了"提升儿童心理健康
水平"的主要目标。2023 年 4 月，教育部等十七部门印发《全面加强和改进新时代
学生心理健康工作专项行动计划（2023—2025 年）》，对进一步加强和改进学生心理
健康工作作出全局性、系统性、分层次的布局和安排。这些政策文件体现了国家对
儿童青少年心理健康的重视，也为开展学校心理辅导工作提供了政策导向。

　　本章聚焦焦虑、抑郁和积极心理特质的议题，探讨如何为儿童青少年提供有效
的情绪辅导，帮助他们更好地成长和发展。通过对议题的深入探讨，为教师、家长
提供一些有益的启示和帮助，支持学校心理辅导者科学有效地开展学生情绪心理辅
导工作。

第一节　焦虑情绪辅导

　　焦虑，是儿童青少年成长过程中的一种重要情绪体验，具有双重的影响作用。
适度的焦虑有助于提升儿童青少年面对任务时的动机水平、使其保持积极的学习态
度，提升问题解决能力。然而，当焦虑体验过于频繁、强烈、失控或泛化时，轻则
表现出焦虑情绪问题，重则成为焦虑障碍，会对儿童青少年的日常生活和学习造成
负面影响。

　　焦虑已成为国内外儿童青少年最普遍的心理健康问题之一。[④]《中国国民心理健康
发展报告（2021～2022）》对全国范围内超过 3 万名青少年的调查分析显示，参与调

① 黄潇潇，张亚利，俞国良. 2010～2020 中国内地小学生心理健康问题检出率的元分析 [J]. 心理科学进展，
2022，30（5）：953-964.
② 张亚利，靳娟娟，俞国良. 2010～2020 中国内地初中生心理健康问题检出率的元分析 [J]. 心理科学进展，
2022，30（5）：965-977.
③ 于晓琪，张亚利，俞国良. 2010～2020 中国内地高中生心理健康问题检出率的元分析 [J]. 心理科学进展，
2022，30（5）：978-990.
④ AHMET K，EZGI I，ERHAN E，et al. Is there a problem period in patients with social anxiety disorder? A
discussion on the hypothesis of social anxiety disorder development secondary to attention-deficit/hyperactivity
disorder[J]. Springer vienna，2019，11（4）：343-351.

查的青少年中 14.8% 存在不同程度的焦虑风险，相比 2020 年有所下降。[①] 相关研究表明，焦虑障碍会明显影响儿童青少年的生理、情感、智力及社会性发展[②]，会长期影响儿童青少年的学业、人际交往和情感功能，甚至发展为严重的终身损害性疾病，显著干扰儿童青少年的家庭生活，导致其生活质量、主观感受明显低于同龄儿童。[③] 焦虑障碍儿童与正常儿童相比，人际交往差、不受欢迎，甚至受到同龄人的歧视[④]。

本节将从概念与表现、判定与识别、影响因素、评估工具、干预措施五个方面介绍有关儿童青少年的焦虑情绪辅导工作。

一、儿童青少年焦虑情绪的概念与表现

焦虑是一种负性的情绪状态，表现为对未来的忧惧以及身体上的紧张反应，它可以是一种主观上紧张的感觉、一系列的行为（看起来很担忧、焦虑或者烦躁），也可以是一种源于大脑的生理反应，如心跳加快、肌肉紧张等。[⑤]

克里斯多夫·柯特曼等人在著作《如何才能不焦虑》中认为："关切 + 威胁 = 焦虑。"焦虑的一个构成要素是威胁，焦虑始于个体意识到威胁的存在，这个威胁可能是针对个体生命安全的，如飓风、强暴或抢劫等。除此之外，更多来源于一些非致命性因素，如迫在眉睫的解职、关系破裂等。如果将以上任何一种情境视为威胁，就都会产生危及生命的力量。焦虑总是指向未来的，也总是在传递危险信息。焦虑的另一个构成要素是关切，没有关切，就不会焦虑。如果这份工作毫无意义，你还有其他满意的备选项，你对它的指望就不会那么多，失去它也就不会焦虑。假设读书是你生活中最重要的事，那么每次考试都足以让你神经紧张。[⑥]

焦虑的表现形式可分为两种：（1）身体过度反应，如出汗、面孔潮红、呼吸短促、心悸、肠胃不适、疼痛和肌肉紧张；（2）认知性心理焦虑，如强迫思维、思虑过度、忧思和不安。从正常情绪和临床病例的范围界定，可将焦虑分为正常焦虑情绪和焦虑障碍两种类型。焦虑障碍比正常焦虑情绪出现更加反复、持久，焦虑障碍过分地、超强度状态，使个体处于更无助和不能应付的境地，并导致心理和生理上的功能障碍。[⑦]

① 傅小兰，张侃. 中国国民心理健康发展报告：2021～2022[M]. 北京：社会科学文献出版社，2023：1-29.
② ESSAU C A, SASAGAWA S, ANASTASSIOU-HADJICHARALAMBOUS X, et al. Psychometric properties of the Spence Children's Anxiety Scale with adolescents from five European countries[J]. Journal of anxiety disorders, 2011, 25（1）：19-27.
③ BEIDEL D C, FERRELL C, ALFANO C A, et al. The treatment of childhood social anxiety disorder[J]. Psychiatric clinics of North America, 2001, 24（4）：831-846.
④ CRAWFORD A M, MANASSIS K. Anxiety, social skills, friendship quality and peer victimization：an integrated model[J]. Journal of anxiety disorders, 2011, 25（7）：924-931.
⑤ American Psychiatric Association. Diagnostic and statistical manual of mental disorders（DSM-5）[M]. Washington：American Psychiatric Pub, 2013.
⑥ 柯特曼，辛尼斯基，奥康娜. 如何才能不焦虑 [M]. 李春花，译. 北京：北京联合出版公司，2017：7.
⑦ 孟昭兰. 情绪心理学 [M]. 北京：北京大学出版社，2005：188.

罹患焦虑障碍的儿童青少年常出现身体问题，如头痛、胃痛、睡眠问题、伴有疲倦感，同时常伴有自卑、自我评价低、抑郁等情绪[1]；在一定程度上也会对儿童青少年的社会功能产生影响，往往表现在交流、自信心以及对日常生活中的情绪体验上，会造成个体记忆、认知功能的损害。[2]

二、焦虑障碍的判定与识别

考虑到我国学校心理辅导者群体的主要构成是心理教师和心理咨询师，不具有诊断和治疗焦虑障碍学生的职业权限，但应具备对该症状的基本识别能力和转介职责。

《精神障碍诊断与统计手册（第 5 版）》（DSM-5）将焦虑障碍划分为 8 种亚型，即分离焦虑障碍、选择性缄默症、特定恐怖症、社交焦虑障碍、惊恐障碍、广场恐怖症、广泛性焦虑障碍、物质/药物所致的焦虑障碍。[3] 下面重点介绍儿童青少年群体中常见的社交焦虑障碍和广泛性焦虑障碍。

（一）社交焦虑障碍

社交焦虑障碍的基本特征是一种对社交情境的显著或强烈的害怕或焦虑，在这种情境下个体可能被他人品评。在社交焦虑障碍（社交恐惧症）中，个体恐惧、紧张或回避社交互动和那些涉及可能被审视的情境。这些情境包括社交互动，例如会见不熟悉的人、在其他人面前表演的场合。其认知观念是被他人负面评价，被为难、被羞辱、被拒绝或冒犯他人。

通常在普通人群中，患有社交焦虑障碍的女性比男性比例更高，在青少年时期和成年早期，患病率的性别差异更为明显。在美国，社交焦虑障碍起病年龄的中位数为 13 岁，且 75% 的个体起病于 8—15 岁。在美国和欧洲的研究中，有时这一障碍出自儿童期的社交抑制或害羞。成年期首次起病相对罕见，更可能发生在一次应激性或羞辱性事件后，或在生活改变、个体需要担当新的社会角色之后。

社交焦虑障碍的主要特征为：

第一，社交环境中出现显著的害怕或焦虑。注意，儿童的社交焦虑障碍必须出现在与同伴交往时，不只与成人互动时。

第二，对负面评价的担心、害怕。个体在社交场合中害怕自己会被负面评价，担心被评价为焦虑、脆弱、不理智、愚狂、乏味、令人生畏或不讨人喜欢等，害怕因表现出焦虑症状（如脸红、发抖、流汗或结巴等）而被负面评价。

第三，回避或忍受社交情境。个体会回避那些让自己感到害怕的社交情境，即使选择忍受这些情境，也会伴随着强烈的害怕或焦虑。儿童的害怕或焦虑往往通过

[拓展资源]
DSM-5 关于
社交焦虑
障碍的
诊断标准

① 杨帆，高维佳，冯哲，等. 青少年焦虑障碍的临床特征及社会心理学影响因素 [J]. 中华精神科杂志，2013，46（3）：147-152.

② MAZZONE L，DUCCI F，SCOTO M C，et al. The role of anxiety symptoms in school performance in a community sample of children and adoiescents[J]. BMC public health，2007，7（1）：347-353.

③ 美国精神医学学会. 精神障碍诊断与统计手册：第 5 版 [M]. 张道龙，等译. 北京：北京大学出版社，2016：181.

哭喊、发怒、惊吓、依赖或退缩等表现出来。

第四，害怕或焦虑与实际情况造成的威胁不相符。

第五，社交焦虑障碍的病程通常至少为 6 个月。个体若偶尔在社交场合感到不安、担心或害怕，则不应被诊断为社交焦虑障碍。

第六，社交焦虑障碍显著干扰了个体的日常生活，或导致了临床上的显著痛苦，或明显削弱了个体的社会适应功能。例如，如果儿童在学习或生活中不需要经常当众讲话，且其对此未产生显著痛苦，那么不能仅因为害怕而将其诊断为社交焦虑障碍。

（二）广泛性焦虑障碍

广泛性焦虑障碍的基本特征是对于诸多事件或活动产生过度的焦虑和担心（焦虑性期待），其在紧张度、持续时间、焦虑和担心出现的频率等方面与现实可能性或预期事件的冲击不成比例，个体发觉很难控制担心的情绪，难以令担心的想法不影响自己的注意力，无法专注于手头上的任务。有广泛性焦虑障碍的成年人经常担心常规的生活情况，如可能的工作责任、健康状况、财务账目、家庭成员的健康等，担心不幸的事情会发生在孩子身上，或担心一些很小的事情（例如，做家务或约会迟到）。有广泛性焦虑障碍的儿童倾向于过分担心自己的能力或表现水平。

在我国 14 座城市选取中小学儿童 2 019 例（男 1 012 例，女 1 007 例），平均年龄为 11.29 ± 2.34 岁，通过焦虑性情绪筛查，结果表明：我国儿童焦虑的临床表现以广泛性焦虑障碍为多见。[①]

广泛性焦虑障碍的主要特征为：

第一，个体会表现出过度的担心和不安，这通常会显著干扰社交功能。

第二，在没有促发因素的前提下频繁发生。这种担心更广泛、明显、令人痛苦、时程更长。

第三，有广泛性焦虑障碍的个体会报告持续的焦虑等所致的主观痛苦。

除了焦虑和担心外，成人还需出现下列至少 3 种额外症状：坐立不安，感觉紧张或烦躁，容易疲劳，注意力集中困难或思维出现空白，易激惹，肌肉紧张，睡眠紊乱。儿童只要额外出现以上症状中的一种，即可初筛为广泛性焦虑障碍。

三、儿童青少年焦虑情绪的影响因素

目前研究从诸多方面综合考量了焦虑情绪的影响因素及成因机制，认为焦虑情绪是生理—心理—社会多因素作用的结果。儿童青少年的焦虑情绪可以从以下 5 个方面探求成因：

（1）创伤刺激（例如，自然灾害、危险来临）和潜在的恐怖情境（例如，人际关系的拒绝攻击、受伤疾病、某种动物、人群密集），使个体处在必须控制又难以控

---

① 王凯，苏林雁，朱焱，等. 儿童焦虑性情绪障碍筛查表的中国城市常模 [J]. 中国临床心理学杂志，2002（4）：270-272.

制的潜在危险中，易引发焦虑。[①]

（2）神经质在负性生活事件和焦虑情绪之间起调节作用，高神经质的个体在遭遇应激性生活事件时更易表现出焦虑情绪。[②]

（3）在家庭系统中，父母的状态焦虑、父亲的特质焦虑和母亲的认知重评情绪调节策略是青少年状态焦虑与特质焦虑的重要影响因素。[③]父母的严厉惩罚、过度保护、拒绝否认对儿童的焦虑情绪有预测作用。[④]

（4）注意偏向研究表明，高广泛性焦虑个体的注意偏向以对威胁性刺激的注意转移困难为主。[⑤]焦虑障碍个体调节情绪和恐惧的脑区明显受损，恐惧神经回路对恐惧刺激高度敏感，且缺乏对恐惧反应的抑制。[⑥]

（5）精神分析学派创始人弗洛伊德将焦虑分为3种——现实焦虑、神经性焦虑、道德焦虑，当不被接受的本我冲动逼近意识时，个体会体验到神经性焦虑；当本我冲动违背超我的道德标准时，个体会产生道德焦虑。[⑦]

四、儿童青少年焦虑情绪的评估工具

关于儿童青少年焦虑情绪的评估工具，国内外流行病学研究中常用的是儿童焦虑量表（SCAS-S）、儿童少年焦虑量表（DSM-5）、焦虑自评量表（SAS）、状态—特质焦虑量表（STAI）等。这些评估工具已被充分证明有较高的信效度。

（一）儿童焦虑量表（SCAS-S）

儿童焦虑量表（SCAS-S）简版共包含19个条目，分为社交焦虑、分离焦虑、恐慌障碍、躯体伤害恐惧和广泛性焦虑5个维度。采用4级计分（1= 从不，2= 有时，3= 经常，4= 总是），量表得分越高，表示焦虑程度越严重。该量表具备较高的信效度，适用于8—13岁儿童。[⑧]

儿童焦虑量表中文版的总量表内部一致性系数为 0.90，各维度的内部一致性系数为 0.70～0.82；总量表的重测信度为 0.996，各维度的重测信度为 0.70～0.83；量表

① 孟昭兰. 情绪心理学 [M]. 北京：北京大学出版社，2005：188.

② 王润程，明庆森，蒋雅丽，等. 高中生生活事件与焦虑症状关系的追踪研究：神经质的调节作用 [J]. 中国临床心理学杂志，2014，22（4）：615-618.

③ 石利娟，邝翩翩，罗学荣. 父母焦虑及其情绪调节对青少年焦虑影响的网络分析 [J]. 中国临床心理学杂志，2019，27（6）：1237-1241，1236.

④ 曹枫林，覃倩，余昆容，等. 儿童焦虑障碍症状与父母养育方式的关系 [J]. 中国临床心理学杂志，2006（6）：599-601.

⑤ 杨智辉，王建平. 广泛性焦虑个体的注意偏向 [J]. 心理学报，2011，43（2）：164-174.

⑥ GERBER A J，PETERSON B S，PINE D S，et al. Functional magnetic resonance imaging and pediatric anxiety[J]. Journal of the American academy of child and adolescent psychiatry，2008，47（11）：1217-1221.

⑦ 伯格. 人格心理学：第 8 版 [M]. 陈会昌，译. 北京：中国轻工业出版社，2014：131.

⑧ AHLEN J，VIGERLAND S，GHADERI A. Development of the Spence Children's Anxiety Scale-Short Version（SCAS-S）[J].Journal of psychopathology and behavioral assessment，2018，40（2）：10-20.

总分与状态焦虑的相关系数为 0.65，各维度与状态焦虑的相关系数为 0.47~0.58。[①]

（二）儿童少年焦虑量表（DSM-5）

儿童少年焦虑量表（DSM-5）适用于 11—17 岁的儿童青少年，用于评估一般的焦虑症状。该量表共 13 个条目，每个条目采用 5 级评分（1= 从不，2= 几乎从不，3= 有时，4= 经常，5= 几乎总是），总分范围是 13~65。儿童少年焦虑量表中文版的内部一致性系数为 0.90，两个因子的内部一致性系数分别为 0.89、0.73。各条目与总分的相关系数为 0.54~0.78，各因子与总分的相关系数分别为 0.90、0.83。总量表的重测信度为 0.78，两个因子的重测相关系数分别为 0.63、0.67。[②]

（三）焦虑自评量表（SAS）

焦虑自评量表（self-rating anxiety scale，SAS）包括正向评分 15 个条目，反向评分 5 个条目，共 20 个条目。每个条目 4 级评分，主要用于评定个体的主观感受。[③] 按照中国常模结果，SAS 标准分的临界值为 50 分，其中轻度焦虑为 50~59 分、中度焦虑为 60~69 分、重度焦虑为 70 分以上。

（四）状态—特质焦虑量表（STAI）

状态—特质焦虑量表（state-trait anxiety inventory，STAI）可区别短暂的情绪焦虑状态和人格特质性焦虑倾向。该量表共有 40 个条目，第 1—20 题测评状态焦虑（S-AI），第 21—40 题测评特质焦虑（T-AI）。每个条目 4 级评分，两个分量表得分的最小值为 20，最大值为 80，分数越高，表明焦虑水平越高。[④] 状态—特质焦虑量表的全国常模是 S-AI=39.71 ± 8.89，T-AI=41.11 ± 7.74；重测的相关系数 S-AI 为 0.94，T-AI 为 0.96，S-AI 与 T-AI 之间的相关系数初测为 0.762，重测为 0.758。[⑤]

五、儿童青少年焦虑情绪的干预措施

[师生共创
科普]
做情绪控制
的主人

针对儿童青少年的焦虑情绪，可采取心理干预措施，加强儿童青少年的认知和社会功能，这对儿童青少年心理健康具有关键作用。

目前，基于儿童青少年焦虑情绪的干预措施众多，方法和效果各有千秋。针对焦虑情绪及障碍的干预措施主要有认知行为治疗（cognitive behavior therapy，CBT）、

---

① 王琳琳，江琴. 简版 Spence 儿童焦虑量表的信效度检验及其在福建省留守初中生中的应用 [J]. 中国临床心理学杂志，2021，29（5）：943-947，922.
② 张又文，章秀明，钟杰，等. DSM-5 儿童少年焦虑量表中文版的初步修订 [J]. 中国心理卫生杂志，2018，32（7）：552-557.
③ ZUNG W W K. Rating instrument for anxiety disorders[J]. Psychosomatics，1971，12（6）：371-379.
④ 李文利，钱铭怡. 状态特质焦虑量表中国大学生常模修订 [J]. 北京大学学报（自然科学版），1995（1）：108-112.
⑤ 郭军锋，罗跃嘉. 社会情绪负性偏向的事件相关电位研究 [J]. 中国临床心理学杂志，2007，15（6）：574-576.

人际关系治疗（interpersonal therapy，IPT）以及认知偏向矫正范式（cognitive bias modification，CBM）。认知偏向矫正范式包括对注意偏向的矫正（CBM-A）和对解释偏向的矫正（CBM-I）等。认知行为治疗是目前推荐的治疗儿童青少年焦虑情绪的一线循证治疗方法，其主要理论依据是贝克的认知治疗和艾利斯的理性情绪行为治疗，除关注认知过程外，还整合了多种行为治疗技术，如系统脱敏、放松训练、暴露治疗、榜样示范等。

（一）认知行为疗法：以"FRIENDS 计划"为例

研究者针对儿童青少年焦虑情绪，已经形成了结构化的干预方案。如 FRIENDS 计划、社交恐惧团体治疗方案、"胆小猫成长课程"、I CAN DO 计划等，用于预防及干预儿童青少年的焦虑障碍。

其中，FRIENDS 计划由澳大利亚的葆拉·巴雷特等人提出，在澳大利亚及欧美应用研究中取得了良好的效果。有研究者检验了家庭参与的 FRIENDS 计划对儿童焦虑障碍的治疗效果：71 名 6—10 岁符合分离焦虑障碍、广泛性焦虑障碍或社交焦虑障碍诊断标准的儿童被随机分配到干预组或控制组。干预结束后的评估显示，干预组中 69% 的儿童不再符合诊断标准，而控制组为 6%。干预结束 12 个月后，干预组中 68% 的儿童不再符合诊断标准，父母和儿童对治疗报告都显示有很高的满意度。这一结果说明，FRIENDS 计划对于儿童临床焦虑障碍是有效的治疗方法。[①]

FRIENDS 计划可以采取个体辅导、团体辅导、家长参与辅导等多种形式。通常在学校情境中以班级为单位实施，所有班级成员都可以参加，不需要临床评估和诊断，可以避免标签效应。FRIENDS 计划的参与者包括团体领导者、儿童青少年以及父母，每个参与者都有一本指导书。FRIENDS 计划的团体领导者手册里面记载了每次干预的具体活动，便于操作。

FRIENDS 计划通过结构化的学习，旨在让儿童掌握一种应对焦虑的策略。FRIENDS 是 7 步应对策略的简写：

F——感到担忧吗？

R——放松并感觉良好。

I——心中思考。

E——寻找解决方法。

N——干得好，奖励自己。

D——别忘了练习。

S——保持冷静。

FRIENDS 的含义还包括：（1）把身体看作自己的朋友，因为它告诉我们在什么情况下会感到担忧和紧张。（2）做自己的朋友，当做出努力改变的时候奖励自己。（3）交朋友，这样可以建立自己的社会支持网络。（4）当遇到困难或处于担忧的境

① SHORTT A，BARRETT P M，FOX T L. Evaluating the FRIENDS program：a cognitive-behavioural group treatment for anxious children and their parents[J]. Journal of clinical child and adolescent psychology，2001，30（4）：525-533.

况时，告诉朋友。

下面对 FRIENDS 计划实施过程进行简要介绍。

1. 培训

在开始 FRIENDS 计划之前，教师或咨询师需要参加一天的团体工作坊。团体工作坊的内容包括：

（1）焦虑是什么？（描述，病因，流行率）

（2）早期干预预防计划的重要性。

（3）FRIENDS 计划的指导步骤。

（4）团体进程和有效的团体促进方法。

教师或咨询师经过一天的培训，为每名儿童购买一本活动指导书后，就可以开始在班级中实施 FRIENDS 计划。

2. 儿童干预

儿童干预每周实施 1 次，总共包括 10 次团体干预和 2 次后续干预。干预形式包括大团体和小团体学习，每个儿童都有一本活动指导书，儿童可以完成活动指导书里面的练习，如角色扮演、游戏、活动和测验等。

儿童干预内容包括学习各种实用技巧，帮助儿童识别自己的焦虑感受，学习控制它们；识别无用的、徒增焦虑的思维方式，用更有用的思维方式来代替；如何面对和克服遇到的问题和挑战。FRIENDS 计划活动内容见表 6-1。

表 6-1　FRIENDS 计划活动内容

活动次数	活动内容
第一次	介绍 FRIENDS 活动
第二次	介绍感受
第三次	介绍思维方式和感受之间的关系
第四次	学习处理担忧——识别情绪、放松及如何获得好的感受
第五次	学习处理担忧——形成积极的自我对话
第六次	学习处理担忧——挑战负面／无用的思维方式
第七次	学习处理担忧——形成问题解决策略
第八次	学习处理担忧——实施干预计划，并对自己取得的成绩进行自我奖励
第九次	学习处理担忧——角色扮演和练习使用 FRIENDS 技术
第十次	回顾学到了哪些知识及潜在的问题

3. 父母干预

在对儿童青少年进行干预期间，FRIENDS 计划会为父母开展家庭技巧团体干预，每个家庭至少有一名家长参与。干预共计 6h，可以采用两种形式：一种是 4 次，每次 1.5h，另一种是 10 次，每次 40min。后一种可与每周的儿童干预相匹配。

培训内容包括：

（1）父母学习认识和适当处理他们自己的焦虑。

（2）父母学习强化策略，当儿童逐步面对恐惧情境时给予夸奖和奖励。

（3）父母学习改变无用思维方式的认知策略。

（4）父母学习交流、同伴支持和问题解决技巧。

（5）鼓励父母建立支持性的人际网络。

（6）将焦虑体验常态化，通过讨论和角色扮演，对常见的威胁体验进行暴露，通过关于成功和困难情境的讨论，相互学习。

FRIENDS 计划保留了儿童焦虑认知行为治疗的核心部分（暴露、放松、认知策略、突发事件处理），同时也具有以下特点：

第一，认识到不同年龄阶段儿童的不同发展需要，为儿童和青少年分别设计了干预方案，即针对学前儿童的 FUN FRIENDS 计划、针对 7—11 岁儿童的 FRIENDS 计划，以及针对 12—16 岁青少年的 FRIENDS 计划。

第二，FRIENDS 计划增加了家庭技巧训练、组对训练和鼓励家庭建立支持性的社会网络。

第三，FRIENDS 计划强调同伴支持和同伴学习，鼓励儿童交朋友，建立社交网络，父母帮助儿童交朋友，鼓励儿童从彼此的经验中学习。

第四，FRIENDS 计划还包括对焦虑儿童的注意力训练，鼓励他们对自己取得的成就进行内部归因。

FRIENDS 计划是一个容易普及的干预方案，详细的干预手册便于操作。对于如何在资源不足的情况下开展儿童心理健康干预工作，FRIENDS 计划值得借鉴。

（二）放松训练

哈佛心理学家赫伯特·本森将放松定义为一种心理生理学上的觉醒被降低了的平静状态，提出了生理放松反应技术，即主要通过引导深度呼吸来减缓心率和呼吸频率，降低大脑的活跃程度。

对于儿童来说，渐进肌肉放松是最适合的放松训练。对儿童进行渐进肌肉放松时需要注意 5 点：

（1）成人一次放松训练需要 25～30min，儿童的注意力集中时间没有这么长，放松训练的时间应该短一些，可控制在 20min 以内。

（2）儿童对身体的辨别不是很清楚，对身体的控制也没有成人精细。如果让他们对眉毛、鼻子、嘴部、脸部分别进行放松，他们会感觉难以控制，因此对他们进行肌肉放松训练时可以将身体分为 4 部分——胳膊和手、脸部、胸腹部、腿和脚。

（3）对每一部分进行放松训练时，要先让肌肉最大限度地紧绷、保持，然后放松。每一部分重复几次，直到体验到放松感，再练习其他部分，直至全部放松。

［拓展资源］脸部肌肉放松训练指导语

（4）放松训练的指导语要缓慢、平静，可以重复运用。放松期间观察儿童的反应，直到一部分身体完全放松后才能进行下一组肌肉放松训练。

（5）肌肉放松训练要与呼吸配合起来练习。

埃德蒙·雅各布森的放松训练主要包括各种肌肉紧张和拉伸动作，其技术要点包括：

（1）把它想象成你正在努力掌握的某项技能，比如骑车，将来它会大有用处。

（2）找一个安静的地方，排除一切可能打扰到你的噪声。将房间温度调到适宜的程度，不要太热或太冷，让光线暗下来。

（3）穿舒服的衣服，不要太紧，去掉首饰和眼镜之类的饰品。可以躺下来，轻轻地舒展四肢；也可以坐在一张舒服的沙发上，最好是那种带扶手的，能将脖子、肩膀和后背舒服地靠在上面。

（4）在放松过程中遇到任何侵入的想法都不必在意，顺其自然。

（5）现在请闭上双眼，深呼吸。吸气的时候，用鼻子轻轻地、缓慢地吸入气体；呼气时，从嘴中缓缓吐出气体。重复5次之后，继续用鼻子吸气，用嘴巴吐气，但以正常节奏进行即可。在吸气时，默念着"坚持"，让气体在胸腹中憋一会儿；在吐气时，默念着"放松"，不急不慢，缓缓吐出。

（6）随着不断重复，默念词语会变得像呼吸一样越来越有节奏，放松会越来越深入，幸福感和平静感随之而来。在这种状态下保持一会儿。

（7）让身体所有紧张的部位都完全放松下来。享受此时此刻的轻松。

（三）应对临场焦虑

在成长过程中，儿童青少年难免会产生临场焦虑（或考试焦虑），容易引发临场焦虑症的情况有很多，比如演讲、答辩、考试、上台表演，甚至当众自我介绍。考试焦虑是在一定的应试情绪激发下，受个体认知评价能力、人格倾向与其他身心因素所制约的、以担忧为基本特征、以防御或逃避为行为方式，通过不同程度的情绪性反应所表现出来的一种心理状态。[1] 我国大学生的考试焦虑水平随年代增加而升高，中学生的考试焦虑发生率近年来居高不下，保持在30%左右。[2]

临场焦虑症的成因有两种——显性成因和隐性成因：

害怕失败是显性成因。为什么不能接受失败？因为我们觉得不成功便会招来羞辱和排斥。当我们把自尊和个人成就联系在一起，同时确信如果达不到他人的期望时，他人对我们的爱和尊重便会随之减少。

引发临场焦虑症的隐性成因也许是我们选择的目标并不是我们真心想要的。当产生焦虑的时候，可能是我们的身体在暗示我们走错路了，我们强迫自己走的事业之路或学业之路也许并不适合我们。

当我们出现临场焦虑症的表现时，可以通过以下方式对抗和战胜焦虑，从而带着更多自信和激情追逐生活中的目标。

1. 打破预想

当我们出现临场焦虑症时，往往会误以为自己在心情紧张时无法集中精力，影响正常水平发挥。如果我们觉得自己无法发挥正常水平时，那么我们很可能会放弃。如果结果证实了我们的预想是对的，那么我们一定会觉得自己真的不行。其实，这

① 郑日昌. 中学生心理咨询 [M]. 济南：山东教育出版社，1994：140.
② 黄琼，周仁来. 中国学生考试焦虑的发展趋势：纵向分析与横向验证 [J]. 中国临床心理学杂志，2019，27（1）：113-118.

是一种自证预言。

如果我们能在犹疑和恐惧的重重压力下不轻言放弃，那么很多时候我们会发现自己的表现比想象中要好很多，并没有想象得那么糟糕。焦虑虽然痛苦，但它无法困住我们的行动。不管有多紧张，我们还是可以生活、学习……焦虑会欺骗我们，让我们误以为在某种情况下无法发挥正常水平。但只要我们揭穿焦虑的真面目，就会发现这只是自我幻象。

面对会引发焦虑的情境，我们不能轻言放弃或者胡思乱想，一定要积极行动，通过客观事实来证明自己的预想是否正确。如果行动并不顺利，就要积极地查漏补缺，想一想还有哪些需要改善的地方。

2. 隔离焦虑

任何人都会有焦虑紧张的时刻，即使日复一日训练的运动员在竞技赛场上也难免会感到极度的焦虑。发挥良好和表现欠佳的两类运动员在关注焦点上的差异表现在：后者往往过于关注焦虑、恐惧等消极情绪，无休止地怀疑自己，担心自己的表现水平和成绩；相比之下，前者大多会直视自己的焦虑，虽然也会感受到紧张、焦虑，但他们会把全部精力聚焦在自己的任务上，即使感到焦虑，也不会被它吓倒，这就是一种有效隔离焦虑的方法。

将焦虑放在一个心里隔间内——例如放在一个"密封箱"中，然后忽略它，当下只专注完成眼前的任务。这种方法可以有效应对临场焦虑情绪。

请先设置一个你要完成的目标，这个目标可能是复习准备考试、写论文或当众演讲。然后将任务拆分成一系列的小步骤，一次只执行一个小步骤。如果在任何一个阶段，焦虑对你造成了困扰，只需制定对策解决它即可，参见表 6-2、表 6-3。

表 6-2　问题及解决办法（1）

问题	解决办法
我紧张得厉害。我觉得我没办法坐在书桌前，更不用说写下一个字了	
我感觉压力重重，这个任务太重了	
我急得焦头烂额，大脑一片混沌。我不知道该如何开始写报告	

表 6-3　问题及解决办法（2）

问题	解决办法
我紧张得厉害。我觉得我没办法坐在书桌前，更不用说写下一个字了	我虽然焦虑，但不至于没办法坐在书桌前。我当然可以拿起笔，然后试着在纸上至少写下一个字
我感觉压力重重，这个任务太重了	我可以提醒自己：没必要等到"有心情"才开始。万事开头难，一旦有一点点进展，之后很可能会带来更多动力
我急得焦头烂额，大脑一片混沌。我不知道该如何开始写报告	我可以先查看工作笔记，然后写报告大纲，接下来可以起草引言……

一旦列出影响我们发挥的具体问题，我们就会发现万事总有解决办法。等到开始着手工作时，焦虑往往会逐渐消退。

这一方法的理论基础是：如能对抗恐惧，就将战胜恐惧。只要咬紧牙关，绝不向焦虑屈服，我们就会发现无论多紧张，我们往往都能发挥出色，最终获得双份回报——完成目标并摆脱焦虑的控制。

3. 改善负面思维

第一步，在表 6-4 的"描述导致心情沮丧的事件，平复心情准备复盘"部分描述事实。

第二步，在表 6-4 的"记录负面感受"部分，写下你的负面情绪。负面情绪可能是恐惧、焦虑、恼怒、担忧、紧张、压力重重或不安等，并采用 100 分制估计每种情绪的强烈程度。

第三步，在表 6-4 的"自动思维"栏写下令你焦虑的负面思维，并评估你对它的相信程度。往往是这些负面思维令你不堪重负、六神无主，也可能使你强迫性地暴饮暴食。写下这些自动思维后，尝试找出每一条自动思维后的认知扭曲，填入表 6-4，并在"理性回应"栏填写比较现实的想法，估算你对它的相信程度，旨在用理性思维取代认知扭曲，打破焦虑虚张声势的伪装。

第四步，在表 6-4 的"评估成果"部分，勾选符合你目前心情的选项。

表 6-4   改善负面思维

第一步：描述导致心情沮丧的事件，平复心情准备复盘。
导致心情沮丧的事件：

第二步：记录负面感受。
请使用"悲伤、愤怒、内疚、绝望、无助"等词描述情绪，采用 100 分制估计每种感受的强烈程度。

情绪
评分

第三步：理性分析歪曲认知。

自动思维	认知扭曲	理性回应
例：这次考试我可能通不过。 （100%） 成果评估：	例：先知错误	例：这次考试有 4 门。我不可能"全军覆没"。从实际来看，最差的情况是我考砸了 1 门，最后得补考。我以前考试从来没有不及格过，所以这次很可能顺利通过。（90%）

续表

第四步：评估成果。

重新估算你对每一条自动思维的相信程度（0%～100%），并在方框中勾选符合你目前心情的一项：

□感觉非常好　　□感觉比较好　　□感觉略好　　□感觉一点也不好

第二节　抑郁情绪辅导

塞利格曼通过习得性无助实验提出，当个体处于无法控制的情况时会导致 3 种缺陷：动机缺陷，认知缺陷和情感缺陷。其中，情感缺陷是指个体处于一种感觉无法控制的消极情境时所出现的抑郁状态。当一个人遭受整体的无助（在生活的多方面受到负面影响）或长期无助（长时间感到无助）时，更易表现出抑郁障碍。

世界卫生组织在 2017 年发布的调查报告显示，全球抑郁障碍患病人数已超过 3 亿，占全球总人口的 4.4%，因抑郁致残的人数占所有残疾人口的 7.5%，其中，自杀是抑郁障碍最严重的后果，每年大约有 80 万人因抑郁导致自杀死亡。[1] 据世界卫生组织预测，到 2030 年，抑郁障碍有可能会发展为人类第一大致病原因。[2]

国外流行病学研究表明，青少年抑郁障碍在全球的发病率为 8%～20%[3]，抑郁障碍是 10—19 岁儿童青少年面临的主要健康问题之一。[4] 抑郁障碍患病率在儿童青少年时期随年龄增加而上升，其中，青春期前儿童重度抑郁患病率为 1%～2%，青少年重度抑郁患病率为 0.4%～8.3%。

调研结果显示，不同年龄阶段的儿童青少年罹患精神疾病的类型有所差异，儿童更可能出现行为问题，而青少年更多的是情绪类障碍。王卫等人研究发现，我国抑郁障碍的平均发病年龄为 25 岁，大多数集中发病于 15—19 岁和 25—29 岁这两个年龄阶段。[5] 苏志强等人研究发现，童年中晚期抑郁的变化轨迹呈非线性曲线，会随着时间的推移而逐步下降，但在童年晚期阶段，则呈现出逐步上升的趋势；童年中晚期抑郁常伴随着问题行为。[6]

世界卫生组织指出，青少年群体中抑郁障碍的临床症状更为严重，可导致破坏

① WORLD HEALTH ORGANIZATION. Depression and other common mental disorders：global health estimates[C]. World Health Organization，2017：8.
② LAVIGNE B，AUDEBERT-MÉRILHOU E，BUISSON G，et al. Interpersonal therapy（IPT）in child psychiatry and adolescent[J]. Encephale，2016，42：535-539.
③ NAICKER K，GALAMBOS N L，ZENG Y，et al. Social，demographic，and health outcomes in the 10 years following adolescent depression[J]. Journal of adolescent health，2013，52（5）：533-538.
④ DICK B，FERGUSON B J. Health for the World's Adolescents：a second chance in the second decade[J]. Journal of adolescent health，2015，56（1）：3-6.
⑤ 王卫. 青少年抑郁的预防：青少年应变力辅导计划简介 [J]. 心理科学，2000，23（4）：506-507，498.
⑥ 苏志强，王钢，刘传星，等. 童年中晚期抑郁的发展及其与问题行为的并发：一项两年追踪研究 [J]. 心理发展与教育，2018，34（2）：200-209.

性行为和物质滥用的发生，会对学业成绩、人际沟通和家庭关系等产生不良影响。抑郁的青少年常有非自杀性自伤（nonsuicidal self-injury，NSSI）行为——个体在不结束生命的情况下，故意、反复损伤自己的身体。国外研究表明，在患有抑郁障碍的青少年中，47% 的人报告有过非自杀性自伤行为；相比之下，在无精神障碍的青少年中，仅 4.2% 的人报告有过非自杀性自伤行为。[①]

个体的抑郁情绪问题及青少年群体的抑郁障碍形势严峻，已成为亟须关注和解决的心理问题之一。

本节将从概念与表现、判定与识别、影响因素、评估工具、干预措施 5 个方面来介绍有关儿童青少年抑郁情绪的辅导工作。

一、儿童青少年抑郁情绪的概念与表现

抑郁是一种以悲伤、失去兴趣或快乐、内疚感或自我价值感低下、睡眠障碍或食欲不振、疲劳感和注意力不集中为特征的情感障碍疾病；可长期、持久或反复发作，严重损害个人在工作、学校或日常生活中的功能，最严重时可能会导致自杀。

抑郁障碍的临床表现包括情感症状、躯体症状及认知症状等。个体的情感症状和躯体症状表现为心情郁闷，兴趣爱好或享受感丧失，自责、自罪、少语、少动，伴发焦虑症状、睡眠障碍和食欲紊乱，甚至自杀行为等；认知症状表现为注意力不集中、思维迟缓、信息加工能力减退、执行功能障碍等。

儿童青少年的抑郁症状主要表现为情绪低落，兴趣降低、信心缺乏、睡眠障碍及食欲不振等症状，并常与一些心理和行为问题伴随存在，如焦虑障碍（30%～75%）、品行障碍（30%）、注意缺陷多动障碍（24%）、物质滥用（20%～30%）等，严重影响儿童青少年的学习能力和社会功能。

二、抑郁障碍的判定与识别

《精神障碍诊断与统计手册》（第 5 版）将抑郁障碍划分为 5 种亚型：破坏性心境失调障碍、重性抑郁障碍（包含重性抑郁发作）、持续性抑郁障碍（恶劣心境）、经前期烦躁障碍、物质 / 药物所致的抑郁障碍。所有抑郁障碍的共同特点是存在悲哀、空虚或易激惹心境，并伴随躯体和认知改变，显著影响个体功能。[②] 下面重点介绍破坏性心境失调障碍和持续性抑郁障碍（恶劣心境）。

（一）破坏性心境失调障碍

破坏性心境失调障碍指的是表现出持续的易激惹和频繁发作的极端行为失控。在

---

① ZUBRICK S R, HAFEKOST J, JOHNSON S E, et al. Self-harm: prevalence estimates from the second Australian Child and Adolescent Survey of Mental Health and Well-being[J]. Australian and New Zealand journal of psychiatry, 2016, 50（9）: 911-921.

② 美国精神医学学会. 精神障碍诊断与统计手册：第 5 版 [M]. 张道龙，等译. 北京：北京大学出版社，2016：149-165.

儿童青少年群体中，破坏性心境失调障碍每 6 个月到 1 年的患病率在 2%～5%。然而，男性和学龄儿童的患病率高于女性和青少年。研究发现，当具有这种症状模式的儿童成长到青春期和成人期时，通常会发展成单相抑郁障碍或焦虑障碍，而非双相障碍。

破坏性心境失调障碍的核心特征是慢性的、严重而持续性的易激惹。这种严重的易激惹有两个显著的临床表现：

第一，频繁地发脾气。这些发脾气通常是对挫折的反应，可能是言语的或行为的（后者体现为对财产、自我或他人的攻击）。这些情况的发生必须是频繁的（一般每周 3 次或以上），至少持续 1 年，至少在 2 个不同的情境。例如，在家里和学校，而且必须与发展阶段不适应。

第二，表现为在重度发脾气期间，存在慢性、持续性的易激惹或发怒的心境。儿童所特有的易激惹或发怒的心境则必须存在于一天中的大部分时间（或几乎每一天），且儿童的表现能被处境中的其他人观察到。

［拓展资源］
DSM-5 关于破坏性心境失调障碍的诊断标准

（二）持续性抑郁障碍（恶劣心境）

持续性抑郁障碍（恶劣心境）是一种显著而持久的心境低落状态。持续性抑郁障碍（恶劣心境）对社会和职业功能的影响程度变化很大，其后果可能如同重性抑郁障碍的影响一样，甚至更严重。

对于成人，持续性抑郁障碍（恶劣心境）发生于至少 2 年中的大部分日子里，儿童青少年则发生于至少 1 年中。持续性抑郁障碍（恶劣心境）个体将他们的心境描述为悲伤或沮丧。其间，患者会有食欲不振或过度进食、失眠或睡眠过多、缺乏精力或疲劳、自尊心低、注意力不集中或犹豫不决、感到无望等 6 种症状中的至少 2 种。在 2 年间（儿童青少年在 1 年间），没有任何症状的间歇期不长于 2 个月。

［拓展资源］
DSM-5 关于持续性抑郁障碍（恶劣心境）的诊断标准

三、儿童青少年抑郁情绪的影响因素

目前，学界常从诸多方面综合考量抑郁的影响因素及成因机制，认为抑郁是生物—心理—社会多因素作用的结果。可从以下 6 方面探求儿童青少年抑郁的成因：

（1）抑郁障碍受遗传影响的概率约为 40%，同时它也受个体气质的影响。其中，神经质（消极情感）是重性抑郁障碍起病已确立的风险因素，高水平的神经质令个体在应对应激性事件时更可能出现抑郁发作。[1]

（2）神经可塑性假说认为，抑郁是大脑中与情绪相关的不同区域，受严重的慢性应激刺激等因素影响，是神经可塑性改变的结果，其主要与海马不可逆性神经再生受损[2]、海马神经元体积变化及形态萎缩相关[3]。

---

① 美国精神医学学会. 精神障碍诊断与统计手册：第 5 版 [M]. 张道龙，等译. 北京：北京大学出版社，2016：159.

② ELIZALDE N，GARCIA A L，TOTTERDELL S，et al. Sustained stress-induced changes in mice as a model for chronic depression[J]. Psychopharmacologia，2010，210（3）：393-406.

③ 许委娟，许毅. 抑郁症与神经可塑性 [J]. 国际精神病学杂志，2011，38（3）：184-187.

（3）元分析发现，以下因素与儿童青少年的抑郁风险增加有关：低出生体重、早产、小胎龄，母亲的受教育程度，社会经济状况，父母年龄较小（<20 岁）或较大（≥ 35 岁），父母吸烟，母亲的压力、焦虑和产前抑郁等。[1]

（4）童年负性经历、应激性生活事件是构成抑郁的强有力的风险因素。[2] 在儿童期时，父母教养是预测抑郁发生的重要变量。[3] 其中，低水平的积极教养和高水平的消极教养可以预测抑郁风险的增加。[4] 青少年抑郁水平越高，父母心理控制越严重[5]；父母心理控制和同伴接纳分别为青少年早期抑郁的风险与保护性因素。[6]

（5）青少年期不良的同伴关系，如同伴侵害、同伴拒绝更易导致抑郁。其中，同伴侵害是青少年抑郁的重要风险因素。[7] 同伴拒绝能够正向预测青少年抑郁，友谊支持负向预测抑郁，同伴拒绝在高友谊支持下对抑郁的预测作用更强。[8] 青少年的社会退缩往往使其与同伴相隔离，孤独感增加，进而加剧罹患抑郁的风险。[9] 一项为期 10 年的追踪研究发现，焦虑的青少年采取退缩方式去应对消极情绪时，会导致更高水平的抑郁。[10]

（6）儿童青少年的抑郁受诸多因素共同作用：在携带 Val/Val 基因型的男性青少年中，当父亲的积极教养行为水平较低时，青少年的抑郁水平随负性生活事件的增加而显著上升，当父亲的积极教养行为水平较高时，负性生活事件对抑郁无显著预测作用。[11]

① SU Y，D'ARCY C，MENG X. Research review：developmental origins of depression-a systematic review and meta-analysis[J]. Journal of child psychology and psychiatry，2021，62（9）：1050-1066.

② YAP M B H，JORM A F. Parental factors associated with childhood anxiety，depression，and internalizing problems：a systematic review and meta-analysis[J]. Journal of affective disorders，2015，175：424-440.

③ SCHLEIDER J L，WEISZ J R. Family process and youth internalizing problems：a triadic model of etiology and intervention[J]. Development and psychopathology，2017，29（1）：273-301.

④ 孙丽萍，田微微，边玉芳. 父母心理控制的发展趋势及青少年抑郁、焦虑的影响：一项三年追踪研究 [J]. 中国临床心理学杂志，2018，26（4）：730-735.

⑤ 黄垣成，赵清玲，李彩娜. 青少年早期抑郁和自伤的联合发展轨迹：人际因素的作用 [J]. 心理学报，2021，53（5）：515-526.

⑥ COLE D A，SINCLAIR-MCBRIDE K R，ZELKOWITZ R，et al. Peer victimization and harsh parenting predict cognitive diatheses for depression in children and adolescents[J]. Journal of clinical child and adolescent psychology，2016，45（5）：668-680.

⑦ 吴晗，魏昶，陆惠诗，等. 同伴侵害与青少年抑郁：社会退缩的中介作用与师生关系的调节作用 [J]. 心理发展与教育，2021，37（2）：249-256.

⑧ 杨逸群，陈亮，陈光辉，等. 同伴拒绝、友谊支持对青少年抑郁的影响：有中介的调节模型 [J]. 中国临床心理学杂志，2020，28（2）：348-353.

⑨ KATZ S J，CONWAY C C，HAMMEN C L，et al. Childhood social withdrawal，interpersonal impairment，and young adult depression：a mediational model[J]. Journal of abnormal child psychology，2011，39（8）：1227-1238.

⑩ JACOBSON N C，NEWMAN M G. Avoidance mediates the relationship between anxiety and depression over a decade later[J]. Journal of anxiety disorders，2014，28（5）：437-445.

⑪ 王美萍，郑晓洁，夏桂芝，等. 负性生活事件与青少年早期抑郁的关系：COMT 基因 Val158Met 多态性与父母教养行为的调节作用 [J]. 心理学报，2019，51（8）：903-913.

四、儿童青少年抑郁情绪的评估工具

儿童青少年抑郁在国内外流行病学研究中最常用的评估工具是贝克抑郁问卷（Beck depression inventory，BDI）、贝克抑郁问卷（第 2 版）（BDI-II）、儿童抑郁问卷（children's depression inventory，CDI）、流调中心用抑郁量表（center for epidemiological studies depression scale，CES-D）、流调中心用儿童抑郁量表（center for epidemiological studies depression scale for children，CES-DC）和 Reynolds 青少年抑郁量表（Reynolds adolescent depression scale，RADS），这些量表已被充分证明有较高的信效度指标，且在临床或非临床不同群体中的筛查能力均得到了验证[1]。量表的基本特征及国内信效度研究见表 6-5。

表 6-5 儿童青少年抑郁情绪筛查量表的基本特征及国内信效度研究

量表	适用年龄/岁	条目/个	计分方式	内部一致性信度	重测信度	结构效度
贝克抑郁问卷	≥ 13	21	每个条目由描述不同频度的 4 句话组成 4 级评分	0.86	0.79（间隔 2 周）	4 个因子：抑郁情绪、低自我评价、躯体障碍和社会退缩
贝克抑郁问卷（第 2 版）	≥ 13	21	4 级评分	0.89（非临床样本）0.93（抑郁障碍样本）	0.76（非临床样本间隔 8 周）0.56（抑郁障碍样本间隔 8 周）	3 个因子：一般因子、躯体症状、认知情感
儿童抑郁问卷	7—17	27	每个条目由描述不同频度的 3 句话组成，3 级评分	0.82～0.88	0.75～0.89（间隔 2 周）0.81（间隔 4 周）	5 个因子：负面情绪、人际问题、低效能感、快感缺乏和低自尊
流调中心用抑郁量表	≥ 14	20	4 级评分	0.78～0.89	——	5 个因子：无助与孤独感、绝望与无价值感、能力减退感、不良心境和生理症状
流调中心用儿童抑郁量表	6—17	20	4 级评分	——	——	——
Reynolds 青少年抑郁量表	13—18	30	4 级评分	0.88	0.79（间隔 2～4 周）	单因子模型

注：空白处表示国内暂无数据。

[1] 周慧鸣，杜亚松. 儿童青少年抑郁障碍筛查量表的比较分析 [J]. 临床精神医学杂志，2017，27（5）：355-358.

（一）贝克抑郁问卷

贝克抑郁问卷的原始问卷为贝克于 1961 年编制的抑郁自评量表，用于评估个体（≥ 13 岁）抑郁症状的严重程度。量表共 21 个条目，每个条目由 4 句描述不同程度症状的句子组成，按 0—3 进行 4 级评分，总分范围为 0—63 分。因素分析结果显示，贝克抑郁问卷有 4 个因子：抑郁情绪、低自我评价、躯体障碍和社会退缩。元分析显示，贝克抑郁问卷在儿童青少年（包括临床样本和非临床样本）中测得的内部一致性信度为 0.86。[①]

（二）儿童抑郁问卷

儿童抑郁问卷于 1977 年编制，适合 7—17 岁儿童青少年，所需阅读水平低（只需一年级阅读水平）。量表共 27 个条目，每个条目由描述不同频度的 3 句话组成，分别按 0—2 进行 3 级评分，完成量表需要 10～20min，评估时段为最近两周。量表包含 5 个因子：负面情绪、人际问题、低效能感、快感缺乏和低自尊。儿童抑郁问卷是国内外最常用的评估儿童青少年抑郁症状的量表，被证明有较好的信效度指标。[②]

（三）流调中心用抑郁量表

流调中心用抑郁量表是于 1977 年编制的抑郁自评量表，内容包括无助感与孤独感、绝望与无价值感、能力减退感、不良心境和生理症状。量表共 20 个条目，要求被试评定在最近 1 周内症状出现的频度，按 0—3 进行 4 级评分，总分范围为 0～60 分。

（四）Reynolds 青少年抑郁量表

Reynolds 青少年抑郁量表是用于评估青少年抑郁症状严重程度的自评量表，适用年龄为 13—18 岁。量表共 30 个条目，评估被试在过去 2 周内症状出现的频度，按 1—4 进行 4 级评分，总分范围为 30～120 分。

五、儿童青少年抑郁情绪的干预措施

针对儿童青少年抑郁情绪的干预措施，主要从心理和药物两方面入手。相关研究发现，抗抑郁药物不具备长期的疗效，仅在服药期间抗抑郁药物有效，停药后无效[③]；

[①] STOCKINGS E，DEGENHARDT L，LEE Y Y，et al. Symptom screening scales for detecting major depressive disorder in children and adolescents：a systematic review and meta-analysis of reliability，validity and diagnostic utility[J]. Journal of affective disorders，2015，174：447-463.

[②] STOCKINGS E，DEGENHARDT L，LEE Y Y，et al. Symptom screening scales for detecting major depressive disorder in children and adolescents：a systematic review and meta-analysis of reliability，validity and diagnostic utility[J]. Journal of affective disorders，2015，174：447-463.

[③] HOLLON S D，DERUBEIS R J，SHELTON R C，et al. Prevention of relapse following cognitive therapy vs medications in moderate to severe depression[J]. Archives of general psychiatry，2005，62：417-422.

即抗抑郁药物是通过抑制症状产生效果的，不是以疾病本身产生的原因为治疗目标的[①]，加之考虑服药的依从性、药物的副作用和身体机能等因素，针对儿童青少年的轻度、中度抑郁障碍更多以心理治疗为主、以药物治疗为辅。

目前常用的心理治疗主要有认知行为治疗、人际关系治疗、家庭治疗等。

（一）认知行为治疗

系统性分析研究表明，针对青少年抑郁，认知行为治疗和人际关系治疗的效果优于其他心理治疗手段。[②] 对于轻度、中度的青少年抑郁，认知行为治疗已成为标准的治疗手段；但对重度的青少年抑郁障碍，认知行为治疗往往不能单独使用，需联合使用药物治疗。[③] 大量临床循证研究结果支持认知行为治疗联合药物治疗在中度、重度青少年抑郁障碍中的疗效。

认知功能损害是患有抑郁个体的典型特征，主要表现在负性认知、神经认知功能损害、社会认知损害三方面。其中，负性认知表现为个体对既往、现状和未来怀有负性的认知，对既往之事后悔、对现状失望、对未来无望。神经认知功能损害表现为思考能力下降、集中注意能力差、犹豫不决、难以做出决定等。社会认知损害表现为对负面事件过度敏感、正面事件反应迟钝。[④]

针对有抑郁倾向的个体采用认知行为治疗可降低抑郁情绪的发生率。[⑤] 国外一项元分析显示，在认知行为治疗干预中，青少年抑郁的改善与行为激活、挑战性思维存在相关性。[⑥]

根据抑郁个体在认知方面的特点及认知行为治疗的实施程序，针对儿童青少年的抑郁情绪，可将实施过程划分为六个步骤。

1. 第一步，了解自动思维，记录情绪变化

心理工作者可使用量表对个体的抑郁程度进行测评，并分析抑郁个体的主要困扰。同时介绍抑郁的相关知识，在此可重点讲解什么是自动思维，向抑郁个体剖析"事件—自动思维—情绪"三者存在的相互关系。

① RUSH A J, TRIVEDI M H, WISNIEWSKI S R, et al. Acute and longer-term outcomes in depressed outpatients requiring one or several treatment steps：A STAR*D report[J]. The American journal of psychiatry，2006，163（11）：1905-1917.

② ZHOU X, HETRICK S E, CUIJPERS P, et al. Comparative efficacy and acceptability of psychotherapies for depression in children and adolescents：a systematic review and network meta-analysis[J]. World psychiatry，2015，14（2）：207-222.

③ 季卫东，张瑞岭. 儿童青少年精神障碍诊疗指南 [M]. 北京：人民卫生出版社，2012：148-154.

④ 赵会芬，翟盈，耿小雨. 中重度晚发抑郁障碍抑郁症患者的神经认知功能损害分析 [J]. 国际精神病学杂志，2020，47（2）：279-281，296.

⑤ BECK C T. Theoretical perspecives of postpartum depression and their treatment implications[J]. MCN, the American journal of maternal child nursing，2002，27（5）：282-287.

⑥ OUD M, DE WINTER L, VERMEULEN-SMIT E, et al. Effectiveness of CBT for children and adolescents with depression：a systematic review and meta-regression analysis[J]. European psychiatry，2019，57：33-45.

什么是自动思维?

自动思维是指遇到事件后头脑中出现的想法。例如,如果一看到狗就产生恐惧,那么在狗与恐惧的情绪反应之间有一个想法——"这只狗会咬我",头脑中甚至会出现狗咬人的画面。"这只狗会咬我"就是自动思维。

在此,需注意的是:

(1)自动思维没有好坏之分,只有适应和非适应之分。

(2)适应的自动思维如看到天下雨了,出门之前带上雨伞。此时头脑中的自动思维"下雨带伞防止淋湿"有利于个体适应当下的情景。

(3)非适应的自动思维,又称歪曲思维或错误思维。非适应的自动思维往往会使个体产生消极情绪,不利于个体适应当下的情景。

如何识别自动思维?

但是,有时候想弄清楚自己在想什么是非常困难的。如何才能弄清我们的观念,尤其是自动思维呢?

(1)向自己提问。例如,假设你努力做某件事,但没有做好,感到失望、情绪低落,这时你可以问自己如下问题:

问题	可能的回答
我是如何考虑这件事的隐含意义的?	我无法完成我想完成的工作
这导致我什么样的观念?	我为之努力的大多数事情都是失败的
我从这些情境中获得了什么结论?	在我想获得的事情上,我不可能成功

(2)就他人对自己的看法及反应向自己发问。

问题	可能的回答
我怎么考虑他人对我失败的看法?	他们会认为我简直不能做任何事
这导致我什么样的观念?	我为之努力的大多数事情都是失败的
我从这些情境中获得了什么结论?	在我想获得的事情上,我不可能成功

(3)了解自己产生的结论性看法有哪些?你如何考虑这些结论性看法对自己未来的影响。

问题	可能的回答
这件事对我而言意味着什么?	如果我失败了,就意味着我能力不足
我如何看待这件事对我未来的影响?	我永远不可能做什么有意义的事

以"事情进展不顺"为例,你或许会有如下观念或想法:

(1)在这个任务上我没有成功。

(2)这件事情上的失利意味着我的能力不足。

(3)其他人会认为我在许多事情上都不具备胜任力。

(4)我不会在任何事情上获得成功。

　　在我们向自己发问之前，这些观念或想法不可能清晰地呈现在我们面前。洞悉自己的观念或想法也需要练习。一开始可能会感觉不习惯，但在一段时间以后或许会发现，你的观念或想法经常出现某些重复的主题。比如在抑郁的时候，头脑中经常出现对未来、对他人关于自己的评价，以及对自我观念的消极判断。通过对这些观念或想法的思考，我们能更好地关注自己的思维，从而洞悉自己对事件与情境的看法。

布置作业：
（1）了解抑郁情绪的科普视频，并记录。
（2）完成"识别自动思维：三栏记录表"（见表6-6）。

表6-6　识别自动思维：三栏记录表

日期	事件	想法（自动思维）	情绪和行为反应

2. 第二步，了解、识别负性自动思维

　　引导抑郁个体如何辨认扭曲的、功能不良的认知，进而了解歪曲的认知对感觉、行为，甚至环境中的事件等所产生的影响。抑郁个体需要认清、观察并监控自己的想法与假设，特别是那些负面的自动化思考，进而学会分辨想法和现实之间的差距。

什么是负性自动思维？
　　在特定情境下，自动呈现在意识中的想法，常常不经逻辑推理、不符合客观事实突然出现，稍纵即逝。负性自动思维的消极性表现在三个方面：
　　一是消极地看待现在，对当下的自己不满意、充满失望、自责、埋怨，否定自己已取得的成就、价值和能力等。
　　二是消极地看待过去，消极地解释自己的经历和经验，认为自己一直以来都是失败的。
　　三是消极地看待未来，抑郁障碍个体明显具有负性自动想法，认为将来没有希望，失去了欲望和行动力。
负性自动思维有哪些特征？
　　（1）自动的、不经逻辑推理出现于头脑中。
　　（2）内容消极，常和不良情绪相关联。

（3）随时间、地点而变化，能为意识所察觉，具有认知过程的特征，为临床表现的一部分。

（4）貌似真实，因为它是由功能失调性假设或图式派生而来的。

（5）存在于意识边缘，稍纵即逝。

（6）存在的时间不定，但力量强大，而且不能由自己的意愿选择或排除。

（7）蕴含认知歪曲，而抑郁个体都信以为真，未认识到它正是情绪痛苦的原因。

什么是认知歪曲？

贝克将有瑕疵的思考以及根据不正确或不充分的信息就妄下不正确的推论称为认知歪曲。常见的认知歪曲有：

（1）随意推论是指没有充足及相关的证据便任意下结论。

（2）选择性断章取义是指根据整个事件中的部分细节下结论，不顾整个背景的重要意义。

（3）过分概括化是指将某意外事件产生的不合理信念不恰当地应用在不相干的事件或情况中。

（4）扩大与贬低是指过度强调或轻视某种事件或情况的重要性。

（5）个人化是指一种将外在事件与自己发生关联的倾向，即使没有任何理由也要这样做。

（6）乱贴标签是指根据过去的不完美或过失来决定自己真正的身份认同。

（7）极端化思考是指思考时采用全或无的方式，或用"不是……就是……"的方式极端地分类。

布置作业：

（1）继续记录完成"识别自动思维：三栏记录表"（见表6-7）。

（2）找到其中包含有哪些认知歪曲。

表6-7　识别自动思维：三栏记录表

日期	事件	想法 （自动思维）	情绪和 行为反应	歪曲认知（是否存在， 若存在具体是什么）

3. 第三步，查找负性核心信念，增强理性思维

查看抑郁个体的作业，了解三栏记录表中抑郁个体所记录的负性自动思维（认知歪曲）有哪些，从而进一步了解其深藏的负性核心信念。

例如，某个体在受到挫折后，认为自己"一事无成""别人都看不起我"，情绪抑郁，但实际是他成功地完成了很多事，参加校级运动会并取得了三等奖、参与社团活动并成为组织者之一。但是当他处于挫折后的抑郁状态中时，就会激发所隐藏的负性核心信念，导致产生负性自动思维。

常见的负性核心信念包括：

（1）如果一个人犯错误，那么他是无能的。

（2）一个发脾气的人是不可爱的。

（3）如果没有和谐、亲密的关系，你是不可能快乐的。

（4）如果与亲密的人争吵，他们便不会再爱你。

（5）如果父母不爱你或虐待你，便说明你是不可爱的。

（6）性是肮脏的。

消极的态度与负性核心信念，导致人们产生了消极的观念和结论。

什么是核心信念？

核心信念是支持自动思维的核心部分，类似世界观、价值观等，是指导和推动生活的动力。核心信念被人们认定是绝对的真理，认为事情就应该是这个样子。

大多数人会维持比较正向的核心信念，例如"我是有价值的"。抑郁个体多有负性核心信念，例如"我是没有能力的"，在生活中就会倾向选择注意与此核心信念相关的信息；即使有积极正向的信息出现，也倾向进行消极地解释，表现出对这一信念的持续性相信和维护。

大多数负性核心信念与早年的成长经历有关。与自动思维不同的是，核心信念深藏于内心，不易被识别、感知及表达，一般只有在持续探询及咨询中，才能有所了解。

那么，如何了解自己的负性核心信念呢？

抑郁个体往往表现出沉溺于某种思维的现象。常见的情形是你将注意力集中于某个想法上，躺在床上焦虑，这并不利于识别负性核心信念。当我们沉溺于某种思维时，就会任由自己沿着某种思路想数分钟甚至数小时。沉溺于消极思维，只能使该思维变得更加根深蒂固。

当沉溺于某种思维时，你应当分散自己的注意力，或者可以尝试着问自己："我到底在想什么？这有用吗？"或者告诫自己："我知道我在想什么，如果我继续想下去，我的情绪将更加低落。"请将消极思维写下来，这样它们就很容易被击破。

当我们产生情绪化的快速反应时，就需要平静下来弄清自己的想法。当我们沉思时，就会非常清楚地知道自己在想什么。

为了摆脱抑郁，我们需要让自己的理性发挥功效。但请注意，虽然理性思考在战胜抑郁方面大有帮助，但并不是灵丹妙药。当消极思维占优势的时候，我们就需要了解并控制消极思维。

> **理性思维的特点与功用有哪些?**
>
> （1）理性思维注重证据。
>
> （2）理性思维喜欢多重选择，不喜欢只有少数几个选择，而是倾向于多视角看问题。
>
> （3）理性思维喜欢检验和验证。
>
> （4）理性思维不愿受情绪影响而草率下结论。
>
> （5）理性思维认为知识是不断积累的，我们知道得越多，事情就变得越复杂。这是加深我们对问题理解的源泉。
>
> （6）理性思维认为学习是一个尝试错误的过程，事实上，我们可能从失败中学到的也很多。
>
> （7）如果有机会，理性思维就总喜欢对某一观点或行为做优缺点的评析。
>
> （8）理性思维用长远的眼光看问题，认为只要我们一步一个脚印，总会达到目标。无论是短期收益，还是遭受挫折，最终的长远利益才是至关重要的。

布置作业：

（1）思考你的问题并写下自己的想法。在手头准备一个记事本，分别列出激发事件、主要想法（自动思维）、情绪和行为反应、信念（见表6-8）。

（2）学习理性思维，减少自我攻击。

表6-8　查找负性核心信念

日期	激发事件	主要想法（自动思维）	情绪和行为反应	信念

4. 第四步，检验观念，列出证据

当草率地下结论时，我们常常放弃寻找证据。当我们对自己、对他人、对未来、对世界抱有消极信念时，就要问自己："在下此结论时，我是否有足够的证据?"。研究发现，抑郁障碍的个体往往过分注重指向消极结论的信息，而忽略了积极信息。

需要帮助抑郁个体寻找检验支持或不支持某种错误假设（负性自动思维）的证据，反复多次，使其深藏的负性核心信念缓慢瓦解、消除。

> **列出证据**
>
> 列出支持和反对自己观念的证据。问题的关键在于你找到支持一种观念证据的同时，也要考虑支持其他观念的证据，不要让自己局限在一种想法中。

检验假设，列出证据

认识并矫正歪曲认知、错误思想的方法是检验支持和不支持某种错误假设的证据。例如，检查信念：我是个失败者。

支持的证据	反对的证据
他不喜欢我	我有许多喜欢我的朋友
上次工作报告中我做得很糟	我诚实而且正派

布置作业：

（1）想法改变日记。在日记中对于自己的负性认知进行思考，设想如果自己在面对同一件事情时，具有不同的认知想法会产生哪些不同的结果。

（2）通过支持和反对的证据，对负性认知通过事实验证。

5. 第五步，查找可替代思维，转变思考角度

在挑战你的想法时，你可以想象自己被带到一次审判中，原告（自动思维）一直在起诉你，给你贴上"无能者"或"懦弱者"等标签。现在你的任务就是扮演辩护律师，抨击这些证据。你必须认真对待这份工作。

重点是揭示抑郁个体的矛盾感，提出可替代思维，并把问题减少至可控制的程度。如果抑郁个体能发展出对歪曲认知的替代思维，就在此基础上拟定替代的行动方案，使抑郁个体不仅会感觉更好，还能通过行为积极引发变化的力量。

那么，有哪些可替代思维？

其一，理性思维。

其二，同情性思维。

在进化过程中，我们拥有了关心他人、动物或事件的能力。例如，当孩子受伤时，父母懂得只有理性思维是不够的，还需要拥抱和爱抚。大脑进化出了同情他人、为他人感到难过并试图帮助他人的能力。然而在抑郁时，我们便丧失了这种内在能力，常常无法更好地照料自己，甚至根本没有意识到我们也需要自己的关心。在咨询过程中，必须重新激发抑郁个体对自己的关心——被抑郁夺走的同情性思维。

同情性思维的特点是：

（1）同情性思维关注个人成长，帮助个人发挥潜能。

（2）同情性思维关注支持、治疗，并善于倾听自己与他人的需要。同情性思维以友好、良善的方式了解问题。

（3）同情性思维表现为易于宽恕他人，不易责备他人。

（4）同情性思维不是破坏，而是尽量帮助治疗、修复与重建。同情性思维认识到生命是痛苦的，个体都是不完美的。

（5）同情性思维不把我们自己或他人简单地视为有价值的商品。自我价值不是赚来的，也不是通过某种条件或方式得来的。如果你发现对自己过分苛责，那么想象一下对待一个你关心的人（家人或朋友），你将如何表现？想象你是如何鼓励他们再试一次或继续努力的。记下你可能说的话，想象你说话时的语调及行为举止；想象在他们哭泣或恐惧的时候，你如何宽慰他们，如何理解他们的痛苦。你应当意识到，当他人处于痛苦中时，你并没有嘲笑、贬低他们，也没有在他们抑郁的时候踩他们一脚，你对他们的这种关心、帮助，正是你应当学会向自己使用的。

方法一：查找可替代思维

如何帮助个体停止谴责、降低抑郁程度，更多关注积极信息呢？通过案例，了解可替代负性认知的思维——理性思维和同情性思维。

方法二：寻找其他可能性

在这一阶段，抑郁个体的典型反应往往是："当然，我能够找到其他可能性，但我并不相信这些可能性，这仅是自欺欺人、掩耳盗铃的借口。如果抑郁个体这样想，那么告诉他，这是抑郁典型的思考方式——自己永远知道什么是真实和正确的。在此阶段，寻找其他的可能性，避免钻牛角尖是至关重要的一步。在这一步，可以放慢速度、反复进行，既可以让抑郁个体进行自我反省，也可以同咨询师、他人相互讨论。

布置作业：

（1）写下你对某一特殊情况的负性认知，并认真审视；

（2）向负性认知提出挑战：

①查找可替代思维——理性思维和同情性思维。

②为负性认知寻找其他可能性，尽管开始时你对这些可能性缺乏信心，但寻找其他可能性是重要的一步。

6. 第六步，认知改善，提升行动力

在获得抑郁个体态度肯定的基础上，协商拟订一份活动日程表，包含需要抑郁个体完成的任务。任务由易到难，难度逐渐递增。第一个任务使抑郁个体先活动起来，并因此获得一点成功，从而在态度上变得积极乐观。

抑郁个体畏惧改变时，可以进行反驳提问，例如："尝试会使你失去什么？如果你处于被动，会不会更糟呢？""你怎么知道尝试是无意义的呢？"

"做点事"比"什么都不做"会让你产生从无到有和行动引发的切身感受和变化。例如，抑郁个体在生活中遇到问题时，应用前面的方法，对自己的认知思维进行改善，刚开始是缓慢地一步一步进行，但是，当多次反复之后速度会逐渐提升，情绪改善也越加明显。

在完成一个困难的任务时，如果觉得"太麻烦了，我无法应付"，就易使行为产生干扰。处于抑郁状态时，个体会丧失制订计划、有条不紊的做事习惯，在情绪感知上往往容易产生畏难情绪。

对抗抑郁的方式之一，就是有步骤地制订计划。在此可以学习山田本一把大目标分解成一个一个小目标，然后分阶段地实现。

山田本一是日本著名马拉松运动员，曾在 1984 年和 1987 年的国际马拉松比赛中夺得世界冠军。他在自传中写道："每次比赛之前，我都要乘车把比赛的路线仔细地看一遍，并把沿途比较醒目的标志画下来，比如第一个标志是银行、第二个标志是一棵古怪的大树……这样一直画到赛程结束。比赛开始后，我就以百米的速度奋力地向第一个目标冲去，到达第一个目标后，我又向第二个目标冲去。40多公里的赛程，被我分解成几个小目标，跑起来就轻松多了。如果一开始就把目标定在终点线的旗帜上，可想而知，当我跑到十几公里的时候就疲惫不堪了，因为我被前面那段遥远的路吓到了。"

当完成一个任务时，个体可以暂时控制厌烦情绪和畏难心理，制订一个计划，将一个大目标划分成一个个小目标，在完成第一个小目标后，给自己一个鼓励，毕竟已经前进了一步，这样可以更快产生行动，避免一味地在大脑中对不良认知进行反刍。

（二）缓解抑郁的方法

1. 积极进行运动

运动可以减少精神压力，改善个体的睡眠质量，恢复躯体功能，提高脑部5-羟色胺的浓度，改善抑郁性认知，保持心情平和的状态。

神经生物学研究表明，运动可增加大脑中灰质的体积，改善白质的微观结构，使得重度抑郁症相关的脑区产生了更高的功能连接。在分子水平上，初步研究表明，运动具有抗炎、神经塑形和抗氧化作用，运动干预可作为重性抑郁障碍患者的辅助治疗。

当个体感受到抑郁困扰时，不妨多运动增加活动量。这样不仅可以提高活力，还能引发积极的情绪体验，有效减少抑郁带来的负面影响。

2. 参与各项活动

处于抑郁状态的个体常常感到情绪低落甚至孤独，在一定程度上，这是单调乏味的刺激、缺乏活力的环境产生的一种自然反馈。在抑郁的影响下，他们可能难以在日常生活中策划和参加多彩多姿的活动，而是更多地耗费于痛苦的挣扎之中；一想到一事无成，就容易感到内疚和自责，从而形成恶性循环。相反，积极寻求丰富的活动和多元的体验，是帮助抑郁个体走出困境、重获活力的重要方式。尽管生活中的烦恼和困扰没有减少，个体仍然可以主动寻求改变，计划并主动参与那些能够让自己感到快乐和满足的活动，这有助于挣脱抑郁的束缚。

3. 调整肠道菌群

肠道菌群有"第二大脑"之称，在肠道和大脑的相互作用中发挥重要作用，它可以通过下丘脑—垂体—肾上腺轴、神经免疫系统以及各种代谢过程影响机体大脑功能。

根据动物实验数据表明，肠道菌群的紊乱与焦虑、抑郁等多种精神疾病有关。[1]研究发现，抑郁症患者的肠道菌群与正常人群存在显著差异，并能通过肠—脑轴影响机体的大脑功能。[2]针对抑郁、焦虑状态人群与健康人群的研究显示，其组间肠道菌群结构无显著差异，梭菌属可能在抑郁、焦虑的发展中发挥一定的作用。[3]

---

[1] KELLY J R, BORRE Y, O'BRIEN C, et al. Transferring the blues: depression associated gut microbiota induces neurobehavioural changes in the rat [J]. Journal of psychiatric research, 2016, 82: 109-118.

[2] LUNA R A, FOSTER J A. Gut brain axis: diet microbiota interactions and implications for modulation of anxiety and depression[J]. Current opinion in biotechnology, 2015, 32: 35-41.

[3] 莫瀚钧，郎林，柳理娜，等. 抑郁、焦虑状态人群的肠道菌群构成 [J]. 中国临床医学，2021，28（3）：433-443.

肠道菌群与抑郁密切相关。当个体具有抑郁症状时，可以通过摄入富含益生菌的食物、避免过度使用抗生素等方式调整肠道菌群，间接缓解抑郁情绪，提升心理健康水平。

第三节　积极心理特质培育

心理治疗长期以来以医学病理学为模仿对象，把心理治疗局限在对人类心理问题、心理疾病本身的诊断与治疗上，形成了心理治疗的为问题而问题的发展倾向。随着积极心理学的发展，心理治疗采取积极的价值观取向，把人类的积极心理特质和潜在力量作为出发点，致力于使人们发现并利用自己内在的、已有的资源，进而最大限度地发挥这些资源的功能以获得幸福、充实、有意义的生活，为心理治疗实践开辟新道路。教育心理领域随之掀起思想转变的浪潮，从原来过分关注学生所存在的问题转向关注学生的积极情绪体验和积极心理特质等方面，更多注重学生身上已有的自助能力和发展潜力。

积极心理特质是指个体在先天遗传和后天环境的相互作用下形成的相对稳定、积极的个性特征。当前，关于个体积极心理特质的研究主要体现在 3 方面：（1）在主观层面上，注重积极的主观体验——幸福感和满足（对过去）、快乐和幸福流（对现在），以及希望和乐观（对未来）；（2）在个人层面上，注重积极的个人特质——爱的能力、工作的能力、勇气、人际交往技巧、对美的感受力、毅力、宽容、创造性、未来意识、精神性、天赋和智慧；（3）在群体层面上，研究公民美德及社会组织——使个体具有责任感、利他主义、有教养、宽容和有职业道德。

关于积极心理特质的培育，探索的问题主要有：（1）积极心理特质的分类与测量；（2）积极心理特质训练与教育方法探索；（3）训练与教育效果的评估；（4）特殊领域心理特质训练的应用。大量研究发现，积极心理特质会影响个体的内在认知方式与情绪调节能力，使个体具有更高的心身健康水平。对于大量文献的元分析研究表明，乐观与生活满意度、幸福感和心身健康呈正相关，与抑郁和焦虑呈负相关。有研究发现，乐观与压力和抑郁的减少有关。[①] 还有研究以 1 003 名大学生为被试发现，乐观在创新自我效能感和社会创造力之间起中介作用。[②] 高水平的自我接纳与潜在的抑郁倾向呈显著负相关，与积极情绪，如希望、喜悦和兴趣呈显著正相关。采用元分析的方法，通过随机效应模型评估情绪调节策略与生活满意度之间的关系，结果发现，认知重评与生活满意度呈中等程度的正相关，而表达抑制与生活

① BRISSETTE I，SCHEIER M F，CARVER C S. The role of optimism in social network development，coping，and psychological adjustment during a life transition[J]. Journal of personality and social psychology，2002，82（1）：102−111.

② 易放，刘文令. 积极心理特质和社会创造力的相关关系研究：乐观的中介作用 [C]// 中国心理学会. 第二十届全国心理学学术会议心理学与国民心理健康摘要集. 2017：2.

满意度的相关不显著。[①]

近年来，关于积极心理特质的相关研究为促进儿童青少年的心理健康和全面发展提供了重要的理论依据和实践指导。

一、乐观

（一）乐观的概念及相关研究

乐观是一种重要的人格变量，可分为气质性乐观和解释性乐观。

谢费尔和卡弗于 1985 年提出了气质性乐观（dispositional optimism）的概念，指一种对未来总体的积极期待，总体上期望未来好事多于坏事。对气质性乐观与心理健康关系的实证研究进行量化综述，结果发现，气质性乐观与心理健康积极指标呈显著正相关（$r = 0.41$），与心理健康消极指标呈显著负相关（$r = -0.41$）；其中，与心理健康积极指标中的自尊的正相关最高，与心理健康消极指标中的抑郁的负相关最高。[②]

塞利格曼和彼得森认为，乐观是一种由学习而形成的解释风格，指个体对成败归因时表现出来的一种习惯性、稳定的倾向。悲观者认为，失败和挫折是长期、永久的，由自身原因引起，并会影响生活的其他方面；乐观者认为，失败和挫折是暂时的、特定性的情景事件，由外部因素引起，且只限于此时此地；乐观者持有积极解释风格，面对压力事件倾向于采取积极的应对策略。

研究发现，乐观者具有正性偏向，主要体现在注意、知觉、记忆、解释风格、应对策略的选择、情绪、动机及期待方面；而这种偏向的神经机制可能与前扣带回喙部、前额叶皮质激活水平密切相关。[③]

（二）评估工具

1. 生活定向测验

气质性乐观的常用测量工具是生活定向测验，谢费尔和卡弗于 1985 年编制，并于 1994 年进行了修订。

生活定向测验采取自我报告法，共 10 个条目，包括 6 个正式条目和 4 个附加条目，得分越高，代表个体越乐观。生活定向测验具有较高的信效度，是目前乐观研究中使用最多的问卷。

2. 解释风格问卷

解释风格问卷由皮特森等人编制，采取自我报告法。

---

① 吴洪翔，吴文峰，伍晓青，等. 情绪调节策略与生活满意度关系的元分析：年龄、性别和文化价值观的调节作用 [C]// 中国心理学会. 第二十四届全国心理学学术会议摘要集. 2022：2.

② 齐晓栋，张大均，邵景进，等. 气质性乐观与心理健康关系的元分析 [J]. 心理发展与教育，2012，28（4）：392-404.

③ 郝亚楠，宋勃东，王岩，等. 气质性乐观的正性偏向及其神经生理研究证据 [J]. 心理科学进展，2016，24（6）：946-957.

该问卷由 12 个场景组成，包括 6 个积极事件和 6 个消极事件，每个场景有 4 个条目，共 48 个条目。可以得到 3 个综合分数，分别是消极事件解释风格总分、积极事件解释风格总分、综合分。消极事件解释风格总分越高，表示解释风格越悲观；积极事件解释风格总分越高，表示解释风格越乐观；综合分越高，表示一个人越乐观。各分量表的内部一致性系数为 0.62～0.82，量表总内部一致性系数为 0.84。[①]

（三）乐观的培育

在贝克和艾利斯的认知模型基础上，塞利格曼于 1998 开发了归因重塑项目，帮助成人和儿童把解释风格从悲观转为乐观。[②]

在归因重塑项目的第一部分，个体需要学习监控坏事引起的情绪变化，即 ABC 分析：坏事具体是什么（A），坏事发生时自己有何想法（B），之后有何情绪变化（C）。

ABC 分析举例

A（adversities，坏事）：朋友不打电话给我。

B（belief，信念）：他不在意我们的友谊了，因为我总是惹人烦。

C（consequents，结果）：我的心情从好变到很坏（在 10 点心情量表上从 3 变到 7；1 = 非常快乐，10 = 非常抑郁）。

从这个例子中你会发现：心情变坏之前的想法与悲观解释有关，而心情变好之前的想法与乐观解释有关。悲观解释把坏事归因于内部、稳定和普遍的因素，乐观解释把坏事归因于外部、特殊和暂时的因素。

掌握了 ABC 分析后，需要练习 3 个技巧：转移、远离和辩论。如表 6-9 所示。

表 6-9　转移、远离和辩论技巧

技巧	具体做法
转移 做些其他事情转移注意力，让内心停止对坏事的悲观解释	用手拍桌子，大声喊"停"；在手腕上绑个橡皮筋，弹自己；把注意力集中到某个物件上；尽量过会儿再去想坏事；等等
远离 不断提醒自己：悲观解释仅是一种可能的解释，而不是客观的现实。转移是"关掉"悲观思维，而远离是"调小"悲观思维对情绪的影响	认识到解释只是信念而并非事实，同一情景可以从多个角度加以解释，悲观解释只是其中一个角度

① 马元广，贾文芝. 负性生活事件对生活满意度的影响：解释性乐观的调节作用 [J]. 中国健康心理学杂志，2017，25（1）：76-79.

② 卡尔. 积极心理学：有关幸福和人类优势的科学：第 2 版 [M]. 丁丹，等译. 北京：中国轻工业出版社，2013：101.

续表

技巧	具体做法
辩论 是一种内部对话，是为坏事找出同样有力甚至更有力的乐观解释。在辩论过程中，需要分别从证据、代替、影响和功用4个方面进行对话	证据：悲观解释有何证据，这些证据是否确凿。 代替：是否有比较有力的乐观解释来代替悲观解释。 影响：如果找不出一个更有力的乐观解释，那这个悲观解释的不良影响是长期的还是暂时的。 功用：如果不能决定哪个解释的证据更充分，那么想一想哪个解释对产生积极情绪和达成目标最有用

ABC 分析技巧与转移、远离和辩论技巧共称为 ABCDE 练习，其中 A 代表坏事，B 代表信念，C 代表结果，D 代表辩论，E 代表振作。如表 6-10 所示。

表 6-10　ABCDE 练习举例

ABCDE 练习	举例
A（坏事）	朋友不给我打电话
B（信念）	他不在意我们的友谊了，因为我总是惹人烦
C（结果）	我的心情从好变到很坏（在 10 点心情量表上从 3 变到 7；1= 非常快乐，10= 非常抑郁）
D（辩论）	证据——可以找出他在意这份友谊的证据，如去年我们每周见面 2～3 次； 代替——他可能在想其他事情，也可能正在应对某个麻烦； 影响——就算他不在意这份友谊，那也不是世界末日，我还有其他朋友，生活可以继续； 功用——他之所以不打电话给我，是因为他自己暂时遇到了麻烦，而不是因为我让他厌烦了
E（振作）	我现在觉得好受一些了（在 10 点心情量表上的得分为 4）

在这些归因重塑项目中，个体学习监控并分析引起情绪变化的情境，然后修正自己的悲观信念，从而使解释风格更为乐观。

二、自我接纳

（一）自我接纳的概念及相关研究

自我接纳是对主体我以及客体我的一种态度，是影响个体心理健康的重要因素之一，在心理咨询、治疗领域被广泛应用。

心理学家奥尔波特第一次提出自我接纳的概念，认为自我接纳是自我意识的一个非常重要的组成部分，不仅包含个体对自己在能力、名誉等方面的认可程度，而且包含个体对自身现状的接受。理性情绪疗法创始人艾利斯提出了无条件的自我接纳，认为自我接纳意味着个体完全和无条件地接纳自己，无论自己的行为表现是否是明智的、正确的或适当的，以及他人是否赞成、尊重或爱自己。人本主义心理学家马斯洛从自我实现的角度来定义自我接纳，认为在人类达到自我实现的最高需要时，能够实现自我接纳。

有研究选取初中二年级学生 134 人，研究中学生的学习困难、人际关系、自我接纳与心理健康的关系，结果表明，自我接纳对中学生的心理健康有重要影响，能够接纳自我的学生，心理健康水平较高；同时亲子关系对自我接纳有显著的正面影响。[1] 自我接纳受制于多方面因素，同时在不同方面产生作用，相关研究表明，自我知觉和自我接纳在初中生羞怯与同伴关系间起多重中介作用。[2] 有研究表明，自我接纳水平较高的个体不易沉湎于自我的消极方面，通过治疗干预，自我接纳可提高对自我的认同、减少沉思。[3] 自我接纳是正念和主观幸福感之间的一个中介变量，高自我接纳能力的个体，其主观幸福感也较高。[4]

（二）评估工具

1. 自我接纳问卷

自我接纳问卷（self acceptance questionnaire，SAQ）由国内学者丛中、高文凤编制，共 16 个项目，包括自我接纳和自我评价 2 个因子；得分越高，表示自我接纳程度越高。自我接纳和自我评价的内部一致性系数分别为 0.93、0.91；重测信度为 0.77。[5]

2. 无条件自我接纳问卷

无条件自我接纳问卷（unconditional self acceptance questionnaire，USAQ）由国外学者张伯伦和黑格编制，共 20 个项目，采用 7 点量表评分，1 代表"非常不符合"，7 代表"非常符合"，内部一致性系数为 0.72。[6]

（三）自我接纳的培育

每个人都想获得安全保障并免于恐惧、被人接纳、为人所爱，认为自己是有价

---

① 李晓东，聂尤彦，林崇德. 初中二年级学生学习困难、人际关系、自我接纳对心理健康的影响 [J]. 心理发展与教育，2002（2）：68-73.

② 陈英敏，陶婧，张文献，等. 初中生羞怯与同伴关系：自我知觉和自我接纳的多重中介作用 [J]. 中国临床心理学杂志，2017，25（6）：1175-1178.

③ BOYRAZ G，WAITS J B. Reciprocal associations among self focused attention，self acceptance，and empathy：a two wave panel study[J]. Personality and individual differences，2015，74：84-89.

④ XU W，OEI T P，LIU X，et al. The moderating and mediating roles of self acceptance and tolerance to others in the relationship between mindfulness and subjective well being[J]. Journal of health psychology，2016，21（7）：1446-1456.

⑤ 丛中，高文凤. 自我接纳问卷的编制与信度效度检验 [J]. 中国行为医学科学，1999（1）：20-22.

⑥ CHAMBERLAIN J M，HAAGA D A F. Unconditional self acceptance and psychological health[J]. Journal of rational-emotive and cognitive-behavior therapy，2001，19（3）：163-176.

值、有能力的，但现实生活中自我的实际情况往往不尽如人意，个体常常使自己陷入痛苦中。当理想自我与现实自我产生较大差距，而无力应对现实问题时，个体就会对于自我产生排拒，以此消除痛苦的情绪体验。

> **自我排拒的 4 种方式：**
>
> （1）无能的感觉：包括无助、绝望、挫折、沮丧、愤怒、罪恶感等。
>
> （2）打击自己的行为：为了逃避而畏缩退却，或咄咄逼人，往往会滥用转移心智的替代物（比如酒精、药物等），或是转移情绪的替代品（比如巧克力、香烟等）；还会责怪他人、乱发脾气。
>
> （3）负向信念：表现为对特定情绪的强烈渴望，进而认为这些情绪是错的。比如，当父母对孩子发脾气训斥，之后产生愧疚、罪恶感。
>
> （4）自我毁灭的举止：即面对无法处理的状况时，表现出不负责任或具有胁迫性的态度。
>
> 自我排拒往往来自个体的"内在裁判"，而这种"内在裁判"是社会化的结果。例如，父母在小时候经常把孩子的"错误"和自身价值联系在一起；一旦孩子表现出错误的行为，就指责其是一个无用的、失败的人。当孩子接受了这一自我评判的方式，则遇到问题困难时，就会采用自我排拒的方式。

当我们谈到自我接纳时，应该接纳什么？以及如何接纳自己的问题？如表 6-11 所示。

表 6-11　自我接纳的具体内容

	具体内容
接纳自身的情绪	我们之所以排拒自己的情绪，是因为我们对它们下了定论，认为它们是错的、坏的，其实它们并非如此。情绪只是情绪，无所谓好坏和对错。只是我们赋予了它们价值判断。因此，我们要接纳自己的情绪
接纳自己的不完美	我们要知道自己不是完美的人，世界上也没有完美的人，我们接纳自己的不完美，允许自己有办不到的事情，我们也会犯错，知道自己能力的有限性。就像工作中的压力，我们有时无法应对，这是正常的，自己尽力就好
接纳现实	接纳现实意味着接受事物本来的样子，不试图改变或抗拒。这并不意味着放弃努力或进步，而是理解并承认现实是复杂和多变的，并且有时我们无法完全控制或改变它。当我们不再抵抗或否认现实时，就可以更加专注于解决问题和应对挑战。我们可以选择关注积极的方面，寻找解决问题的方法和途径，而不是陷入消极情绪或无助感

接纳的基础是爱我们自己本来的面貌。每个人都会有积极或消极的情绪，没有人是完美的、没有缺点的，当下的现状就是存在各种问题的。这就是真实的自己、真实的生活。表 6-12 是自我接纳的方式及具体做法。

表 6-12 自我接纳的方式及具体做法

方式	具体做法
不评断，不贴标签	当我们面对负面情绪时，不要评断，也不贴标签，只专注在感觉上试着问问自己："你感觉到了什么？你感觉到的部位在哪里？这份感觉有多强烈？"知道自己的真实感受，了解情绪的程度，就是在自我接纳
有所行动	注意自我接纳并不是对自己没要求，听之任之，"我就是这样的""我做不好也没办法，我也不想这样"，这种无赖式的说辞属于自我狡辩 真正的自我接纳，是懂得"在不损耗能量的情况下，如何面对这个人或处理这件事"，即自我接纳是需要行动的，并且是合理有效的行动 只有在接纳的基础上，才能有不带偏见的行动

三、情绪调节

（一）情绪调节的概念及相关研究

[师生共创科普]情绪的 ABC

情绪可以对个体的行为产生影响，同时它也是调节的对象。鉴于情绪具有组织功能，可以对其他心理活动如认知、行为和情绪本身起到驱动或干扰的作用，因此，情绪本身又是一个经常需要调节的对象。

孟昭兰提出，情绪调节是对情绪内在过程和外部行为所采取的监控、调节，以适应外界情境和人际关系需要的动力过程。[①]情绪调节既是人类早期社会发展的重要方面，又是个体适应社会生活的关键机制。

当前社会发展的不确定性增加，使得儿童青少年面对大量出现、突然改变的学习与生活环境以及人际关系，在此种情况下，情绪调节能力对儿童青少年而言尤其重要。在面对逆境等情境时，若长时间压抑自己的情绪而无法合理调节，就容易引发情绪障碍，影响身心健康，甚至会引发自我伤害或反社会行为等后果。相反，积极情绪调节效能感不仅有助于个体保持低精神病理症状，还可以促进积极心理健康，可直接预测生活满意度。[②]研究发现，高心理健康水平的青少年更善于利用心

① 孟昭兰. 情绪心理学 [M]. 北京：北京大学出版社，2005：204.
② LIGHTSEY O R, MCGHEE R, ERVIN A, et al. Self-efficacy for affect regulation as a predictor of future life satisfaction and moderator of the negative affect life satisfaction relationship[J]. Journal of happiness studies, 2013, 14（1）：1-18.

理资源应对外界压力，且拥有更多的积极情绪和更少的消极情绪。[①]

2019 年，经济合作与发展组织运用大五人格模型在世界范围内测评青少年社会与情感能力的发展水平，中国苏州共有 7 268 名学生参加了此次测评，结果发现，情绪调节能力具有差异性；苏州 10 岁组学生在情绪调节能力上的自评得分高于 15 岁组；整体上男生的表现好于女生，尤其是在抗压力表现方面，男生强于女生。情绪调节能力对学业成绩、教育期望、健康、全球意识、幸福感、满意度、考试焦虑、亲近家人和亲近他人等变量因素具有显著的积极影响。[②]

近些年来，研究者对我国青少年情绪调节的发展特点进行了系统的探索，发现我国青少年情绪调节的发展以减弱调节策略的运用为主导，并形成了非享乐主义的调节模式。[③] 研究者选取北京、河南、重庆、浙江和新疆维吾尔自治区五地的 13 所中学，以初中一年级到高中三年级的 11 855 名中学生作为被试，采用《中学生情绪调节能力问卷》对他们的情绪调节能力状况和发展特点进行测查，结果发现，中学生的情绪调节能力随着年级的升高呈现上升的趋势，但到高中二年级以后趋于平稳；在高中二年级时，女生的情绪调节能力逐渐超过了男生，在高中三年级时，男生和女生的情绪调节能力没有差异。[④]

（二）评估工具

1. 情绪调节问卷

中文版情绪调节问卷为里克特 7 点计分量表，要求被试结合自身的情况对每个条目做出从"完全不同意"（1）到"完全同意"（7）的回答。问卷包括 10 个条目，其中条目 1、3、5、7、8、10 测量重新评价，条目 2、4、6、9 测量表达抑制。每个维度都至少包括了一个测量对正性情绪进行调节的条目和一个测量对负性情绪进行调节的条目。情绪调节问卷重新评价维度的重测信度和内部一致性信度分别为 0.82 和 0.85，表达抑制维度的重测信度和内部一致性信度分别为 0.79 和 0.77。[⑤]

2. 情绪调节检核表

希尔兹和奇切蒂于 1997 年编制的情绪调节检核表（emotion regulation checklist，ERC）用于测量儿童青少年的情绪调节能力。量表包括情绪调节和情绪不稳两个维度，共 24 个条目，从"从不"到"总是"分别记为 1～7 分。其中，情绪调节维度评估情境适宜的情绪表达、移情和情绪自我意识等能力，情绪不稳维度评估情绪急

① DIENER E, WIRTZ D, TOV W, et al. New well-being measures: short scales to assess flourishing and positive and negative feelings[J]. Social indicators research, 2010, 97（2）: 143-156.
② 刘志，朱锐锐，崔海丽，等. 情绪调节：中国青少年社会与情感能力测评分报告之二 [J]. 华东师范大学学报（教育科学版），2021, 39（9）: 47-61.
③ 桑标，邓欣媚. 中国青少年情绪调节的发展特点 [J]. 心理发展与教育，2015, 31（1）: 37-43.
④ 沃建中，曹凌雁. 中学生情绪调节能力的发展特点 [J]. 应用心理学，2003（2）: 11-15.
⑤ 王力，柳恒超，李中权，杜卫. 情绪调节问卷中文版的信效度研究 [J]. 中国健康心理学杂志，2007（6）: 503-505.

剧变化的倾向和消极情绪表达的频率，二者分别测量了个体情绪调节能力的不同方面。[①]

（三）情绪调节的方式

情绪的自我调节是促进心理健康的重要方式之一，情绪的自我调节方式包括控制调节、预期调节和探索性调节。[②]

1. 控制调节

控制调节是短时的心理或生理状态调节的工具行为，可以发生在一定程度的自动过程中，也就是一定程度的、自发的自我控制。例如，对延迟满足、沮丧、反社会行为、冲突和诱惑（如饮食、吸烟）等方面的自我控制。控制调节实质上是削弱或缩短情绪反应的机制，如情绪分离、转移或压抑等。

2. 预期调节

预期调节是控制预期将来所需要的工具行为，例如，避免与朋友聚会是为了抵制在聚会中酒水可能引发的诱惑。情绪的预期调节包括实际的行动，如趋近或回避的人群、地点、情境；或试图对预期控制进行再评估和记录如何获得调节技能等。

3. 探索性调节

探索性调节是通过探索性行为，发展新技能、知识或资源的行为，以增加自动调节的良好结果。当人们没有感到需要控制时，就会自由地进行探索行为，这种行为可能增强维持情绪平衡的能力。探索性调节也能用在活动上，以促进情绪的自动调节。例如，可以进行一种有趣的高风险活动，如攀岩、跳伞。表面动机可能是获得这些运动提供的紧张感。然而，人们从事这些运动可能发展新的技能或发现新的方法去处理消极情绪或增强积极情绪。

除此之外，可以回想一下自己在面对问题情境时所使用的应对策略有哪些。不同的应对策略会使个体体验到不同类型或程度的情绪。

有研究者将应对策略划分成问题聚焦型、情绪聚焦型和回避型。[③] 情绪聚焦型应对策略适用于调节不可控压力源（例如，丧亲）引起的消极情绪。可控压力源（比如，大学考试或工作面试）引起的消极情绪，最好使用问题聚焦型应对策略来调节，因为这类应对策略直接针对压力源施加影响。如果来不及调动个人资源进行积极应对，那就适合使用回避型策略。注意这 3 类应对策略都可分为有效的和无效的，如表 6-13 所示。

---

① DUNSMORE J C，BOOKER J A，OLLENDICK T H. Parental emotion coaching and child emotion regulation as protective factors for children with oppositional defiant disorder[J]. Social development，2013，22（3）：444-466.

② 孟昭兰. 情绪心理学 [M]. 北京：北京大学出版社，2005：216.

③ 卡尔. 积极心理学：有关幸福和人类优势的科学：第 2 版 [M]. 丁丹，等译. 北京：中国轻工业出版社，2013：277.

表 6-13　有效和无效的问题聚焦型、情绪聚焦型、回避型应对策略

策略类型	目标	有效	无效
问题聚焦型	解决问题	（1）为解决问题承担责任 （2）查找准确信息 （3）寻求可靠的建议和帮助 （4）制订切合实际的行动计划 （5）贯彻落实行动计划 （6）推迟干扰性活动 （7）对自己解决问题的能力保持乐观	（1）不为问题解决承担责任 （2）查找不准确的信息 （3）寻求不可靠的建议和帮助 （4）制订不切实际的行动计划 （5）不贯彻落实行动计划 （6）拖延 （7）对自己解决问题的能力保持悲观
情绪聚焦型	调节情绪	（1）建立并维持能够提供支持、表示共情的友谊 （2）寻求有意义的精神支持 （3）宣泄和情绪加工 （4）重构和认知重组 （5）幽默地看待压力 （6）放松练习 （7）身体锻炼	（1）建立并维持不利于个人成长的关系 （2）寻求无意义的精神支持 （3）一厢情愿地幻想 （4）一直否认 （5）过分认真地看待压力 （6）酗酒 （7）攻击行为
回避型	避开压力源	（1）暂时在心理上脱离压力情境 （2）暂时做其他事情转移注意力 （3）暂时与朋友玩耍以抛却烦恼	（1）一直在心理上脱离压力情境 （2）一直做其他事情转移注意力 （3）一直与朋友玩耍以抛却烦恼

　　此外，具体阐释一些应对策略在生活中的应用，例如，宣泄、冥想、运动、重构、转移注意力、准确的移情和认知预演等，这些应对策略可以调节因暴露在压力源之下而产生的消极情绪。如表 6-14 所示。

表 6-14　情绪调节的应对策略及具体做法

应对策略	具体做法
宣泄	◇ 宣泄是在充满信任的人际关系里复述创伤经历，进而从创伤中解脱出来的过程。 ◇ 一般的做法是讲述创伤经历，讲述要生动，以重新体验创伤经历
冥想	◇ 此技术需要每天抽出一段时间不受打扰地静坐，然后接受多种多样的想法（积极的或消极的）进入意识，同时把注意力集中在此时此刻或者某个事物（比如呼吸）上，观察但不参与那些想法进入或离开意识。 ◇ 在正念式冥想中，需要充当旁观者，静观想法在意识中经过。在这一过程中要意识到，我们的想法不等于我们自身，但是我们可以自由观察我们的想法。同时还要意识到，我们的想法不等于现实，所以我们不必把它们当作真实的

续表

应对策略	具体做法
运动	◇ 短期来看，运动会引起内啡肽分泌。内啡肽是大脑内部产生的一种类似吗啡的化学物质，其释放会引起愉悦感。 ◇ 长期来看，坚持运动会减轻抑郁和焦虑，提高工作效率，改善自我概念，促进健康，改善心血管机能
重构	◇ 重构是指在心理上跳出老框架，进入新框架看待生活中的问题，以减轻这些问题对情绪的消极影响，或者让这些问题的解决方案更容易被找到。引起困扰的不是生活事件本身，而是我们如何建构、评价或诠释生活事件。 ◇ 一种重要的重构是"寻找好处（benefit-finding）"，用这种方式应对逆境，就是换个角度看待逆境，看看逆境能给人带来什么好处。通常这种重构要在不幸事件过了一段时间（几个月或几年）之后才发生
转移注意力	◇ 对于正在经受痛苦的个体而言，如果不能有效应对当下情境，可能会有意识地运用回避型策略，比如转移注意力，使情绪通过此种方式得到一定程度的缓解
准确的移情	◇ 移情就是摸透他人确切想法和动机的能力，让别人不得不说："没错，我正是这样想的。"在一定情况下，使你愤怒的不是别人的行为，而是你的想法。移情的神奇之处在于一旦你领会了别人的意图，它就会自动反驳惹你生气的想法
认知预演	◇ 列出最容易让你恼火的一些事情，然后按从低到高的顺序排列出愤怒程度等级。+1 表示愤怒程度最低，+10 表示愤怒程度最高，这些恼火的事情都应该是你很想有效解决的情况，因为它们会让你产生有害的不良愤怒情绪。 ◇ 从等级列表中的第一项（即愤怒程度最低的一项）开始，尽可能生动地想象自己身临其境。然后描述脑海中"愤怒的想法"并将它们写下来。 ◇ 重新进入相同的心理场景，但是用理智一点的"冷静的想法"取代愤怒的想法。想象你心平气和、心情放松，可以运用移情、重构等技巧有效地解决问题。 ◇ 每天晚上都要把这个场景在脑海中过一遍，直到掌握了处理方法，可以冷静有效地处理为止。这种认知预演可以理顺你的思维，这样当再次面对一些恼火的事情时就可以轻松顺利地搞定了

思考题

1．请使用儿童抑郁问卷或贝克抑郁问卷针对儿童青少年进行测查，了解当下儿童青少年的抑郁水平，并对测查结果进行分析讨论。

2．面对学生在考试时表现出过高的临场焦虑情绪，教师应该如何帮助其降低焦虑水平？

3．你认为个体还应具备哪些积极心理特质？请选择其中一种积极心理特质，通过课外阅读、查找文献等方式完成一篇文献综述。

推荐阅读

1．伯恩斯．伯恩斯新情绪疗法 [M]．李亚萍，译．北京：中国城市出版社，2011．

2．卡尔．积极心理学：有关幸福和人类优势的科学：第 2 版 [M]．丁丹，等译．北京：中国轻工业出版社，2013．

第七章 校园人际适应的心理干预与辅导

学校适应是指学生在学校情境中愉快地参与学校活动，在学习、人际交往和情绪适应方面表现成功的状况。[①] 人际适应作为中小学生学校适应的重要内容之一，指的是与他人建立并保持温暖、友爱的关系，相互给予善意和支持的程度。[②] 青少年不良人际适应常伴随诸多心理和行为问题，其中，校园欺凌与行为成瘾一直是全社会关切的热点。

20世纪70年代，校园欺凌引起了学者关注。十余年后，校园欺凌现象逐渐进入大众视野。现在，它正日益引发人们对校园安全和学生心理健康问题的重重担忧。纵观国际，美国国家报告数据表明，全美12—18岁学生中约有两成学生遭遇过欺凌；日本文部科学省数据显示，2015年，日本中小学校发生了近19万起校园欺凌事件；法国约有70万中小学生遭受过不同程度的校园欺凌；等等。有研究分析了我国2006—2016年校园欺凌事件的新闻报道，挑选出82条描述性校园欺凌报道，其中2014—2016年累计49条，占10年新闻报道总数的59.7%。[③]2018年，一项涉及国内10万余名中小学生（含中职）的调查显示，我国校园欺凌现状堪忧，被欺凌状况更严重。[④]

欺凌对欺凌双方而言都是一个严重的生活事件，给双方造成的身心伤害都是严重且深远的，对受害者尤甚，他们更容易出现抑郁、焦虑等情绪问题。[⑤]PISA2018调查显示，校园欺凌正在严重影响全球青少年的生活幸福感。在我国，经常受欺凌的学生中，生活不满意者的比例从2015年的28%升至2018年的43.8%，这些学生体验到的不良情绪多是悲伤（91.9%）和害怕（73.4%）。

《青少年蓝皮书：中国未成年人互联网运用报告（2024）》指出，随着互联网技术的快速发展和未成年人对手机的更早接触，网络交往成为未成年人群体自我呈现、表达与需要满足的新形态。尽管网络交往助推了未成年人情感交流与身份认同，但也带来了诸多问题，例如，过度依赖网络导致网络成瘾、独立思考能力下降、身体健康受损等。

① 侯静. 学校适应的界定和测量的综述 [J]. 首都师范大学学报（社会科学版），2012（5）：99-104.
② 邹泓，余益兵，周晖，等. 中学生社会适应状况评估的理论模型建构与验证 [J]. 北京师范大学学报（社会科学版），2012（1）：65-72.
③ 杨书胜，耿淑娟，刘冰. 我国校园欺凌现象2006—2016年发展状况 [J]. 中国学校卫生，2017，38（3）：458-460.
④ 滕洪昌，姚建龙. 中小学校园欺凌的影响因素研究：基于对全国10万余名中小学生的调查 [J]. 教育科学研究，2018（3）：5-11，23.
⑤ 李海垒，张文新，于凤杰. 青少年受欺负与抑郁的关系 [J]. 心理发展与教育，2012，28（1）：77-82.

纵观校园欺凌与学生行为成瘾的全球治理经验，越来越强调生态－系统干预与循证实践的作用和价值，这也是本章介绍相关学校心理辅导内容的重心所在。

第一节　校园欺凌的心理干预

有研究使用潜在类别分析发现，我国受欺凌的青少年中有 3 种典型的受害模式：全类型欺凌受害者、传统类型欺凌受害者与欺凌受害轻卷入者。[①] 这 3 种欺凌受害者的抑郁和焦虑水平存在明显的组间差异，即遭受欺凌的种类越多、频率越高，欺凌受害者的抑郁和焦虑水平明显越高。抑郁和焦虑水平自高向低排序依次为全类型欺凌受害组、传统类型欺凌受害组、欺凌受害轻卷入组。需要注意的是，即便欺凌受害轻卷入者，其抑郁和焦虑水平也显著高于未受害组，说明学生只要有受欺凌经历，哪怕频率不高，看上去也不严重，就会对其心理健康产生较严重的消极影响。

[拓展资源] 潜在类别分析

除了消极的情绪情感体验，受欺凌遭遇也能显著负向预测受欺凌者的学业成绩。PISA2018 调查发现，受欺凌者的阅读成绩对其身体欺凌最为敏感，关系欺凌与言语欺凌次之。就经济合作与发展组织国家受欺凌者的平均水平而言，6 种欺凌行为中的任意一种只要达到每月数次的频率，就能使受欺凌者的阅读成绩平均减少 21 分。

在分析校园欺凌的发生率与危害性后不难理解，为什么各国对校园欺凌均采取了"零容忍"政策。随着我国《未成年人学校保护规定》的颁布，防治校园欺凌已然成了学校心理工作者的重要职责。

一、校园欺凌的概念与判定

欺凌也称霸凌，译自 bullying。学界对欺凌的权威定义主要有两大来源：第一是英国伦敦大学教授皮特·史密斯界定的欺凌，即有意造成他人伤害的行为，并将"主观意图恶劣"和"造成他人伤害"作为欺凌的判定要素。校园欺凌是指发生在学生间的以大欺小、恃强凌弱的行为。第二是学界应用最广的定义，由挪威研究者丹·奥维斯于 1993 年提出。他认为欺凌是发生在个体和群体间有意的、重复的、造成身体和心理伤害的攻击行为，将主观意图恶劣、强弱对比悬殊、持续性与反复性作为欺凌判定的三个要素。

定义的价值在于其应用性与可操作性。目前学界关于校园欺凌的界定存在概念宽泛、缺乏可操作性的问题，不符合应用领域对校园欺凌研究的实践价值诉求。[②]众多国家纷纷出台的相关政策法规，都试图通过明晰校园欺凌是什么、有哪些表现以及如何判定等基本问题来制定更切实有效的惩治措施，以确保学校环境的安全和

① 谢家树，魏宇民，ZHU Zhuorong. 当代中国青少年校园欺凌受害模式探索：基于潜在剖面分析 [J]. 心理发展与教育，2019，35（1）：95-102.
② 余雅风，王祈然. 科学界定校园欺凌行为：对校园欺凌定义的再反思 [J]. 教育科学研究，2020（2）：78-84.

谐。我国在《关于开展校园欺凌专项治理的通知》中，将发生在中小学校的校园欺凌描述为"学生之间蓄意或恶意通过肢体、语言及网络等手段，实施欺负、侮辱造成伤害"。之后出台的《关于防治中小学生欺凌和暴力的指导意见》与《未成年人学校保护规定》中，使用的表述均是"学生欺凌"。

总揽关于校园欺凌的各种理解，涉及最多的 3 个相关表述是校园欺凌、校园暴力、学生欺凌。校园欺凌与校园暴力同属于攻击行为的下位概念，两者是有交叉的并列关系（参见表 7-1）。[①] 而学生欺凌是校园欺凌的下位概念，是狭义的校园欺凌，是将欺凌者与受欺凌者局限于学生群体。

表 7-1　校园欺凌与校园暴力的辨析

辨析维度	校园欺凌	校园暴力
攻击强度	相对较轻	较为严重
发生频次	频繁	偶发
双方状态	复杂的互动状态	单向施暴
施害者特征	人格缺陷	暴力 / 易怒倾向
施害方式	软暴力	硬暴力
表现形式	复杂多样，具有隐蔽性	单一直观，具有外显性
性质	大多被归于教育 / 违规 / 道德问题	大多涉及违法
影响	持续性心理伤害，具有滞后性和隐蔽性	生理性伤害为主

鉴于校园欺凌所具有的鲜明的实践取向，下面重点分析我国《未成年人学校保护规定》中与此相关的表述。《未成年人学校保护规定》明确了发生在学校情境中的学生欺凌判断标准和具体行为表现，还清晰地描述了教师对学生的性欺凌行为。

（一）我国判定学生欺凌的标准

《未成年人学校保护规定》第 3 章第 21 条规定："学生之间，在年龄、身体或者人数等方面占优势的一方蓄意或者恶意对另一方实施前款行为，或者以其他方式欺压、侮辱另一方，造成人身伤害、财产损失或者精神损害的，可以认定为构成欺凌。"该定义将校园欺凌划分为生理的、心理的、网络的 3 个维度。本书对校园欺凌的定义与此文件中的定义相同。

从以上表述可见，学生欺凌的判断标准为：第一，涉事双方力量不平衡，主要表现在年龄、身体或者人数等方面的悬殊。第二，这是一种有意识的行为，或者是一种主观意图恶劣的行为。第三，给他人造成伤害，包括人身伤害、财产损失或者精神损害。

值得注意的是，《未成年人学校保护规定》在欺凌行为动机上，强调"蓄意或者恶意"，并未只将"主观意图恶劣"作为判断学生欺凌的绝对标准，这一点延续

---

① 俞凌云，马早明．"校园欺凌"：内涵辨识、应用限度与重新界定 [J]．教育发展研究，2018，38（12）：26-33．

了《关于开展校园欺凌专项治理的通知》与《加强中小学生欺凌综合治理方案》的立场。有学者认为，"主观意图恶劣"是判断成人欺凌的重要标准，但不适用于未成年人，由于个体对校园欺凌事件的感知具有极强的主观性，事实上在很多时候有相当多的学生并没有意识到自己在欺凌他人或者在被欺凌。[1][2]

《未成年人学校保护规定》也未将欺凌行为的重复性和持续性作为判断要素。毕竟，在实践操作层面，对于依据怎样的频率和强度才会被判定为欺凌很难有一个令人信服的标准。对此各国均没有明确、统一的官方说法。

（二）我国学生欺凌的表现

欺凌表现具有明显的文化特异性，各国在校园欺凌的相关法律法规中对此的表述也不一致。《未成年人学校保护规定》第 3 章第 21 条提出，教职工发现学生实施下列行为时，应当及时制止：（1）殴打、脚踢、掌掴、抓咬、推撞、拉扯等侵犯他人身体或者恐吓威胁他人；（2）以辱骂、讥讽、嘲弄、挖苦、起侮辱性绰号等方式侵犯他人人格尊严；（3）抢夺、强拿硬要或者故意毁坏他人财物；（4）恶意排斥、孤立他人，影响他人参加学校活动或者社会交往；（5）通过网络或者其他信息传播方式捏造事实诽谤他人、散布谣言或者错误信息诋毁他人、恶意传播他人隐私。

［师生共创科普］学生欺凌种类与学校干预策略

在以上表述中，学生欺凌包括身体欺凌、言语欺凌、恶意损毁财物、关系欺凌与网络欺凌 5 种。从校园欺凌概念的 3 个维度的外延（即生理的、心理的和网络的）来看，恶意损毁财物与言语欺凌、关系欺凌同属于心理层面的校园欺凌。[3]一些研究也将恶意损毁财物归为身体欺凌。

诸多有关校园欺凌的研究中，国际学生评估项目（PISA）主要考察三类校园欺凌：关系欺凌、言语欺凌、身体欺凌。具体有 6 个条目："其他学生故意排挤我""其他学生嘲笑我""我被其他学生欺凌""其他学生抢走或弄坏了我的东西""我被其他学生殴打或推搡""其他学生散布了有关我的恶毒谣言"。该项目调查了每种欺凌行为的发生频率，即"从来没有或几乎没有""一年几次""每月数次""一周一次或更多"，欺凌发生率以"每月数次"与"一周一次或更多"来统计，反映某国（地区）在过去一年内遭遇每月数次以上的校园欺凌行为（6 种欺凌行为中的任意一种）的中学生人数占该国（地区）抽样群体中的比例。

自 2015 年始，PISA 对校园欺凌每三年开展一轮调查。PISA2018 调查了我国北京、上海、江苏与广东等四省市 361 所学校的 12 058 名中学生，结果发现：调查地区的校园欺凌发生率为 17.7%，调查地区发生率最高的欺凌行为是嘲笑和抢毁所有物，分别占 9.5% 与 10.2%；3 类校园欺凌的发生率由高到低依次是言语欺凌、身体

① HUITSING G，DUIJN M，SNIJDERS T，et al. Univariate and multivariate models of positive and negative networks：liking，disliking，and bully-victim relationships[J]. Social networks，2012，34（4）：645-657.

② PULVERMAN C S，KILIMNIK C D，MESTON C M. The impact of childhood sexual abuse on women's sexual health：a comprehensive review[J]. Sexual medicine reviews，2018，6（2）：188-200.

③ 俞凌云，马早明. "校园欺凌"：内涵辨识、应用限度与重新界定 [J]. 教育发展研究，2018，38（12）：26-33.

欺凌、关系欺凌；学生欺凌行为存在性别差异，受欺凌的男生最常遭遇的欺凌行为是嘲笑和抢毁所有物，受欺凌的女生最常遭遇的欺凌行为是抢毁所有物和嘲笑。

2020年，一项针对我国中小学校园欺凌的大样本调查显示，言语欺凌的发生率最高，在小学、初中和高中阶段分别占比为35.4%、40.7%与30.5%，其次是关系欺凌与身体欺凌，网络欺凌的发生率则相对较低。小学生遭遇的校园欺凌以言语欺凌和身体欺凌为主，中学生则以言语欺凌和关系欺凌为主。[①] 可见，随着年龄增长，欺凌者倾向于选择更隐蔽、更间接的关系欺凌来代替身体欺凌。

在我国中学校园欺凌中，身体欺凌、言语欺凌、关系欺凌、网络欺凌具有3个明显特征：（1）网络欺凌的发生常伴随传统欺凌（言语欺凌、身体欺凌与关系欺凌）而发生，共发率为87.0%，而发生传统欺凌时伴随网络欺凌的共发率则为9.8%。（2）言语欺凌的共发率最高，遭遇身体欺凌、关系欺凌与网络欺凌的个体通常也是言语欺凌受害者。（3）传统欺凌类型间的共发性均较高。

（三）我国有关教职工性侵害与性骚扰学生的规定

校园欺凌依据行为主体的不同，可划分为学生对学生的欺凌、教师对学生的欺凌以及学生对教师的欺凌。《未成年人学校保护规定》中仅涉及前两种校园欺凌。其中，第24条明确了教师对学生的性侵害与性骚扰行为："学校应当采取必要措施预防并制止教职工以及其他进入校园的人员实施以下行为：（一）与学生发生恋爱关系、性关系；（二）抚摸、故意触碰学生身体特定部位等猥亵行为；（三）对学生作出调戏、挑逗或者具有性暗示的言行；（四）向学生展示传播包含色情、淫秽内容的信息、书刊、影片、音像、图片或者其他淫秽物品；（五）持有包含淫秽、色情内容的视听、图文资料；（六）其他构成性骚扰、性侵害的违法犯罪行为。"

二、校园欺凌的测量

选择校园欺凌的测量工具时，不仅要考虑测量目的，清楚测量工具的理论来源和概念界定，还要明确测量对象，毕竟校园欺凌是一个人际互动过程，卷入其中的个体可以被划分为欺凌者、受欺凌者、欺凌支持者、欺凌强化者、受欺凌者的防御者和局外人等多种角色。

1. 特拉华欺凌受害量表（学生卷）中文版 [②]

特拉华欺凌受害量表（学生卷）广泛应用于国际和国内的相关研究。2018年，谢家树等人对特拉华欺凌受害量表（学生卷）2016版进行了中文版修订，将欺凌受害界定为一种长时间或反复受到一个或几个同伴欺凌或伤害的现象。研究选取了湖南省7地20所中学的初一至高三年级3 761名学生进行信效度检验。中文版共17个条目，包括言语欺凌（4个条目）、身体欺凌（4个条目）、社会/关系欺凌（4个

---

① 张宝书. 中小学校园欺凌行为的四种类型及其相关因素 [J]. 教育学报，2020，16（3）：70-79.

② 谢家树，魏宇民. George Bear 特拉华欺凌受害量表（学生卷）中文版再修订及初步应用 [J]. 中国临床心理学杂志，2018，26（2）：259-263.

条目）和网络欺凌（4 个条目），以及 1 条不计入维度分的条目——"我在这所学校被欺凌了"，该条目旨在检验个体能否觉察或承认自己遭受了欺凌，同时也给校方提供了一个最直截了当的反馈。量表采用里克特 6 点计分，1 表示"从来没有"，2 表示"偶尔"，3 表示"一个月一两次"，4 表示"一个星期一次"，5 表示"一个星期多次"，6 表示"每天都有"，得分越高，说明受欺凌者遭受的欺凌越严重。研究表明，特拉华欺凌受害量表（学生卷）中文版信效度理想，适用于中国青少年的年级、性别间跨组比较。

当前，我国校园欺凌研究迅猛发展，但限于测量工具的文化差异以及对"欺凌"一词的理解不同，使得校园欺凌研究结果的跨文化比较，甚至是本土化工具之间比较也越来越困难，局限了相关干预的应用与推广。因此，有必要开发本土化的校园欺凌量表，更好地促进我国校园欺凌研究的整合和成果转化。下面这个问卷就是一个有益的尝试。

2. 中国校园霸凌行为问卷[①]

该问卷将校园霸凌[②]界定为中小学校学生个体或群体受到力量较强一方蓄意或恶意、持续多次的身心攻击行为，涵盖了当下我国校园霸凌行为的多种形态，从现实与网络层面分别测量言语霸凌、关系霸凌和性霸凌，并纳入了恶整霸凌——一种缺乏人性、残害身体的攻击行为（具体行为表述见表 7-2）。研究选取贵州省 6 所学校，覆盖小学四年级至高中三年级共 3 923 名学生，问卷包含 7 个因子 40 个条目，采用里克特 5 点计分，1 代表"从未发生过"，5 代表"频繁发生"。

表 7-2 中国校园霸凌行为问卷因子

因子（条目数量）	霸凌行为
言语霸凌（8）	嘲笑谩骂、诨名戏谑、流言蜚语、揭短痛斥、造谣污蔑
恶整霸凌（8）	踢打推殴、器械伤害、物品羞辱、恶搞整蛊、抓扯
性霸凌（3）	下流动作、胁迫非礼、语言挑逗
关系霸凌（6）	社群排挤、仗势隔离、挑拨离间
网络言语霸凌（5）	恐吓威胁、匿名栽赃、盗名蛊惑、"水军"谩骂、造谣污蔑
网络关系霸凌（4）	社群排挤、散播隐私、挑拨离间
网络性霸凌（6）	散播隐私、推送淫秽、偷拍威胁

三、校园欺凌的影响因素

1. 性别

性别是国内外校园欺凌易感人群的最明显特征，即男生比女生更容易遭受校园欺凌，在经常受欺凌的学生中占据更大比例。欺凌发生率的这种性别差异现象在国

---

① 赵福菓，何壮，袁淑莉，等. 校园霸凌行为问卷的编制 [J]. 心理学探新，2021，41（1）：64-68，90.
② 此工具将校园欺凌称为校园霸凌，二者同义。

内外的绝大多数研究中都较为一致。在 PISA2015 与 PISA2018 项目测试结果中，我国中学生男女欺凌发生率分别是 11.6% 与 9.4%。

2. 家庭社会经济文化地位

家庭社会经济文化地位是影响校园欺凌易感性的另一个重要指标，PISA 以家庭社会经济文化地位指数（ESCS）反映。该指数综合了被试父母的最高职业地位、父母最高受教育程度以及学生家庭资产。研究发现，低家庭社会经济文化地位的学生受欺凌率比高家庭社会经济文化地位者高 4.1%。

父母对孩子的关怀与支持有助于提升孩子在校的学习与交往能力，进而助益其有效摆脱校园欺凌。研究显示：父母是否为促进型教养模式，能有效识别孩子是否遭受了校园欺凌[1]，促进型教养模式的父母更关注儿童的社会技能和人际关系的发展；在温暖、支持与良好家庭氛围中成长的儿童更少被欺凌[2]。国内研究也发现，当父母更多地参与小学子女的生活和学习时，孩子（尤其是女生）在学校更少受欺凌；单亲家庭的、流动的与留守的小学生（尤其是男生）更容易遭受校园欺凌。[3]

3. 学业成就

学业成就会影响学生是否遭受欺凌。PISA2018 按阅读成绩将学生分为高分组与低分组，结果发现，经济合作与发展组织国家低分组与对照组的欺凌发生率分别为30.9% 与 18.0%。

国内外大部分研究发现，低学业成就增加了学生遭受欺凌的概率。一项对 8 个亚太地区国家的调查发现，学业成就低的学生比学业成就高的学生遭受欺凌的频率更高。[4] 国内研究也发现：学业成就能显著预测小学生遭遇 3 类校园欺凌（身体欺凌、言语欺凌与关系欺凌）的概率，提高小学女生的学业成就能显著降低其遭受身体欺凌与言语欺凌的概率，提高小学男生的学业成就能显著降低其遭受关系欺凌的概率[5]。

4. 校际差异

校际差异是影响学生欺凌的重要因素。PISA2015 与 PISA2018 的测试结果均发现，学校社会经济文化地位比家庭社会经济文化地位对学生受欺凌情况的影响更大，前者代表了每所学校学生的平均 ESCS。结果显示，我国学校社会经济文化地位高、低两组的学生，欺凌发生率之差为 5.8%。除了学校社会经济文化地位，学校所处位置也是一个重要的校际变量。结果显示，无论中外，农村学校学生的受欺凌现象明显比城市学校学生更严重。

---

① HEALY K L，SANDERS M R，IYER A. Parenting practices，children's peer relationships and being bullied at school[J]. Journal of child and family studies，2015，24（1）：127-140.

② LEREYA S T，SAMARA M，WOLKE D. Parenting behavior and the risk of becoming a victim and a bully/victim：a meta-analysis study[J]. Child abuse & neglect，2013，37（12）：1091-1108.

③ 李佳哲，胡咏梅. 如何精准防治校园欺凌：不同性别小学生校园欺凌的影响机制研究 [J]. 教育学报，2020，16（3）：55-69.

④ HUI H，HONG J S，ESPELAGE D L. Understanding factors associated with bullying and peer victimization in Chinese schools within ecological contexts[J]. Journal of child and family studies，2013，22（7）：881-892.

⑤ 李佳哲，胡咏梅. 如何精准防治校园欺凌：不同性别小学生校园欺凌的影响机制研究 [J]. 教育学报，2020，16（3）：55-69.

5. 人际关系

同伴关系和师生关系能显著预测小学生遭受身体欺凌、言语欺凌与关系欺凌的概率。改善同伴关系能明显降低小学男生受欺凌的概率，改善师生关系能明显降低小学女生受欺凌的概率。[1]

6. 旁观者效应

欺凌的社会生态模型认为，同伴群体规范对欺凌事件的发生和持续具有直接影响。欺凌事件中的同伴/旁观者，通过言语或非言语方式强化了欺凌者的行为，是导致欺凌事件出现、巩固和持续的重要因素。[2] 教师作为校园欺凌情境中的重要旁观者，其积极介入的行动会直接有效地遏制欺凌行为。[3]

［师生共创
科普］
旁观者效应

四、校园欺凌的心理干预措施

各国政府主要从两方面着手防治校园欺凌，即制定并完善相关政策法规，开展并实施防治校园欺凌项目。

校园欺凌不仅是一个教育问题，更是一个社会问题——它的发生有社会原因，它的影响会造成社会后果，它的治理有赖于全社会参与。我国汇聚了强大的校园欺凌综合治理力量。2016 年，教育部等九部门联合发布《关于防治中小学生欺凌和暴力的指导意见》，2017 年，又印发《加强中小学生欺凌综合治理方案》，致力于打造一个由政府部门与社会团体齐抓共管的校园欺凌综合治理体系。随着 2021 年 9 月 1 日《未成年人学校保护规定》的实施，我国校园欺凌治理进入法治化时代。

在众多防治校园欺凌项目中，有过积极成效记录的项目分为两类：一类项目主张在单一层面防治校园欺凌，另一类项目主张全校全员共治。有效的校园欺凌干预应兼具严惩取向与调解取向，前者主张对校园欺凌采取零容忍打击和刚性治理，后者遵从和平与民主原则，柔性化解校园欺凌。

有关校园欺凌干预的研究，自 20 世纪 70 年代初就已发轫，挪威研究者奥维斯与瑞典研究者皮卡斯分别开创了严格管教式校园欺凌防治项目与柔性调解式校园欺凌干预项目。两类项目各有千秋，在后续推广中相互竞争，不断发展完善。

提升校园欺凌防治主体的循证能力，已经成为各国构建基于循证实践的校园欺凌防治路径的关键支撑。各国校园欺凌防治主体需转变经验性的校园欺凌防治理念，形成以"证据为本，经验为辅"的循证思维，不断提升应用现代信息技术获

① 李佳哲，胡咏梅. 如何精准防治校园欺凌：不同性别小学生校园欺凌的影响机制研究 [J]. 教育学报，2020，16（3）：55-69.

② SALMIVALLI C，VOETEN M，POSKIPARTA E. Bystanders matter：associations between reinforcing，defending，and the frequency of bullying behavior in classrooms[J]. Journal of clinical child and adolescent psychology，2011，40（5）：668-676.

③ SMALL P，NEILSEN-HEWETT C，SWELLER N. Individual and contextual factors shaping teachers' attitudes and responses to bullying among young children：is education important？ [J]. Asia Pacific journal of research in early childhood education，2013，7（3）：69-101.

取、筛选、评估以及应用防治校园欺凌证据的能力素养。

本书将依循最佳证据的循证实践行动思路，从校园欺凌防治的关键要素、成熟的校园欺凌干预项目、构建无欺凌班级氛围、培育学生社会性情绪情感能力等四个方面，探索建构我国校园欺凌的心理干预模式。

（一）基于最佳证据的校园欺凌防治的关键要素

联合国教科文组织致力于提升校园欺凌防治的有效性，于 2019 年提出了一种基于循证实践的校园欺凌防治路径——三角循环模型 [1]。该模型以大样本的调查证据、区域性的研究性证据、典型的实践性证据等三类证据为基础，涵盖证据获取、证据分析和证据应用三个环节（见图 7-1）。

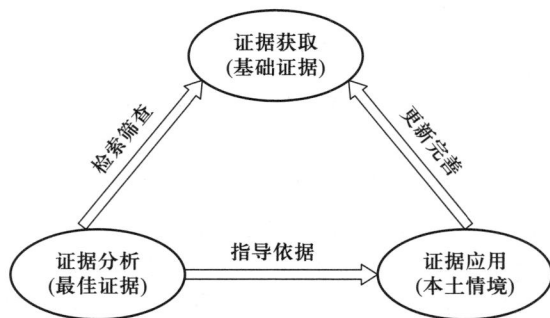

图 7-1   基于循证实践的校园欺凌防治路径——三角循环模型

联合国教科文组织在三角循环模型的基础上提炼出全球校园欺凌防治的最佳证据——校园欺凌防治的 9 个要素，具体包括：（1）构建政策方案框架体系；（2）确定政府强有力的领导者角色；（3）创建多元主体有效联动的校园欺凌防治体系；（4）提升校园欺凌监测与评价体系；（5）营造安全健康积极的学校环境；（6）提升教师的校园欺凌防治能力；（7）赋予儿童参与校园欺凌防治的权利；（8）转接服务系统；（9）关注处境不利儿童。

本书将从宽严相济的融合观和多层次生态发展系统观视角，重点介绍几项有一定影响力的校园欺凌防治项目。

（二）最佳证据：严格管教式校园欺凌防治项目

奥维斯欺凌预防与干预项目（Olweus bullying prevention program，OBPP）是创建时间最早、有效数据最丰富、实施范围最广的校园欺凌预防与干预项目之一。作为典型的"全校参与"欺凌防治项目，OBPP 从学校、班级、个人、社区 4 个层面同时进行欺凌防治，具有极好的国际推广经验。项目于 1983—1985 年对 2 500 名左右在校儿童进行了为期两年半的纵向研究。结果显示，实施 OBPP 后，校园欺凌的受害率下降了 62%～64%，加害率下降了 33%～52%。

[师生共创
科普]
家校合作

---

[1] 韩蕊，石艳. 联合国教科文组织基于循证实践的校园欺凌防治路径研究：以《数字背后：结束校园暴力和校园欺凌》为例 [J]. 比较教育研究，2020，42（5）：78-84.

奥维斯等人认为，相较于学校规模、班级规模和同学竞争等外部变量，学生的人格特质、典型的反应模式、力量强弱才是影响校园欺凌的重要因素。[①] 这意味着校园欺凌很难通过化解当事双方的矛盾来有效解决，解决问题的关键在于学校全体教职员工的态度和行为，即每位教职员工既要温和地关心学生，又应发挥权威和正面榜样作用，更要坚决限制学生的不可接受行为。一旦发现学生违规，应立即以非体罚的和无敌意的方式予以制裁。

1. OBPP 贯彻的 4 项基本原则

OBPP 贯彻的 4 项基本原则是：

（1）不欺凌他人。

（2）尽力帮助受欺凌者。

（3）尽力容纳被忽视的学生。

（4）欺凌发生后，向学校和家庭中的成人报告。

2. OBPP 的 4 个特征

OBPP 将校园欺凌视为学校整体氛围缺陷引发的问题，因此主张通过学校、班级、个人、社区 4 个系统间的相互作用与影响来干预校园欺凌，主要体现为 4 个特征：

（1）生态系统理论视角。OBPP 将欺凌事件视为从微观系统到宏观系统的层层作用的结果，多层次干预措施包括：强化和宣传反欺凌规范；增强师生的反欺凌意识；培训师生的辨识与应对技能；培养学生宽容、同理、负责任的社交理念；增强学生自尊，加强学生与学校之间的联结；将竞争型学校环境转化为合作型学校环境；将终结性评价向过程性评价倾斜等。（2）全员全过程参与模式。全体教职工是 OBPP 成功实施的主力军。全员干预措施包括普及欺凌知识、落实 OBPP 任务、改善班级群体结构、组织反欺凌活动、报告欺凌事件、现场干预欺凌行为、全员配合管理层无死角监控等。全过程干预，就是将反欺凌的知识、技能与态度融入学生的课程学习与校园生活全过程，潜移默化地宣传反欺凌理念，循序渐进地开展反欺凌教育，按部就班地运行反欺凌项目。（3）营造和谐的校园氛围。（4）构建"家庭—学校—社区"全方位的校园欺凌防治网络。OBPP 将社区反欺凌纳入防治系统中，联合家庭和学校共同面对课堂外的、教师监控盲区的、无成人在场的欺凌情境，确保反欺凌无死角。

3. OBPP 的 8 个核心要素

OBPP 在实施中具有 8 个核心要素：（1）成人对校园欺凌的问题意识以及严肃干预的态度；（2）针对欺凌问题的学校会议日；（3）加强课间监管；（4）建立反欺凌班规；（5）定期组织班会；（6）与欺凌者严肃谈话；（7）与受欺凌者严肃谈话；（8）与涉事学生的家长严肃谈话。在这 8 个核心要素中，建立反欺凌班规和定期组织班会是重中之重。

4. OBPP 项目的 22 种干预措施

1993 年，奥维斯正式推出以学校为基地的综合防治欺凌体系，包括学校、班级

---

① JUNGER M. Intergroup bullying and racial harassment in Netherlands[J]. Sociology and social research，1990，74：65-72.

和个体 3 个层面 22 种干预措施，详见表 7–3。[①]

表 7–3　奥维斯校园欺凌防治项目干预措施

一般前提：
（1）意识与参与

学校层面的措施：
（2）问卷调查。
（3）针对欺凌问题的学校会议日。
（4）加强课间休息和午餐时间的监管。
（5）更具吸引力的学校操场。
（6）联系电话。
（7）教职员工会见家长。
（8）发展学校—社会环境的教师小组。
（9）家长圈

班级层面的措施：
（10）建立反欺凌班规。
（11）定期组织班会。
（12）角色扮演、文学资源。
（13）合作学习。
（14）共同的积极的班级活动。
（15）班级教师会见家长 / 孩子

个体层面的措施：
（16）与欺凌者和受欺凌者严肃谈话。
（17）与涉事学生的家长严肃谈话。
（18）教师和家长使用角色互换法来同理涉事对方。
（19）来自"中立"学生的帮助。
（20）帮助和支持家长。
（21）欺凌者和受欺凌者的家长组建讨论小组。
（22）提出班级或学校的改革建议

（三）最佳证据：柔性调解式校园欺凌干预项目

共同关切法（method of shared concern，MSC）由瑞典心理学家皮卡斯提出，以不追究责任、不伸张正义为特点，用以调解欺凌嫌疑人与受欺凌者之间的矛盾，让欺凌嫌疑人主动终止欺凌，并与受欺凌者达成和解。

共同关切法致力于改变欺凌嫌疑人的态度，即在伤害事件发生时，设法淡化或抑制伤害事件给欺凌嫌疑人造成的认知失调，防止其内心陷入自我辩护，防止其主观恶意的萌生、明晰和蔓延。共同关切法的心理学依据是认知失调理论。认知失调理论认为，当个体同时拥有两种不一致的认知时，心理会产生一种紧张冲突的状态，这种令人不快的体验促使其设法消除或减轻这种失调感。

---

① OLWEUS D. Bullying at school：what we know and what we can do[M]. Oxford：Blackwell，1993：59-107.

由图 7-2 可知，认知失调是由欺凌嫌疑人心中正向的自我认知（"我是好人不做坏事。"）与对伤害事件的认知（"我做了一件伤害同学的坏事。"）的冲突造成的，加之自我认知在个体认知系统中的核心地位，使得欺凌嫌疑人会竭力采取与自我认知相一致的协调策略去减轻内心的认知失调。欺凌嫌疑人在内心坚定地捍卫正向的自我认知，用否认来改变与之冲突的认知，要么将伤害行为正常化（"我不过是开了个玩笑。"），要么视伤害为正当（"我在为大家伸张正义，给他一个教训。""他罪有应得。"）。一旦欺凌嫌疑人将伤害事件理解为正常或正当行为，就与其正向的自我认知相协调，其心里就好受多了。

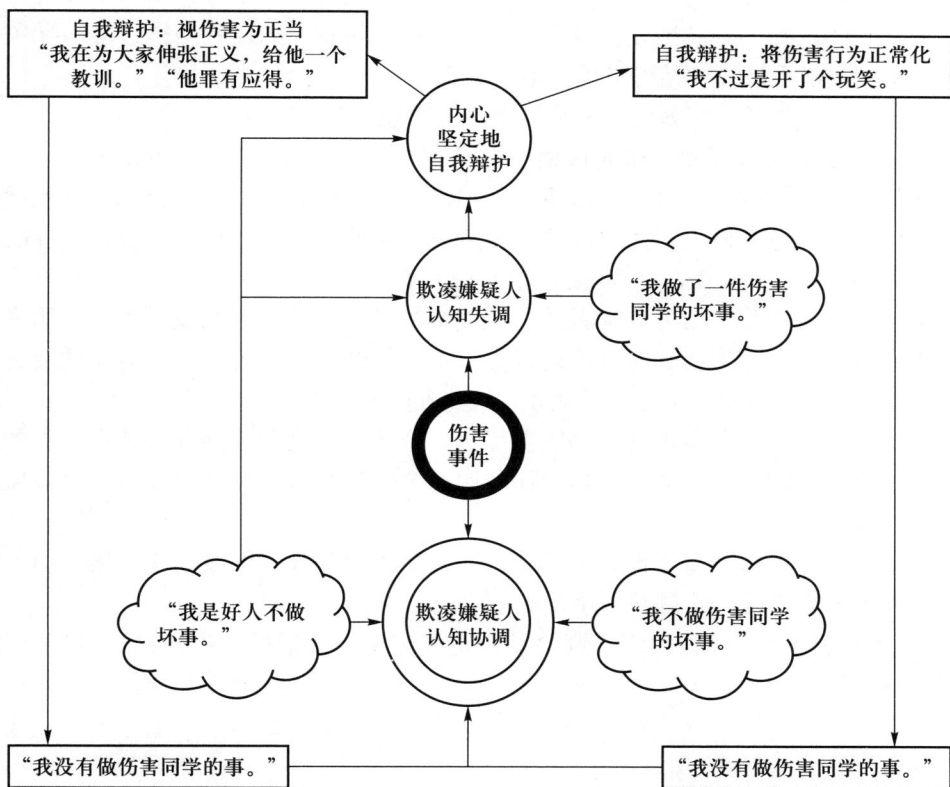

图 7-2 欺凌嫌疑人的自我辩护 / 自我说服过程示意

[师生共创科普]
使用拆拼法干预欺凌道德推脱者

值得注意的是，自我辩护并没有止步于此。阿伦森发现，在自我一致的内在动力驱使下，欺凌嫌疑人会进一步采取更严重的攻击行为[①]，包括发动更多的同学参与围攻，来支持和印证其自我辩护，进而使自己确信受欺凌者的确"可恶又可恨"，纯属咎由自取。可见，欺凌嫌疑人这种自我说服的过程，同时也是一个不断丑化受欺凌者，并不断加深对其憎恶和敌意的心理行为过程。

鉴于上述分析，在疑似欺凌事件发生伊始，或在欺凌行为还较轻微时，教师既

---

① 塔夫里斯，阿伦森. 错不在我 [M]. 邢占军，等译. 北京：中信出版社，2014：20-21.

要及时制止攻击和伤害行为，又要设法淡化或抑制伤害事件给欺凌嫌疑人造成的认知失调，防止其陷入自我辩护。共同关切法的要义就是要着力地、刻意地避免欺凌嫌疑人内疚和自我辩护，并努力唤起其善意，邀请其与受欺凌者一起和平解决欺凌问题。

共同关切法的具体作用机制是：不预先核查欺凌嫌疑人的过错，不责备欺凌嫌疑人，不强求其赔礼道歉，淡化或抑制疑似欺凌事件对欺凌嫌疑人所致的认知失调，避免欺凌嫌疑人在自我辩护中萌生或加深对受欺凌者的憎恨和敌意，帮助欺凌嫌疑人聚焦对受欺凌者艰难处境的共同关切，进而促发欺凌嫌疑人主动提出解决问题的建设性方案，最后终止欺凌并与受欺凌者达成和解。用友好行为引发欺凌嫌疑人一系列新的认知失调，诱发与其正向的自我认知相一致的自我辩护，进而导致其自我说服，相信受欺凌者是可爱的、值得尊重的。

共同关切法的具体实施可划分为以下 4 个阶段：

1. 调解员与欺凌嫌疑人个别谈话

教师作为调解员，应对欺凌过错给予建设性忽视。调解员应避免一见欺凌嫌疑人就盘问事情经过，相反，此时调解员要刻意忽视欺凌过错的具体细节，给欺凌嫌疑人澄清的机会，激发欺凌嫌疑人的建设性行动。

个别谈话聚焦关切欺凌受害者的处境。调解员不批评指责欺凌嫌疑人，用真诚和好奇赢得其信任与坦诚。同时，调解员以不容置疑的语气表达自己对受欺凌者遭遇的担忧，使欺凌嫌疑人对受欺凌者的处境感同身受。

资源取向地倾听欺凌嫌疑人的故事版本。调解员鼓励欺凌嫌疑人站在自己的立场上讲述所发生的事件，从中觉察可加利用的主导性个体或群体驱动力，避免欺凌嫌疑人愧疚。

邀请欺凌嫌疑人协商建设性的解决方案。双方聚焦探索问题解决方案，引导欺凌嫌疑人提出有建设性的帮助与建议。

鼓励欺凌嫌疑人践行约定。调解员肯定并记录欺凌嫌疑人提出的建设性对策，顺势鼓励其践行。

各个击破。如果是欺凌嫌疑团伙，调解员应在其成员有机会沟通之前，完成与每个欺凌嫌疑人的个别谈话。

2. 调解员与受欺凌者个别谈话

调解员以同理、真诚和无条件积极关注的态度，共情式理解受欺凌者讲述自己的遭遇，询问其对问题解决的想法，并向其转达欺凌嫌疑人提出的良善建议。

3. 调解员与欺凌嫌疑人集体会谈

邀请欺凌嫌疑人集体商议具有可行性的且受欺凌者可能接受的好提议。

调解员用鼓励、澄清、具体化的会谈技术，引导欺凌嫌疑人尽可能地确定具体的、可操作的改变行动。此时，欺凌嫌疑人的群体心理就从折磨受欺凌者转向终止欺凌，并设法与受欺凌者和解。

调解员邀请欺凌嫌疑人与受欺凌者会面，用角色扮演技术帮助其充分练习真诚、积极且友善的开场白。

4. 和解会谈

调解员要营造同感、尊重、不评判的安全氛围，邀请双方围坐在一起，欺凌嫌疑人按事先约定做开场白。友好的开场白既有利于受欺凌者恢复自尊，又会让欺凌嫌疑人产生认知失调。

调解员应提前做好应对一开场就可能争吵的预案，力图在倾听、观察与辅导之间灵活切换，以倾听为主，以辅导为辅，构建友好协商的沟通环境，最大程度地促成双方和解。

调解员邀请双方签订和解协议，并商议违约应对之策，引导双方给出彼此"宽容不苛求"的回应。宣告会谈结束。

调解员回访。若回访表明欺凌行为并未终止，则要启动新一轮调解。

共同关切法是柔性调解式校园欺凌干预的典型代表，是一种涉及面窄、有效而经济的、与学校教育目的相一致的校园欺凌干预对策。共同关切法的优势很明显：能够有效阻止欺凌嫌疑人对受欺凌者的恶意，持续不断地激发和强化其对受欺凌者的同情与善意，最终以善意替代恶意。善意会促使友好行为逐步升级——从主动终止欺凌，到主动赔礼道歉，再到修补和重建关系。友好行为会进一步强化和丰富欺凌嫌疑人的正向自我认知，使其觉察到自身的改变，感受到成长的力量，乃至从改错补过中汲取积极能量。不断丰富的正向自我认知会逐渐改变欺凌嫌疑人对欺凌行为的态度，促使其转变为校园欺凌的劝阻者和反抗者。[1]

共同关切法被广泛应用于校园欺凌干预项目中，受到了师生的肯定，鲜有无效或失败情况。但它存在费时耗力、不易推广等问题，尤其在面对情节严重的欺凌行为时，共同关切法有"姑息欺凌""不伸张正义"的嫌疑，难以安抚恐慌情绪，导致其远不如 OBPP 深受世界各地推崇。

（四）最佳证据：校园三层次系统反欺凌干预策略

在校园欺凌防治项目中，芬兰 KiVa 项目与美国 STR 项目均包含学校层面、班级层面和个体层面的干预策略，二者同异并存、相得益彰，皆为基于循证的反欺凌示范项目。

KiVa 项目由芬兰教育部于 2006 年与图尔库大学心理学系和学习研究中心合作开发与实施，KiVa 为芬兰语 Kiusaamista Vastaan 的缩写，意思是对抗欺凌。同时，"KiVa"也是个双关语，其发音与芬兰语的"善良"一词接近。KiVa 于 2009 年在芬兰得以普及，90% 的综合学校都注册实施了该项目，极大地降低了校园欺凌的发生率，获得了社会各界的赞誉。

STR 项目由美国儿童委员会于 2001 年开发实施。STR 是 Steps to Respect 的缩写，译为尊重步骤，意为创建一个相互尊重、安全的校园来防治校园欺凌。2014 年，STR 项目被纳入美国国家循证项目与实践注册系统（National Registry of Evidence-based Programs and Practices），与 KiVa 项目一同被美国联邦青少年司法和犯罪预防

［师生共创科普］
结合拆拼法的 KiVa 项目干预

---

① 顾彬彬. 恶意是怎么消失的："共同关切法"与"皮卡斯效应"[J]. 教育发展研究，2020，40（22）：65-76.

办公室纳入基于证据的反欺凌项目指南。

KiVa 项目与 STR 项目均以科学的校园欺凌机制模型为基础，开发反校园欺凌课程，强调欺凌事件中的同伴 / 旁观者的作用等。KiVa 项目与 STR 项目最大的区别在于，前者依据同伴群体互动理论，侧重积极唤醒旁观者的反应，发挥同伴在校园欺凌预防干预中的作用；后者则依据社会生态模型，通过干预师生和班级等小系统，旨在构建学校大系统的生态功能。

1. 芬兰 KiVa 项目的关键策略

（1）唤醒旁观者，对抗欺凌

KiVa 项目将欺凌行为视为一个群体过程，唤醒旁观者是 KiVa 项目解决恃强凌弱问题的重要策略，也是该项目最大的创新点。同伴旁观者在目睹欺凌行为时的反应，对于结束校园欺凌至关重要。[①] 同伴认可的微笑或微妙的非言语暗示，会强化欺凌者的行为。反之，旁观者若是对欺凌者的行为置若罔闻或加以制止，则会有效降低欺凌者的行动兴趣。[②]

KiVa 项目干预的焦点是旁观者对欺凌事件的反应，即通过增强旁观者的同情心和自我效能感，端正其对欺凌的态度，提高其保护和支持受害同伴的意识，从而果断地向受欺凌者施以援手。

（2）情境教学，认知欺凌

情境教学法是指在教学过程中，教师有目的地引入或创设具有一定情绪色彩的、以形象为主体的、生动具体的情境，引起学生一定的态度体验，帮助学生理解教学资源，发展其心理机能的一种教学方法，其核心在于激发学生的态度与情感体验。KiVa 项目中的情境教学就是模拟校园欺凌情境，让学生自主选择欺凌事件中的角色，体会欺凌者对受欺凌者的伤害，感受他们的无助，习得正确的应对方式，提高防范欺凌的意识。

KiVa 项目情境教学还配有反欺凌电脑游戏。游戏中有 5 个关卡，每个关卡都含有"我知道·我能·我做"3 个元素。"我知道"关卡是有关反欺凌的心理教育，教授并测试学生的反欺凌知识储备；"我能"关卡旨在让学生学习反欺凌的应对技能，并提供适当的欺凌情境模拟练习技能；"我做"关卡鼓励践行，让学生在现实中使用知识与技能对抗校园欺凌。

（3）民主调解，驱除欺凌

当欺凌事件发生时，KiVa 项目团队（含 1 名经验丰富的教师、1 名专业心理咨询师和 1 名安全侦察员）会启动标准的问题处理规程应对欺凌事件。具体包括分别与受欺凌者和欺凌者会面，使其都有机会充分表达自己的立场。

面对情节较为恶劣的欺凌事件，KiVa 项目团队会以"对抗"的方式来处理，在问题解决对策尚未协商出来之前，明确欺凌者的角色，采取强制干预的方式与欺凌

① SALMIVALLI C，POSKIPARTA E. Making bullying prevention a priority in Finnish schools：the KiVa antibullying program[J]. New directions for youth development，2012（133）：41-53.

② SALMIVALLI，C，LAGERSPETZ，K，BJÖRKQVIST，K，et al. Bullying as a group process：participant roles and their relations to social status within the group[J]. Aggressive behavior，1996，22（1）：1-15.

者交谈，防止其就欺凌事件编造借口或隐瞒真相，然后用调停、和解与教育的方式，帮助修复同学关系，就欺凌事件达成共识。

"非对抗"的方式包括陈述受欺凌者的处境，与欺凌者、受欺凌者和旁观者三方共同协商解决之策，邀请信任度高的同伴帮助受欺凌者走出困境。事件处理 2 周后，KiVa 项目团队会与事件双方确认，确保欺凌行为已停止。

KiVa 项目团队在整个事件处理中，以停止欺凌为目标，关注每个学生的内心体验，尊重欺凌者与受欺凌者的权利，鲜少出现停学、开除等"以暴制暴"式的处罚，尽可能满足当事人的安全需要、尊重和归属感的需要。

2. 美国 STR 项目的关键策略

有效的校园欺凌防治需在社会生态模型的基础上，以恰当整合社会情感学习内容为校园欺凌防治的重要手段，这就是美国 STR 项目的核心。STR 项目整合了校园欺凌的社会生态模型与社会情感学习框架。

社会生态模型认为，学生与同伴、家庭、学校等多层次环境因素间的动态交互，共同促进或抑制了欺凌行为；其中，同伴群体是校园欺凌的关键因素。[1] 社会情感学习框架能有效改善学生调控自身情绪和行为的能力，是同伴积极互动的基础。[2]

STR 项目分别从学校、班级和个体 3 个层面着手干预校园欺凌。[3]

（1）学校层面的干预旨在营造安全、关心和尊重的学校氛围，主要通过建立反欺凌规范、教师培训和宣传教育等策略来防治校园欺凌。其中，教师培训的重点是：有关校园欺凌的心理教育，提高反欺凌意识，明确自身职责；有关欺凌事件应对的科学流程；针对欺凌事件相关者的心理辅导技能；有关反欺凌教学的课程与教学。

（2）班级层面的干预旨在增强学生的反欺凌意识和欺凌干预意愿；培育支持性同伴关系；加强学生的情绪管理能力；学习识别、报告和拒绝欺凌；培养同理心和负责任行为等。班级干预措施是为 3—6 年级学生提供反欺凌课程。每个年级的课程均包含 11 节技能课和 2 节文学课。技能课主要教授一般性社会情感技能和校园欺凌应对技能，文学课则是根据所学的社会情感技能和校园欺凌应对技能，选择适当的儿童文学作品辅助学生理解相关技能。STR 项目反欺凌课程共有 10 个主题，包括友谊始于尊重、交朋友、融入同伴群体、识别欺凌、自信应对欺凌、拒绝欺凌与受欺凌、报告欺凌、什么是旁观者、旁观者的力量、班级反欺凌倡议。教学策略以指导、分组讨论、技能示范与刻意练习等为主。

（3）个体层面的干预是教师对卷入欺凌事件的学生提供个体辅导。其中，对受欺凌者的辅导流程是：①明确受欺凌者的情绪感受，解决其情绪问题。②询问受欺凌的经过与受欺凌史，帮助其辨识有效与无效的应对方式。③受欺凌者一起制定解

[师生共创 科普] 校园欺凌 干预三步走

① SWEARER S M，ESPELAGE D L，VAILLANCOURT T，et al. What can be done about school bullying? linking research to educational practice[J]. Educational researcher，2010，39（1）：38-47.
② 李雄鹰，韩欣谕，孙瑾. 父母心理控制与大学生人际适应的关系：情绪管理的中介作用 [J]. 中国特殊教育，2020（1）：84-89.
③ 周东蓁，柳霖，李腾飞，等. 美国尊重步骤项目对我国欺凌防治实践的启示 [J]. 中国特殊教育，2021（3）：73-77，83.

决方案，为其改变提供有效支持。对欺凌者的辅导流程是：①向欺凌者确认欺凌事件，声明每位同学都有报告欺凌事件的责任。②收集欺凌事件信息，明确欺凌行为的后果，依据学校反欺凌规范确认欺凌者的责任。③与欺凌者一起制定解决方案，为其改变提供有效支持。

最后，教师需持续追踪辅导效果，确保欺凌事件完全停止。

（五）最佳证据：增强欺凌旁观者的正向角色功能

与校园的一般违规事件不同，校园欺凌事件具有明显的"欺凌情境"，因此如何打破欺凌情境就成了防治和干预校园欺凌发生的关键。在欺凌情境中，除了欺凌者与受欺凌者两个当事主体，教师和其余学生扮演了重要的旁观者角色。旁观者通过言语或非言语方式强化了欺凌者的行为，是导致欺凌事件出现、巩固和持续的重要因素。[1] 欺凌的社会生态模型认为，同伴群体规范对欺凌事件的发生和持续具有直接影响。[2] 因此，如何增强校园欺凌旁观者的正向角色功能，增强其打破欺凌情境的功能，是校园欺凌干预的重要突破口。

1. 培养学生的社会情绪能力

培养学生的社会情绪能力是预防校园欺凌的重要路径。[3] 学术、社会和情感学习联合会（Collaborative for Academic, Social and Emotional Learning, CASEL）于1994年成立，旨在"建立高质量的、基于循证的社会情绪学习"，帮助学生以有效而符合伦理的方式处理自身、人际和工作问题，并认为这是贯穿幼儿园至高中教育的必要组成部分。

CASEL对社会情绪学习的界定是帮助儿童和成人发展有效生活的基本技能的过程。[4] 同时将社会情绪能力分为识别和管理情绪的能力、关怀和关心他人的能力、建立积极关系的能力、做出负责任的决定的能力、以建设性的和伦理的方式处理挑战的能力等。

社会情绪能力对预防和减少校园欺凌具有重要作用，短期干预可以减少欺凌和身体攻击，两年的干预能有效减少校园欺凌和其他攻击行为。利用社会情绪能力课程防治校园欺凌的具体举措有：发展移情能力，减少欺凌行为；掌握情绪管理能力，预防欺凌发生；利用社会问题解决能力正确处理同伴冲突；培养社会能力，远离欺凌伤害；营造积极的学校氛围，增强学生的安全感。[5]

① SALMIVALLI C, VOETEN M, POSKIPARTA E. Bystanders matter: associations between reinforcing, defending, and the frequency of bullying behavior in classrooms[J]. Journal of clinical child and adolescent psychology, 2011, 40 (5): 668-676.
② SWEARER S M, ESPELAGE D L, VAILLANCOURT T, et al. What can be done about school bullying? linking research to educational practice[J]. Educational researcher, 2010, 39 (1): 38-47.
③ 杜芳芳，李梦. 社会情绪学习：校园欺凌预防的一种可能路径 [J]. 济南大学学报（社会科学版），2019，29 (5): 149-156, 160.
④ HUMPHREY N. Social and emotional learning: a critical appraisal[M]. London: SAGE Publications Ltd, 2013: 18.
⑤ 杜芳芳，李梦. 社会情绪学习：校园欺凌预防的一种可能路径 [J]. 济南大学学报（社会科学版），2019，29 (5): 149-156, 160.

2009年，上海市静安区试点实施社会情绪能力课程，分3个层面引导学生应对校园欺凌：建立不欺凌他人的观念；掌握应对欺凌的具体技能和基本能力；构建良性的互动环境，不提供滋生欺凌行为的土壤。具体举措有：（1）基于真实的校园事件或情境设计主题活动，鼓励学生以"我要如何解决问题"进行积极对话，参与预防校园欺凌的问题解决。（2）构建基于体验的从幼儿园到高中的一体化课程。其中，幼儿园课程的形式是"融合体验和感知社会"，小学课程的形式是"主题体验和聚焦生活"，初中课程的形式是"聚创体验和体悟人心"，高中课程的形式是"自我体验和走进社会"。（3）搭建教师研发团队，通过培训专题辅导教师如何调查、加工和处理真实的欺凌事件，凝练有共性的高频事件主题，将其纳入课堂教学，同时以讲座或公开课的形式向全体教职工宣讲社会情绪能力课程。（4）将课程理念和内容延伸至家庭，打造家校合力的校园欺凌防线。开展"20min家庭对话"活动，用"课外长作业"鼓励学生做长程的行为观察研究，积极践行"做中学"。

2. 培养学生的社会认知能力

培养学生的社会认知能力是校园欺凌预防取向的干预策略之一。这方面的循证实践最佳证据可以以"第二步"（second step）项目课程为例。该项目课程由美国儿童委员会开发，主要针对幼儿园至8年级的学生的校园欺凌实施早期干预。[①]"第二步"项目课程于1988年试点启动，至今已在70多个国家和地区的中小学推广实施。

"第二步"项目课程基于认知行为理论和社会学习理论，以问题解决为导向发展学生的社会认知能力。"第二步"项目课程围绕3个主题——"同理心训练""愤怒管理""冲动控制与人际问题解决"，聚焦3个培养目标——提高同理心、增强情绪调节能力、提升冲动控制与问题解决能力，分年级设置了螺旋式、连续性的一体化课程内容。具体训练活动参见表7-4、表7-5和表7-6。[②]

表7-4 "第二步"项目课程关于1—8年级同理心训练的一体化课程设计

年级	课程内容	年级	课程内容
1	1. 介绍课程、组织小组讨论 2. 识别他人和自己的情绪 3. 学会和他人交流情感 4. 体验情感的相同与不同 5. 体验感受的变化 6. 预测他人的感受	2	7. 了解同理心等基本概念 8. 体验自豪感与情感偏好 9. 了解行为与结果的因果关系 10. 明白意图和公平

---

① TAUB J. Evaluation of the Second-Step Violence Prevention Program at a rural elementary school[J]. School psychology review，2002，31（2）：186-200.

② 何二林，王琳琳. 美国反欺凌课程探析：以"第二步"项目课程为例[J]. 比较教育研究，2020，42（5）：91-97，112.

年级	课程内容	年级	课程内容
3	11. 学会换位思考 12. 理解冲突的感受 13. 识别和练习主动倾听 14. 表达关心，接纳差异	6	26. 为初一新生活做准备 27. 认识自己大脑的变化 28. 认识自己的人格 29. 确立相关目标等
4	15. 识别情绪的变化 16. 识别偏好和冲突的感受 17. 识别他人的感受 18. 了解人们在相同的情况下会有不同的感受和原因 19. 了解敌对的意图，表达自己的关心	7	30. 感受中学生活 31. 学会试错 32. 拥抱挑战 33. 改变人格 34. 确立相关目标等
5	20. 回顾同理心训练的知识 21. 学会支持他人和交流情感 22. 了解行为和结果之间的关系 23. 预测他人的感受 24. 识别和练习主动倾听 25. 接受差异	8	35. 学习迎接新生活 36. 明确自己的身份 37. 了解个人与团体的关系 38. 明确自己的兴趣 39. 学会克服失败 40. 选择合适的目标并分解目标、制订计划

表 7-5　"第二步"项目课程关于 1—8 年级愤怒管理的一体化课程设计

年级	课程内容	年级	课程内容
1	1. 介绍愤怒管理的知识 2. 识别身体内外的愤怒线索 3. 回顾应对被辱骂/被嘲笑等情境的能力	5	16. 回顾愤怒管理的能力 17. 应对沮丧及被告状 18. 抑制自己复仇的冲动 19. 学习对自己的行为负责 20. 学习投诉和回应投诉 21. 在团队项目中运用以上能力
2	4. 回顾愤怒管理的能力 5. 学习如何应对批评和被忽视 6. 正视自己行为的结果 7. 运用课程所学到的能力	6	22. 了解什么是情绪 23. 明确价值与情绪的关系 24. 发现自己的思想 25. 学会冷静和呼吸放松
3	8. 了解愤怒的迹象、导火线和行为管理 9. 应对污蔑、失望和被告状的情境 10. 练习运用所学技能	7	26. 了解情绪的角色 27. 应对情绪 28. 明确想法对情绪的影响 29. 学会冷静 30. 应对沮丧
4	11. 识别愤怒的信号、学习管理愤怒 12. 弄清事实 13. 学习如何反思 14. 应对羞辱、批评和被忽视的情境 15. 巩固课程学习的内容	8	31. 了解情绪和做决定的关系 32. 应对愤怒和被排斥 33. 保持冷静 34. 应对焦虑

表 7-6 "第二步"项目课程关于 1—8 年级冲动控制与人际问题解决的一体化课程设计

年级	课程内容	年级	课程内容
1	1. 界定冲动行为 2. 学习冷静和思考 3. 识别问题并生成解决方案 4. 选择和评估解决方案 5. 学习礼貌地打断别人 6. 当被干扰时，忽视之 7. 处理想得到不属于自己的东西的情况	5	25. 回顾控制冲动、保持冷静以及解决问题的策略 26. 抑制说谎的冲动 27. 应对同伴压力 28. 应对流言 29. 抑制欺骗和偷窃的冲动
2	8. 学习冷静处理问题的能力 9. 学习寻求帮助 10. 学习友好地加入他人 11. 学习和他人玩游戏 12. 学习如何征得许可、道歉	6	30. 了解价值和决定之间的关系 31. 明确社会价值 32. 学习运用策略交朋友 33. 了解他人的观点 34. 避免严重冲突 35. 改过自新 36. 拒绝欺凌和学习感激
3	13. 回顾控制冲动和问题解决的能力 14. 学习与他人交流 15. 应对同伴压力 16. 抑制偷窃和说谎的冲动	7	37. 了解价值和决定之间的关系 38. 了解网络的价值 39. 巩固友谊 40. 了解观点对决定的影响 41. 避免严重冲突 42. 学习为自己的行为承担责任 43. 帮助他人阻止被性骚扰
4	17. 界定冲动行为并练习保持冷静和问题解决能力 18. 学习给予和接受赞美 19. 识别问题 20. 选择应对方式并且评估解决方案 21. 学习交流 22. 学习承诺 23. 学习应对自己的胆怯 24. 学习对自己的行为负责	8	44. 了解价值和决定之间的关系 45. 知道如何建立或改变人际关系 46. 了解假设对决定的影响 47. 冲突之后帮助朋友 48. 帮助他人阻止被性骚扰 49. 为高中生活做准备

3. 构建无欺凌班级

规范影响理论认为，为了能被群体中的其他个体所接受和喜爱，个体会跟随群体规范做出符合该群体所期待的行为。班级欺凌规范是由群体欺凌规范引申而来的，包括班级中实际发生的欺凌行为频率和班级成员对欺凌行为的态度。研究表明，班级欺凌规范很可能是影响欺凌行为发生的原因之一，它能通过同伴压力间接影响学生的欺凌行为。[①] 群体规范、群体态度、群体行为以及群体成员间的关系，

[①] 曾欣然，汪玥，丁俊浩，等. 班级欺凌规范与欺凌行为：群体害怕与同辈压力的中介作用 [J]. 心理学报，2019，51（8）：935-944.

在欺凌现象中均扮演了重要角色。班级反欺凌规范、正向的班级态度和朋辈的命令性规范能有效降低欺凌行为。①

无欺凌班级的基本特征为：第一，常态化的欺凌防范。教师能在班级日常学习生活中对学生开展反欺凌教育，以班规等不同形式对欺凌行为予以规训。第二，低频率的欺凌行为。班级内部偶有零星欺凌行为发生，但很少发生性质恶劣、情节严重式欺凌。第三，及时打破欺凌情境。当班级发生欺凌行为时，教师能快速、精准地识别、汇报和应对，第一时间制止欺凌，最大限度地保护受欺凌者，有效化解欺凌。第四，和谐的班级氛围。教师引导学生共建包容、理解、接纳的人际交往氛围，建构平等、融通的班级人际关系。②

基于以上论述，学校和教师要注重构建无欺凌班级规范，可操作性的策略有：第一，学校组织实施无欺凌班风建设项目，鼓励班级创建多元、具体、可操作的无欺凌班级规范，营造良好的班级氛围和校园氛围，发挥班级规范的积极作用。第二，识别并干预那些对班级规范具有认知偏差的学生，帮助其正确认识班级规范，有效降低欺凌行为的发生率。第三，干预那些易受同伴影响的学生，一方面，帮助其觉察自身的朋辈压力，这是一种在他人催促与施压下被迫做事情的主观体验；另一方面，在班级中组织开展朋辈支持行动，鼓励学生对抗和缓解自身在欺凌情境中的朋辈压力，从而有效控制欺凌行为。第四，开设反欺凌主题课程，具体包括：（1）知识教育，比如校园欺凌的概念、表现、判断与危害，以及国家、地方和学校的反欺凌政策与规定等；（2）态度教育，比如人际包容力、多元开放性、合作意识、自我接纳、同理心等；（3）社交技能训练，通过设计社会情绪能力训练、人际合作活动、冲突化解技巧和同理心训练等课程，增强学生的社会认知能力、人际理解能力、观点采择能力与人际交往能力，切实改善班级人际关系质量，营造和谐的班级氛围。

4. 培养教师的反欺凌意识

诸多研究发现，教师是干预校园欺凌的关键因素。一项研究分析了学校生态环境与教师干预校园欺凌情境之间的关系，结果表明，教师与同事的关系、教师对校园安全的看法、教师与学校所在社区的合作以及教师对学校的归属感等，会影响教师主动预防和干预校园欺凌的可能性，富有同理心的教师更有可能主动采取反欺凌行动。③当教师对同事、学生和家长有更多信任感时，他们更愿意主动介入校园欺凌情境。④教师对校园欺凌干预的自我效能感越强，越有可能主动实施反欺凌干预行为。⑤参

[师生共创科普] 基于情境教学法的欺凌干预

[师生共创科普] 教师指南：如何回应校园欺凌当事人

① POZZOLI T，GINI G. Active defending and passive by standing behavior in bullying：the role of personal characteristics and perceived peer pressure[J]. Journal of abnormal child psychology，2010，38（6）：815-827.

② 张聪. 无欺凌班级建构：班主任的难为与能为 [J]. 教育科学研究，2019（4）：73-78，84.

③ DUONG J，BRADSHAW C P. Using the extended parallel process model to examine teachers' likelihood of intervening in bullying[J]. Journal of school health，2013，83（6）：422-429.

④ DEDOUSIS-WALLACE A，SHUTE R，VARLOW M，et al. Predictors of teacher intervention in indirect bullying at school and outcome of a professional development presentation for teachers[J]. Educational psychology，2014，34（7）：862-875.

⑤ CRAIG W M，HENDERSON K，MURPHY J G. Prospective teachers' attitudes toward bullying and victimization[J]. School psychology international，2001，21（1）：5-21.

加"教师预防和干预校园欺凌培训项目"的实验组教师，相比对照组而言，在发现学生欺凌行为时更倾向于利用所学主动介入。[①]

因此，教师是校园欺凌防治中的主力军，实施以教师为关键群体的反欺凌干预，也是被多国公认的最佳策略。具体的可操作性策略有：第一，开展有关校园欺凌的概念、表现与危害的心理教育，唤起教师对欺凌行为的警觉。第二，教授如何辨识校园欺凌情境的知识和策略，提升教师对严重欺凌情境的觉察力，增加教师主动介入的可能性。第三，教授教师识别、介入、汇报和干预欺凌情境的具体技能，提升教师的自我效能，切实地帮助教师打破校园欺凌情境、阻断校园欺凌过程，从而正强化其反欺凌保护行动。第四，有效激发教师的同理心，通过增强校园内教职员工之间、教师与学生之间、教师与家长之间，校际的正向联系，显著提高教师主动参与校园欺凌防治的意愿与决心。

近年来，党和国家持续加大对校园欺凌防治的力度，采取了密集型系列化的政府行动，旨在全面构建深化校园欺凌防治的长效治理机制，除了在《未成年人学校保护规定》中专门明确并细化了学生欺凌的内涵、具体行为、判定、种类与具体保护规定等内容，还推出了多部门协同联动防治校园欺凌的多项举措——《关于防治中小学生欺凌和暴力的指导意见》《加强中小学生欺凌综合治理方案》《防范中小学生欺凌专项治理行动工作方案》《学生欺凌防范处置工作指引（试行）》等，全面提高了我国校园欺凌治理工作的规范化、制度化水平，充分彰显了党和国家综合治理校园欺凌的坚定决心。

第二节　行为成瘾的心理辅导

中国互联网络信息中心（CNNIC）在发布的第 54 次《中国互联网发展状况统计报告》指出，截至 2024 年 6 月，我国网民规模达 11 亿人，互联网普及率达 78.0%，较 2023 年 12 月增长 742 万人，10—19 岁青少年占新增网民的 49.0%。已有研究筛选 2007—2021 年的 174 篇国内外文献纳入元分析，结果发现全球手机成瘾整体流行率为 28.3%。[②]

广义的成瘾可以分为两类：物质成瘾和行为成瘾。物质成瘾中的物质主要是指能够影响人的神经系统，并导致依赖作用的一类精神活性物质，包括药物、酒精和香烟等。行为成瘾是指与使用化学物质（如成瘾性药物或酒精）无关的一种成瘾形式，包括病理性赌博、网络成瘾、暴饮暴食和手机依赖等。本节将探讨与青少年发展最密切的网络成瘾与手机依赖等心理辅导议题。

---

① BAUMAN S, RIGBY K, HOPPA K. US teachers' and school counselors' strategies for handling school bullying incidents[J]. Educational psychology, 2008, 28（7）: 837–856.
② 熊思成，张斌，姜永志等. 手机成瘾流行率及其影响因素的元分析 [J]. 心理与行为研究，2021, 19（6）: 802–808.

一、行为成瘾概述

网络和手机因具有多功能性、便利性、实时性和互动参与性等特点而广为儿童青少年所喜爱，更易于沉溺、成瘾。

（一）网络成瘾的概念与显著特点

网络成瘾是指在无成瘾物质作用下的上网行为冲动失控，主要表现为过度使用互联网导致个体明显的社会和心理功能损害。

网络成瘾具有以下 4 个显著特点：

（1）突显性。网络成瘾者的思维、情感和行为都被上网这一活动控制，上网成为成瘾者的主要活动，在无法上网时成瘾者会体验到强烈的渴望。

（2）耐受性。网络成瘾者只有通过逐渐增加上网时间和投入程度才能获得以前曾有的满足感。

（3）戒断反应。在不能上网的情况下，网络成瘾者会产生激惹、焦躁和紧张等情绪体验。

（4）冲突。网络成瘾行为会导致网络成瘾者与周围环境的冲突，如与家庭、朋友关系淡漠，工作、学习成绩下降等，以及与学习、工作等社会活动和其他爱好的冲突。网络成瘾者内心会出现对成瘾行为的矛盾心态，即意识到过度上网的危害但不愿放弃上网带来的各种精神满足。

（二）手机依赖的概念与显著特点

手机依赖是指过度沉迷以手机为媒介的各种活动，对手机使用产生强烈、持续的渴求感与依赖感，导致个体出现明显的社会、心理功能损害。

手机依赖具有以下 3 个显著特点：

（1）过度使用。难以控制使用手机的时间，强迫性地检查是否有新信息或未接电话等。

（2）戒断症状。离开手机或面对不得不关机的情况时，会感到烦躁和不安。

（3）冲突。在完成其他任务时，会因使用手机而分心；以及由于过度使用手机而产生更多的人际冲突及人际交往问题。

二、青少年网络成瘾与手机依赖的危害

网络成瘾与手机依赖对青少年的危害主要体现在生理和心理两个层面。

（一）生理层面的危害

青少年正处于快速发育期，不当的网络或手机使用可能对其身体多个系统产生不可逆的危害：长时间使用手机会诱发眼部疾病，出现眼睛疲劳、干涩、发红、视

物模糊等症状；对拇指和手腕的过度损耗，会引发腱鞘炎、手部功能障碍；保持同一姿势而导致局部压力过大，极易出现肌肉损伤，引起头、颈、肩膀或腰等多部位疼痛[1]；若每天使用手机的时间超过 7h，就容易出现头疼、焦虑、认知能力变差、睡眠质量下降等一系列身体反应，严重时还会产生关于手机振动的幻听等。

一项针对我国 700 名中小学生的调查证实，接触手机游戏的学生，其近视检出率显著增高，可能因长期佩戴耳机看视频或接打电话损害听力。[2] 一项大样本研究发现，青少年的睡眠质量在手机依赖影响自杀的过程中扮演了重要的中介作用（中介比例为 46.7%）。[3] 青少年手机依赖和睡眠问题的患病率分别为 26.2% 和 23.1%，过去一年来，有自杀行为的人数占比为 24.4%，有自杀意念、自杀计划和自杀未遂的人数占比为 10.7%、8.4% 和 5.3%。[4]

（二）心理层面的危害

现有的循证研究表明，网络成瘾与手机依赖对个体心理的消极影响较多集中在抑郁、焦虑、人际适应与认知功能受损等方面。

一项元分析研究探析了青少年抑郁与网络成瘾的关系，结果显示，青少年抑郁与网络成瘾之间具有中等程度的正相关关系：当青少年处于抑郁状态时，容易通过网络成瘾分散注意力，缓解抑郁情绪；网络依赖的不良反应会加剧情绪失控，加重青少年的抑郁程度。[5]

多项研究显示，手机依赖者会出现更多的孤独感与人际交往困扰，在现实生活中表现出自卑与社交退缩，焦虑情绪加重。手机依赖者的脑电与正常人相比存在明显差异，手机依赖行为在一定程度上损害了个体的认知功能。[6]

三、青少年网络成瘾与手机依赖的影响因素

研究者已从诸多方面考量了青少年网络成瘾与手机依赖的影响因素，比较一致地认为，青少年网络成瘾与手机依赖是生理—心理—社会多因素作用的结果。

[1] SHAN Z，DENG G，LI J，et al. Correlational analysis of neck / shoulder pain and low back pain with the use of digital products，physical activity and psychological status among adolescents in Shanghai[J]. PloS one，2013，8（10）：e78109.

[2] 黄冬梅，杨继，罗小娟. 接触手机游戏对中小学生视力影响调查 [J]. 应用预防医学，2018，24（4）：276-277，280.

[3] CHEN R，LIU J，CAO X，et al. Mobile phone addiction and suicide behaviors among Chinese adolescents：the mediation of poor sleep quality[J]. Journal of behavioral addictions，2024，13（1）：88-101.

[4] CHEN R，LIU J，CAO X，et al. Mobile phone addiction and suicide behaviors among Chinese adolescents：the mediation of poor sleep quality[J]. Journal of behavioral addictions，2024，13（1）：88-101.

[5] 沈雨晴，莫霖，刘艺璇，等. 青少年抑郁与网络成瘾关系的 meta 分析 [J]. 职业与健康，2024，40（2）：255-260.

[6] HUBER R，TRYEER V，BORBELY A A，et al. Electromagnetic fields，such as those from mobile phones，alter regional cerebral blood flow and sleep and waking EEG[J]. Journal of sleep research，2002，11（4）：289-295.

人格差异是网络成瘾与手机依赖的重要因素之一。许多研究表明，高感觉寻求、高神经质、高精神质和外向性等人格特质对网络成瘾具有显著预测力[①]；冲动性可作为网络成瘾的潜在易感神经认知标记[②]；个体感知是手机依赖的重要前因变量，无论是对社会和家庭支持的感知，还是对环境或人际焦虑的感知，均能较好地预测手机依赖行为。

除了个体因素，父母教养方式和干预方式与青少年的网络成瘾和手机依赖有密切关系。父母教养方式的各个因子与青少年网络成瘾的相关关系显著，各因子的效应量从大到小的排序是：父亲拒绝否认→母亲拒绝否认→母亲惩罚严厉→母亲过分干涉保护→父亲惩罚严厉→父亲过分干涉→父亲过度保护等。[③] 父母的积极干预方式能有效减少青少年手机依赖，父母的内容限制和监控干预则会加重青少年手机依赖。[④]

四、青少年行为成瘾的测评工具

早期的识别和干预是防治行为成瘾的关键，心理量表就是一种常用的测评工具。

（一）青少年网络成瘾量表

青少年网络成瘾量表用于测查青少年的网络成瘾症状。此量表为单一维度，属于网络成瘾的诊断性量表。共 8 个项目，采用 2 点计分（1= 是，0= 否），计算项目总分。得分越高，则青少年的网络成瘾症状越多；总分大于等于 5，即被诊断为网络成瘾。该量表的内部一致性系数为 0.79。[⑤]

（二）智能手机依赖量表（SAS 和 SAS-SV 中文版）

项明强等人以青少年为研究对象，对国外学者开发的智能手机依赖量表进行中文版修订，适用于测查中国青少年手机依赖情况。[⑥]SAS 包括 33 个项目，分为日常干扰、积极期待、戒断症状、网络亲密、过度使用和耐受性 6 个因子；SAS-SV 是通过专家评定法，从 SAS 中筛查出与手机依赖最为密切相关的 10 个项目。SAS 和 SAS-SV 均采用里克特 6 点计分（1 代表"非常不同意"，6 代表"非常同意"）。SAS 的内部一致性系数为 0.97，SAS-SV 的内部一致性系数为 0.91。

① 贺金波，祝平平，聂余峰，等. 人格对网络成瘾的影响及其心理机制综述 [J]. 中国临床心理学杂志，2017，25（2）：221-224，236.
② 严万森，张冉冉，刘苏姣. 冲动性对不同成瘾行为发展的调控及其神经机制 [J]. 心理科学进展，2016，24（2）：159-172.
③ 卫敏，孙经，单泓博，等. 我国青少年网络成瘾与父母教养方式的 Meta 分析 [J]. 现代预防医学，2017，44（19）：3559-3563.
④ 陈艳，陈红，谷传华. 父母干预与青少年手机成瘾的关系：一项追踪研究 [J]. 中国特殊教育，2021（8）：65-72.
⑤ YOUNG K S. Internet addiction：the emergence of a new clinical disorder[J]. Cyberpsychology and behavior，1998，1（3）：237-244.
⑥ 项明强，王梓蓉，马奔. 智能手机依赖量表中文版在青少年中的信效度检验 [J]. 中国临床心理学杂志，2019，27（5）：959-964.

SAS 中文版的 33 个项目的决断值为 10.24～23.90，且各项目与 SAS 总分的皮尔逊相关系数为 0.44～0.73，均具有显著性，说明量表各项目的鉴别力良好。SAS 和 SAS-SV 的内部一致性系数分别为 0.93 和 0.86，重测信度分别为 0.73 和 0.74。

五、青少年网络成瘾与手机依赖的心理干预

越来越多的证据表明，心理干预可能比药物治疗产生更大的长期效果，而且在减轻成瘾者抑郁症状方面明显优于药物治疗。一项元分析显示，心理干预对青少年手机依赖有较好的治疗效果，能显著降低手机依赖青少年的戒断性、突显性、社交安抚、焦虑和抑郁水平，明显增强其社会交往能力。[①] 下面将重点介绍三种青少年网络成瘾与手机依赖的心理干预方法。

（一）自我控制训练

自我控制能力是行为成瘾的重要预测变量，具有网络成瘾与手机依赖的人存在自我控制力不足的问题，可以通过提高个体的自我控制能力来有效减少或戒除其成瘾行为。[②] 霍夫曼等人提出了自我控制的双系统模型，指出一个完整的自我控制模型包括以下三部分。第一，冲动系统。该系统是冲动行为产生的原因，包括面对诱惑刺激的享乐评价及趋近行为图式，即自动情感反应和自动接近—回避反应。第二，自我控制系统。该系统是面对诱惑时产生更高阶心理活动的原因，包括深思熟虑的评价和抑制标准。第三，状态调节变量或者特质调节变量。状态调节变量主要包括酒精消耗、条件性认知能力、自我调节资源等。特质调节变量主要包括特质自我控制能力和工作记忆能力等。[③]

基于冲动系统和自我控制系统两个维度提出自我控制的干预模型，主要包括改变情感联结、改变注意偏向、训练执行功能三部分。

1. 改变情感联结

情感联结可以通过评价性条件反射程序（evaluative conditioning，EC）来改变，即将条件刺激（例如网络游戏）与非条件刺激（情绪图片：积极或消极）重复性地配对呈现，从而改变条件刺激的情绪效价。

咨询师／心理教师可以引导学生仔细想想，在网络、手机中得到的甜蜜假象，其背后的真相都是什么：（1）接收了过多的信息，无法甄别、筛选，造成信息过载、思维混乱。（2）以为有监控模式，却在刷了半小时的短视频后退出，再点进去刷半小时。（3）为了游戏里的奖励、称号，熬了多少次夜。（4）每天看似努力学习

① 韩佳霏，聂菁，雷鹏程. 青少年手机依赖心理和运动干预效果的 Meta 分析 [J]. 中国健康教育，2018，34（12）：1110-1114，1118.

② 何灿，夏勉，江光荣，等. 自尊与网络游戏成瘾—自我控制的中介作用 [J]. 中国临床心理学杂志，2012，20（1）：58-60.

③ HOFMANN W，FRIESE M，STRACK F. Impulse and self-control from a dual-systems perspective[J]. Perspectives on psychological science，2009，4（2）：162-176.

打卡，其实只得到了碎片化的知识，并没有学到精髓。

这一切的后果正在不断地给学生输送各种消极情绪：吸收过多信息带来的负荷感；长时间玩手机带来的愧疚感；浪费时间、一事无成的空虚感；自控力不足带来的挫败感……

咨询师 / 心理教师可以引导学生将这些消极情绪与网络、手机间建立条件反射，改变对于网络、手机等成瘾物品的情绪效价，从而替换原先的积极情感联结，产生全面认知。

2. 改变注意偏向

注意偏向对物质寻求行为具有重要作用。对于高热量食物线索，低特质自我控制水平女性表现出了更强的注意偏向；注意偏向训练有效降低了低特质自我控制水平女性对高热量食物线索的注意偏向强度。[①] 点探测任务是注意偏向的经典实验范式，即在电脑屏幕上同时呈现两张图片，图片消失后在其中一张图片的位置呈现探测刺激，要求被试尽快对探测刺激做出按键反应。如果在成瘾刺激位置的探测反应时明显快于中性刺激位置，说明被试对于对成瘾刺激存在注意偏向。可以将探测刺激经常放置在中性刺激的位置，被试为了迅速做出反应，就不得不转移对成瘾刺激的注意，从而达到改变注意偏向的效果。

在日常生活中很难通过实验做到这一点，但是可以使个体远离网络、手机等，消除其对成瘾物品潜在的注意偏向。引导注意的操作非常简单：把成瘾物品放到个体拿不到的地方，任何放在身边的物品都比离得远的物品对个体的精神生活有着更大的影响，因此需要将易于成瘾的物品放在学生不易或不能获取的地方。

3. 训练执行功能

执行功能是个体在需要专心和集中注意时产生的一系列自上而下的心理过程，是个体对思想和行动的有意识监控，包括抑制控制、工作记忆和认知灵活性三个成分。其中，抑制控制是个体控制自己的注意、行为、思想、情感以克服内发的优势反应和外部诱惑，从而避免做出不恰当行为的能力，是执行功能的核心成分。

研究发现，与正常体重儿童相比，肥胖儿童较差的执行功能主要体现在抑制控制上，他们难以抑制对食物线索的注意，并且更容易对其做出冲动反应，表明其注意抑制以及反应抑制存在不足。[②] 已有研究证明，高特质自控的个体表现出更好的自我控制行为，其对冲动控制问题（吸烟、嗜酒或者物质滥用）具有较低的易感性。[③]

咨询师 / 心理教师可以设计一系列积极的训练任务，提升学生的执行功能，例如使用非优势手进行活动、保持良好的姿态、避免说脏话、记录日常开支、制订并执行学习计划、运动锻炼。已有研究证实，参与运动健身计划的时间越长，个体在

---

① 高晓雷，李天贽，白学军，等. 特质自我控制对食物线索注意偏向的影响及干预：来自眼动的证据 [J]. 心理科学，2023，46（1）：25-33.

② 易显林，王明怡，王小春. 执行功能与儿童流行性肥胖的关系 [J]. 心理科学进展，2015，23（11）：1920-1930.

③ TANGNEY J P，BAUMEISTER R F，BOONE A L. High self-control predicts good adjustment，less pathology，better grades，and interpersonal success[J]. Journal of personality，2004，72（2）：271-324.

吸烟、饮酒和食用垃圾食品等方面的行为改变越大，同时其情绪管理能力也会得到提高，并很少发脾气、冲动行事。[①]

　为有效引导学生训练执行功能，教师可以采取以下策略：

（1）明确目标与计划。介绍执行功能训练的重要性，以及通过这些训练任务如何提升个体的控制和抑制能力。

（2）渐进式任务安排。对于每项训练任务，教师可以进行渐进式的安排。例如进行运动锻炼的训练时，在开始阶段可以让学生做一些简单的活动（如慢跑10min），之后逐渐提高任务难度（如快跑30min）。

（3）正面反馈与强化。当学生能够积极完成简单的训练任务时，及时给予表扬与认可，使学生获得正面反馈，增强执行任务的自我效能感。

（4）建立陪伴同盟。鼓励学生建立一个陪伴同盟，例如，为了更好地长期坚持锻炼，和朋友一起约定锻炼时间、地点。陪伴同盟内积极的情绪引导，更有利于学生有效开展锻炼行为。

（二）团体认知心理干预

加拿大心理学家戴维斯针对病理性网络使用的发生机制提出了认知－行为模型[②]，构建了一个融合认知、人格与社会因素的多维度理论系统，已被广泛应用于网络成瘾与手机依赖的相关循证研究与临床实践中。认知－行为模型认为，网络成瘾需满足近端因素和远端因素。近端因素包括诱发网络成瘾的核心因素，如两类非适应性认知：一是对自我的非适应性认知，如自卑与低自我效能感；二是对外界环境的非适应性认知，如低水平人际信任与缺乏安全感。远端因素主要包括两种：一是个体心理病理因素，如焦虑、抑郁和依赖等；二是客观环境因素，如生活或工作压力、挫折和失败等。个体在受到这些因素影响又缺少社会支持、有效应对策略时，对网络或手机的依赖会加重。

基于认知行为治疗原理设计的团体心理辅导方案通过识别团体成员非适应性自动思维、中间信念与核心信念，重建合理信念与适应性认知，减少功能性失调活动，增加其适应性认知与行为功能，进而改善情绪、减少成瘾行为。具体任务包括：建立安全和谐的团体氛围，初步觉察依赖，激发改善动机；帮助成员觉察、分辨自身的非适应性认知；学习调节非适应性认知，建立并强化理性的网络或手机使用认知；成员共同探索面对压力或负面情绪时可采用的替代性应对策略；释放焦虑和压力，尝试建立持久的情绪支持体系；理解人际交往的重要意义，寻求获得社会支持的方法与技巧；通过自我控制训练提升时间管理与行为控制能力；回顾、反思、总结所学与所获，鼓励学以致用。

相比单一的辅导手段，整合式干预能更好地收到成效。例如，有研究揭示，运

---

① OATEN M，CHENG K. Improved self-control：the benefits of a regular program of academic study[J]. Basic and applied social psychology，2006，28（1）：1-16.

② DAVIS R A. A cognitive-behavioral model of pathological Internet use[J]. Computers in human behavior，2001，17（2）：187-195.

动干预、团体心理辅导、运动干预结合团体辅导方式可不同程度地抑制智能手机成瘾者的心理渴求以及伴随成瘾的焦虑或抑郁，其中，整合式辅导组的抑制效果最好，既能增强成员的安全感，促进彼此更深入的交流，又能很好缓解成员的紧张以及伴随的焦虑或抑郁，还能促进其体会沟通与合作的人际价值，学习并获得更多应对行为成瘾的方法与资源。①

（三）焦点解决短期疗法

焦点解决短期疗法与传统的心理治疗有所不同，前者注重的是现在和未来，而不像传统的心理治疗更注重探讨过去。相较于探讨问题的成因，焦点解决短期疗法更关注问题解决的可能性和问题解决的正确方法，而不是尝试探讨理解个体的问题本身。每个问题都有多种解决方法，但适用于某一个体的方法并不通用，在焦点解决短期疗法中，个体将为自己选择希望达成的目标。②

对 52 例网络成瘾青少年进行焦点解决短期疗法与家庭治疗结合的心理社会综合干预后表明，治疗显效率和总有效率分别为 61.54%（32 例）和 86.54%（45 例），其治疗后的网络成瘾诊断评分和上网时间较治疗前均明显下降，差异具有显著性；心理社会综合干预能显著减少网络成瘾青少年的上网时间，改善其情绪和心理功能。③

焦点解决短期疗法已经被广泛应用到多个领域的心理辅导与干预，如家庭领域中的家庭冲突、夫妻关系、子女问题辅导；学校领域中的学生行为障碍、情绪障碍、人际适应辅导，以及教师培训等；社会领域中的嗜烟及酗酒等的治疗。④

1. 焦点解决短期疗法的基本假设

焦点解决短期疗法是一种可以解释人们如何改变、如何达成其目标的理论模型，它有一些基本假设：

（1）越把焦点放在正向的、已有的成功解决方法并迁移运用到未来类似的情境上，越能使得改变朝着所预期的方向发生。

（2）任何人都不可能每时每刻地处在问题的情境中，总有问题不发生的时候，这就是所谓的"例外"。这些存在于个体身上原有的例外情形，常常可以作为问题解决的指引。

（3）改变随时都在发生，没有一件事是一成不变的。

（4）小的改变将为大的改变奠定基础，最后可以导致整个系统的改变。通常情况下，个体的问题只需要小的改变就可以被轻松解决。

（5）合作是必然的，没有个体会抗拒，不同的个体会以不同的方式与咨询师/

---

① 赵玉霞，郝艳红，静香芝. 运动结合团体心理辅导对大学生手机成瘾的干预效果评价 [J]. 中国学校卫生，2021，42（4）：556-559，564.

② 科里. 心理咨询与治疗的理论及实践：第 8 版 [M]. 谭晨，译. 北京：中国轻工业出版社，2010：263-267.

③ 杨放如，郝伟. 52 例网络成瘾青少年心理社会综合干预的疗效观察 [J]. 中国临床心理学杂志，2005（3）：343-345，352.

④ 方建移，刘宣文，张英萍，等. 心理咨询新模式：聚焦于问题解决的短期咨询 [J]. 心理科学，2006（2）：430-432，422.

心理教师合作，若咨询师／心理教师仔细了解他们的思考及行为的意义，便会发现个体努力地向自己启示了他们要改变所必需的独特方式。

（6）人们拥有解决自己问题所需的能力与资源，咨询师／心理教师的责任是协助个体发现自己所拥有的资源。

（7）意义并非由外在世界所引起，而是与经验的交互建构，是个体透过本身的经验对外在世界的解释。因此，焦点解决短期疗法并不重视探究事件本身，而更重视个体对事件的解释，以及在事件中个体采取的反应与行动。

（8）每个人对某一问题或目标的描述与其行动是相互循环的，因此可以借由改变个体看问题的观点来达到改变行为的目的，也可以借由改变行为来达到改变个体看问题的观点的目的。

（9）沟通的意义可从收到的反应中来判断。对咨询师／心理教师而言，咨询过程中沟通的意义要视自己所收到的反应而定。

（10）个体是他们自己问题的专家，设定什么样的改变目标，应由个体自己决定。

（11）个体的任何改变都会影响其与所在系统中每个人的互动，也会带来其他成员的改变。

（12）在团体咨询中，凡是有共同目标的人，都是咨询团体的成员，咨询师／心理教师主要协助团体成员协商出问题解决的目标，并找出个人可以做到的行动。

2. 焦点解决短期疗法的 5 个阶段

焦点解决短期疗法可分为 5 个阶段：问题描述阶段、发展出"设定良好"的目标阶段、探索例外阶段、会谈结束前的反馈阶段、评量个体的进步阶段。

（1）问题描述阶段是透过询问个体的求助动机，提供个体描述问题的机会。

（2）发展出"设定良好"的目标阶段是指会谈朝着个体的目标方向进行，需要在好奇、尊重、关怀的态度下，引导个体澄清其想要实现的目标，并设定实施目标。

（3）探索例外阶段旨在集中寻找与深入探究个体生活的各种例外经验，并且追溯个体是怎样做到让这些例外经验发生的。

（4）在会谈结束前的反馈阶段，咨询师／心理教师需要回顾和整理个体在前面阶段所提到的有效的解决途径，然后以正向反馈、提供有意义的信息及布置家庭作业等方式，促使个体的持续行动和积极改变。

（5）在评量个体的进步阶段，咨询师／心理教师需要指导个体自己评价是否满意于寻求解决之道的过程与结果。

思考题

1．请依据中国校园霸凌行为问卷或智能手机依赖量表，选取某个班的学生做问卷调查；或选取 3 位同学进行心理面谈，了解当下学生欺凌行为或手机依赖的现状和表现，并尝试将调研结果反馈给被试。最后与全班同学分享调研过程。

2．在学习完本章后，请设计一份"×年级×班反欺凌班规"，其中的规定应具有可操作性，同时标注每项班规的设计依据。设想一下：倘若实施这项班规，你会碰到哪些阻碍？对此，你有哪些应对之策？

3．面对手机依赖的学生，你会如何采用焦点解决短期疗法干预？与同学谈谈你的计划、准备和顾虑。倘若要用自我控制的干预模型来帮助一位网络成瘾的学生，会有哪些难题？你将如何解决这些难题？要注意哪些细节？

推荐阅读

1．顾彬彬．从严惩到调解：校园欺凌干预取向的演变及趋势 [J]．教育发展研究，2019，39（4）：54-63．

2．韩蕊，石艳．联合国教科文组织基于循证实践的校园欺凌防治路径研究：以《数字背后：结束校园暴力和校园欺凌》为例 [J]．比较教育研究，2020，42（5）：78-84．

3．塔夫里斯，阿伦森．错不在我 [M]．邢占军，等译．北京：中信出版社，2014．

4．顾彬彬．恶意是怎么消失的："共同关切法"与"皮卡斯效应" [J]．教育发展研究，2020，40（22）：65-76．

5．熊思成，张斌，姜永志，等．手机成瘾流行率及其影响因素的元分析 [J]．心理与行为研究，2021，19（6）：802-808．

6．项明强，王梓蓉，马奔．智能手机依赖量表中文版在青少年中的信效度检验 [J]．中国临床心理学杂志，2019，27（5）：959-964．

第八章　青少年心理危机干预与生命教育

2019 年，第八次全国学生体质与健康调研结果显示，我国青少年的多项素质指标正止"跌"回升、稳中向好，然则，心理健康状况却不容乐观。相关研究显示，儿童青少年心理问题检出率达到 10%～20%。[①]2019 年，国家卫生健康委等 12 部委联合印发《健康中国行动——儿童青少年心理健康行动方案（2019—2022）年》，要求全面推进学生心理健康状况的监测工作，其中筛查和干预青少年心理危机者正日益受到多方重视。2020 年，国家卫生健康委办公厅印发了《探索抑郁症防治特色服务工作方案》，要求各个高中及高等院校将抑郁症筛查纳入学生健康体检内容。

研究显示，加强对自杀高危人群的识别并对其实施早期干预至关重要。[②]采取适当的干预措施，自杀率可以降低约 20%。[③]然而，目前我国心理健康服务队伍存在专职人员少、专业性不强、危机干预能力整体不高等问题。[④]全体教师，尤其是学校心理辅导者是学生自杀预防行动的前线人员，应接受心理危机干预培训。

本章分别从"防治"与"发展"两个视角，选取了两个与青少年生命议题最紧密关联的辅导主题，聚焦学校情境下的心理危机干预与生命教育，在学校—家庭—社会协同联动的工作格局中，介绍如何做好学生危机干预和生命教育辅导。

第一节　青少年心理危机及其干预

对专业的心理助人者而言，危机评估是其核心胜任力之一。中国心理学会临床心理学注册工作委员会要求，心理助人者的胜任力应包含 9 种能力 20 个核心指标，风险评估能力就是其中一种，有 2 个核心指标——评估自杀性自伤风险和评估精神类疾病、抑郁与焦虑等。本节将聚焦青少年心理危机议题，介绍如何界定、评估与干预青少年的心理危机。

---

① 陈丹，权治行，艾梦瑶，等. 青少年心理健康状况及影响因素 [J]. 中国健康心理学杂志，2020，28（9）：1402–1409.

② SAUNDERS K E, HAWTON K. Clinical assessment and crisis intervention for the suicidal bipolar disorder patient[J]. Bipolar disorders, 2013, 15（5）: 575–583.

③ Research Prioritization Task Force, National Action Alliance for Suicide Prevention. A prioritized research agenda for suicide prevention: an action plan to save lives[R]. Rockville: National Institute of Mental Health and the Research Prioritization Task Force, 2014.

④ 王琰，李小平，范鑫，等. 上海市心理卫生机构开展心理健康服务的发展现状 [J]. 中国心理卫生杂志，2018，32（2）：95–100.

一、青少年心理危机的含义

心理危机是指个体在遭遇应激或挫折时，一旦自身不能解决或处理时所发生的心理失衡状态。[①] 这与卡普的理解一致，后者于 1964 年首次提出"心理危机"这一概念。由概念可知，心理危机有三个构成要件：第一，应激事件；第二，对应激事件的感知导致当事人有明显的主观痛苦感；第三，惯常的应对资源无效，致使当事人的心理适应功能明显降低。

每个人在其一生中都会遇到应激。这里的应激包括应激事件和应激反应。其中，应激事件是指具有突发性和破坏性的，个体难以甚至是无力应对的，可导致心理崩溃（危机状态）的事件，包括突发公共卫生事件与日常应激事件。前者是指突然发生或可能发生，直接影响公众健康和社会安全，需要紧急应对的公共卫生事件，如重大传染病疫情、群体不明原因疾病、严重中毒事件、影响公共安全的毒物泄露事件、影响公众健康的自然灾害，以及其他严重影响公众健康的事件等。[②] 后者是指日常生活中遭遇的某些突发或紧急变故，如亲人亡故、身患重疾、升学受阻、事业挫败、关系破裂、性侵害与受虐待等等。

应激反应是指个体面对应激事件时出现的一系列生理、心理（行为）变化。[③] 当应激反应的强度或持续时间超过一定限度，对人的社会功能或人际交往产生影响时，则构成应激障碍。研究发现，身处心理危机中的青少年出现的 10 个应激反应高频词或短语是：情绪低落、成绩下降、人际关系差、无精打采（或精神萎靡）、上课走神（或睡觉）、伤心、后悔、紧张、害怕（或恐惧）、冲动，可大致分为认知的、情绪的、行为的与生理的四类应激反应。[④]

青少年处于童年期向青年期的过渡阶段，身心变化大且发展不平衡，还要肩负发展学业能力、亲密关系与自我同一性等多重任务，一旦遭遇应激事件，就很容易产生心理危机。青少年心理危机是指面对危机事件的青少年，因自身的应对资源系统不足以解决眼前的境遇时产生的一种心理失衡状态。

心理危机兼具普遍性与特殊性。普遍性是指一旦遭遇危机事件，不管一个人受了多少针对心理创伤的训练，当他面对严重的危机时，迷惑、失衡以及应对机制的破坏都是不可避免的。[⑤] 特殊性是指即便身处同一危机事件中，人与人在危机反应和危机结局上也不尽相同。青少年心理危机是一把双刃剑，既隐匿着心理功能减弱甚至丧失的危险，又孕育着自我成长与发展的机遇。

① 丛中. 心理危机干预基本要领 [J]. 中国心理卫生杂志，2020，34（3）：243-245.
② 丛中. 心理危机干预基本要领 [J]. 中国心理卫生杂志，2020，34（3）：243-245.
③ 丛中. 心理危机干预基本要领 [J]. 中国心理卫生杂志，2020，34（3）：243-245.
④ 边玉芳，钟惊雷，周燕，等. 青少年心理危机干预 [M]. 上海：华东师范大学出版社，2010：29.
⑤ 吉利兰，詹姆斯. 危机干预策略：上 [M]. 肖水源，等译. 北京：中国轻工业出版社，2000：6.

二、青少年心理危机的评估

危机评估贯穿危机干预的全过程。倘若心理危机的 3 个构成要件并存，且当事人在认知、情绪、行为与生理应激反应中表现出 2 个及以上时，则其可能处于心理危机之中。[①] 这个"3+2"原则可作为临床诊断时的一种便捷式的工作诊断，用来快速初筛那些需要心理危机干预的学生。但要注意的是，这种评估因过于笼统，容易出现漏报或虚报的情况。毕竟，只有危机评估越具体、迅速、准确，才能确保随后的干预举措越有效。

随着心理危机评估的相关研究不断深入，研究者越来越一致地认为，个体的心理危机症状并非一种单一状态，而是一种生理、情绪、认知、行为症状的综合表现，严重时还会引发自杀性自伤或暴力伤人等后果。因此，多维度的危机评估工具深受学界和实践领域的青睐。其中，国外比较有影响力的危机评估有三维危机评估系统、阶段性评估模型、人—环境互动的评估模型等。国内学者则多运用心理健康多维量表来评估学生的心理危机，这些量表有症状取向、适应取向与心理素质取向之别，存在规范性、实用性、推广性、"有测无评"等问题。鉴于此，王新波等人以我国儿童青少年群体为对象，开发了一套心理危机评估综合定级体系，实证研究结果显示，该体系兼具多维综合、操作性强、信效度理想等优势。[②]

下面分别介绍三维危机评估系统与儿童青少年心理危机评估综合定级体系。

（一）三维危机评估系统

迈尔等人开发的三维危机评估系统，以及据此研制的危机分类评估量表（triage assessment form，TAF），具有快速、有效、易学、可靠等优势，适合危机干预初学者。危机分类评估量表旨在评估危机当事人的情感、认知与行为 3 个维度的危机状况，指导危机干预者快速了解危机的严重程度以决定如何采取干预行动。

危机分类评估量表由 3 个分量表构成：（1）情感量表主要评估危机当事人的焦虑、愤怒、沮丧或忧愁等情绪体验强度。（2）认知量表主要评估危机当事人对危机事件的感知过程，包括侵入——认为不好的事情正在发生，威胁——认为不好的事情将要发生，丧失——认为不好的事情已经发生。（3）行为量表主要评估危机当事人无能动性的行为反应，包括 3 种表现，即接触——危机当事人处于一种高度准备状态，或不顾一切地朝向某个特定目标，或发出随机的、无目的的行为；回避——试图尽快摆脱恶性的应激事件；麻痹——对危机事件不再有应对反应。

危机分类评估量表还匹配有情绪的、认知的与行为的应激反应强度等级评估表，具体描述见表 8-1、表 8-2、表 8-3。

---

① 边玉芳，钟惊雷，周燕，等. 青少年心理危机干预 [M]. 上海：华东师范大学出版社，2010：30.
② 王新波，姚力，赵小杰，等. 儿童青少年心理危机评估综合定级体系的构建 [J]. 北京师范大学学报（自然科学版），2021，57（4）：458-465.

表 8-1　危机当事人情绪受损等级评估表

等级	严重程度	危机当事人的情绪应激表现
1	无损害	情绪状态稳定；对日常活动的情绪表达适切
2 3	损害很轻	情绪反应与环境适切；对环境变化仅有短暂的、不强烈的负性体验；情绪能完全自控
4 5	轻度损害	情绪反应与环境适切；对环境变化有较长时间的负性体验；能意识到需要情绪自控
6 7	中等损害	情绪反应与环境有脱节；经常有负性体验；对环境变化有较强烈的情绪波动；情绪状态虽比较稳定，但还需努力控制
8 9	明显损害	负性情绪体验明显超出了环境的影响，与环境明显不协调；心境波动明显；虽能意识到负性体验，但不能控制
10	严重损害	完全失控或极度悲伤

表 8-2　危机当事人认知受损等级评估表

等级	严重程度	危机当事人的认知应激表现
1	无损害	注意力集中；问题解决能力和决策能力正常；对危机事件的感知与现实相符
2 3	损害很轻	思维能集中于危机事件上；对危机事件的思考受意志控制；问题解决能力和决策能力轻微受损；对危机事件的感知与现实基本相符
4 5	轻度损害	注意力偶尔不集中；感到较难控制对危机事件的思考；问题解决能力和决策能力降低；对危机事件的感知与现实情况有偏差
6 7	中等损害	注意力常不能集中；较多地考虑危机事件而难以自拔；问题解决能力和决策能力受到强迫性思维、自我怀疑和犹豫不决的影响；对危机事件的感知与现实情况明显不同
8 9	明显损害	沉溺于思虑危机事件而难以自拔；问题解决能力和决策能力明显受到了强迫性思维、自我怀疑和犹豫不决的影响；对危机事件的感知与现实情况有实质性差异
10	严重损害	除了对危机事件，其余不能集中注意力；因受强迫性思维、自我怀疑和犹豫不决的影响，丧失了问题解决能力和决策能力；对危机事件的感知与现实有实质性差异，因此影响了日常生活

表 8-3 危机当事人行为受损等级评估表

等级	严重程度	危机当事人的行为应激表现
1	无损害	对危机事件的应对行为恰当；能保持必要的日常功能
2	损害很轻	偶尔有不恰当的应对行为；需要努力来保持正常的、必要的日常功能
3		
4	轻度损害	偶尔有不恰当的应对行为；有时有日常功能的减退；效率有所降低
5		
6	中等损害	有不恰当的应对行为且没有效率；需要花很大精力方能维持日常功能
7		
8	明显损害	应对行为明显超出了危机事件的应有反应；明显影响了日常功能
9		
10	严重损害	行为异常，难以预料；并且对自己或他人有伤害的危险

（二）儿童青少年心理危机评估综合定级体系

儿童青少年心理危机评估综合定级体系包含 8 项身心症状指标和 5 级危机评估标准。实证结果表明，儿童青少年心理危机评估综合定级体系显著优于单一症状指标的危机评估工具。

1. 8 项身心症状指标

指标 1：自杀自伤意念——是指偶然体验的自杀行为动机。会胡思乱想，或打算自杀而没有采取具体的、外显的行动。大量研究表明，自杀自伤意念是实施自杀或自伤行为的最为强烈和敏感的预测因素。

指标 2：抑郁——以显著而持久的心情低落、兴趣缺失、生活无意义感为主要特征的心境障碍。

指标 3：人际敏感——反映人际交往障碍，如个人不自在感、自卑感，尤其是在与他人相比较时更突出。

指标 4：敌对——恼怒、发脾气和冲动等特征。可以从思维、情感及行为等 3 个方面来反映敌对指标。

指标 5：焦虑——游离不定的焦虑及惊恐发作。

指标 6：强迫——明知没有必要，但又无法摆脱的无意义的思想、冲动、行为等表现。

指标 7：偏执——对他人不满和无中生有的程度，反映猜疑和关系妄想。

指标 8：失眠——个体对睡眠质量的主观评价，评估睡眠是否对自己产生影响。在临床上失眠的核心表现为早醒、晚睡、夜间频繁醒来。[①]

---

① 王新波，姚力，赵小杰，等. 儿童青少年心理危机评估综合定级体系的构建 [J]. 北京师范大学学报（自然科学版），2021，57（4）：458-465.

2. 5 级危机评估标准

儿童青少年心理危机评估综合定级体系遵循 3 个原则：（1）预警与干预一体化定级；（2）综合考虑独立常模标准和多症状共存叠加效应；（3）重点关注核心指标与全面关注全体学生相结合。

儿童青少年心理危机评估综合定级体系依据这 3 个原则确定了 5 级危机评估标准：1 级关注，是指自杀自伤意念强烈；或抑郁、人际敏感、敌对、焦虑、强迫、偏执、失眠均达到重度。2 级关注，是指自杀自伤意念较强；或抑郁、人际敏感、敌对、焦虑、强迫、偏执、失眠均达到中度，或至少其中之一达到重度。3 级关注，是指自杀自伤意念轻度；或抑郁、人际敏感、敌对、焦虑、强迫、偏执、失眠均达到轻度，或至少其中之一达到中度。4 级关注，是指抑郁、人际敏感、敌对、焦虑、强迫、偏执、失眠至少其中之一达到轻度。良好，是指所有指标均为正常。

3. 心理危机评估综合定级体系的操作过程

学校心理辅导者在对学生心理危机状况做出 5 级综合评定时，首先是给出"症状综合定级"，即采用《儿童青少年心理健康量表》《儿童青少年情绪状态问卷》《儿童青少年睡眠问题问卷》等工具，对学生的心理危机做出从"1 级关注"至"良好"的 5 级判断（对应表 8-4 第 1 列）；其次是由专业人员给出"二次评估结果"（对应表 8-4 第 2 列），通常由学校心理教师给出；最终给出的"综合定级结果"（对应表 8-4 第 3 列），要结合班主任的日常观察、学生心理档案和行为表现等信息，甚至必要时还要采用个案访谈法才能得出。

表 8-4　儿童青少年心理危机评估综合定级标准

症状综合定级结果	专业人员二次评估结果	综合定级结果
1 级关注	——	1 级关注
2 级关注	1 级关注	1 级关注
	其他	2 级关注
3 级关注	1 级关注	1 级关注
	2 级关注	2 级关注
	其他	3 级关注
4 级关注	1 级关注	1 级关注
	2 级关注	2 级关注
	3 级关注	3 级关注
	其他	4 级关注
良好	1 级关注	1 级关注
	2 级关注	2 级关注
	3 级关注	3 级关注
	4 级关注	4 级关注
	良好	良好

引入专业人员二次评估定级是综合定级体系的亮点。考虑症状综合定级所采用的工具皆是自陈问卷，难免出现社会称许性，或有片面性与单一性等局限，综合定级体系纳入了专业人员二次定级环节，定级结果仍是从"1级关注"至"良好"的5级评定。下面简单介绍3个症状定级工具：

（1）儿童青少年心理健康量表。改编自中国中学生心理健康量表与症状自评量表，包含34个条目5个因子，即人际敏感、敌对、焦虑、强迫与偏执。按常模标准分为"正常、轻度、中度、重度"4个等级，既可从整体上衡量学生的心理健康状况，也可以根据因子得分做评价。

（2）儿童青少年情绪状态问卷。改编自患者健康问卷（PHQ-9），包含9个条目，用于评估学生的抑郁症状，按常模标准分为"正常、轻度、中度、重度"4个等级。

（3）儿童青少年睡眠问题问卷。改编自失眠严重程度指数量表（ISI），包含7个条目，用于评估中小学生在过去1周内的主观失眠严重程度，按常模标准分为"正常、轻度、中度、重度"4个等级。

三、青少年心理危机干预概述

青少年心理危机干预有狭义与广义之分：狭义的青少年心理危机干预是指对陷入危机事件的青少年个体开展的心理干预；广义的青少年心理危机干预还包括对心理危机易感青少年的事前干预，以及对一般青少年群体实施的预防性干预。[①] 以下将基于狭义来探讨青少年心理危机干预的目标、原则、基本要领以及伦理要求，而在干预技术中会涉及预防性干预的内容。

（一）青少年心理危机干预的目标

危机干预的是人对危机事件的反应，而非危机事件本身。不同的危机理论有不同的危机干预目标。危机的平衡－失衡理论认为，心理危机干预的目标是帮助当事人认识并矫正因创伤事件引发的、暂时性的认知—情绪—行为的扭曲。危机适应理论则认为，危机干预就是要解开危机当事人的功能适应不良链，帮助其发展出新的、适应性的、自强的行为，用以成功脱离危机困境。危机干预的人际关系理论强调的是，通过将自我评价权交回至危机当事人手中，来增强其自尊感与自信心，使其重获自身命运的控制权，从而产生克服危机的行动力。生态系统理论则主张，面对突发公共卫生事件时，危机干预应是国家、地方政府与整个社会，以一种宏观的、积极的、系统的方式来干预危机当事人群的整个生态系统的过程。

无论哪种危机理论或哪套干预模型，心理危机干预的实践活动都有很强的程式化步骤。毕竟干预危机就是与时间赛跑，通常要在0.5h～2h内尽快缓解，甚至消除

① 边玉芳，钟惊雷，周燕，等. 青少年心理危机干预 [M]. 上海：华东师范大学出版社，2010：26.

当事人的危机症状，这就意味着干预的具体目标应随时间进程和危机当事人的反应而变化。表 8-5 是基于危机干预六步法列出的青少年危机干预目标。

表 8-5　基于危机干预六步法的青少年危机干预目标 [①]

步骤	目标	具体内容
1	预防问题	确定问题，而非罗列全部的问题清单；预防比治疗更重要，预防问题比人格改变更紧要，应尽可能使用预防措施
2	保证安全	评估危机当事人的致死风险；为其提供生理与心理上的安全
3	提供支持	依据危机当事人的安全性与稳定状态，确定人际支持资源
4	验证应对资源的有效性	提供能立即缓解当事人危机的建议、措施或行动资源
5	制订计划	基于危机当事人的应对资源以及危机干预者的经验，制订合适的、系统的帮助计划，督促危机当事人付诸实践
6	得到承诺	取得危机当事人的保证，使其承诺在一定的时间内会采取一定的行动来应对危机

注：有关危机干预六步法的具体操作见后文"（五）青少年心理危机干预技术"。

（二）青少年心理危机干预的原则

PIEBS 原则，即就近（P）、即刻（I）、期待（E）、短暂（B）、简洁简短（S）的危机干预原则。PIEBS 原则是危机事件应激管理（critical incident stress management，CISM）遵循的工作原则。[②] 危机事件应激管理以危机干预理论为基础，主张危机干预应基于危机后危机当事人的心身反应阶段性变化规律来实施系统的管理，因此，具有多部门联动的管理视角。危机事件应激管理重在预防心理失衡、缓解心理症状以及恢复原有的社会功能。危机事件应激管理是当前运用最广泛的危机干预整合模型。PIEBS 原则同样适用于青少年心理危机干预工作。

（1）就近，强调干预的设置要灵活，不受时间、地点、人员资质等方面的固定设置影响，尽量在第一时间动员可能人力，就近选择适宜场所，就近取材地对危机当事人实施干预。要注意的是，危机干预者要接受相关危机干预培训，以免"帮倒忙"。（2）即刻，强调干预反应要迅速、快速，要与时间赛跑、与应激反应的恶化赛跑。（3）期待，即增强危机当事人走出危机的信念，既包括让危机当事人相信自己拥有脱离困境的能力和资源，又包括让危机当事人相信危机干预者能帮助其渡过难关。（4）短暂，即危机干预是短程的，通常是一次性会谈，在 0.5～2h，这与心理咨询或心理治疗的时间设置很不一样。（5）简洁简短，危机当事人会在持续的危机应对中越来越强烈地体验到身体的疲惫、情绪的激动、认知的偏激、行动的无

① 吉利兰，詹姆斯. 危机干预策略：上 [M]. 肖水源，等译. 北京：中国轻工业出版社，2000：35-40.
② 高雯，杨丽珠，李晓溪. 危机事件应激管理的结构、应用与有效性 [J]. 中国健康心理学杂志，2013，21（6）：953-957.

效，此时倘若危机干预者讲一些长篇大论式的解释或道理，危机当事人是很难入脑入心的，因此干预话术要简洁简短。比如："我特别理解您此刻的心情！""再遇到类似情况，请您记住一点——'冷静！'"（或"稳定！""活下去！"）。类似这种短语、短句式的口诀，因为简洁、简短、积极、有力量，可以有效地影响危机当事人的想法与情绪。心理危机干预过程中阶段性或核心环节的具体工作原则可参见表8-6。

表8-6　心理危机干预的阶段性具体工作原则

原则	具体内容
诊断原则	受时限制约，无法完成咨询式、程式性、回溯性、详细的定式检查，而要依靠危机当事人当前的言语与非言语线索，迅速、准确地评估危机
治疗原则	侧重此时此地的创伤应激处理
制订计划的原则	聚焦当前需要，侧重个人化的问题解决，减轻危机当事人的危机症状
选择干预方法的原则	认识到时间有限，采用便宜之法立即控制和消除危机症状
评估原则	危机当事人的行为表现恢复到危机事件发生前的平衡状态

（三）青少年心理危机干预的基本要领

第一，人文关怀与心理支持。包括倾听、无条件积极关注、接纳、共情、肯定化、正常化等操作要领，详见本书第二章。

第二，信息提供。学校危机干预过程中的信息提供，可以借鉴危机事件应激管理的危机管理简报措施。危机管理简报是指当面向危机当事人简短通报有关危机信息。每次危机管理简报的受众为10～300名危机当事人，时长为60±15min，由最值得信任的人或机构来解释危机事件的进展情况。危机管理简报的信息要客观、可靠，同时在不违背相关保密原则的前提下，还可告知危机当事人一些尚不知情的新信息。这样做能有效遏制谣言，缓解危机当事人的焦虑感，增强其控制感。

在进行危机管理简报时，也可请心理健康专家为危机当事人宣讲特定危机事件的常见反应，示范常用的应对策略，提供一些简单且可操作的应激管理策略，介绍一些现成且可靠的社会或组织资源等。

第三，资源取向。资源取向是评估和发现危机当事人的内部心理资源与外部环境资源。前者包括危机当事人积极的认知与想法、有效的情绪调节、积极的行为应对和对应激的耐受力与复原力。后者包括帮助其联系家人、提供通信方式、鼓励情感表达、提供感情支持以及联系社会层面的救援等。

第四，积极取向与未来发展取向。通过调整危机当事人的理解视域，增强其认知的灵活性与希望感；通过发掘甚至教授危机当事人新的应对方法与策略，增强其行动的现实感和效能感。具体包括积极赋义、播种希望、展望未来、活在当下、具体行动等基本要领。

第五，共情式倾听。在危机干预中，比干预模型更重要的是危机干预者的共情能力。危机干预者要共情式倾听危机当事人的倾诉，设身处地地体验其经历和感受，并给予有深度的同理性反馈，既包括对危机当事人情绪情感的反应，又包括对其情感深处的需要和愿望的反应。危机干预者不要评判危机当事人的想法、感受和行为，而要认可和接纳其情感体验，使其感到被理解、被重视、被关心。在此过程中，可通过总结、澄清、释义等会谈技术（详见本书第二章）准确收集危机当事人的信息，了解他们的问题，理解其真实想法和感受，询问他们对未来生活的美好设想，讨论他们此时此刻能做的事情，鼓励他们将力所能及见诸行动，并将这些反馈给他们。

（四）青少年心理危机干预工作者的伦理要求

危机干预活动要遵循专业伦理。伦理旨在以规范心理助人者的专业行为，切实维护心理求助者的权益。践行伦理这一初衷对危机干预者而言更为紧要，因为只有做出专业的、规范的危机援助行为，才能确保既不再伤害又能切实地帮助到那些深陷危险处境的、基本安全需要受到严重威胁的人。

青少年心理危机干预工作者要在遵守《中国心理学会临床与咨询心理学工作伦理守则（第二版）》的前提下，还应依据2021年国家卫生健康委办公厅印发的《心理援助热线技术指南（试行）》的相关规定来开展危机助人活动。《心理援助热线技术指南（试行）》旨在加强和规范心理援助热线在处理心理应激与预防心理行为问题方面的服务质量。《心理援助热线技术指南（试行）》在热线咨询员管理及要求方面，专门提出了该群体工作的伦理要求，可作为青少年心理危机干预者工作伦理的重要参考。

1. 隐私保密原则

充分尊重危机当事人的隐私权，未经危机当事人知情同意，严禁将他们的个人信息、求询问题及相关信息透露给第三方，不可利用上述信息谋取私人利益。下列情况为保密原则的例外：发现危机当事人有伤害自身或他人的危险；不具备完全民事行为能力的未成年危机当事人称受到性侵犯或虐待；发现危机当事人罹患致命的传染性疾病且有危及他人的严重风险；法律规定需要披露的其他情况。

2. 客观公正原则

以公正的态度尊重和接纳每一位危机当事人，尽量保持中立，不评判，防止自身潜在的偏见、能力局限、技术限制等导致的不适当行为。

3. 工作关系原则

建立良好的专业工作关系，不与危机当事人建立专业服务以外的关系，在后期干预中不将危机当事人转介给自己的利益相关人。

4. 知情同意原则

危机当事人对所接受的心理援助有知情同意的权利。在心理援助宣传中应向危机当事人告知有关服务资质、服务范围、服务时间等信息。如果援助工作需要录音，危机干预者在开始服务时应明确告知危机当事人，并需征得其同意。

5. 专业胜任力原则

危机干预者应在专业胜任力范围内提供心理援助服务，及时、准确、科学地传播相关信息，及时、恰当地进行危机处理。不得违反相关职业守则，不可隐瞒或弄虚作假。

（五）青少年心理危机干预技术

1. 危机干预六步法

危机干预六步法已被广泛应用于国内外的心理危机干预实践活动中，深受心理助人者和专业急救人员的推崇。在国内危机干预技能的职前与职后培训中，危机干预六步法是核心技能之一。

危机干预六步法强调积极、自信与目标导向，通过不断地安全评估、同理式倾听和问题解决式行动，最大程度地帮助危机当事人恢复到危机前的身心平衡状态以及能动性与自主性。[①] 其中，平衡状态是指个体的精神或情绪的稳定与平衡；能动性既是生理健康的一种状态，即个体能自动地对不同的心境、感受、情绪、需要、条件和影响作出反应，又反映了个体对物理环境和社会环境的适应能力；相应地，无能动性就是个体对不同的心境、感受、情绪、需要、条件和影响不能立即作出反应的一种生理状态。危机干预六步法如图 8-1 所示。

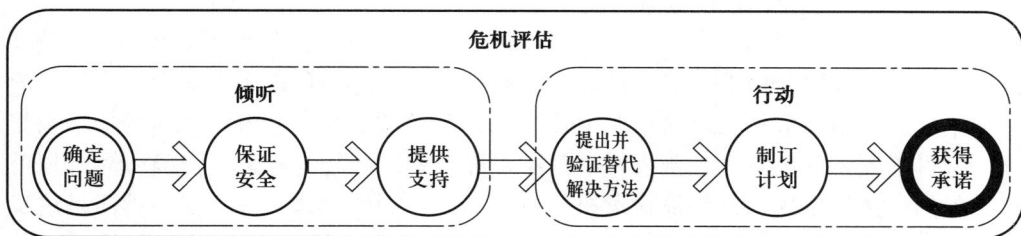

图 8-1　危机干预六步法示意

第一步：确定问题。从危机当事人的角度，确定和理解其本人所认识的问题。危机干预者基于对该问题的澄清和确认，展开随后的具体帮助。在这个过程中主要采用倾听技术，辅以共情、真诚、接纳和尊重等（详见本书第二章）。

第二步：保证安全。这是危机干预的首要目标，贯穿危机干预全过程。确保危机当事人安全，就是将威胁其生理与心理危险性降低至最小。这就需要快速且准确地进行安全评估，既要检查判断威胁危机当事人身体和心理安全的情境致死性与危险度，又要评估危机当事人的能动性丧失程度，也称失能程度。必要时还要让危机当事人知晓可以采取何种行动来对抗乃至替代当前的冲动自毁行为。总之，危机干预者要将危机当事人的安全保护自然地融入助人的思维与行动中。

第三步：提供支持。危机干预者通过言语与非言语的沟通，让危机当事人认识到面前的这个人是可以信赖的、靠得住的支持者。危机干预者的态度是让危机当事人体会到被支持的重要方式，危机干预者应以一种关心的、积极的、接纳的、非评判的、个人化而非程式化的方式来回应危机当事人。

---

① 吉利兰，詹姆斯. 危机干预策略：上 [M]. 肖水源，等译. 北京：中国轻工业出版社，2000：40.

第四步：提出并验证替代解决方法。危机干预者以问题解决为导向，帮助危机当事人认识到："面对眼前的糟糕境遇，我还有变通之法，且不止一种！"进而降低其无助感，使其重获希望感。危机干预者通常依据三条支持路径引导和鼓励危机当事人另辟蹊径：一是可接触的人际支持资源，就是那些现在或过去能够给予危机当事人帮助的人；二是危机当事人的应对机制，包括危机当事人自身及其环境中的，能够被用来克服眼前危机的行为、行动、策略、手段等资源；三是建设性的思维方式，即给予危机当事人新的视域或角度来重新看待眼前的境遇与问题，缓解其应激水平与糟糕的负性体验。需要注意的是，对于深陷危机中的人，最需要的不是拥有更多的选择，而是找到具有可行性的应对之策。

第五步：制订计划。危机干预者与危机当事人协商，制订行动计划来矫正危机当事人的失衡状态，恢复其自制力和自控感。这个环节要注意：一是要协商，关键是让危机当事人觉得计划是自己的，在制订计划这件事情上，其没有被剥夺权利和独立性；二是要使应对之策便宜、可行、积极；三是要确定在实施应对之策时，危机当事人能及时获得足够的外部帮助，包括来自他人的、组织团体的和有关机构的支持；四是应基于危机当事人的自身资源选取应对之策，以最大化地激发危机当事人的改变意愿，避免其过度依赖危机干预者。

第六步：获得承诺。危机干预者与危机当事人协商确定行动步骤后，应当鼓励危机当事人积极践行应对之策。此时，最好的方法是邀请危机当事人做出付诸行动的承诺，通过邀请危机当事人口头复述计划，帮助危机当事人澄清具体的操作和要领。危机干预者示范行动，预想在行动中可能出现的问题与阻碍，协商应对计划可能受阻的办法等事项，最终征得危机当事人履行计划的承诺，并确保该承诺是危机当事人的真实意愿。

在实际使用时，危机干预六步法并非绝对线性，实施步骤和技术应依危机情境的发展需要灵活调整。毕竟在现实的危机干预中，突发问题比比皆是，干预环节常常是开始、结束又反复的混沌过程，因此不能故步自封于六个步骤的先后顺序。

2. 危机干预的 SAFER 模型

危机干预的 SAFER 模型源于美国的国际危机事件应激基金会，其于 1995 年提出，并于 2015 年发表修订版 SAFER-R。SAFER 是 5 个关键阶段的英文首字母缩写，即稳定化（stabilize，S）、认识危机（acknowledge the crisis，A）、增进理解（facilitate understanding，F）、鼓励有效应对（Encourage effective copping，E）、转诊（recovery of referral，R），如图 8-2 所示。

稳定化　　认识危机　　增进理解　　鼓励有效应对　　转诊

图 8-2　危机干预的 SAFER 模型图示

（1）稳定化

稳定化阶段包括建立关系、满足基本需求、减轻急性压力源与稳定化等任务，如表 8-7 所示。

表 8-7 SAFER 危机干预模型的稳定化阶段任务及具体内容

稳定化阶段任务	具体内容
建立关系	危机干预者通过简洁而自信的自我介绍，以共情、真诚和无条件积极关注的态度，表达对危机当事人及其处境的关切，以尊重、非评判和开放的方式，倾听危机当事人的诉求，尽快与危机当事人建立工作同盟。比如："你好，我是……来自……我很愿意为你做点什么，帮你走出困境。""的确，处在这种情况下，谁都会心乱如麻，不知道怎么说。跟你商量一下，接下来由我来问，你来答，咱们一起捋一捋？"
满足基本需求	在危机干预初期，危机当事人通常会有一些基本需求，包括衣、食、住、行等，此时要尽快保障其有吃、有喝、有居所以及有必要的通信设备等
减轻急性压力源	急性危机，又称境遇性危机，通常是一次性或相对短暂的危机。减轻急性压力源，就是帮助危机当事人识别其境遇之"困"与"危"，通过利用环境中的物质资源和社会支持资源，有效地缓解其"困"与"危"
稳定化	稳定化，即提升危机当事人的情绪稳定性。稳定化技术包括移空技术、安全之地技术和催眠技术等。以安全之地技术为例，如果危机当事人处于极度焦虑、紧张和疲惫的状态时，可通过指导语让其想象自己家中那张熟悉温暖的床，然后引导危机当事人用视觉、听觉、嗅觉、味觉、触觉等多个感觉通道来仔细感受那张床，危机当事人在这个过程中就已经在体验放松和休息了

（2）认识危机

认识危机阶段，就是邀请危机当事人叙述整个危机的过程，以及危机当事人的所感、所想和所为。搜集信息与情感宣泄是该阶段的主要任务。危机干预者要在危机当事人的叙事中快速掌握两方面信息：一是危机事件的经过，二是危机当事人的心身反应。危机当事人的叙事可起到一定的情绪宣泄功能，而且危机干预者的共情式倾听会给予危机当事人被关切、被支持的感觉。做好危机认识工作，有利于更好打开后续干预工作的局面。

（3）增进理解

增进理解阶段承接认识危机阶段。一方面，鼓励危机当事人讲述自己在认知、情绪、身体、行为和世界观、人生观与价值观等 5 个层面的反应，通常危机当事人会认为这些都是"异常反应"。另一方面，危机干预者可以使用正常化技术，帮助危机当事人理解所谓的异常反应其实是对非正常事件的正常反应，切实引导危机当事人客观、正向地理解应激反应。

也可向危机当事人进行心理教育：正常人在遭遇非正常事件时，通常会以"战斗""逃跑""木僵""假死"等反应模式来应对。当感觉敌人（危机事件）比我们弱小时就战斗（直接面对）；当感觉敌人比我们强大得多时就逃跑（回避）；当敌人就在眼前，但打又打不过、跑也跑不了时，就木僵（精疲力竭，不抗争，逆来顺受，听天由命）；如果此时敌人持续存在，耗竭到最后就假死（又称屈服，惊恐发作就是典型的假死）。通过适度的心理教育，帮助危机当事人将自身的类似反应归因于危机情境，而非个人缺陷或心理问题，增进其对境遇和反应的理性认知，重拾控制感和能动性。

（4）鼓励有效应对

鼓励有效应对的助人策略包括满足基本需求、经济救助、社会支持、提供信息、应激管理、化解冲突、问题解决、正常化、认知重建、积极赋义等。本阶段的主要干预措施有：

第一，建立相对安全感，给恐惧感建立边界。之所以强调相对安全感，是因为安全感是一个心理维度，现实中绝对的安全实际上并不存在，而且就危机当事人所处的危机境遇而言的确是不安全的。因此，危机干预者能做的就是给危机当事人建立起相对的安全感，比如一间有门锁的房子、一张靠墙的椅子、一杯温暖的茶水等，这些就近取材的资源，能立刻给予危机当事人些许安全感，使其在内心给自己的恐惧建立边界，进而提升内在的稳定感。

第二，加强自我的力量，重拾控制感。危机干预者聚焦危机当事人的控制感训练，可以使用放松技术、躯体控制技术与自我催眠技术等。临床催眠作为一种循证的心理干预方法，已被证明能有效缓解身心压力，增加积极情绪，放松躯体，调动个体的心理资源。

第三，兼具资源取向与问题解决导向，积极赋义，着眼现实，付诸行动。任何行为都有功能。危机干预者要有一双善于发现资源的眼睛，为危机当事人的言行积极赋义，并鼓励危机当事人着眼现实，探索自身和环境中的可用资源，以积极的心态践行力所能及之事，增强现实感与希望感。

（5）转诊

在危机评估中，如果发现当前危机事件激活了危机当事人严重的心理创伤体验，或者危机当事人有可能出现创伤后应激障碍，或者了解到危机当事人正在服用精神类药物甚至已经表现出一些精神疾病症状，就需要迅速联系和转介于专业机构，告知危机当事人应及时就医。

SAFER 模型兼具管理视角与专业视角，且更凸显前者。基于 SAFER 模型的干预工作，既是一个专业的干预过程，更是一个基于危机反应的阶段性变化规律而实施的管理过程。SAFER 模型基于生态系统的危机观，在宏观系统视域下理解和干预危机当事人的反应与心理创伤。因此，SAFER 模型提倡医疗、护理与政府等多部门的合作与联动反应，视心理援助为其中一环，主张危机干预者要有大系统观。

3. 危机干预的任务模型

危机干预六步法与 SAFER 模型都依据时间进程，将危机干预进行了程式化处理，那么究竟哪种模型更符合实际的危机情境呢？心理危机干预者如何在诸多模型间判断和取舍？如果需要进行方法的整合，又有何依据或指导标准？

任务模型可帮助我们更好地思考和应对这些疑惑。该模型由迈尔等人研制，研究者从心理学研究、临床咨询、医学与社会工作领域中，选取了 10 个代表性危机干预模型，基于内容分析，将各模型所呈现的心理危机干预过程、环节或措施进行拆解与归纳，最终整合出 7 个心理危机干预成分，包含 3 个连续任务和 4 个焦点任务。①国内研究者基于元分析进一步阐释了任务模型的 7 个任务。②

（1）危机干预的连续任务。指的是在心理危机干预过程中，需要持续不断或者多次反复进行的任务，包括评估、保障安全与提供支持。连续任务是心理危机干预的基础性任务，任务之间有侧重、有联系，没有特定的起始时间点和实施顺序，需要危机干预者依据危机当事人的反应灵活实施。

连续任务 1：评估危险。一旦条件允许，就应当着手评估。一是评估危机当事人的认知、情绪情感与行为功能；二是评估危机当事人所处的危机阶段与其身处的环境生态质量；三是评估那些在危机中多发的特定心理问题，如急性心理障碍、创伤后应激障碍、严重抑郁和自杀性自伤等，检查评估这些特定心理问题是实施安全保障的关键前提。

连续任务 2：保障安全。在心理危机干预之初，保障安全是指尽可能降低危机事件对危机当事人的生命威胁，即确保自伤自杀或伤他杀他事件中相关人员的生命安全。在此基础上，保障安全还有尽量不让危机当事人独处于应激事件之中、提醒危机当事人注意安全、获得危机当事人的安全承诺等。

连续任务 3：提供支持。缺乏社会支持被认为是心理危机发生的重要原因。在心理危机干预中，提供支持是重要目标。支持可被看作一个从"非直接支持"到"直接支持"的连续体。危机干预中提供的"非直接支持"类似心理咨询中给予当事人的非指导性心理支持，而提供"直接支持"就是指危机干预者对危机当事人的心理与行为所作的直接指导，比如在危机当事人身心安全受到严重威胁但自身丧失能动性时，危机干预者可以代替其做主、要求其做什么或不做什么、阻止其情绪进一步失控等。提供支持贯穿危机干预始终，甚至可以在危机事件结束后为危机当事人联系相关心理咨询资源，以更好地支持其快速复原。

（2）危机干预的焦点任务。指的是那些需要在某个阶段或特定时间点集中进行的危机干预活动，包括建立联系、重建控制、问题解决、后续追踪。

焦点任务 1：建立联系。危机干预中的建立联系，既指与危机当事人建立接触，表明愿意站在危机当事人的立场上共情、关爱与支持他；又指与危机当事人建立一种工作同盟。当然，要促成这种帮助关系，应基于危机当事人已获得基本的安全感。

焦点任务 2：重建控制。即危机干预者帮助危机当事人重塑危机调控能力，可理解为重获平衡感、重建秩序感、拥有问题解决的希望感、商定现实可行的计划，乃至获得危机当事人行动改变的承诺，等等。如果将危机当事人比作遭遇车祸的驾驶员的话，重建控制工作就是帮助危机当事人重新坐回到驾驶座位上，危机干预者既可以直接叫停危机当事人，也可以坐在副驾驶座位上指点危机当事人，还可以放手让危机当事人独自大胆地行驶。具体技术如降阶技术，即通过降低危机事态等

① MYER R A, LEWIS J S, JAMES R K. The introduction of a task model for crisis intervention[J]. Journal of mental health couseling，2013，35（2）：95-107.
② 高雯，杨丽珠，李晓溪. 危机事件应激管理的结构、应用与有效性 [J]. 中国健康心理学杂志，2013，21（6）：953-957.

级，使危机当事人恢复理性思考，重获控制事态的自信。又如言语限定技术，即通过积极的自我对话，降低危机事态对其产生的消极影响。

焦点任务 3：问题解决。危机干预中的问题解决，首先要定义危机，即站在危机当事人的立场，理解其面对的问题或求助的动机，可细分为检查可替代的方法、找出过去事件、探索想法与体验、锁定受损功能等具体任务。其次确定问题之后，就要着手制订改变计划，可以使用头脑风暴法、寻找例外、获得额外帮助、挖掘潜在资源、给予鼓励等策略，帮助危机当事人确定具有现实性与可操作性的行动方案。最后，获得危机当事人的承诺并鼓励其践行。

焦点任务 4：后续追踪。后续追踪可以在危机干预之后，也可以在危机干预过程中实施；可以是面谈，也可以是电话访谈。后续追踪最主要的目的是核实危机当事人是否已经摆脱危险，重获能动性。后续追踪要评估干预措施的有效性和干预人员的能力，旨在改善心理危机干预服务。无论哪种目的，后续追踪都要事先获得危机当事人的知情同意。

4. 基于儿童青少年心理危机综合定级体系的五级干预法

五级干预法依据儿童青少年心理危机综合定级体系制定。首先，五级干预法将心理危机等级自高向低划分为五个水平，即危机一级关注、危机二级关注、危机三级关注、危机四级关注和良好。其次，对应不同的校园心理危机状态，五级干预法认为学校应分别启动不同层级的学生危机干预资源，有校级干预、班级干预与日常预防之别。最后，从危机干预人员的角色、任务与操作流程等方面，进一步将干预等级细分为校级紧急关注、校级特别关注、班级重点关注、班级适当关注与日常预防，详见图 8-3。

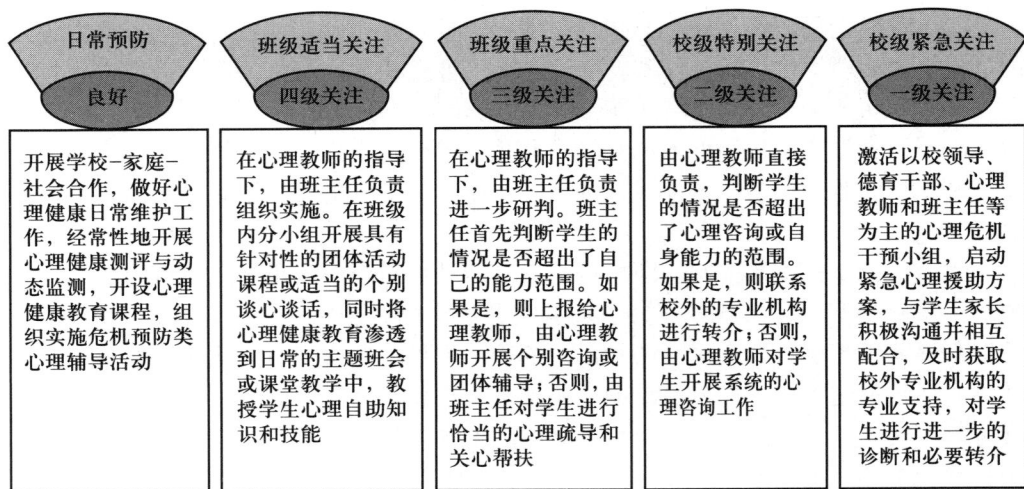

日常预防	班级适当关注	班级重点关注	校级特别关注	校级紧急关注
良好	四级关注	三级关注	二级关注	一级关注
开展学校-家庭-社会合作，做好心理健康日常维护工作，经常性地开展心理健康测评与动态监测，开设心理健康教育课程，组织实施危机预防类心理辅导活动	在心理教师的指导下，由班主任负责组织实施。在班级内分小组开展具有针对性的团体活动课程或适当的个别谈心谈话，同时将心理健康教育渗透到日常的主题班会或课堂教学中，教授学生心理自助知识和技能	在心理教师的指导下，由班主任负责进一步研判。班主任首先判断学生的情况是否超出了自己的能力范围。如果是，则上报给心理教师，由心理教师开展个别咨询或团体辅导；否则，由班主任对学生进行恰当的心理疏导和关心帮扶	由心理教师直接负责，判断学生的情况是否超出了心理咨询或自身能力的范围。如果是，则联系校外的专业机构进行转介；否则，由心理教师对学生开展系统的心理咨询工作	激活以校领导、德育干部、心理教师和班主任等为主的心理危机干预小组，启动紧急心理援助方案，与学生家长积极沟通并相互配合，及时获取校外专业机构的专业支持，对学生进行进一步的诊断和必要转介

图 8-3 基于儿童青少年心理危机综合定级体系的五级干预法示意

学校要做出最有效的心理危机干预反应，组建并培训应对心理危机的专门团队很关键。在图 8-3 中，五级干预法主张学校应建立一个心理危机干预小组，由三类人员构成，包括学校领导干部（校领导＋德育干部）、心理教师与班主任。其余教职工，甚至包括学生家长，都是学生心理危机干预队伍的重要组成部分，应对以上人员开展全员心理危机干预技能培训。[①]

危机事件应急管理体系对建设学校心理危机干预队伍的建议是：在学区内或学校内组建队伍；匹配具体的工作角色与人员；角色构成有团队领导者、心理咨询或心理危机干预专家以及负责医疗、法律、安全、媒体的教师与家长代表；人员构成有管理人员、学校心理辅导者、医护人员与其他教职员工。其中，学校心理辅导者应在组建团队、制订方案和快速反应中扮演重要角色。

第二节　青少年生命教育

如果说心理危机干预意在救生命于"水火"，生命教育的主旨就是在活着、活好与活出价值的过程中彰显生命的色彩。从某种意义上来说，好的生命教育实践能在源头上扼杀青少年的危险行为。

早在 20 世纪 60 年代末，美国就率先提出了生命教育思想。我国的生命教育于 21 世纪初拉开帷幕，辽宁、上海、湖南、黑龙江、云南、陕西等地率先推出了生命教育专项工作方案或指导纲要，引导本地区开展生命教育实践。2010 年，生命教育从国家层面全面铺开。

2010 年，《国家中长期教育改革和发展规划纲要（2010—2020 年）》指出："重视安全教育、生命教育、国防教育、可持续发展教育。"这要求并规定了生命教育对学生全面发展的教育功能、价值和意义，表明在政策层面，生命教育已然成为国家教育改革的重点内容。

2016 年，国家发布了《中国学生发展核心素养》，把"珍爱生命"列为学生六大核心素养之一"健康生活"的基本要点。其中对"珍爱生命"的表述是：理解生命意义和人生价值；具有安全意识与自我保护能力；掌握适合自身的运动方法和技能，养成健康文明的行为习惯和生活方式等。

2021 年，教育部在《生命安全与健康教育进中小学课程教材指南》中进一步明确了儿童青少年生命教育的重要意义：生命安全与健康是人类生存、发展的基本需求和永恒追求。良好的学校生命安全与健康教育有助于学生树立正确生命观、健康观、安全观，养成健康文明行为习惯和生活方式，自觉采纳和保持健康行为，为终身健康奠定坚实基础。《生命安全与健康教育进中小学课程教材指南》提出力求做到生命安全与健康教育进教材、进课堂、进学生头脑，并指出这是实现生命安全与健康教育系列化、常态化、长效化的重要举措。

近年来，我国研究者在青少年生命教育的含义、目标与内容、实施路径、实施策略等方面不断拓展和深入，获得了一些成果和共识。

---

① 高雯，杨丽珠，李晓溪. 危机事件应激管理的结构、应用与有效性 [J]. 中国健康心理学杂志，2013，21（6）：953-957.

一、青少年生命教育的含义

生命教育是一种主要由生之教育到死之教育过程中"为了更好地生"的实践活动。生命教育既是培养一个人如何向"死"而"生"，如何站在生命的终点来把握好当下的生活。青少年生命教育的含义有狭义、中义与广义之分[①]：

狭义的生命教育是针对青少年生命发展中的危险性问题开展的治疗性实践活动。该群体频发的生命问题如自杀性自伤、伤人、欺凌、暴力以及意外伤害等，学界就将指向这些生命问题解决的生命教育称为狭义的生命教育，其概念可以与生命安全教育互换。

中义的生命教育是指向生命整全的发展性教育实践活动。整全的生命是自然生命、社会生命与精神生命的统一。整全的生命教育致力于生命的统整，是对人的三重属性生命的系统关照，即呵护自然生命、拓展社会生命、激扬精神生命，最终实现生命的和谐。联合国教科文组织对发展生命的整全性的解释是：首先在于保持个体生命的整全，使人成为他自己；其次在社会化的过程中将理想的自我与现实的自我统一起来；最后在生命实践中获得生命的整全发展。

广义的生命教育是以生命为原点来重新解读、诠释教育，认为生命是教育的原点，教育应回归生命本身。其中以生命教育实践学派的观点最具代表性，该学派开创者叶澜指出，教育就是直面人的生命、通过人的生命，为了人的生命质量的提高而进行的社会活动。[②]

二、青少年生命教育的目标与内容

国家希望通过生命教育来培养融合视域下能适应社会发展的高素质人才，通过改变人的理念，在包括人类之间、自然之间以及人与自然之间形成一种相互统一的命运关系，直至达成人类命运共同体。

该目标常与两点具体内容相联系：一是青少年对待生命的态度，二是青少年对生命意义的理解。

生命态度是描述个体对和生命有关的人、事、物，或者观念、倾向、感觉和行动，包含个体对生命的认知与情意。既涵盖自然生命、社会生命和精神生命，又包括与生命相关的人、事、物。

生命意义是指人们领会、理解或看到生活的意义，以及随之觉察到自己生命的目的、使命和首要目标。[③]它包含追寻生命意义与拥有生命意义两个维度。追寻生命意义是指个体努力地理解生命的含义和目标，属于动机维度，强调过程；拥有生

---

① 冯建军，朱永新，袁卫星. 论新生命教育课程的设计 [J]. 课程·教材·教法，2017，37（10）：12-18.

② 叶澜，郑金洲，卜玉华. 教育理论与学校实践 [M]. 北京：高等教育出版社，2000：136.

③ STEGER M F，FRAZIER P，OISHI S，et al. The meaning in life questionnaire：assessing the presence of and search for meaning in life[J]. Journal of counseling psychology，2006，53（1）：80-93.

命意义是指个体基于对生命的含义和目标的理解，对自己活得是否有意义的认知评价，属于认知维度，强调结果。生命意义量表修订版（meaning in life questionnaire revision，MLQR）用 10 个条目从这两个维度来把握人是如何理解生命的意义的。[①]

除了生命意义的二维结构观之外，还有学者提出了认知—动机—情感的三维结构观。其中，生命意义的情感成分，指的是个体从过去的经验或已完成的目标中得到的满足感和自我实现感，这种觉得自己生命有意义的人，能领悟到生命的含义，有清晰的目标并且心中充满了满足感。

诸多有关生命意义形成的理论模型皆认为，决定个体进行意义建构的动力之所在，就是使不一致的情境性意义（对情境事件的理解）与一般性意义（自身原有的观念）趋于一致，而重获一致感是个体最基本的心理需求。[②]一般性意义系统是一个认知框架，是人的定向系统，包括信念、目标和主观的意义感或目的感，用于解释自身的各种生活经历、经验和动机。

已有相当多的研究表明，生命意义具有促进身心健康的作用。一个人对生命意义的理解程度越高，就越倾向于选择积极的方法来应对焦虑与抑郁，越能正确地看待死亡和抑制自杀行为，越容易保持身心健康。生命意义还能增进身体健康，提升幸福感与生活满意度，促进人际和谐，提高学习与工作绩效，修复心理创伤乃至促进心理成长等。

三、青少年生命教育的实施路径

青少年生命教育的实践工作日益受到学校和学界的重视，其中不乏有益的研究性与应用性成果。诸多青少年生命教育的探索表现出一个比较明显的倾向：多基于国家价值取向，较少从学生本身的价值追求开展生命教育。[③]这在一定程度上导致尽管人人都知道生命教育的要义，但一些学生、家长甚至是教师以影响学业成绩为由，不积极、不主动甚至完全不参与生命教育实践活动，使生命教育存在被弱化、被虚化之嫌。

实现生命教育价值的有效路径，应以自然生命为生命教育的逻辑起点，以精神生命为生命教育的价值追求，以社会生命为生命教育的意义追寻。[④]学校教育要培养德智体美劳全面发展的社会主义建设者和接班人，其首先应是健康的、生机勃勃的生命个体，具有强烈的生命意识，并能不断地追求更高的生命价值。

完整的生命教育是生命之真、善、美的"共在"，是引导青少年认识生命之真、

① 王鑫强. 生命意义感量表中文修订版在中学生群体中的信效度 [J]. 中国临床心理学杂志，2013，21（5）：764-767，763.
② 张荣伟，李丹. 如何过上有意义的生活？：基于生命意义理论模型的整合 [J]. 心理科学进展，2018，26（4）：744-760.
③ 顾高燕，张姝玥. 论生命教育的价值、属性及其实践路径 [J]. 中国教育科学（中英文），2021，4（1）：38-45.
④ 顾高燕，张姝玥. 论生命教育的价值、属性及其实践路径 [J]. 中国教育科学（中英文），2021，4（1）：38-45.

践行生命之善、活出生命之美的活动。当前青少年生命教育实践更多地落脚于生命之善的教育。如关爱生命、尊重生命、敬畏生命、感恩生命、珍惜生命等活动议题，皆围绕的是如何道德地对待生命来展开的。相较于生命之善这个主题，生命之美在青少年生命教育中"式微"。

除此之外，青少年生命教育中有关探寻生命意义的活动，多从死亡教育、灾难教育等视角展开，借助灾、难、病、亡等重大应激事件，唤醒和引发青少年对生命的思考、敬畏、尊重与珍惜，进而激发其对生命意义的探寻和追求。然则，死亡和悲剧并非探寻生命意义的唯一路径，相较于"向死而生"式的沉重的生命教育，基于生命之美思考、理解活着的意义，唤醒、引发对生命意义的探寻更适合青少年群体，亦更适合发展学校心理辅导之功能。

美在生命本身。生命之美是探寻生命意义的重要维度。凸显生命之美的生命教育就是要回到生命本身来认识、感受、体验、理解、践行生命之美，积蓄生命正能量，优化生命样态，活出生命精彩。凸显生命之美的生命教育实践可从以下三方面实施：

第一，形成"悦享生命"的生命观念。拥有生命就是拥有幸福，体验活着的各种滋味就是生命的意义。以"悦享"而非"熬""挺"的观念来理解生命历程、体验生命状态，是凸显生命之美的生命教育重心所在。"悦享生命"兼具享受生命、丰富生命与优质生命之意。青少年的生命教育，除了"向死而生"的路径，更应从积极、正向、美好的方面展开，在青少年心中牢固树立"悦享生命"之信念，既能以"悦享"之心态亲近美、享受美、创造美，又能以"悦享"之心态直面难、品味苦、超越生与死。

第二，培育"满怀希望"的生命态度。美能唤醒生之希望，使人类向前、向上。赋予青少年生命的希望感，是凸显生命之美的生命教育的重要使命。生命的展开，可以"有为"——道德地对待生命；可以"无为"——虚怀若谷地静待生命智慧的来临；更应"有待"——满怀希望地活着，尤其在艰难、困苦、茫然、寂寥之时，还能坚信"生活会继续"。

第三，提升从美的角度体验生命的能力。"悦享生命"是种能力。生命有"五美"——生命拥有美、生命展示美、生命需要美、生命体验美、生命创造美。从美的角度体验生命的能力，就是有能力获取、传递生命的正能量。凸显生命之美的生命教育，应在吸收正能量、释放正能量、形成"正能量池"的过程中，着力培养青少年的生命选择力，强化其拓展优势潜能的实践力。①

四、青少年生命教育的实施策略

纵观近年来实施的青少年生命教育实践活动，大致可分为三种策略：一是专设生命教育课程，作为校本课程或地方课程；二是进行学科渗透；三是开展生命教育主题实践活动。从心理学、循证实践、本土化的角度来看，与生命教育议题紧密关

---

① 刘慧. 生命之美：生命教育的至臻境界 [J]. 教育研究，2017，38（9）：23-27.

联的研究议题有两个——生命意义与心理韧性。以下着重介绍青少年生命教育课程的实施策略。

2021 年，教育部印发的《生命安全与健康教育进中小学课程教材指南》(以下简称《指南》)明确提出，将生命安全与健康教育全面融入中小学课程教材，并就此给出的总体目标是力求做到进教材、进课堂、进学生头脑，在中小学课程教材中的布局安排更加系统、科学，内容更具针对性、适宜性、实用性。

《指南》明确了中小学生命教育的内容框架，包含 5 个领域 30 个核心要点(见图 8-4)。《指南》还绘制了 5 个领域的关系结构图(见图 8-5)。具体到小学、初中和高中阶段的培养要求，可分别概括为：在小学阶段，通过基本知识介绍、具体技能训练和个人卫生习惯培养，引导学生了解健康及其影响因素等。在初中阶段，通过讲解原理和机制，深化学生认识，引导学生学会分析与评估健康影响因素，学习青春期保健的基本知识和技能，提高预防性骚扰与性侵害的能力等。在高中阶段，加强学生的生命责任感，提高发现问题和积极解决问题的能力，引导学生深入了解烟草、酒精和毒品危害身体健康的机制，了解我国公共卫生体系和传染病防治的相关法律法规等。

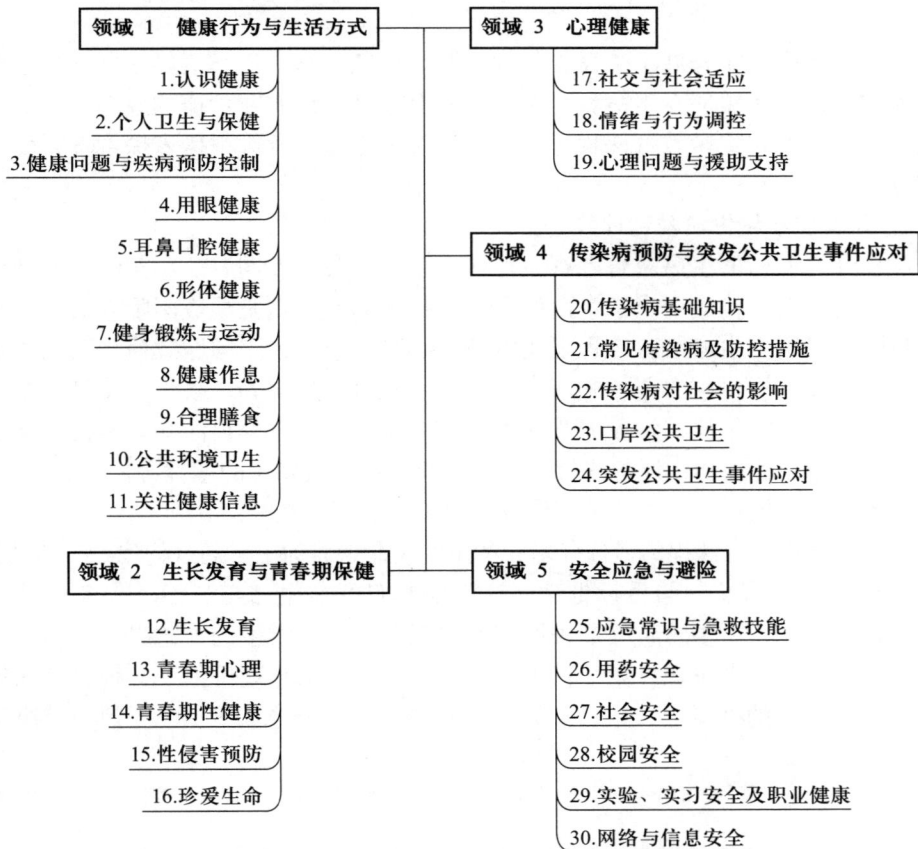

领域 1 健康行为与生活方式	领域 3 心理健康
1.认识健康	17.社交与社会适应
2.个人卫生与保健	18.情绪与行为调控
3.健康问题与疾病预防控制	19.心理问题与援助支持
4.用眼健康	
5.耳鼻口腔健康	领域 4 传染病预防与突发公共卫生事件应对
6.形体健康	20.传染病基础知识
7.健身锻炼与运动	21.常见传染病及防控措施
8.健康作息	22.传染病对社会的影响
9.合理膳食	23.口岸公共卫生
10.公共环境卫生	24.突发公共卫生事件应对
11.关注健康信息	
领域 2 生长发育与青春期保健	领域 5 安全应急与避险
12.生长发育	25.应急常识与急救技能
13.青春期心理	26.用药安全
14.青春期性健康	27.社会安全
15.性侵害预防	28.校园安全
16.珍爱生命	29.实验、实习安全及职业健康
	30.网络与信息安全

图 8-4 中小学生命安全与健康教育 5 个领域 30 个核心要点框架

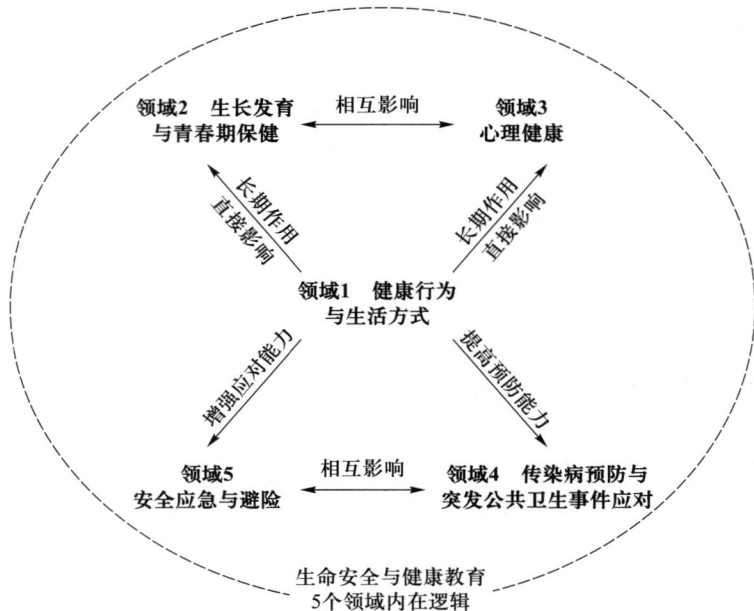

图 8-5 中小学生命安全与健康教育 5 个领域的关系结构示意

我国多地中小学开展了生命教育的实践与研究,其中不乏诸如区域推进生命教育的大中小衔接实验、新生命教育实验等具有较高循证实践价值的成功案例。学校可通过开设校本化生命教育课程、实施学科渗透生命教育等举措来探索多元化的生命教育。

1. 开设校本化生命教育课程

学校开设专门的生命教育课程,是解决学生生命发展问题、落实学生发展核心素养的关键举措。构建中小学生命教育课程指导纲要,则是顺应国际生命教育课程化趋势、应对国内生命教育课程现实困境的必然要求。诸多问题致使当前的生命教育陷入了重复、错位与失范的困境,诸如各学段目标不明确,缺乏衔接且有重复之嫌;内容缺乏系统架构,学段间存在重复和错位;实施过程关注知识传授,缺乏生命体验和生命创造活动;评价或流于形式,或注重考查知识的掌握等。[①]

鉴于此,学校在开设生命教育课程时要注意以下三点[②]:

第一,生命教育课程的目标以培养学生的生命素养为主。通过构建"生命认知 + 生命行动 + 生命情意"的目标框架,在生命与自我、生命与自然、生命与社会等三重关系中,引领学生思考终极关怀与实践课题,提高学生的道德思考能力,帮助其反省生命中的重大伦理议题;促进学生内化人生观与伦理价值观,统整其知情意行。具体到目标的维度上,生命认知的目标维度是"概念与原理""判断与决策",

---

① 安桂清,刘宇,张静静. 中小学生命教育课程指导纲要的构建理路 [J]. 课程・教材・教法,2020,40（4）：16-22.

② 安桂清,刘宇,张静静. 中小学生命教育课程指导纲要的构建理路 [J]. 课程・教材・教法,2020,40（4）：16-22.

生命行动的目标维度是"探究与行动"，生命情意的目标维度是"态度与责任"。表8-8列举了4个学段生命教育的维度、目标与内容，每个学段仅枚举了三重关系维度之其一。

表8-8 4个学段生命教育的目标、维度与内容

		生命认知		生命行动	生命情意
		概念与原理	判断与决策	探究与行动	态度与责任
1—2年级	生命与自我	初步了解人体的基本构成，知道科学的个人卫生、饮食和作息知识	分辨自己的基本卫生、饮食和作息习惯是否科学合理	制订简单、科学的个人作息、卫生和饮食行动计划并执行	认同良好的个人生活习惯的重要性，并据此关心或提醒他人
3—5年级	生命与自我	正确描述人体主要器官的功能，了解健康的一般含义	分辨自身身体状况、生活方式是否健康，并对其做出恰当的调整	简单调查周围人们的生活习惯，分析其是否健康	接受科学的健康观念，并愿意向身边的人们进行宣传
初中	生命与自然	了解与环境保护有关的知识、法规与政策的基本内容	辨别周围的自然资源开发及社会生活现象是否符合环境法规和政策规定，并提出恰当的建议和对策	积极参与学校社团或社区的环境保护活动	乐于在自发或有组织的环保公益活动中承担力所能及的工作
高中	生命与社会	明确科技的研发与运用对个人生活与社会生活造成的影响，掌握生命与科技领域进行伦理判断的基本原则和方法	正确判断各类生命与科技伦理问题，并作出恰当的伦理承诺	探讨并反思生命与科技领域的相关伦理议题	认同生命与科技领域相关议题所应遵循的伦理原则并主动践行

第二，生命教育课程的内容组织以展现生命发展的线索为主。当前主要有三种组织内容的线索：一是依照生命构成来架构内容，如新生命教育实验，以人的自然生命、社会生命和精神生命，将课程设计为安全与健康、养成与交往、生涯与价值等六大领域；二是依据大主题来架构课程内容，如生与死、身与心、健康与疾病、生存与发展等议题；三是依据三重关系来架构课程内容。相较而言，第三种组织线索优势比较明显，兼具观照生命的完整性、较强的逻辑性与简洁性。

第三，生命教育课程的实施应当凸显生命的自我实践过程。该过程是师生共同

展开生命体验、联合创造生命经验的过程。在具体实施中，将学生置身于学校—家庭—社会一体化的生命实践场域中，围绕学生日常生活遭遇的种种生命现象，提供与学生生命历程相近的情境，引导其在情境中体验、思考和判断，通过这种主动地探究与体验，使学生学会尊重生命、体认生命的意义、掌握生命保护的技能。

下面介绍 3 个有代表性的生命教育课程案例。

（1）区域性推进生命教育课程的循证实践案例。上海市杨浦区实施的"区域推进'生命教育'大中小学衔接的实践研究"，旨在探索区域性推进生命教育课程的可行性。该区教育学院与中小学合作，先后开发了学生生涯发展课程、性别教育课程、家庭教育课程、生态教育课程、情绪智力教育课程、户外生存课程、健康安全技能宝典课程等专题课程。[①]

（2）新生命教育实验案例。新生命教育是从生命的完整性出发的一种发展性生命教育，而非从生命问题出发的治疗性生命教育。新生命教育课程围绕人的自然生命、社会生命和精神生命，提出了热爱生命、积极生活、成就人生的三大任务，并基于此设计了安全与健康、养成与交往、生涯与信仰等六大领域课程。[②]

（3）高中生命教育选修课案例。台湾地区在高中阶段实施的是生命教育类选修课程，分为通识类和专题类。其中，生命教育是通识类的基础入门课程，另外还有 7 科专题性的进阶课程，包括"哲学与人生""宗教与人生""生死关怀""道德思考与抉择""性爱与婚姻伦理""生命与科技伦理"和"人格与灵性发展"等。

要注意的是，当生命教育作为通识教育时，在教学过程中常遭遇两种阻碍：一是"言"与"意"的断裂问题，二是因时空条件不同，致使生命经验难以传递的问题。[③] 因此，深化中小学生命教育课程建设，还要积极推进多元化学科渗透生命教育。

2. 多元化推进学科渗透生命教育

注重有机融入学科是《指南》提出的基本原则之一，即"依据学科特点，以核心素养为导向，选取生命安全与健康教育相关内容，作为学科教学素材，有机整合融入学科教育，注重趣味性、互动性、体验性、生成性，提升教育实效性。"提倡将"生命至上、健康第一"的理念，覆盖生理、心理和社会适应领域，有机融入学科教学中。小学阶段的科学、体育与健康、道德与法治等学科课程，初中阶段生物学、科学、道德与法治、体育与健康、历史等学科课程，高中阶段生物学、思想政治、体育与健康、历史等学科课程，都是渗透生命教育的显性课程。

此外，学校可通过建设生命教育微课程，丰富学科渗透生命教育的资源。生命教育微课程针对的是个体、较小的群体以及群体中那些微小的生命教育现象，利用短、小、灵、快的微课程，引导学生观察微现象、发现微问题、搭建微组织、创造微平台，培养学生正确地处理与自我、与他人、与社会、与自然的关系，提升学生

① 区域推进"生命教育"大中小学衔接的实践研究项目组. 区域推进"生命教育"大中小学衔接的实践研究 [M]. 上海：上海教育出版社，2018：158.
② 冯建军，朱永新，袁卫星. 论新生命教育课程的设计 [J]. 课程·教材·教法，2017，37（10）：12-18.
③ 黄俊杰."生命教育"如何可能？[J]. 高教发展与评估，2021，37（4）：44-54，106，109.

的生命价值感，实现活着、活好、活出价值的生命教育目标。①

思考题

1．学习完本章内容后，请制作一幅有关青少年心理危机干预与辅导行动路线图。你可以与合作小组的成员分工完成，然后汇总小组方案并绘制，之后在全班分享。

2．从区域性推进生命教育课程案例、新生命教育实验案例、高中生命教育选修课案例中，选择一个你感兴趣的案例，结合本章提供的拓展资源，撰写一份案例分析简报。然后与制作不同案例简报的同学组成合作小组，展示并讨论你们小组的案例资源，总结提炼你们在这项活动中的收获。

推荐阅读

1．丛中．心理危机干预基本要领 [J]．中国心理卫生杂志，2020，34（3）：243-245．

2．王新波，姚力，赵小杰，等．儿童青少年心理危机评估综合定级体系的构建 [J]．北京师范大学学报（自然科学版），2021，57（4）：458-465．

3．张荣伟，李丹．如何过上有意义的生活?：基于生命意义理论模型的整合 [J]．心理科学进展，2018，26（4）：744-760．

4．黄俊杰．"生命教育"如何可能? [J]．高教发展与评估，2021，37（4）：44-54，106，109．

5．张萍，汪海彬，李志专，等．儿童青少年希望感问卷编制 [J]．中国临床心理学杂志，2022，30（1）：30-35．

____

① 叶柯男．生命教育微课程的实践探索 [J]．中国教育学刊，2020（2）：108．

第九章　学生生涯辅导

在经济全球化的今天，随着经济、技术的不断发展，人才需求也处于动态变化中，曾经熟悉的一些传统职业逐步退出历史舞台，新型职业和办公模式开始建立新的职业秩序。人力资源社会保障部、国家市场监管总局、国家统计局于2020年3月联合发布了智能制造工程技术人员、工业互联网工程技术人员等16个新职业，于2021年发布了集成电路工程技术人员、职业培训师等18个新职业。在这一形势下，对学生开展生涯辅导，培养其规划管理学业、职业生涯的意识和能力，培育工匠精神和质量意识，为适应社会、就业创业、职业生涯可持续发展做好准备。

我国的生涯辅导起步较晚，目前仍在探索阶段，前期主要集中于大学阶段，对中小学阶段的探索和实践相对较少。在中小学阶段的生涯辅导发展中，我国各地区也存在较大差异，香港、台湾地区发展较早，并在不断实践中形成了独特的生涯辅导模式[1]，大部分地区起步较晚，生涯辅导内容、模式都亟待探索。近年来，我国进入学校生涯辅导快速发展时期，国家相应出台了各项政策。2012年，我国颁布的《中小学心理健康教育指导纲要（2012年修订）》明确指出将升学、职业规划、就业准备列入教育内容。2014年，国务院发布了《关于深化考试招生制度改革的实施意见》，上海、浙江等地陆续开启新高考改革，大学入学不再仅凭高考分数，还要关注学生的综合素质和生涯规划。[2] 2019年，国务院办公厅印发的《关于新时代推进普通高中育人方式改革的指导意见》指出，要加强学生生涯规划方面的指导，建立健全指导机制，协同高校、科研机构、企业等各种社会资源，为学生提供咨询和帮助。这些政策从内容、实践方式上推动了我国生涯辅导的发展。

除了应对当前世界对人才的需求，生涯辅导从个体发展的角度来讲，存在诸多益处。有研究选取了北京和武汉两地692名初中生进行问卷调查，考察生涯成熟度与积极情绪之间的关系，结果发现初中生的生涯成熟度能够正向预测积极情绪。[3] 这表明通过生涯辅导提高个体的生涯成熟度，能在一定程度上促进积极情绪，学生的生涯发展水平与心理健康密切相关。此外，还有研究聚焦生涯自我效能感对心理

---

① 邓璐. 生涯规划教育文献研究综述 [J]. 中小学心理健康教育，2017（32）：4-7.
② 钱静峰. 中国青少年生涯教育的本土化分析与路径选择 [J]. 生涯发展教育研究，2018，15（1）：81-90.
③ 王丹. 初中生生涯成熟度与积极情绪的关系：自尊的中介作用 [J]. 应用心理学，2016，22（3）：255-260，226.

健康的影响，结果发现，高生涯自我效能感的个体会产生更强的幸福感[①]，同时也会减少问题行为、降低焦虑、抑郁和压力感。[②]

无论为应对新挑战，还是为自身健康发展，生涯辅导都能给学生带来帮助。我国一项关于高中生生涯干预的研究也证明，不同形式的生涯干预（生涯课程、团体辅导、个体辅导）都能促进高中生的生涯胜任力。[③] 关于影响学生生涯发展的研究也指出，父母和教师自主支持对学生的生涯发展起着显著作用，且教师的自主支持作用更为明显。[④] 这提示在促进学生生涯发展方面，学校举措至关重要，但也不能忽视家长的支持。

第一节　生涯辅导概述

我国学生生涯辅导处于起步阶段。虽然在中小学阶段生涯辅导的重要性不容忽视，但就目前来看，这一领域还存在很大的发展空间。随着国家相关政策的颁布，生涯辅导已成为学校心理辅导不可忽视的一部分。

一、生涯辅导的相关概念

（一）生涯

"生涯"一词的英文为 career，源于拉丁文 carrus，既有用作名词的"战车"之意，也有用作动词的"驾驭马车"之意，这两个意思都蕴含"如同在马场上竞技，含有冒险、未知、克服困难的精神"。后来，"生涯"一词逐渐延伸为"道路""人生道路"的意思。

学界对生涯的定义不尽相同，但较多学者普遍接受舒伯的观点：生涯包括发生在生命中的一系列事件，是各种职业和生命角色的统合，个体以自我发展的形式表现出对工作的投入；生涯包括了从青春期到退休后一系列有偿或无偿的工作角色，也包括与工作相关的角色，如学生、工人、退休人员等，还包括与工作不相关的角色，如家人和公民。从这一定义可以看出，生涯的内涵和范围非常丰富，除了普遍意义上的职业、工作外，还覆盖了生命全过程中的各类角色的发展。

（二）生涯辅导

生涯辅导和职业辅导的概念经常被混淆，在使用上也存在混用的现象。职业辅

---

① 曾盼盼，林崇德，刘力，等. 大学生经济信心和心理健康的关系：生涯自我效能感的中介作用 [J]. 心理与行为研究，2011，9（2）：93-97，139.

② HIRSCHI A. Career adaptability development in adolescence：multiple predictors and effect on sense of power and life satisfaction[J]. Journal of vocational behavior，2009，74（2）：145-155.

③ 王丹琦. 高中生生涯适应力的发展特点与促进 [D]. 天津：天津师范大学，2023.

④ 唐芹，方晓义，胡伟，等. 父母和教师自主支持与高中生发展的关系 [J]. 心理发展与教育，2013，29（6）：604-615.

导产生于 20 世纪初，主要聚焦如何帮助个体进行职业选择、职业准备以及就业等活动，并关注个人需要和其他角色的发展。

生涯辅导的概念从职业辅导发展而来，除了与职业相关的内容外，生涯辅导还包括生命过程中其他角色的发展，关注个人生活目标和职业兴趣的关系与生涯选择等问题。[①] 随着社会经济的变化和生涯理论的发展，职业辅导逐渐向生涯辅导转变。

目前，关于生涯辅导没有统一的定义，本书主要采用经济合作与发展组织对生涯辅导的定义：生涯辅导旨在帮助任何年龄的人在其一生中的任何时间进行教育、培训和职业选择，并管理其生涯的服务，包括提供生涯信息、生涯评估、生涯咨询、生涯教育、职业体验等。[②] 不难发现，生涯辅导的最终目的在于帮助个体进行生涯管理。在这个过程中，生涯辅导工作者需要辅以多种方式促进该目的的实现。

二、生涯辅导的内容

根据舒伯的生涯发展理论，处于不同发展阶段的个体，其生涯发展的主要任务不同，如表 9-1 所示。

表 9-1　生涯发展阶段及主要任务 [③]

发展阶段	年龄 / 岁	主要任务
成长阶段	0—14	形成初步的自我概念以及对工作世界的初步了解
探索阶段	15—24	进行自我和职业探索，做出初步的生涯选择，并对这些选择进行初步尝试
建立阶段	25—44	明确生涯领域并稳定地发展
维持阶段	45—64	维持已建立的自我概念，接受自身的限制，通过发展专业而全力巩固现有的成就与地位
衰退阶段	65 至生命结束	退休规划，结束职业，开始退休生活

从该理论可以看出，青少年的生涯发展阶段聚焦成长阶段和探索阶段。在这两个阶段，学生开始对职业产生好奇并进行自我和职业探索，为未来的生涯选择做准备。对处于该阶段的学生进行生涯辅导时，需与主要任务相对应。

在舒伯的生涯发展理论的基础上，美国国家职业信息协调委员会制定发布了《美国国家生涯发展辅导方针》，为全美各州进行学生生涯辅导提供了基本框架和主要准则，给出了不同学段的主要发展内容，如表 9-2 所示。

---

① 张兴瑜. 对国外生涯辅导理论的评述与启示 [J]. 高等职业教育（天津职业大学学报），2009，18（4）：90-93.

② SWEET R，WATTS A G. Career guidance and public policy：bridging the gap[M]. Organisation for Economic Co-operation and Development Publishing，2004：19.

③ 金树人. 生涯咨询与辅导 [M]. 北京：高等教育出版社，2007：76-78.

表 9-2 《美国国家生涯发展辅导方针》中不同学段的主要发展内容（节选）

领域	小学阶段	初中阶段	高中阶段
个人与社会发展	1. 了解自我概念的重要性 2. 掌握与他人沟通的技能 3. 意识到成长和发展的重要性	1. 了解积极自我概念的作用 2. 掌握与他人沟通的技能 3. 了解成长和发展的作用	1. 理解积极自我概念的作用 2. 掌握与他人积极沟通的技能 3. 理解成长和发展的作用
教育与终身学习	1. 意识到教育的好处 2. 意识到工作和学习之间的关系 3. 具备理解和使用生涯信息的技能 4. 意识到个人责任和良好工作习惯的重要性 5. 意识到工作与社会需要和社会功能之间的关系	1. 了解教育对生涯发展的好处 2. 理解工作和学习之间的关系 3. 具备查找、理解和使用生涯信息的技能 4. 具备了解、查询和获得工作的必备知识 5. 理解工作与经济、社会需要和社会功能之间的关系	1. 理解教育和生涯规划的关系 2. 理解以积极的态度对待工作和学习的必要性 3. 具备查找、评估和解释生涯信息的技能 4. 具备寻找、获得、维持和更换工作的技能 5. 理解社会需要和社会功能对工作本质与工作结构的影响
生涯管理	1. 理解如何做生涯决策 2. 意识到人生不同角色之间的相互关系 3. 意识到不同职业的区别，以及工作中性别角色的变化 4. 具有生涯规划意识	1. 掌握生涯决策技能 2. 了解人生不同角色之间的相互关系 3. 了解不同职业的区别，以及工作中性别角色的变化 4. 理解生涯规划的程序	1. 掌握生涯决策技能 2. 理解人生不同角色之间的相互关系 3. 理解性别角色的持续变化 4. 掌握生涯规划技能

我国的生涯辅导目前没有针对学生生涯发展的具体行动指南，但在教育部印发的《中小学心理健康教育指导纲要（2012年修订）》中，根据不同年龄阶段学生的身心特点，分阶段设置了具体的教育内容，其中与学生生涯发展相关的内容包括：（1）小学阶段，帮助学生认识自我，树立角色意识并培养对不同社会角色的适应，为初中阶段学习生活做好准备。（2）初中阶段，帮助学生加强自我认识，客观地评价自己。把握升学选择的方向，培养职业规划意识，树立早期职业发展目标。（3）高中阶段，在充分了解自己的兴趣、能力、性格、特长和社会需要的基础上，确立自己的职业志向，培养职业道德意识，进行升学就业的选择和准备，培养担当意识和社会责任感。

总体来看，舒伯的生涯发展理论、《美国国家生涯发展辅导方针》和我国《中小学心理健康教育指导纲要（2012年修订）》对中小学生生涯辅导的要求大致相同，综合三者内容，有三个主要生涯辅导目标贯穿中小学阶段，分别是自我认知、职业探索和生涯规划。因此，本书认为，生涯辅导内容包括：（1）小学阶段，生涯辅导主要聚焦提升学生的自我意识和生涯意识，并对此有初步的认识，指导学生开始接触了解不同的职业。（2）初中阶段，继续强化学生的自我认知，帮助学生进行职业探索和升学选择。（3）高中阶段，在明确自我认知的基础上，帮助学生进行生涯规划，一般是指升学或就业选择。

三、生涯评估工具

生涯评估多从生涯辅导的目标和内容出发，包括对个体自我认知的评估、职业相关内容的评估和个体生涯规划能力的评估。在生涯辅导理论和实践不断发展的过程中，许多评估工具应运而生。较常见的如生涯决策量表、一般能力倾向成套测验、霍兰德职业偏好量表等。随着信息技术的发展，一些第三方机构提供了专业的生涯评估服务，如美国教育考试服务中心开发的"SIGI-PLUS 生涯指导系统"。这里主要介绍五种常用的生涯评估工具。

（一）区分能力倾向测验

区分能力倾向测验（differential aptitude test，DAT）用于测查个体在多种能力上的潜在优势，目前主要适用于初中、高中学生的教育咨询及就业指导，帮助学生了解自己的长处和短板，为升学、择业提供参考信息。[①]

区分能力倾向测验具有良好的信效度，是目前应用最广泛的能力倾向成套测验之一。该测验共包含 8 个分测验，评估学生在 8 种能力上的表现，如表 9-3 所示。

表 9-3　区分能力倾向测验的相关内容

能力维度	测查内容与测查目的	相关学科或职位
言语推理	类比推理，内容涉及多方面的知识。目的在于测评个体的言语理解、抽象概括及进行建设性思考的能力	科学研究等相关职业
数的能力	数学计算，考查对数量关系、概念的理解及计算的熟练程度。目的在于评估对数目推理、数量关系的能力	数学、物理、化学、工程等学科；统计、工艺制作、自然科学等相关职业
抽象推理	图形推理。目的在于找出每组图形变化的原则和规律	
文书速度与准确性	速度与准确性测验。目的在于评估简单知觉工作的知觉速度、短时记忆和反应速度	档案或资料整理及管理等相关职业
机械推理	情境测验。目的在于考查机械和物理原理的理解力	物理、机械技术等学科；木工、机工、机器装配与维修等相关职业
空间关系	从心理上考查对三维空间的操纵能力	美术、建筑、服装设计等相关职业
拼写	指出拼写正误，评估英文水平	
文法	指出语法或修辞错误，评估英文水平	速记、秘书、新闻、广告等相关职业

---

① 戴海崎，张锋. 心理与教育测量 [M]. 4 版. 广州：暨南大学出版社，2018：214-216.

（二）高中生职业兴趣测验

高中生职业兴趣测验以霍兰德职业兴趣理论为基础，借鉴国内外多份兴趣测验内容，结合我国实际情况开发，其主要目的在于为高中生选择大学专业提供帮助。[①] 测验由 210 道题目组成，包括两部分测验：职业兴趣测验（140 道题，测查学生对 7 种职业类型相关活动的兴趣），职业胜任力测验（70 道题，测查学生完成 7 种职业类型相关活动的能力）。测验采用里克特 6 点计分，1 表示"非常不喜欢"，6 表示"非常喜欢"。测验的信效度良好，各维度经过 2 个月后进行测试，重测信度为 0.72～0.83，内部一致性信度为 0.89～0.92，结果效度的解释率达到 45.35% 以上。

高中生职业兴趣测验将我国高中生的职业兴趣分为 7 类：现实型、研究型、艺术型、社会型、企业型、传统型和自然型。每个类型的具体描述见表 9-4。

表 9-4　高中生职业兴趣的具体描述

类型	喜欢的活动	能力特性	典型职业
现实型	愿意从事实务性的工作、体力活动，喜欢户外活动或操作机器	处理物体、机械、工具、运动配件等需要机械能力、体力或协调能力的活动	汽车修理工、工程师、军官、兽医、足球教练员
研究型	喜欢阅读和讨论科学问题，喜欢独立工作，对未知问题的挑战充满兴趣	具备观察、评估和分析技能的活动，以便解决问题	实验室工作人员、心理学家、工程设计师、大学教授
艺术型	喜欢文学、音乐、艺术和表演等具有创造性、变化性的工作，重视作品的原创性和创意	需要艺术、创意、表达和直觉等技能的活动，以利用文字、动作、声音、颜色或具体的方式来传达美感、思想和情感	作家、音乐家、漫画家、室内设计师
社会型	关心他人幸福，愿意帮助他人成长或解决困难、提供服务	和他人一起工作的活动，启迪、协助、训练、发展或治疗他人	教师、心理咨询师、护士
企业型	领导、劝说他人，推销自己的观念、产品，达到个人或组织目标，希望成就一番事业	需要说服、管理、监督和领导技能的活动，以获取某一机构、政治、社会或经济的利益	律师、营销商
传统型	愿意听从指令，喜欢有组织、有计划的工作	需要注意细节、精确度和一些文书技能的活动，以便根据要求组织数据和文字	文秘、会计、税务员

---

① 张厚粲，冯伯麟，袁坤. 我国中学生职业兴趣的特点与测验编制 [J]. 心理学报，2004（1）：89-95.

续表

类型	喜欢的活动	能力特性	典型职业
自然型	喜欢户外活动、探索生命现象，不喜欢受约束	对大自然中的事物充满浓厚的兴趣，了解各种动植物的生活习性和生长发育规律，实干意识比较强	园艺师、医生

（三）职业价值观问卷

在舒伯的职业价值观量表（work values inventory，WVI）的基础上，宁维卫进行了中文版修订，信效度良好，适用于初中七年级及以上的学生。[①] 职业价值观问卷包含 60 个条目，共 15 个价值因子：利他主义、美的追求、创造发明、智力激发、独立自主、成就满足、声望地位、管理权力、经济报酬、安全稳定、工作环境、上司关系、同事关系、多样变化、生活方式。采用里克特 5 点计分，1 代表"不重要"，5 代表"非常重要"，最终计算出得分进行排序，旨在了解个体职业价值观，辅助个体进行生涯决策。

（四）生涯希望量表

生涯希望量表是研究者结合我国实际情况开发的，用于测查个体对生涯发展所持有的希望。[②] 量表共有 25 个条目，包括积极期待、目标设定、动因促进、路径达成和反省调整 5 个维度。采用里克特 5 点计分，1 表示"完全不符合"，5 表示"完全符合"，量表题目均为正向计分，得分越高，表示被试的生涯希望越强。量表信效度良好，适用于高中及以上的学生。各维度的具体描述见表 9-5。

表 9-5　生涯希望量表的维度及其含义

维度	含义
积极期待	个体对未来生涯发展持有积极的预期并伴随积极情绪
目标设定	个体对生涯目标的明确程度及对此做出的规划
动因促进	个体能保持活力，坚持不懈地努力完成生涯目标
路径达成	个体主动积累实践经验和资讯，向他人学习或寻求支持达成生涯目标的过程
反省调整	个体能不断反思总结经验，调整心态、方法、目标或行动以应对变化

（五）生涯决策困难问卷

生涯决策困难问卷（career decision-making difficulties questionnaire，CDDQ）由

① 宁维卫. 中国城市青年职业价值观研究 [J]. 成都大学学报（社会科学版），1996（4）：10-12，20.
② 陈宛玉，叶一舵. 生涯希望量表的编制与信效度检验 [J]. 心理研究，2023，16（4）：344-353.

加蒂等人编制，中文版由李西营于 2007 年修订，分量表及总量表的内部一致性信度为 0.48~0.87，问卷具有良好的结构效度。① 生涯决策困难问卷共包括 44 个条目，有 3 个分量表：缺乏准备，缺乏信息和不一致的信息。采用里克特 9 点计分，1 代表"一点儿困难都没有"，9 代表"困难非常大"。分数越高，表示生涯决策的困难程度越高。还可根据分量表分数，明确个体在生涯决策中遇到的具体困难。

需要注意的是，心理测评工具的使用有一定的施测要求，其结果的解读也具有一定的局限性，仅为生涯决策提供参考。建议使用者在具备测评相关的背景知识和能力后，合理使用工具。

第二节　学生生涯辅导实施

生涯辅导的有效实施离不开多方配合，在学校层面，各职能部门互相配合，为生涯辅导的开展提供校内外资源；在教师层面，心理教师/生涯辅导师可以开展生涯课程、生涯咨询活动，各学科教师也可将生涯教育内容融入课程；在家长方面，可家校联动开展生涯辅导工作。更重要的是，学生个人的生涯发展离不开国家发展的需要。在全面建设社会主义现代化国家的今天，生涯辅导要注意引导青少年树立正确的择业观，帮助其积极投身于国家建设，在为国家人民造福的过程中实现自己的人生价值。

一、我国实施学生生涯辅导的相关政策

在全球飞速发展的今天，各国在不断出台和完善生涯辅导的系列措施，开展学生生涯辅导系列项目。我国近年来出台的多项政策体现了学生生涯辅导的重要性，也在这一领域逐步完善了相关措施。

2012 年，教育部印发的《中小学心理健康教育指导纲要（2012 年修订）》提出了学生生涯辅导方面的指导要求，并对不同年级的学生生涯辅导内容作了规定；2017 年，教育部印发的《中小学综合实践活动课程指导纲要》明确提出开展与学生生涯辅导相关的职业体验综合实践活动，为我国开展学生生涯辅导提供了实践方向；2019 年，国务院办公厅印发的《关于新时代推进普通高中育人方式改革的指导意见》提出，为了保障学生生涯辅导的落实，需要开设相应课程、体验活动、讲座等，联合高校、科研机构、企业等各种社会资源，构建学校、家庭、社会协同指导机制，进一步保障学校生涯辅导的开展。

《中小学综合实践活动课程指导纲要》中，与职业体验相关活动介绍（节选）见表 9-6。

---

① 李西营. 大学生职业决策困难问卷的修订 [J]. 中国临床心理学杂志，2007（5）：467-469.

表 9-6 《中小学综合实践活动课程指导纲要》中职业体验相关活动介绍（节选）

学段	活动主题	简要说明
3—6 年级	我是小小养殖员	在教师的指导和组织下，亲手饲养 1～2 种常见小动物（如小金鱼、小乌龟、小白兔等），农村地区的学生可以帮助家人养家禽等，记录饲养过程，完成小动物成长过程的观察记录，掌握饲养的正确方法；学会用数据、照片、视频、语言描述等方法交流自己的观察结果和饲养体验。初步了解并掌握若干种小动物饲养的简单方法，增强关爱小动物以及人与动物和谐相处的生态意识
	找个岗位去体验	联系学生家长单位或学校周边商场、图书馆、派出所、环保局等单位，体验理货、整理图书、打扫卫生、协警等岗位；初步体验职业，感受不同职业的劳动，体会各种职业劳动的艰辛。初步树立尊重别人劳动成果的意识，体会劳动创造幸福生活的内涵
7—9 年级	职业调查与体验	了解或亲身体验父母、亲戚所从事的职业，大致了解职业分类；选择某个职业进行体验，感受职业生活的辛苦与快乐。初步尝试制订自己的职业生涯规划，增强自我规划意识，为自己将来选择和规划职业生涯奠定基础
	军事技能演练	通过投掷、攀登、越野、远足、制作航（船）模、识图用图、无线电测向等军事活动的技能训练以及听革命传统故事，培养机智勇敢、坚忍不拔的精神，提升综合国防素质
10—12 年级	高中生生涯规划	收集信息了解生涯规划常识，进行相关心理测试，多种途径调查了解自己的理想职业，进行职业体验，整体规划自己的职业生涯，并对其他同学的生涯规划提出建议，提升规划意识，积极为今后的人生发展做好准备
	创办学生公司	收集信息，学习了解商业运行的基本模式；自愿结成小组，使用自己的零花钱作为启动资金，共同创办一家学生公司；召开股东大会，竞选管理人；选定公司营销产品，确定消费人群；开展生产和销售、产品财务登记等工作；实际运营一段时间后进行评估和清算；总结反思公司运营的经验和教训。通过实际经营一个企业，体验创业过程，初步培养创业精神、沟通能力和营商能力

从目前来看，我国学生生涯辅导体系初备雏形，但仍存在生涯辅导内容不具体、实施途径单一、学生家长生涯规划意识淡薄等问题，可借鉴其他国家学生生涯辅导的经验，完善适合我国国情的学生生涯辅导体系。

针对我国当前生涯辅导面临的问题，本书尝试从总体到局部、从四个角度探索我国学校生涯辅导的建构方法：（1）以学校搭建生涯辅导系统的角度提供可参考的生涯辅导框架；（2）以生涯辅导顺利实施的角度探索具有可行性的实践途径；（3）以生涯辅导落地的角度整合当前具有代表性的具体措施；（4）以家校共育的角度联动家庭完善生涯辅导环境。后文将对这些内容进行详细介绍。

二、学生生涯辅导框架

美国学生生涯辅导是通过美国学校咨询师协会（American School Counseling Association，ASCA）发布的学校咨询框架（A Framework for School Counseling Programs）实现的。该框架是全美开展学校咨询项目的基本框架，各州和地区在此框架的基础上制定适合自身情况的模型。它将学校咨询的目标分为学业发展、生涯发展、社会/情感发展三大领域，通过辅导促进学生三大领域的发展。这一框架由项目界定、项目管理、项目实施和项目评估四部分构成，如图 9-1 所示。

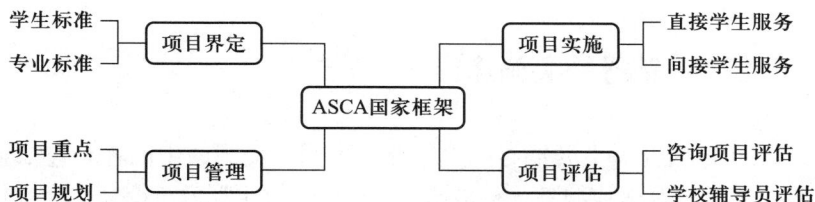

图 9-1　ASCA 国家框架

（一）项目界定

项目界定中的学生标准描述了学生发展所需的知识、技能和态度的标准，这些标准可以用来评估学生的成长和发展，能据此提出学生的发展策略并提供相应的实践活动。学生标准被细化为两大类：心理标准，包括与自身学业相关的心理社会态度、信念标准，构成了学生的信念系统；行为标准，即成为一名合格的学生所需的相关行为，是一个学生投入和努力的外在表现，包括学习策略、自我管理和社交技能。项目界定中的专业标准明确了学校辅导教师的专业能力标准：心理标准包括相关人员对学生成就和成功的观念，行为标准包括学校辅导教师应具备的专业基础、咨询能力和规划评估能力。

（二）项目管理

项目管理是为后续辅导项目有序实施而服务的管理系统，主要包括项目重点和项目规划两方面。其中，项目重点总领整个框架的总体信念、愿景和使命。项目规划包含项目数据、年度数据总结、学生成果、行动计划、教学计划、年度行政会议、时间使用等一系列具体内容，保证学生辅导项目的组织、实施和评估的顺利进行。

（三）项目实施

项目实施明确了生涯辅导的具体途径，包括直接学生服务和间接学生服务。直接学生服务是指学校辅导教师与学生进行面对面互动，包括指导、评估与建议、咨询三部分。间接学生服务是指学校辅导教师与他人或其他机构联合开展的生涯辅导活动，辅导对象未必是学生，但活动间接服务于学生，包括向家长和教师等提供的生涯咨询会，或与其他机构组织进行生涯辅导合作或生涯咨询的转介等。

（四）项目评估

项目评估包括辅导项目评估和学校辅导教师评估，旨在从不同的角度进行分析，以促进未来咨询项目的发展。

总体来看，ASCA 国家框架为学校开展生涯辅导提供了整体性的指导，不仅明确了学生生涯发展要达到的标准，还提供了达到目标的路径和方法，规范了评估标准，规定了学校辅导员要达到的专业标准。ASCA 国家框架为学校搭建生涯辅导系统提供了抓手。

三、学生生涯辅导的实施途径

各个国家和地区开展生涯辅导的途径有所不同：美国的生涯辅导包括生涯教育课程、个别学生计划和响应服务三种措施[1]，英国通过生涯教育课程、个人指导、与工作相关的学习进行生涯辅导，加拿大采取生涯教育课程、生涯体验活动、生涯实践活动和生涯咨询活动等方式进行生涯辅导。综合来看，生涯辅导的具体实施途径大体上可以分为面向所有学生的生涯教育课程、工作体验项目、面向特定群体或个体的生涯咨询活动，三者从内容和方式上相辅相成。芬兰的生涯辅导体系综合了上述所有途径，实施起来相对清晰、高效。本书以该辅导体系（见图 9-2）为典型的学生生涯辅导实施途径进行介绍。[2]

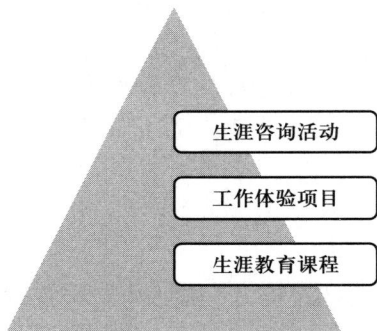

图 9-2 芬兰的生涯辅导体系

（一）生涯教育课程

生涯教育课程是指以班级为单位进行的一系列教育情境中的活动，是最具普遍性的生涯辅导活动。[3] 学生在这一过程中习得生涯发展相关的知识、技能和态度。

① 杨洋. 美国生涯教育课程构建的特点与启示 [J]. 教学与管理，2022（3）：105-108.
② 张蔚然，石伟平. 芬兰中学生涯指导：内涵、特征及启示 [J]. 外国中小学教育，2019（7）：20-28.
③ 郭祥益. 生涯相关概念分析与生涯服务系统建构 [J]. 生涯发展教育研究，2018，16（2）：13-19.

生涯教育课程一般以年级为单位设置目标、内容、课时等。基本所有开展学生生涯辅导的国家都将生涯教育课程作为基础性的学生生涯辅导内容。

（二）工作体验项目

工作体验项目旨在引导学生接触实际工作，了解真实的工作情境并学习工作相关知识。具体项目包括工作地参观、招聘会、见习、实习等。

（三）生涯咨询活动

生涯咨询活动包括团体生涯咨询活动和个体生涯咨询活动两种形式。团体生涯咨询活动一般帮助解决团体存在或面临的生涯问题；个体生涯咨询活动更具针对性，干预程度也最高，辅导教师和学生可以共同探讨个体生涯发展中遇到的问题，为学生提供个性化支持。

以上三条途径的作用各不相同：生涯教育课程重在一般的基本知识、技能的传授，在整个生涯辅导中发挥基础性作用；工作体验项目关注学生在实际工作情境中的收获，从实际行动层面深化学生生涯发展的内涵；生涯咨询活动在前两条途径的基础上提供更具针对性的辅导措施，给予个性化支持。三者从功能、内容上互相补充，共同构建完整的生涯辅导途径。

四、学生生涯辅导的具体措施

（一）开设生涯教育课程

大部分国家都将生涯教育纳入课程体系。与其他课程一样，生涯教育课程往往从课程目标出发，进行课程设计、开发课程内容。课程模式主要分为三种：（1）独立的生涯课程；（2）纳入其他课程，如被纳入心理健康教育课程；（3）将生涯教育内容融入大部分或所有课程之中。[①]大部分国家开展生涯教育课程时，往往使用以上三种模式并进的方式。

加拿大不列颠哥伦比亚省以其生涯教育课程闻名全球。[②]在该省，生涯教育课程以多模式融合的方式贯穿整个 K12 年级，其特有的 KDU 课程模式也为多国生涯教育课程的开发提供了参考。下面从课程目标、课程模式和课程内容等方面进行介绍，以期为我国生涯教育课程的开发提供参考。

1. 课程目标

加拿大不列颠哥伦比亚省的生涯教育课程的课程目标主要包括以下六个：

（1）认识适应力、心理弹性和灵活性在应对当今世界的机遇与挑战中的必要性。

---

① SWEET R，WATTS A G. Career guidance and public policy：bridging the gap[M]. Organisation for Economic Co-operation and Development Publishing，2004：40-49.

② 彭文蕊，高维. 加拿大不列颠哥伦比亚省生涯教育课程改革及启示 [J]. 教育参考，2021（6）：40-48.

（2）理解具有持续目标的生涯发展如何促进个人的成功，如何为社区和社会福祉做贡献。

（3）培养个体生涯发展能力，以支持其在一生中能够有效学习，发展新的兴趣、知识和技能。

（4）培养对生涯优势、能力、价值和兴趣的认识，利用这些认识为生涯选择提供信息支持。

（5）能够与他人协作、沟通、互动，重视个体差异，尊重观点、想法、世界观的多样性。

（6）在个体的教育、工作和生活中进行一系列探索，以推进个体的生涯发展。

2. 课程模式和课程内容

加拿大不列颠哥伦比亚省的生涯教育课程有三个阶段：基础阶段（K1—5）、探索阶段（K6—9）和追求阶段（K10—12），每个阶段采用"课程知识""课程能力""大概念"的模式确定要达到的具体目标。这一模式被称为"KDU模式"，即认识—实践—理解（know—do—understand）。其中，课程知识对应认识（K），指学生学习后可以通过课程知道的具体内容和主题，分为个人发展、与社区的联系、生活和生涯规划三个方面；课程能力对应实践（D），反映了学生在学习过程中掌握的技能，即通过课程可以做什么，课程能力被分为检验、互动、体验、发起和分享五个方面；大概念对应理解（U），指学习后希望学生理解的知识。表9-7是以K8—9年级生涯教育课程为例，详细给出该阶段的课程内容。

表9-7 加拿大不列颠哥伦比亚省K8—9年级生涯教育课程

课程知识	**个人发展**：目标设置策略；评估个人生涯发展；反思 **与社区的联系**：本地与全球的需要和机会；文化和社会意识；影响社区工作的因素；志愿服务的生涯价值 **生活和生涯规划**：毕业要求；教师、家庭、社区、学校与个人在生涯决策中的作用；技术对学习和工作的影响；工作场所安全（危险评估和控制、劳动者的权利和义务、应急程序）；社区、学校、个人、教师在生涯规划中的作用
课程能力	**检验**：通过自我评估和反思了解自身优势、兴趣和技能；认识个人公共身份在工作中的影响 **互动**：在考虑生涯选择时，问问自己或他人，个人目标如何服务于本地或全球发展；与他人合作解决问题时表现出尊重、合作和包容；询问自己或他人，家庭期望、社区需求等在生涯选择中的作用 **体验**：探索激发创业和创新思维的志愿活动或其他学习体验；将生涯决策应用于解决生活、工作或社区中的现实问题，调整策略以适应新情况；认识到课程选择和课外活动对生涯发展的影响 **发起**：坚持不懈地制定并实现学习目标；运用各种研究技能增进对职业的认识，理解职业集群；理解工作场所安全的重要性，掌握安全技能 **分享**：理解资源和教师在协助生涯探索过程中的价值；从不同角度认识并探索职业世界

续表

大概念	反思兴趣和技能在实现生涯目标的过程中如何帮助个体，并明确要采取的措施 生涯反映了个体所做的选择 灵活适应经济和劳动力市场的变化 从不同的角度（生命、社区、社会）看待工作的价值 实现目标需要努力和毅力

（二）开展工作体验项目

　　除了生涯教育课程外，工作体验项目是学生生涯辅导的一个重要组成部分。这一措施将生涯教育课程与工作场所中的工作机会联系起来，为学生提供了第一视角，让他们了解真实的工作是什么样的，在学校学习的内容如何与工作需求相关联。学生通过体验也会了解如何在实际工作中使用自己的知识和技能。最重要的是，学生可以在过程中评估自己对某一职业的兴趣，并据此调整自己的生涯规划。与常规的课后活动不同，工作体验项目一般是由校内指导教师和工作场所或社区的导师共同指导进行的。下面以美国威斯康星州的工作体验项目——基于生涯的学习体验（career-based learning experiences，CBLEs）项目为例进行详细介绍。CBLEs 项目提供了各种体验式生涯学习的机会，并以学生深入生涯活动的程度划分为了解、探索、规划与执行三类，如表 9-8 所示。

表 9-8　美国威斯康星州基于生涯的学习体验项目

了解	探索	规划与执行
课堂演讲	工作观察	信息采访
企业参观	与职业相关的志愿学习或服务	职业指导
招聘会	学习	模拟工作现场
基于职业的项目	职业技术教育学生组织或职业	校内实习
兼职或暑期工作	相关的校外活动	学生创业体验
		实习或与当地合作

1. 课堂演讲

　　企业雇主进入教室，与学生讨论工作、商业、行业、个人经历、工作职责、工作所需知识和技能等相关的主题。一般持续时间为 30～90min。

2. 企业参观

　　企业举行参观活动，学生可以参观企业的设施和运营状况，一般会突出企业内部的职业发展。为了让学生清楚了解生涯信息，企业可以重点介绍职业工作的典型行为，学生从事该项职业的机会及工作相关的课程等。一般持续时间为 1～3h。

3. 招聘会

　　企业员工以招聘会的形式与学生互动，分享职业信息、提供职业建议和所需的职业知识，介绍职业角色和责任。一般持续时间为 2～4h。

4. 基于职业的项目

学生参与一个与雇主的行业或专业领域相关的活动，并接受雇主的职业指导。这一过程往往通过项目式学习（project-based learning，PBL）实现，学生能在项目中主动地专注于真实的实践学习。活动时长根据完成项目的时间而定。这一活动需要教师提前调查学生的职业兴趣，然后确定项目主题。

5. 兼职或暑期工作

对于许多美国高中生来说，兼职或暑期工作会让他们第一次体验到"工作世界"。如果存在雇主和雇员的关系，学生工作就可以得到报酬。虽然这些经历对培养学生的社会、情感和就业能力有好处，但这些工作都发生在校外，雇主与学生所在的学校很少有合作关系，几乎不受学校监督。工作时长根据劳动法相关条例而定。

6. 工作观察

学生通过观察企业员工的工作行为，探索某一职业或者行业。这类工作体验活动是无偿的，持续时长一般在 2h～5 天。

7. 与职业相关的志愿学习或服务学习

志愿学习或服务学习是一种有益的、非营利的社区服务。学生可以通过这类学习探索相关的职业技能，在时间分配上也较为自由。参与完成这类项目往往作为学生的毕业条件。

8. 职业技术教育学生组织或职业相关的校外活动

这类活动为拓展和应用课内知识提供了机会，如"编程女孩"（Girls Who Code）、"第一机器人"（First Robotics）或"科学奥林匹克"（Science Olympiad）等课外兴趣小组。

9. 信息采访

学生与雇主或社区成员就某一职业或某一特定话题进行面谈获取职业生涯信息，也可以通过电话、电子邮件等方式进行。一般持续时间为 1～2h。

10. 职业指导

雇主或社区成员直接指导学生进行职业发展活动，例如简历审查、模拟面试、面试或其他与职业发展相关的活动。

11. 模拟工作现场

由雇主或校方提供，模拟真实工作环境中的设备、资源和设施。在该场景中，雇主会向学生介绍工作相关事项，如培训、学习、特定岗位的运作情形等。

12. 校内实习

校内实习是指在学校内进行的工作项目，学校提供工作场所、设备、资源和设施。"校园商店"就是校内实习的一种项目，可以为学生提供体验零售和客户服务技能发展的机会。通过在学校销售食品、学习用品等，学生可以掌握这一行业更多的职业可能性。另一种项目是由学生管理和经营的创业零售商店，如咖啡店、金融机构等。这些实习项目整合了市场营销、金融、酒店或管理方面的课程需求，也是相关理论应用于行业的有益尝试。

13. 学生创业体验

与校内实习类似，创业体验是由学生发展和领导的，通常有学校工作人员或社区导师的参与。校外资源可以为学生创业提供设施、资金、资源和设备。该活动能够培养创业所需的技能和胜任力。与校内实习不同的是，学生本人是企业的主要管理人员，这些创业体验包括笔记本电脑维修、草坪维护、图文打印服务等。

14. 实习或与当地合作

这类活动是学校认可的培训计划，学生会在特定时间段被分配到对应的工作地点。实习能够让学生了解特定职业的结构。

（三）开展生涯咨询活动

生涯咨询活动包括团体生涯咨询活动和个体生涯咨询活动两种形式，往往针对具体的生涯问题进行辅导，常见于生涯选择、生涯决策等。

针对个体生涯咨询中的生涯决策问题，咨询过程中可以采用信息加工理论的认知信息加工模型（cognitive information processing，CIP）进行辅导。认知信息加工模型（见图 9-3）以层级渐进的方式辅助个体进行生涯决策，包含生涯决策过程中涉及的四个成分，底层的自我知识和职业知识为知识领域，这一领域包含了生涯决策所需的基本信息；一般信息加工技能在第二层，是进行生涯决策的技能领域；顶层为元认知，是生涯决策的控制机制，属于执行加工领域。为了进行生涯决策，学生首先要收集有关自我和生涯的信息，之后基于充分的信息做出生涯决策，而决策过程需要元认知进行质量监控，帮助学生有效推进决策过程。

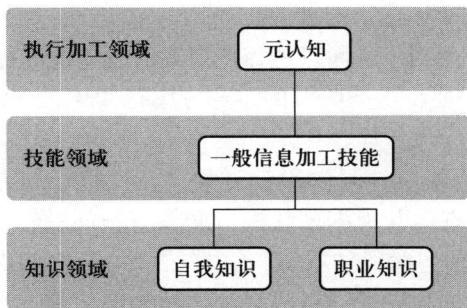

图 9-3　生涯决策的认知信息加工模型

在个体生涯决策咨询过程中，可以基于该模型逐层检验，帮助学生厘清自己在每个成分上的状态。

（1）自我知识包括对自身能力、个性、兴趣、价值观等的探索，可以参考前文提到的测评工具进行评估。

（2）职业知识包括特定职业信息、专业信息，学生可以通过媒体、网络、书刊等方式获得。

（3）一般信息加工技能是该模型中对生涯决策最具影响力的成分，也是模型的核心。在这一层级的生涯决策被分为沟通、分析、综合、评估和执行五个阶段，也称 CASVE 循环（图 9-4）。

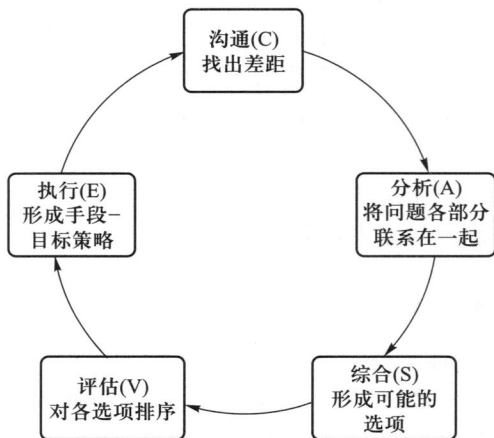

图 9-4   一般信息加工技能中的 CASVE 循环[①]

在沟通（C）阶段，学生感受到理想与现实之间的差距，暴露其个人生涯发展中存在的问题。这一阶段需要找出问题到底是什么。

在分析（A）阶段，咨询师需要帮助学生厘清问题产生的原因，重要的是明确自我与职业之间的关系，对问题进行深度分析。

在综合（S）阶段，咨询师需要与学生共同探索，提出问题解决的可能方案，包括精细化和具体化两步：精细化是指尽可能多地找出消除差距的可能方案；具体化是指将可选的方案尽量减少到 3～5 个。

在评估（V）阶段，要对上一阶段的每个方案的可能性进行评估并排出先后顺序。

在执行（E）阶段，要将上一阶段的首选方案行动化，分解方案目标，制订行动计划，形成操作性强的行动方案。

CASVE 循环是一个不断往复的决策过程，在执行行动方案之后，个体又回到沟通阶段，评估当前状态，并根据现状进行调整直至问题解决。在这一过程中，咨询师需要与学生共同评估各阶段的状态、需求和下一步的任务。

（4）元认知是通过自我对话、自我意识、控制和监督三种方式对整个生涯决策过程进行把控。自我对话，即能对自己做出恰当、积极的评价，消极的自我对话往往会影响生涯决策的效率和信息加工的有效性，如学生评价自己"我永远做不了决定"，这样的消极评价往往会使其踯躅不前、无法抉择。自我意识，即咨询师需要帮助学生意识到自己是生涯决策的执行者，意识到自己的感受和他人的需要。控制和监督能够帮助学生分析各阶段的状态与所需信息，权衡利弊，明确下一步应该采取的措施。

[①] 里尔登，伦兹，彼得森，等. 职业生涯发展与规划：第 4 版 [M]. 侯志瑾，等译. 北京：中国人民大学出版社，2016：58-64.

（四）预防性生涯辅导措施

预防性生涯辅导是指在帮助学生在生涯问题发生前采取措施，解决可能会发生的生涯问题，防止问题扩大影响学生发展。这一辅导措施可对出现生涯问题的学生提供短期的咨询服务，包括但不限于：

（1）利用数据确定需要进行生涯干预的学生。

（2）在学生处于过渡期、高压力、关键期或其他阻碍学生成功的时期，提供个人或小组形式的咨询。

（3）向学生解释不良童年经历和童年创伤对生涯发展的影响，并提供能够帮助有创伤经历的学生恢复的方法和技术。

（4）采取适当的干预措施，在危机响应之前、之中和之后，满足个人、团体或学校社区的需要。

五、创设家校共育的学生生涯辅导环境

在我国，家庭对个体生涯发展具有重要影响。一方面，受集体主义文化的影响，儿童在做重要决定时会咨询家庭成员的意见。[①] 另一方面，父母自身的职业地位会影响子女的生涯意识和生涯选择。[②] 基于这些影响，家庭在个体生涯发展过程中的作用不言而喻。基于我国具体国情，上海市北虹高级中学在高中阶段开展的家庭生涯实践方案就是一个非常值得借鉴的尝试。该校的家庭生涯实践方案如下。[③]

（一）合理设置提升目标，建立梯度性目标体系

学校根据学生家庭情况，构建不同的生涯辅导目标。

对于艺术生家庭群体，主要目标在于提供学生生涯相关的信息（大学、专业等），了解学生可能面临的困难，指导家长帮助学生做好生涯规划。

对于特殊家庭群体（单亲家庭、寄养家庭或亲子冲突严重的家庭等），目标重在让家长理解自身情绪、教养方式对学生生涯发展的影响。

对于普通家庭，学校一方面与家长协作了解学生的生涯特质，另一方面鼓励家长积极参与学校开展的相关活动，了解学生的学习特点和当前的相关政策。

（二）开发实用性较强的家庭生涯教育线上线下指导课程

为满足不同家庭的需求，学校设立了家庭生涯教育指导课程，向家长提供学生生涯相关的系列信息，包括家庭在学生发展中的重要性、如何了解学生的个性特

---

① 田晶，王琼. 高中生生涯理想的家庭影响因素及指导路径 [J]. 吉林省教育学院学报，2021，37（4）：69-72.

② 朱晓文，李玉磊，成昱萱. 青少年职业期望的中美比较 [J]. 青年研究，2021（5）：35-50，95.

③ 周琳. 新高考背景下提升家庭生涯教育能力的研究：以上海市一所高中家校生涯教育实践为例 [J]. 教育参考，2021（1）：44-50.

点、当下教育政策以及学生生涯指导相关的方法等。在信息沟通形式上，学校利用线上线下多种平台开展系列活动，如微信公众号、家庭生涯教育指导微课程（见表 9-9）、图书分享、线下生涯专题讲座等。

表 9-9　家庭生涯教育指导的微课程主题

年级	指导目标	微课程主题
高一上学期	高中生家长的角色适应，和谐亲子关系的构建	家长的角色转变与恰当定位
	了解高中学业特点及高考政策变化	高考政策解读
高一下学期	了解孩子的生涯特质	新时代的"读心术"——生涯软件解读
高二上学期	了解家庭价值观对孩子生涯发展的影响	家庭价值观对孩子生涯发展的影响
高二下学期	指导孩子树立理想、规划未来	选择合适，选择成功
高三上学期	家长自我情绪调适，以平常心指导孩子面对高考	"焦虑"的功与过
高三下学期	指导孩子填报高考志愿	"指挥者"与"参谋"——高考志愿填报指导

（三）家校共建学生生涯辅导课程

学校与家长一起，开发了一系列生涯辅导校本课程，编写了《高中生生涯发展自助手册》一书。书中每一模块都将家长自身经历或家长了解的相关信息融入其中：生涯启航模块中请家长和孩子谈谈对学业、职业、生活或者未来伴侣的期待；生涯价值观模块中有一棵家庭职业树，看看家人的职业有哪些共通之处；等等。在职业采访与体验活动中，学生也可以采访家长。家长参与校本课程开发，不仅让学生生涯辅导更具实际、贴近生活，同时也提升了家长的生涯辅导能力，共同促进学生生涯发展。

🌿 思考题

1. 学完本章内容，请你绘制自己的"生涯树"，包括每个阶段生涯发展的主要内容，看看各个阶段有哪些工具可以发挥作用。将你的设想与同伴交流分享。

2. 对于本章提供的生涯措施，如果你是校长/心理教师/学科教师/企业管理人员/家长，你认为在开展生涯辅导过程中，具体可以做些什么？有哪些可能的影响因素？怎么解决？小组成员可以分工，选择扮演一个角色回答上述问题，然后与同伴分享交流。

推荐阅读

1．张厚粲，冯伯麟，袁坤．我国中学生职业兴趣的特点与测验编制 [J]．心理学报，2004（1）：89-95．

2．陈宛玉，叶一舵．生涯希望量表的编制与信效度检验 [J]．心理研究，2023，16（4）：344-353．

3．杨洋．美国生涯教育课程构建的特点与启示 [J]．教学与管理，2022（3）：105-108．

4．张蔚然，石伟平．芬兰中学生涯指导：内涵、特征及启示 [J]．外国中小学教育，2019（7）：20-28．

第十章　教师职业心理健康辅导

　　职业心理健康是教师发展的基础和前提。在当前快速的社会转型期，教师工作压力引发的自身心理健康问题与职业失范行为越来越多。由职业压力引发的从业者违反职业道德的一系列行为，称为职业压力失范行为。当教师的工作压力过高时，会引发一系列职业失范行为，包括辱骂学生、过度体罚、厌岗、怠业或不作为等。

　　在社会转型的大背景下，随着中国教育改革的纵深推进，社会各界对建设一支高素质专业化教师队伍的呼声越来越高。作为教师综合素质中的一项重要评价指标——心理健康，越来越受到学界与实践领域的关注。关心教师的心理健康状况和影响因素，为教师的心理健康营造良好的制度、政策环境与氛围，是教育治理体系和治理能力现代化的时代命题之一。

　　自20世纪90年代我国教师职业心理健康研究发轫以来，涌现了大量的学术研究成果，研究对象涉及我国大中小幼以及特殊教育等各级各类教师群体，近年来的研究热度始终未减。大量研究都证实，我国教师群体的职业心理健康状况不佳，且存在持续下降的趋势，亟待社会各界予以关注。

　　2022年，教育部办公厅发布了《关于开展2022年"师生健康　中国健康"主题健康教育活动的通知》，提出为教师提供方便、可及的心理健康服务，全方位、全周期地保障教师健康。维护和提升教师的心理健康，是学校与学校心理辅导者的应然之举。本章将基于职业健康心理学视域，在系统梳理当前我国各类教师群体的职业心理健康研究状况的基础上，谈谈教师心理健康的治理机制，然后聚焦职业倦怠这一全球性职业心理健康高发问题，从生态系统的辅导框架出发，介绍教师职业倦怠的防治之策。

第一节　教师职业心理健康管理

一、职业健康心理学与职业心理健康

　　职业健康心理学（occupational health psychology，OHP）是在心理学与职业健康的交叉领域发展起来的一个新兴的应用心理学分支学科。职业健康心理学概念由雷蒙德等人于20世纪90年代提出，主张心理学有义务也有机会为建设健康的工作环境而服务。时至今日，有关职业健康心理学的界定仍未达成一致，其中最有影响力

的界定有两个：一个是欧洲职业健康心理学会的观点，认为职业健康心理学是一个将心理学的知识、技能和方法运用于职业健康领域的心理学分支，重点关注职业健康问题中的心理、社会与组织因素；另一个是美国职业健康心理学会的观点，认为职业健康心理学是行为科学和职业健康科学的交叉领域，强调职业健康心理学的学科独立性与跨学科性，认为职业健康心理学应致力于提升所有职业领域从业人员的工作生活质量及其安全、健康与幸福感，关注如何预防职业压力、职业疾病、工作伤害等组织危险因素。我国职业健康心理学的学科发展与科学研究起步较晚。[①] 对实践领域的循证支持尚显单薄。

职业心理健康是职业健康心理学最重要的研究议题之一，它聚焦从业者在职业活动中所体现出来的诸多相对稳定的心理倾向或个性特征，这些认知、情感、行为和意志层面的职业心理，能直接影响从业者的工作行为、工作绩效、生涯发展与心理健康水平。职业心理通常包含三大系统，即职业导向系统（包括职业价值观、世界观和职业伦理）、职业动力系统（包括需要、动机、兴趣、信念和理想）、职业能力系统（包括气质、性格和能力）。职业心理健康者往往拥有较高的职业动机与兴趣，能高效地或创造性地完成工作，能从职业活动中获得成就感与价值感；而职业心理不健康者通常职业适应性较差，难以胜任职业活动要求，工作绩效低下，容易罹患心理疾病甚至出现违反职业道德规范或法律法规的行为等。

二、中国教师职业心理健康状况

我国教师职业心理健康状况亟待关注和改善。多项研究数据反复证实，我国教师整体上的心理健康水平不高，且呈现逐年下降的趋势。下面我们来看几项有关我国教师职业心理健康的元分析研究，涉及普通中学教师、高校教师、幼儿教师与农村教师。其中前三项研究采用的是传统的元分析方法，后两项采用的是横断历史的元分析方法。

针对我国普通中学教师群体的症状自评量表研究的元分析，筛选出 2000—2013 年间发表的 91 篇中文期刊文献，涉及样本人数为 33 243，对比常模有 3 个，分别是 1986 版成人常模、2006 版成人常模、1999 版合并常模（该版汇总了 169 篇原始研究，样本人群包含中学生、老年人、病人，共计 47 354 人）。结果表明：在 14 年间，我国普通中学教师的心理健康水平持续低下，其躯体化、恐怖与焦虑分值显著高于 3 个全国常模，而且后七年的整体健康水平相较于前七年有明显降低，中学女教师与高中教师这两个群体的下降趋势尤甚。[②]

针对我国高校教师群体的症状自评量表研究的元分析，筛选出 2004—2014 年间发表的 56 篇中文期刊文献，涉及样本人数为 17 473，对比的是 2006 版成人常

① 李永鑫，李艺敏. 职业健康心理学：一个新兴的应用心理学领域 [J]. 四川师范大学学报（社会科学版），2015，42（5）：146-152.

② 吴洪艳. 近十四年来普通中学教师 SCL-90 测查结果分析 [J]. 中国临床心理学杂志，2014，22（4）：702-706.

模。结果表明：我国高校教师的心理健康总体水平低于全国常模水平，症状自评量表总分与人际关系、抑郁、焦虑分值均显著高于全国常模水平，其中，高校女教师、中级及以上职称教师的心理健康水平更低。

针对我国幼儿教师群体的症状自评量表研究的元分析，筛选出 2001—2015 年间发表的 37 篇中文期刊文献，涉及样本人数为 10 255，对比的是 2006 版成人常模。结果表明：我国幼儿教师的整体心理健康状况与全国常模之间的差异不显著，幼儿教师症状自评量表得分虽稍高于全国常模，但并不严重，该群体的心理健康状况明显优于中小学教师群体。值得注意的是，该项元分析研究中所纳入的 76.19% 的原始研究（32/42），得出的结论却是"幼儿园教师心理健康问题很严重"。在该一致性结论与元分析结论之间，后者因其统计分析的优势，其结论的可靠性更高。[①]

下面两项研究采用的是横断历史的元分析方法，旨在探究教师心理健康状况随年代变化的趋势。

一项针对我国农村教师群体的症状自评量表研究，筛选出 1991—2014 年发表的 78 篇中文期刊文献，涉及样本人数为 28 816。结果表明：我国农村教师的心理健康水平呈现逐年下降的趋势，且降幅明显高于城市教师群体。从地区来看，东部地区教师的心理健康水平逐年下降，中部地区教师的心理健康水平逐年上升，西部地区教师的心理健康水平持续平稳。从学段来看，义务教育阶段教师的心理健康水平随年份显著下滑，学前教育阶段教师的心理健康水平则相对稳定。[②]

另一项包含我国所有学段教师群体的症状自评量表研究，筛选出 1994—2011 年发表的 227 篇中文期刊文献，涉及样本人数为 88 500。结果表明：在世纪之交的 18 年间，我国教师的心理健康水平整体有所下降。其中，变化最大的因子是焦虑，变化最小的因子是躯体化；问题最轻的因子是恐怖，而问题一直突出的因子是强迫。[③]

影响从业者心理健康的因素非常复杂，一般分为个人、组织和社会的因素，且诸因素还常处于动态变化中。因此，要把握教师职业心理健康的发展规律难度较大，亟须综合性、大样本、多水平的数据驱动研究。

三、中国教师职业心理健康的双维过程管理

纵观现有的国内外教师职业心理健康研究，多遵循传统的病理心理学模式。无论以心理病理诊断为目的的测评研究，还是以"问题""危机"应对为目的的干预/管理研究，人们优先关注的是教师是否患有心理疾病，能否有效地适应职业环境。

---

① 范会勇，李晶晶，赵曼璐，等. 幼儿园教师的心理健康：对基于 SCL-90 量表研究的元分析 [J]. 心理科学进展，2016，24（1）：9-20.

② 肖桐，邬志辉. 我国农村教师心理健康状况的变迁（1991—2014）：一项横断历史研究 [J]. 教育科学研究，2018（8）：69-77.

③ 衣新发，赵倩，胡卫平，等. 中国教师心理健康状况的横断历史研究：1994～2011[J]. 北京师范大学学报（社会科学版），2014（3）：12-22.

然则这种仅从消极的病理学维度解读教师职业心理健康现象的视角，明显存在将没有心理疾病等同于心理健康，也容易给教师造成负面认知，比如教师职业心理健康议题仅属于医学心理的范畴，做心理测评就是为了解自己是否患有心理疾病等错误理解。如此会令教师对职业心理健康教育有所抵触。

面对病理心理学模式，积极心理学家凯耶斯提出了一个值得深思的问题：既然有超过一半的成人在一生中不会遭遇严重的心理困扰，那么能否说明这些人的心理健康水平就是一样的呢？当然不是。因为即便没有消极的心理症状，每个人身上的积极性心理资源也有多寡之分，而据此区分出的积极心理资源丰盈者与积极心理资源匮乏者，显然其心理健康状态是有本质区别的。

教师职业心理健康管理的研究与实践应当基于积极—消极双维理论，兼具病理心理学模式与积极心理取向，既要关注如何消解教师在职业活动中产生的诸多心理健康问题，又要重视如何增强教师积极的职业心理品质，提高抵御不良职业危害的"免疫力"。

（一）教师心理健康的积极—消极双维理论

心理健康的积极—消极双维理论假设，积极心理与消极心理并非同一维度的不同两端，而是相对独立的两个维度，它们共同决定了一个人的心理健康水平。[①] 如图 10-1 所示，横轴代表的是传统意义上的心理健康维度，即心理病理学测量指标，越接近左端，代表消极心理水平越低，消极情绪与症状越少；反之，越接近右端，代表消极心理水平越高，出现心理问题的可能性就越大。纵轴则代表了积极心理水平，越接近上端，表示积极心理水平越高，积极心理资源越多；反之，越接近下端，表示积极心理水平越低，积极心理资源越少。

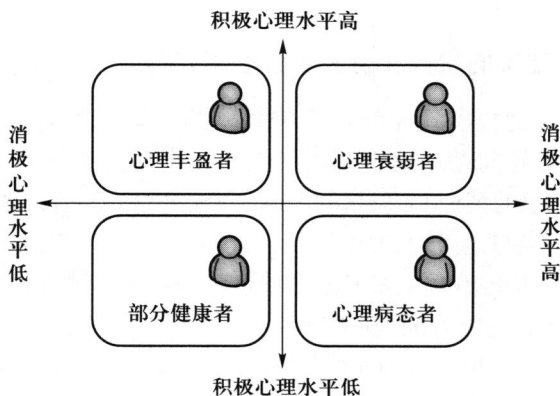

图 10-1 依据积极—消极双维理论划分的心理健康类型

依据双维理论来判断一个人的心理健康状况，意味着单纯依据"消极心理水平

---

① KEYES C L M. Mental illness and /or mental health? Investigating axioms of the complete state model of health[J]. Journal of consulting and clinical psychology, 2005, 73（3）: 539-548.

低"，并不能得出此人"心理健康水平高"的因果判断。反之亦然。个体只有在消极心理水平低且积极心理水平高时，才是充分心理健康的人，此时可称为心理丰盈者；个体只有在消极心理水平高且积极心理水平低时，才是真正的心理病态者。

　　基于积极—消极双维理论，可以划分出四种：一是心理丰盈者，这类人拥有高积极心理水平与低消极心理水平，他们精力充沛，情绪高昂，工作效率高；二是部分健康者，这类人拥有低积极心理水平与低消极心理水平，他们能适应工作，但缺少热情，能应付工作与生活难题，但是被动、无为，属于职业倦怠者；三是心理衰弱者，这类人拥有高积极心理水平与高消极心理水平，他们的情绪往往不稳定，时好时坏，受环境影响较大；四是心理病态者，这类人拥有低积极心理水平与高消极心理水平，他们情绪低落，无精打采，充满痛苦感，是心理辅导的重点人群。

　　凯耶斯依据其积极—消极双维理论，编制了一个心理健康测评系统。[①] 在消极心理指标上，使用的是传统的病理心理学测量内容。积极心理指标则由积极情绪、积极心理功能与积极社会功能等 3 部分构成。其中，积极心理功能包含 6 个测评因子，即自我接纳、个人成长、生活目标、环境掌控、自主性与积极的人际关系；积极社会功能包含 5 个测评因子，即社会接纳、社会实现、社会归因、社会凝聚与社会整合。

　　一项基于积极—消极双维理论心理健康测评模型的研究，以北京市 638 名中小学教师为对象，选取抑郁作为心理疾病的指标，以积极情绪、积极人际关系、个人成长、环境掌控、生活目标与自我接纳等作为积极心理的指标，然后根据"是否有心理疾病""是否有心理丰盈"划分心理健康类型。结果显示，12.97% 的中小学教师为中度及重度抑郁，49.37% 为心理丰盈者，37.66% 为部分健康者，3.35% 为心理衰弱者，9.62% 为心理病态者。此外，该研究还验证了积极心理与消极心理的确是两个相对独立的心理健康维度。[②]

（二）教师心理健康的积极和消极双过程模型

　　那么积极心理与消极心理是如何影响教师的心理健康的呢？员工健康的积极和消极双过程模型大体勾勒了这一作用机制。该模型由沙非力和巴克于 2004 年提出 [③]，整合了员工健康的消极心理过程和积极心理过程，消极心理过程主要体现在心理耗竭过程中，工作需求会导致工作倦怠，进而导致健康问题；积极心理过程主要体现在动机过程上，可利用的工作资源会促进工作投入（动机），进而使员工产生积极的心理体验与工作态度。如图 10-2 所示。

① KEYES C L M. The mental health continuum：from languishing to flourishing in life[J]. Journal of health and social behavior，2002，43（2）：207-222.

② 刘翔平，冉俐雯，王硕，等. 中小学教师二维心理健康测量系统编制与筛查 [J]. 教育科学研究，2014（12）：55-61.

③ SCHAUFELI W B，BAKKER A B. Job demands，job resources and their relationship with burnout and engagement：a multi-sample study[J]. Journal of organizational behavior，2004，25（3）：293-315.

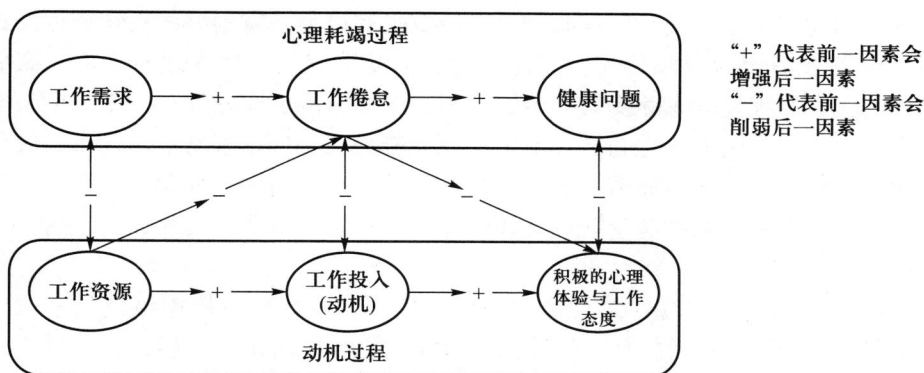

图 10-2 员工健康的消极和积极双过程模型

值得注意的是，员工健康的消极和积极双过程模型具有很强的包容性，其前因变量和效果变量可根据需要来调整，不同组合可构成更具体的双过程模型。比如，沙非力和巴克就将工作需求细化为工作压力、身体需求、情感需求与工作期望需求；将工作资源细化为自主权、职业发展机会、督导支持、社会支持、团队凝聚力、金钱奖励、其他附加利益；将健康问题和工作态度细化为身心痛苦、离职意向与组织承诺等。

教师心理健康的双过程模型得到了新近的一项元分析研究的支持。该研究聚焦我国高校教师群体的职业心理健康影响因素，运用元分析方法，纳入了 125 篇中英文文献，样本量为 79 310 人，基于数据驱动，构建了一个中国文化背景下的教师职业心理健康双过程作用模型（见图 10-3，此图在原图上略有修改）。该模型对于帮

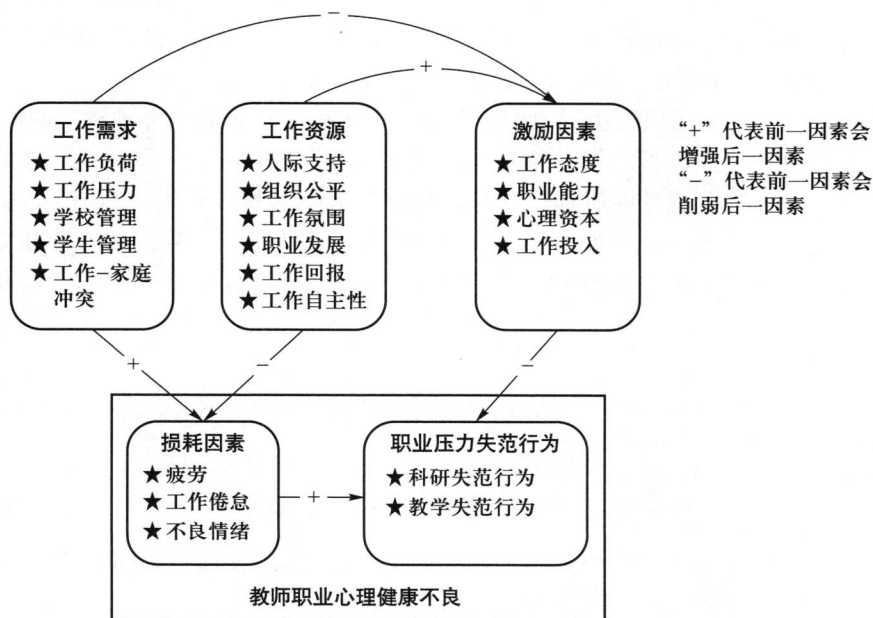

图 10-3 基于元分析的中国教师职业心理健康问题的影响模型

助我们详细构建中小学教师职业心理健康的双过程模型具有很好的循证依据。该模型将工作需求细化为工作负荷、工作压力、学校管理、学生管理与工作－家庭冲突；将工作资源细化为人际支持、组织公平、工作氛围、职业发展、工作回报与工作自主性；将激励因素细化为工作态度、职业能力、心理资本与工作投入；效果变量细化为损耗因素（包括疲劳、工作倦怠与不良情绪）与职业压力失范行为（包括由职业压力所引发的教师违反职业道德的一系列行为，具体分为科研失范行为与教学失范行为）。

基于循证干预的理念，结合生态系统发展观，我们可以依据该模型来设计一套针对教师的职业心理健康管理方案，从组织层面与教师个体层面，扬"工作资源""激励因素"之长，避"工作需求""损耗因素"之短，有效整合影响教师职业心理健康的积极心理作用过程与消极心理作用过程，切实改善和提升教师的职业心理健康水平。

第二节　教师职业倦怠辅导

当身处长期的工作压力时，从业者因难以有效应对过度的工作要求或压力源，身心就会体验到一种极度的疲劳与机能失调，此状态即为职业倦怠。教师作为一种典型的助人职业，一方面需要较高的情感卷入，另一方面又常肩负较重的工作负荷，加之突发性的校园危机事件等，使得教师成了职业倦怠的高发人群。

2019年的一项研究分析了我国中小学教师群体的职业倦怠特点。该研究采用《中小学教师职业倦怠问卷》，面向全国20个省、自治区、直辖市的5 672名中小学教师开展了随机整群抽样调查。结果发现，我国中小学教师的情绪衰竭感非常明显，而且与10年前相比，表现得更疲倦、更焦躁。[1]

教师职业倦怠业已成为世界范围内公认的严重影响教师职业心理健康的问题。[2] 教师职业倦怠直接损害了教师自身的身心健康和工作满意度，严重时会导致心理疾病与离职，罹患职业倦怠的教师也会对教学和学生产生非常不利的影响，如通过影响教学方式、职业承诺、动机水平、教学效能与工作投入等，对课堂教学质量和学生学业成就产生明显的消极作用。[3][4] 有研究反映，课堂环境中教师的职业压力能

① 伍新春，齐亚静，臧伟伟. 中国中小学教师职业倦怠的总体特点与差异表现 [J]. 华南师范大学学报（社会科学版），2019，（1）：37-42，189-190.
② GARCIA-ARROYO J A, OSCA SEGOVIA A, PEIRO J M. Meta-analytical review of teacher burnout across 36 societies：the role of national learning assessments and gender egalitarianism[J]. Psychology & health，2019，34（6）：733-753.
③ ALOE A M, AMO L C, SHANAHAN M E. Classroom management self-efficacy and burnout：a multivariate meta-analysis[J]. Educational psychology review，2014，26（1），101-126.
④ 郭绒. 国际教师职业倦怠研究：知识基础、热点主题与前沿进展：基于 WOS 数据库的文献计量分析 [J]. 比较教育研究，2021，43（12）：28-37.

"传染"给学生，教师的高倦怠水平能显著预测学生在早晨较高的皮质醇水平。[1][2]

2018 年，《关于全面深化新时代教师队伍建设改革的意见》指出，要保障教师的幸福感及成就感，要"关心教师身心健康，克服职业倦怠，激发工作热情"。学校心理辅导者应重视教师职业倦怠，及时发现需要干预的教师，为其提供科学有效的心理帮助。

一、教师职业倦怠的含义与特征

教师职业倦怠是指教师不能顺利应对长时间的工作压力时，在情感、行为与态度上产生的一种衰竭状态。该状态通常包含三个维度：一是情感衰竭，主要反映的是教师在情绪情感上的疲劳状态，以及工作热情的丧失程度，是职业倦怠的个体压力维度；二是去人性化，又称人格解体，主要反映的是教师以一种消极、否定或冷漠的态度对待学生、家长与同行，是职业倦怠的人际关系维度；三是低个人成就感，主要反映的是教师对工作意义、工作价值以及自我价值的否定程度，是职业倦怠的自我评价维度。

职业倦怠的三个维度之间存在潜在的因果关系。一般而言，情感衰竭是一种情绪反应，去人性化是一种应对方式，而低个人成就感则是一种认知评价，三者的作用关系会随着时间而发生变化。当人在面对压力时，如果觉得所用之策很难缓解其压力感时，就容易有消极的情绪体验，时间一长就会发展为情感衰竭；倘若觉得有措施能缓解压力感，就会直接应对；如果在与服务对象的互动中倾向采用消极的方式来缓解压力时，就容易发展为去人性化的反应方式；此时若应对仍然无效，就容易加剧衰竭感，乃至削弱对工作意义和自身价值的感知，降低个人成就感。从理论上而言，情感衰竭既可能是职业倦怠的开始，又可能是职业倦怠的结束；去人性化可能由压力本身引起，也可能由情感衰竭引起；去人性化可能会导致低个人成就感，也可能反过来加剧情感衰竭；而低个人成就感则主要源于去人性化，且随着成就感的不断降低，也可能加剧情感衰竭。

有关情感衰竭、去人性化与低个人成就感三者之间的发生发展关系，说法不一，争论主要聚焦在：其一，情感衰竭是职业倦怠的起点还是终点。其二，去人性化的应对方式在职业倦怠发展中如何起作用。其三，个人成就感的降低是否为职业倦怠的终点，能否继而引发更强的情感衰竭。比如，有一种典型的观点认为：个体在长期的工作压力下，首先产生情绪上的疲惫感，继而采用去人性化的方式来应对这种情感衰竭，导致对自身工作表现产生负面评价。也有一种观点认为：长期身处工作压力中，个体首先会用去人性化的方式做出应对，这种消极的应对方式会导致

---

① OBERLE E, SCHONERT-REICHL K A. Stress contagion in the classroom? The link between classroom teacher burnout and morning cortisol in elementary school students[J]. Social science and medicine，2016，159：30-37.

② 编者注：皮质醇属于糖皮质激素的一种，通常用来专指基本的"应激激素"。在压力状态下，皮质醇水平会明显升高。

短暂而有限的成就感，然而，一旦这种做法与绩效标准发生冲突，个体就会体验到很强的情感衰竭。

学校心理辅导者要关注和思考以上三个基本问题，寻找最佳的循证干预证据，更科学地把握职业倦怠的发生机制，从而为职业倦怠教师提供更有效的心理帮助。比如一项循证研究以 3 837 名小学教师为对象，探究了职业倦怠三个维度之间的作用关系。① 研究采用结构方程模型和交叉滞后网络分析模型，对间隔 3 年的数据进行分析，揭示了我国小学教师职业倦怠的发生发展历程，即教师职业倦怠始于情感衰竭和去人性化，随着时间推移，教师的情感衰竭进一步加深，其去人性化的应对方式又直接削弱了个人成就感。该研究也指出，去人性化的应对方式是小学教师职业倦怠发生发展的关键，这是因为去人性化既是小学教师职业倦怠发生的起点，随着时间迁移又削弱了小学教师的个人成就感。鉴于此，该研究建议，学校心理辅导者干预小学教师的职业倦怠时，可采用 360° 人际评估法，一方面采用自评方法，评估教师自身的人际关系情况，另一方面邀请职业倦怠教师的学生、同事、领导甚至家属等，评估他们与该教师的人际互动情况，如此能帮助学校心理辅导者及时发现教师的情感衰竭与去人性化症状，进而采取措施提升其工作的效能感和成就感，切实干预其职业倦怠。

二、教师职业倦怠的测评

美国临床心理学家弗登伯格是研究职业倦怠的先驱。1974 年，他首次提出了"职业倦怠"的概念，开启了职业倦怠研究。马斯拉赫则是系统研究职业倦怠的先驱，她与舍费利共同奠定了教师职业倦怠的概念框架、测量工具和主要研究议题。② 马斯拉赫给出了职业倦怠的操作性定义，确定了职业倦怠的三个维度，即情感衰竭、去人性化与低个人成就感，并据此编制了职业倦怠量表（maslach burnout inventory，MBI）。之后，职业倦怠量表在世界范围内得到了广泛的使用。针对不同行业工作者的特点，职业倦怠量表目前已发展出三个不同的版本：MBIHSS 问卷，用于公共事业和健康护理行业；MBI-ES 问卷，用于教育行业；MBI-GS 问卷，用于一般行业。

国内已研制出多个适用于中小学与幼儿园教师群体的职业倦怠量表③④，基本上都印证了职业倦怠的三维模型——情感衰竭、去人性化与低个人成就感。下面所介绍的《中小学教师职业倦怠问卷》是在 MBI-ES 问卷的基础上，采用半结构访

① 谢敏，李峰，罗玉晗，等. 小学教师职业倦怠维度发展顺序探究：来自结构方程模型和交叉滞后网络分析模型的证据 [J]. 心理学报，2022，54（4）：371-384.
② 郭绒. 国际教师职业倦怠研究：知识基础、热点主题与前沿进展：基于 WOS 数据库的文献计量分析 [J]. 比较教育研究，2021，43（12）：28-37.
③ 伍新春，齐亚静，余蓉蓉，等. 中小学教师职业倦怠问卷的进一步修订 [J]. 中国临床心理学杂志，2016，24（5）：856-860.
④ 郭文斌. 幼儿教师职业倦怠量表的初步编制 [J]. 西北师大学报（社会科学版），2008（3）：115-118.

谈法研制而成的。《中小学教师职业倦怠问卷》包含职业倦怠的三个维度，有 22 个条目，其中有 12 个条目来自 MBI-ES 问卷，其余 10 个是新增条目，[①] 具体见表 10-1。

表 10-1　《中小学教师职业倦怠问卷》的维度及条目

维度	条目
情感衰竭：主要反映的是教师因工作所产生的"精疲力竭"感	我觉得自己在透支生命
	我觉得做教师是一份令人心力交瘁的工作
	工作一天后，我感到筋疲力尽
	我觉得教学工作耗尽了我的情绪和情感
	从早到晚，我的脑袋里都有一根弦紧绷着，让我觉得很难受
	早上起床后我会觉得很疲乏
	在工作中我有一种被掏空的感觉
	我觉得我在工作中付出太多
去人性化：主要反映的是教师对待学生的消极态度	我因为一点小事就把学生劈头盖脸地骂一顿
	我对学生很苛刻
	我有骂学生的冲动
	我觉得学生对我处理问题的方式感到不满
	我觉得我常把学生当作无生命的物体来对待
	我很少表扬学生
低个人成就感：主要反映的是教师对自身工作的消极评价（相关的 8 个项目均为反向计分）	和学生在一起，我可以很容易创造一个轻松的氛围
	我在工作中做了一些有价值的事情
	我能够帮助学生找到自信
	我可以有效地处理学生的问题
	我可以给学生一些有益的指导
	我觉得我对他人的生活有积极影响
	当学生遇到问题时愿意和我交流
	我可以很容易理解学生的感受

对照《中小学教师职业倦怠问卷》与 MBI-ES 问卷：在情感衰竭方面，我国教师的很多感受与 MBI-ES 问卷中的描述相似，如"我觉得做教师是一份令人心力交瘁的工作""工作一天后，我感到筋疲力尽""我觉得我在工作中付出太多""我觉得

① 伍新春，齐亚静，余蓉蓉，等. 中小学教师职业倦怠问卷的进一步修订 [J]. 中国临床心理学杂志，2016，24（5）：856-860.

教学工作耗尽了我的情绪和情感"等，说明情感衰竭是全球教师群体职业倦怠的典型表现，具有跨文化的一致性。在去人性化方面，两个工具存在差异，如 MBI-ES 问卷中的"我对人越来越冷淡了""我不关心学生的事情"等内容，并没有出现《中小学教师职业倦怠问卷》中，而"我很少表扬学生""我因为一点小事就把学生劈头盖脸地骂一顿"等则可能是我国教师职业倦怠的独特表现。

一项研究采用该问卷调研了我国 5 672 名中小学教师，结果显示，我国中小学教师职业倦怠总体上呈现出"两高一低"的特点，即较高的情感衰竭与个人成就感，较低的去人性化水平。而且，该群体的职业倦怠表现具有个体性差异与群体性差异。从个体性差异来看，男性、已婚者、10~20 年教龄者、中级职称者和班主任的职业倦怠水平相对较高；从学段和地域的群体性差异来看，中学教师、农村教师、北京及东部、西部地区的中小学教师有较高的职业倦怠。[①]

提早识别对预防职业倦怠很关键。因为工作中一旦经历倦怠，就会持续较长一段时间，这种情况在职业生涯的早期阶段更容易出现。一些学者总结了教师职业倦怠的 7 种早期症状，可以作为快速识别职业倦怠的参考：（1）感觉不喜欢工作，甚至有旷工情况；（2）比较难以将注意力集中在工作中；（3）感觉负载着很重的工作，以及与工作不相关的任务；（4）与同事明显疏离，远离了职场人际圈；（5）对学校有一种应激感；（6）出现失眠、消化障碍、头痛或心悸现象；（7）在一些情况下无法履行工作职责。研究发现，男女教师在经历较严重的职业倦怠时，他们在身体上的症状会有所不同：女教师的疼痛多发生在头部、右肩、胸部与脊柱；男教师的疼痛多发生在手臂、脊柱和臀部。[②] 学校心理辅导者可依据此类迹象，先快速锁定需要帮助的教师群体，然后再用更精细的量表与访谈法筛选出具体的帮助对象。

三、教师职业倦怠的干预

预防和化解教师职业倦怠是提高教师心理健康水平、建设高质量教师队伍的必要工作。教师职业倦怠干预是一项系统工程，需要多方力量协作发力。2021 年，一项针对国际教师职业倦怠研究的元分析指出，无论探讨教师职业倦怠的诱发因素，还是探讨教师职业倦怠的干预策略，社会、组织与个体因素都是国际学界研究的热点。[③] 可见，预防和化解教师职业倦怠应秉持多维视角，既要从个体适应机制的视角来干预教师的自身因素，又要从人与环境相互作用的生态系统视角来干预组织与社会因素。

从改善个体适应机制来看，干预教师的职业倦怠要兼顾问题解决导向与积极心

① 伍新春，齐亚静，臧伟伟. 中国中小学教师职业倦怠的总体特点与差异表现 [J]. 华南师范大学学报（社会科学版），2019（1）：37-42，189-190.
② 郭绒. 国际教师职业倦怠研究：知识基础、热点主题与前沿进展：基于 WOS 数据库的文献计量分析 [J]. 比较教育研究，2021，43（12）：28-37.
③ 郭绒. 国际教师职业倦怠研究：知识基础、热点主题与前沿进展：基于 WOS 数据库的文献计量分析 [J]. 比较教育研究，2021，43（12）：28-37.

理取向，这符合教师心理健康的积极和消极双过程模型假设。从优化教师发展的生态系统机制来看，干预教师职业倦怠要注重激发系统合力，构建全系统的外部支持网络，这符合生态系统模型假设（详见本书第一章第二节）。

（一）兼顾问题解决导向与积极心理取向，改善个体适应机制

人们对教师职业倦怠的干预研究，从最初聚焦"问题"，侧重问题应对，逐渐转向关注"促进"，侧重"积极结果"的产生和存续。从如何预防和缓解教师职业倦怠，开始转向如何保持和促进教师工作投入。从关注导致职业倦怠的职业压力因素，开始转向消解职业倦怠的工作资源因素。

1. 基于问题解决导向的教师职业倦怠干预策略

从个体适应机制的"失灵"视角来看，教师职业倦怠的发生就是面对长期工作压力时，因教师自身缺乏更有效的应对之策，导致身心出现的一种消极反应。持此立场的教师职业倦怠机制学说有很多，最典型的是基利亚库等人提出的职业压力和健康理论模型，认为职业倦怠产生于教师面对外界压力时的适应机制失衡，而教师的人格特质、信念、应对能力是影响其压力适应机制的 3 个关键因素。有关国际教师职业倦怠研究的元分析也证实，这 3 个关键因素是学界最关注的诱发教师职业倦怠的个体因素。

学校心理辅导者可通过设计系列性危机干预项目，增强教师对职业倦怠的问题解决能力。教师通过参加职业倦怠相关的辅导与培训，包括科普性的培训项目与专门的危机干预项目，了解教师职业倦怠的相关表现；理解教师职业倦怠的内涵、要素、特征、诱因以及发生变化的规律；了解职业倦怠在教师不同的职业发展阶段有何差异性表现；了解结婚、生育、工作变更与职称晋升等诸多教师生命事件如何影响教师的工作热情、工作投入、教学态度、自我效能感与职业认同感；学习应对自身职业倦怠危机的通用策略；学习帮助他人应对职业倦怠的方法；等等。教师通过参加诸如此类的职业倦怠学习活动，知道如何预判自身的职业倦怠风险，如何化解自身的职业倦怠危机，知道如何进一步获取预防职业倦怠的学习资源，等等，进而持续提升教师应对职业倦怠危机的能力。

2. 基于积极心理取向的教师职业倦怠干预策略

有关中外教师职业倦怠循证干预的元分析发现，人际应对策略与主动性策略是教师职业倦怠干预的热点，教师自我效能感、情绪智力、社会情感能力与工作投入等积极心理品质，正日益受到学界与实践领域的关注。这些因素是教师应对职业倦怠的心理资本。多项研究证实，无论是中小学教师群体，还是高校教师群体，教师的心理资本水平都能显著负向预测该群体的职业倦怠水平。[①]

（1）增强教师的自我效能感

自我效能感是指人对自己能否做好某件事情的主观判断，它在教师职业倦怠发

---

① 汪明，全景月，王梦娇，等. 中小学教师心理资本与教师职业倦怠关系研究 [J]. 基础教育，2015，12（2）：60-71.

展过程中扮演着核心角色。很多研究都将教师的自我效能感与职业倦怠作为教师表现和学生学业成就的指南针、预测器。[①] 在探索教师的自我效能感如何影响其职业倦怠的过程中，前者已被不断细化为个人效能感、集体效能感、教学效能感、人际效能感等，其中备受关注的是教学效能感对教师职业倦怠的影响。

教学效能感是教师能动性的核心内容，是指教师对教育的理解，以及对自身能否有效完成教学任务、实现教学目标的一种主观判断或信念。教学效能感与教师职业倦怠的情感衰竭、去人性化和低个人成就感均存在显著的负相关，那些具有高水平教学效能感的教师，呈现出了较低水平的职业倦怠。[②] 国内已有针对各学段教师的教学效能感与职业倦怠的关系研究，包括中小学教师、幼儿教师、特殊教育教师以及高校教师等群体，均得出了比较一致的结论，即教师的教学效能感越高，职业倦怠水平就越低。除了这种直接效应外，教学效能感还在学校氛围和职业倦怠之间扮演着重要的中介作用与调节作用。

那么，如何增强教师的教学效能感？研究发现，教师专业学习共同体能有效促进教学效能感的提升。学校领导者与学科组长在建设教师专业学习共同体时，应聚焦构建共享且清晰的共同体目标，制定明确的中长期教学目标，促进完成教师之间深入而具体的反思对话等关键性任务，切实提升共同体成员的教学效能感。另外，考虑到教学策略、班级管理与学生参与等三个方面是衡量教师教学效能感的关键领域，这提示学校心理辅导者应引导教师着力于此三方面进行自我提升。

（2）提升教师的情绪调节能力

一个人的情绪调节能力可以从情绪智力与情绪劳动来窥之。情绪智力是指个体有效利用情绪信息，不断调整和应对压力生活的情绪能力，是心理资源中的保健因子，具有可塑性。

2018年，一项针对教师情绪智力与职业倦怠关系的元分析，聚焦21世纪以来的30篇中英文文献，总样本量为9 720。研究结果表明，整体上教师的情绪智力与职业倦怠呈中等强度的负相关，情绪智力得分越高的教师，越不容易体验到职业倦怠，而且中国文化背景下的教师情绪智力与职业倦怠的关系更强。学校心理辅导者在设计和实施教师情绪智力提升计划时，可依据情绪智力的能力模型，聚焦改善教师的情绪感知与识别（即准确辨别自己和他人的情绪表达）、情绪整合（即运用情绪信息促进思维活动）、情绪推理与理解（即准确描述自己和他人的情绪，合理评估情绪及情境）、情绪管理（即掌控和调整个人的情绪）等四个方面；也可依据混合情绪智力模型，从一个更综合、更多元的视角对职业倦怠教师实施帮助，纳入人际成分、适应性成分、压力管理成分、自我激励成分和心境管理成分等干预议题。

教师情绪劳动是教师为表达职业所要求的情绪状态时主动进行的情绪调节。任

① SKAALVIK E M，SKAALVIK S. Teacher self-efficacy and teacher burnout：a study of relations[J]. Teaching and teacher education，2010，26（4）：1059-1069.

② ALOE A M，AMO L C，SHANAHAN M E. Classroom management self-efficacy and burnout：a multivariate meta-analysis[J]. Educational psychology review，2014，26（1）：101-126.

何从业者都会有三类情绪：工作需要的情绪，称为需要情绪；自己感受的情绪，称为感受情绪；经过调整后表现出来的情绪，称为表现情绪。这三种情绪不总是步调一致、和谐统一的，会出现情绪失调的情况，表现为情绪过激或过度。如果遭遇职业倦怠期，就会加剧这种失调表现。教师应学习如何主动辨识并妥善管理好这三种情绪。①

一是把握时机，协调预防策略与补救策略。一方面，控制情绪诱因，预防策略要先行。针对情绪产生前的情境，遏制情绪波动的发生。可以采用四个具体策略，即情境选择、情境修正、注意转移和认知改变。前两个策略主要针对工作环境的管理，比如教师根据自身能力与优势，主动调整任教年级或班级。后两个策略主要调整教师对情境的感知与认识，通过改变认知来改变对压力情境的判断与体验。另一方面，调节情绪状态，补救策略要到位。针对已经产生的情绪感受，防止反应过激或过度。可以通过增强、减弱、延迟和加速等四个具体策略，调控情绪在生理上、体验上与行为上的反应水平。

二是明确方向，协调参与策略与转移策略。参与策略可分为主动面对和被动接受。面对问题，主动应对固然好，但有时默默等待、暂时放下看似很被动，实则是智慧之举。因此，参与策略要兼顾主动与被动。转移策略可分为回避和转移，回避意味着拒绝进入和完全不接触；而转移意味着进入和接触。教师所遭遇的许多职业压力情境，很多时候是不能回避的。可采用的转移策略有放松、愉悦身心以及采取行动重获掌控感等。

三是善用技巧，协调浅层扮演与深层扮演。浅层扮演与深层扮演是情绪劳动的两种主要策略。在浅层扮演时，人常会用伪装和克制压抑自己的真实情感，表现出来的表情与内在想法不一致，但其言语、表情、动作与语气等信息，多少能反映出其实际的情绪体验；深层扮演则是指一个人努力调整自己内在的情绪感受，并使这种情绪体验与工作所需要的情绪表现相一致。教师浅层扮演的情绪劳动与其职业倦怠呈显著正相关，而深层扮演的情绪劳动则与其职业倦怠呈显著负相关。此外，教师的情绪智力既能直接缓解职业倦怠，又能通过促进深层扮演行为，间接削弱教师职业倦怠。具体而言，教师的情绪智力越高，就越倾向调动深度扮演行为，进而越能明显地缓解职业倦怠。②

教师在调节情绪时，要谨慎和节制地使用情绪劳动的浅层扮演策略，毕竟这种策略的心理成本更大，造成的负面后果也比较多。同时，应主动丰富自身的深层扮演策略，包括重新聚焦（即教师调节自身的注意力，将其专注于教育教学活动，有意忽略那些可能的、不确定的因素）、重新建构（即教师通过重新认识周围情境，主动营造一种适合工作需要的情绪状态）与情感分离（即教师明确区分工作情绪与个人情绪，并谨慎处理两者的边界，避免相互混淆）等。

① 田国秀，刘忠晖. 教师情绪劳动：三类情绪的区分与关系协调 [J]. 比较教育研究，2021，43（4）：3-10.
② 杨世玉，刘丽艳. 高校教师情绪智力对职业倦怠的影响：情绪劳动策略的中介作用 [J]. 中国人民大学教育学刊，2024（2）：86-99.

（二）构建全系统的外部支持网络，注重系统合力

就教师职业发展的生态系统理论而言，以教师个体为中心的外部环境系统，由内向外依次是微观系统（学校与家庭）、中观系统（学校与家庭间的协调与冲突，校内各微观系统间的协调与冲突）、外层系统（学校所在的社区）和宏观系统（社会文化与国家教育政策）。其中，学生、同事、领导、学生家长和家人等构成了与教师职业倦怠密切相关的微观系统。诸如师生间认同、期待、行为和目标上的耦合度，同事间的支持与竞争，领导的工作风格，教师与家长之间的社会文化距离、道德距离、专业距离和物理距离，以及教师与家人的职业倦怠状况，等等，都会对教师职业倦怠产生影响。

当两个或以上的微观系统彼此作用时，就形成了教师职业倦怠的中观系统。中观系统一般有两层：一层是教师面临的学校—家庭冲突，另一层是校内各微观系统间的冲突。家校之间的双向冲突以及紧张的校园人际氛围都会恶化教师的生存环境，是重要的压力来源，会直接或间接地导致教师职业倦怠。社区是影响教师职业倦怠的外层系统之一，社区的经济发展水平与地理位置会制约学校的建设水平，继而影响教师可获得的资源，最终会影响教师职业倦怠。

在宏观系统中，社会文化对教师角色的期待，国家教育发展的方针政策，以及全球性公共卫生突发事件，等等，会直接或间接地影响教师的价值观念、工作生活方式、思维方式、教学效能感与情绪体验。当教师面对"社会模范公民""活的教科书""德才兼备的人""人类灵魂的工程师"等诸多社会角色期待时，会倾向隐藏一些真实的内心感受，易产生更多的情感劳动，引发情感衰竭。宏观系统中的全球性突发公共卫生事件则使教师群体经历了前所未有的焦虑、迷茫和倦怠感。

鉴于此，有学者指出，基于生态系统理论的教师职业倦怠干预，应当基于各环境系统的具体影响路径，有针对性地设计教师职业倦怠干预策略，通过激发系统合力，构建全系统的外部支持网络。[①]

1. 微观系统的支持

在微观系统中，学校支持是最重要的教师职业倦怠干预因素。持此立场的教师职业倦怠机制包括人—环境匹配模型与工作要求—资源模型。前者认为职业倦怠源于教师的价值与信念同组织偏好与组织核心价值相冲突，使教师体验到极强的心理压力，进而导致情感衰竭；后者认为当教师从组织和社会中所获得的工作资源无法满足工作要求时，就会产生职业倦怠。

基于教师职业倦怠受校内各微观系统之间的叠加积累与调节抵消的影响机制，尤其是人际关系因素对教师职业倦怠的影响机制，可通过系统开发学校组织中的工作资源，包括大力挖掘成长型工作资源、有效开发保健型工作资源、合理利用激励型工作资源等策略，达到强化多元化的学校组织支持力量，缓解教师职业倦怠，维

---

① 高昕，魏峰，周晓璐. 教师职业倦怠的多维审视：基于生态系统理论的分析 [J]. 教育发展研究，2023，43（2）：44-51.

护教师职业心理健康的目的。[①]

第一，大力挖掘组织中的成长型工作资源。这类资源能有效缓解教师的情感衰竭和去人性化反应，主要包括自主控制与工作意义两类资源：自主控制是指教师在工作中具有一定的自主性，能自由决定工作方式和时间分配；工作意义是指教师在工作中所体会到的正向的、内在精神层面的事物，如兴趣满足、价值观吻合等。自主控制和工作意义都与工作成就、工作成绩得到认可密切相关。教师在工作中的自主控制，满足了其自主需要，增强了其对工作意义的感知，这种意义感知反过来又进一步激发教师的内部动机，给教师带来掌控感，使其在面对工作压力时有意愿采取积极主动的行为，避免职业倦怠的发生。针对我国中小学教师的调查研究表明，教师的自主水平越高，其心理健康状况就越好。[②]

第二，有效开发组织中的保健型工作资源。这类资源对缓解教师的情感衰竭很有助益。教师从工作中所带来的物质层面（如经济收入）和社会层面（如社会声誉）的回报，即工作回报类资源，就是一种很好的职业倦怠保健因素。

第三，合理利用组织中的激励型工作资源。这类工作资源虽不能直接缓解教师职业倦怠，却能明显增强教师的工作投入。这类资源主要包括组织支持、同事支持与硬件条件支持等。其中，组织支持主要是指组织及领导给予教师的理解、帮助、关怀等；同事支持主要是指同事给予教师的协助、陪伴、关心等；硬件条件支持主要是指教师办公环境，以及学校提供的教学设备、教学材料等资源。组织人际氛围是组织环境的一种持久特性，良好的组织支持气氛能明显缓解教师职业倦怠；而缺乏组织支持或者组织内部的关系不和谐，是教师职业倦怠的重要原因。改善组织支持氛围，应着力增强领导者与教师之间，以及教师与教师之间的人际支持，鼓励彼此在情感、信息、智力上的资源支持，组织应从政策、机会与硬件条件上给予教师更多实质性的帮助，努力搭建教师专业学习共同体，主动营造和谐共处的办公室氛围，等等，通过挖掘组织的激励型工作资源，鼓励教师工作投入，来对抗和抵消教师职业倦怠的消极影响。

2. 中观系统的支持

在中观系统中，基于教师职业倦怠受家庭—学校双微观系统之间的协调与冲突的影响机制，该系统的可为之处有：给予教师更多的人性化支持，增加教师的工作资源，设置灵活的到岗时间，为教师提供托育服务，开展职工家庭联谊活动等策略，营造友好的家校协作氛围。

3. 外层系统和宏观系统的支持

就影响教师职业倦怠的外层系统和宏观系统而言，两者要合力构建化解教师职业倦怠的社会支持网络。2018年，中共中央、国务院印发《关于全面深化新时代教师队伍建设改革的意见》，其中明确指出要"关心教师身心健康，克服职业倦怠，

---

① 伍新春，齐亚静. 职业心理健康视角下教师工作资源的分类及其启示 [J]. 北京师范大学学报（社会科学版），2021（5）：48-55.

② 郭成，杨玉洁，李振兴，等. 教师自主对教师心理健康的影响：领悟社会支持的调节作用 [J]. 西南大学学报（自然科学版），2017，39（6）：141-147.

激发工作热情"。

一方面，政策制定者可以充分利用大型数据库资料，从教师个人、学校、社区及国家层面，科学控制影响职业倦怠的关键变量，通过有针对性地制定政策，变革体制机制，明确教师工作责任，切实为教师"减负"，提高教师待遇，增加教师职称晋升与生涯发展机会，保障教师的合法权益。

另一方面，社会应大力营造"尊重劳动、尊重知识、尊重人才、尊重创造"的良好氛围；引导大众对教师职业的合理期待，以及对教师群体的正确评价；应当关注经济发展落后地区的教师职业心理健康；引导公共教育资源更多地向落后地区倾斜；从法律层面保障教师的专业自主权，提高教师的职业认同感和职业满意度。

思考题

1. 你觉得教师心理健康状况对学生的心理和行为会有哪些影响？这些在你的学习生涯中发生过吗？倘若你是一位教师，你如何判断自己是否产生了职业倦怠？

2. 学习完本章后，你是如何理解教师职业倦怠的发生过程的？你知道哪些应对职业倦怠的方法？要采用这些方法，你还需要哪些资源？倘若你的同事正处于职业倦怠中，你会给予其怎样的支持？

推荐阅读

1. 李永鑫，李艺敏. 职业健康心理学：一个新兴的应用心理学领域 [J]. 四川师范大学学报（社会科学版），2015，42（5）：146-152.

2. 童辉杰. SCL-90 量表及其常模 20 年变迁之研究 [J]. 心理科学，2010，33（4）：928-930，921.

3. 伍新春，齐亚静. 职业心理健康视角下教师工作资源的分类及其启示 [J]. 北京师范大学学报（社会科学版），2021（5）：48-55.

4. 郭绒. 国际教师职业倦怠研究：知识基础、热点主题与前沿进展：基于WOS 数据库的文献计量分析 [J]. 比较教育研究，2021，43（12）：28-37.

5. 高昕，魏峰，周晓璐. 教师职业倦怠的多维审视：基于生态系统理论的分析 [J]. 教育发展研究，2023，43（2）：44-51.

第十一章 多元心理辅导资源建设

促进学生身心健康、全面发展，是党和国家关心、人民群众关切、社会关注的重大课题。党的二十大报告提出，要"重视心理健康和精神卫生"，强调心理健康和精神卫生在民生福祉中的重要作用。落实立德树人根本任务，就要坚持健康第一的教育理念，系统治理学生心理健康工作，健全多部门联动与学校家庭社会协同育人机制。

2021年，《教育部办公厅关于加强学生心理健康管理工作的通知》提出，要"增强学校、家庭和社会教育合力"，对学校、家长、家长学校、社区家长课堂等提出了指导意见。2023年，《教育部等十三部门关于健全学校家庭社会协同育人机制的意见》明确了学校、家庭、社会在协同育人中各自的职责定位及相互协调机制。同年，《全面加强和改进新时代学生心理健康工作专项行动计划（2023—2025年）》提倡全社会协同育人机制，"统筹政策与制度、学科与人才、技术与环境，贯通大中小学各学段，贯穿学校、家庭、社会各方面，培育学生热爱生活、珍视生命、自尊自信、理性平和、乐观向上的心理品质和不懈奋斗、荣辱不惊、百折不挠的意志品质，促进学生思想道德素质、科学文化素质和身心健康素质协调发展，培养担当民族复兴大任的时代新人"。

"三全育人"即全员育人、全程育人、全方位育人，是新时代推进育人理念和育人方式变革的重大命题。本章将立足发挥学校的主体作用，从"三全育人"和学校家庭社会协同联动育人入手，探讨建设多元心理辅导资源的路径。

第一节 学校"三全育人"的心理辅导资源建设

心理辅导资源是指学校心理辅导工作中可以利用的一切人力、物力与自然资源的总和，是学校心理辅导活动与心理健康教育课程得以呈现的基石，是设计、实施和评价活动与课程的基本组成部分。建设多元心理辅导资源，是为了适应社会多元化与教育多样化，尤其是在全面加强和深化新时代学生心理健康工作的视域下，多元心理辅导资源能更好满足学生的个性化心理服务需求。本节聚焦心理辅导活动与心理健康教育课程来介绍"三全育人"的心理辅导资源建设路径。

一、培育特色化学校心理辅导活动

（一）学校心理辅导活动的内涵

学校心理辅导活动是指辅导教师根据学生的身心发展特点和社会需要，依据团体动力学原理，通过一系列专门设计的活动，有目的、有计划地促进学生有效适应和健全人格发展的一种辅导形式。它以学生的情意活动为主要内容，面向全体学生，侧重体现学校心理健康教育的发展性和预防性功能，不受课时限制，形式多样，讲究实效，是营造积极的学校心理氛围最有效的手段之一，学校和教师可以根据实际情况灵活选择、使用，同时，可以综合发挥各种方式和途径的协同作用，增强心理健康教育效果。

本书论及的学校心理辅导活动是为实现学校心理健康教育的目标而组织的各种教育活动及教育性经验的总称，不包括心理健康教育课程。它对教师的专业化要求低于矫治性辅导和心理健康教育课程，专兼职教师均可操作。

（二）学校心理辅导活动的设计与组织要点

培育特色化学校心理辅导活动，教师要在设计与组织中关注以下四个要点：

第一，辅导活动能激发学生的矫正性情绪体验。[①] 学校心理辅导活动强调体验性学习，在教师创设的安全且有支持性的团体氛围中，通过恰当的角色设置和互动进程，学生会经历一些涉及他人的、充满情绪体验的事件，觉察自身在人际中的非适应性反应，学习理解和表达情绪体验。这些具有矫正功能的情绪体验活动有助于学生应对今后的人际困境。

第二，辅导活动能平衡好挑战性与支持性。教师要根据学生的"最近发展区"，设计适度的挑战性任务——虽有一定难度但学生经过努力后能够解决它们。同时，教师还要提供一定的支持，如鼓励、建议、指导与示范等，帮助学生在支持性环境中挑战自我。

第三，辅导活动能为学生灌注希望。好的辅导活动不仅能调动学生积极参与的热情，还能激发和维持其改变的动机。教师在设计与组织活动时，需关注学生的发展需要，突出系统性、目标性、预防性，促成学生持续的、健康的、全面的发展。

第四，辅导活动能发展学生的利他性和社交技巧。好的辅导活动能让学生提出个人见解，分担相似的困难，学生之间的共情、鼓励、建议与承诺，有助于产生"被需要"体验，发展其更多的利他行为。通过辅导活动中丰富多样的角色扮演与练习，学生能学会并掌握向他人表达需要和感谢提出异议、拒绝他人等社交技巧，增加人际信任，提高社会适应能力。

---

① 林孟平. 心理咨询与治疗 [M]. 北京：生活·读书·新知三联书店，2022：357.

（三）学校心理辅导活动的形式

学校心理辅导活动可以采取多种形式，包括团体辅导、心理训练、问题辨析、情境设计、角色扮演、游戏辅导、心理情景剧、专题讲座等。目前，中小学较多采用各种形式相结合的综合活动，如心理健康月、心理健康周、阳光心理节、心理幸福节等。通过设计一系列内容丰富、形式多样、针对性强、参与性广的活动，在宣传普及心理健康知识的同时，为学生搭建锻炼心理品质、提高心理素养的平台，在全校师生中营造一种关注心理健康、重视心理健康的氛围。本书主要介绍 11 种较常用的学校心理辅导活动。

1. 建立心理辅导室

心理辅导室由心理教师轮流值班，每周定期开放，向学生提供心理辅导。它能对学生在成长、学习和生活中出现的心理行为问题给予指导，帮助学生排解心理困惑，缓解心理压力。建立心理辅导室是学校了解把握学生心理发展状况的一条有效途径，也是学校开展心理健康教育工作的有力保障。

2. 设置"心语信箱"

开设"心语信箱"、电子邮箱、热线电话等，搭建与学生沟通交流的平台，让想倾吐心声但又羞于启齿的学生能以方便的形式，向教师寻求有效的心理调适方法和心理健康知识。

3. 开设学生心理健康教育科普专栏

针对学生普遍需求的心理健康知识和大部分学生存在的心理困扰，如新生环境适应不良、考试焦虑，以及人际交往过程中的自卑、攀比、欺凌等等，开设学生心理健康教育科普专栏，精选有关心理健康的知识与技能，提升学生心理健康素养水平。

[拓展资源]
聚光灯效应

4. 组建心理社团

心理社团是学校心理辅导活动的重要资源，是实施素质教育的重要内容。组建"心理委员社团""心理团辅社团"等社团组织，旨在为学生提供展示自我、提升自我和示范引领的平台。"心理委员社团"将心理朋辈辅导和心理健康教育课程内容有机融合，使学生了解心理知识，具备一定的心理辅导能力，协助心理教师开展心理健康教育活动。"心理团辅社团"以问题为导向，招募有需要的学生，通过团体辅导的活动形式，为学生营造真诚、尊重和温暖的氛围，促进学生悦纳自我，提高人际沟通技巧，促进学生心理和行为的改善，使学生更好地融入集体，适应校园生活。

5. 各学科渗透

健康的心理来自人格的感染，来自和谐人际关系的熏陶。学校要注重发挥教师在教育教学中为人师表的作用，建立民主、平等、尊重的师生关系，积极倡导广大教职员工学习掌握心理健康知识，提高自身心理健康素养。倡导五育并举促进心理健康，要求各位教师在学科教学中注重维护学生心理健康，既教书，又育人。

6. 开展心理班会

班主任可以在心理教师的专业帮助下开展心理班会，以学生关心的心理议题为主题，引导学生互相探讨，共同受益，发挥辅导活动的预防性和发展性作用。

7. 举办心理讲座

学校心理教师和心理专家不定期地对学生、教师或家长进行心理健康专题讲座。讲座主题既可以针对学生，如青春期心理发展、考试焦虑、情绪管理等，促进学生心理健康发展；又可针对教师，如职业倦怠、职业压力、人际沟通等，不断提高教师的心理素质。

8. 建立学生心理健康档案

加强心理健康监测，建立"一生一策"心理健康档案。学生心理健康档案包括：学生个人一般情况、家庭情况、学习及社会适应情况、心理健康测评结果、心理辅导记录等。学生心理健康档案应同教师日常的辅导工作紧密结合，从而有助于及时发现学生存在的心理问题，并开展心理辅导工作，促进学生健康成长。

9. 设置心理辅导节日

节日具有丰富的文化内涵，能增添生活的仪式感。将学校心理辅导活动设计成节日，在节日中传递幸福与爱意，表达创意与趣味，引导学生关注生活，拓宽心理健康教育的外延，丰富心理健康教育的内涵。通过设置心理辅导节日，系统传递心理辅导理念，以不同的主题引起学生、家长对心理健康的关注，用别开生面的活动给学生留下美好的记忆，使心理健康教育文化可感可触，生动形象。

例如，某小学的"幸福节"，从节日的独特视角出发开启幸福之门，传递幸福内涵，通过体验性活动让师生、亲子共同踏上幸福之旅。"男孩女孩节"围绕学生自我意识的发展，以心理知识为依托，以举止修养为抓手，通过形式多样的挑战活动，营造包容开放的成长空间。

10. 创设校园育人环境

学校应积极创设温馨的校园物理环境和心理环境，增加绿化面积，营造绿色校园，创造舒适、优美的学习环境。教室内可以张贴名言警句和名人画像等，对学生进行潜移默化的教育榜样示范。展示学生的绘画、书法、科技作品，搭建学生展示才能的平台，培养学生的自信心。开展多种形式的"班级风采"活动，展示班级特色、宣传班集体，提高学生的集体归属感。安装宣传橱窗和墙报栏，建立红领巾或者团委广播站，开设"每周一歌""心理知识角"等栏目，发展学生特长，让心理辅导贯穿学校教育教学活动，培养学生高尚的情操和健康的心理素质。

11. 家校协同，同步实施心理健康教育

学校可以建立家长委员会，成立家长学校，长期、稳定地对家长进行培训，聘请有关专家和家长作讲座，指导家长转变教育观念，了解和掌握学生心理教育的方法，引导家长以自身优秀的品格和行为影响孩子，营造良好的家庭环境。开通校长热线和电子信箱，倾听家长的意见和建议，促进家校沟通。开辟"家长学校"网页，传播心理健康和家庭教育知识，形成家校合力，共同做好学生心理健康教育工作。

（四）学校心理辅导活动的评价

评价，即判定客体的价值，是保障活动效果的必要手段。评价心理辅导活动就

是评价心理辅导活动的效果，有助于正确认识心理辅导活动，使其设计更加合理，推动其顺利实施。

1. 评价的原则

学校心理辅导活动的评价是一个系统过程，旨在评估心理辅导活动的有效性、效率和对师生的影响。对学校心理辅导活动的评价应遵循以下原则：

（1）客观性。评价要客观公正、科学合理，确保评价不受个人偏见、情感或外部因素的影响。

（2）全面性。评价应该全面考虑所有的相关因素，包括学生、教师、家长以及学校环境等。

（3）系统性。学校心理辅导活动的评价应该是一个有序的、结构化的过程，能够系统地收集、分析和解释数据。

（4）科学性。使用科学的方法和技术来设计评价方案和工具，确保数据的准确性和可靠性。

（5）实用性。评价的结果应该能够为学校心理辅导活动的改进提供实际的指导和建议。

（6）保密性。在评价过程中，必须严格遵守隐私保护原则，确保所有个人信息的安全。

2. 评价的实施

实施评价时，要确保学校心理辅导活动更加贴合学生的需求，提高其效果，同时也为学校心理辅导的专业化和规范化发展提供支持。

（1）明确评价目的。在开始评价之前，需要明确评价的目的是什么，比如是改进学校心理辅导活动、提高服务质量，还是研究和发展。

（2）设计评价方案。根据评价目的，设计详细的评价方案，包括评价的时间、地点、对象、方法和工具等。在评价工具的选择上，要注意评价工具应该能够有效地测量学校心理辅导活动的目标和结果，包括但不限于问卷调查、访谈、观察、心理测试等。

（3）培训评价人员。确保参与评价的人员具有必要的知识和技能，以保证评价的有效性。

（4）实施活动评价。按照计划进行数据收集，注意保持评价过程的一致性和标准化。

（5）收集评价数据。按照评价方案进行数据收集，确保数据的可靠性和有效性。

（6）分析评价数据。对收集的数据进行整理和分析，以得出有关学校心理辅导活动效果的结论和建议。

（7）撰写评价报告。总结发现和建议，与相关人员分享。

（8）反馈评价结果。将评价结果反馈给相关人员，如心理辅导人员、学校管理层、学生和家长等。

（9）实施改进计划。根据评价结果，制订改进学校心理辅导活动的计划，以提高未来活动的效果。将改进计划付诸实践，跟踪改进效果，并根据需要进行调整。

（10）持续评价监测。评价不是一次性的，而是一个持续的过程。定期进行评价，以确保心理辅导活动的持续改进和发展。

表 11-1 是某小学心理辅导活动评价表。

表 11-1　某小学心理辅导活动评价表

评价内容	评价项目	评价分值	得分
目标	新颖、有明确的指向性，体现校园文化的内涵，符合学生的认知特点和认知规律	20	
内容	有趣味性，活动环节典型，贴近学生生活和社会现实	20	
形式	有利于学生个性特长的展示，丰富多样，学生喜欢参与，结构完整，环境营造得体，较好地烘托节日主题	20	
过程	反映学生的认知特点和情感发生规律，学生热情参与，发挥主体作用，循序渐进，激发学生的幸福热情	20	
效果	学生有积极体验、情感共鸣，教师引领有方、指导有度，全校学生精神振奋，思想境界得到提升	20	
总分			

3. 评价的要点

在实施学校心理辅导活动时，要注意以下 9 个要点，确保评价的质量和效果。

（1）参与性与互动性。学校心理辅导活动应鼓励学生积极参与，并提供充分的互动机会，以促进学生之间的交流和共同学习。

（2）安全性与支持性。确保学校心理辅导活动的环境安全、无威胁，营造支持性的环境，让学生感到自在地表达自己的想法和感受。

（3）科学性与规范性。学校心理辅导活动的设计、实施及评价应符合学生心理健康教育的要求，确保活动内容的科学性和规范性。

（4）及时性与可持续性。在学校心理辅导活动中应及时给予学生反馈，帮助学生理解自己的心理状态，以及如何改进和调整。同时，考察学校心理辅导活动的长期效果和可持续性，以及是否有持续改进的机制。

（5）资源使用。评价学校心理辅导活动的资源使用效率，包括时间、资金和人力。

（6）效果评估。评价不仅要考虑学校心理辅导活动本身的质量，还要评价学校心理辅导活动对学生心理健康、学习动机、人际关系等方面的影响，以及对学校环境和文化的促进作用。

（7）评价多维度。评价时应该考虑不同参与者的观点，包括学生、家长、教师和心理辅导人员等，以获得全面的评价结果。

（8）文化敏感性。活动内容和评价方法应考虑不同文化背景的学生，确保活动的普及性和包容性。

（9）结果应用。发展是评价的目的，评价的结果应用于指导未来的心理活动计划，以不断改进和提高心理活动的有效性。

通过对上面要点的持续关注和实践，学校心理辅导活动能更加符合学生的需求，同时提升活动的整体质量和效果，进一步促进学生的心理健康发展。

二、开发心理健康教育课程资源

为进一步提高学生心理健康工作的针对性和有效性，切实加强专业支撑和科学管理，提升学生心理健康素养，2021 年，《教育部办公厅关于加强学生心理健康管理工作的通知》将加强心理健康课程建设作为加强源头管理的重要举措之一，强调"发挥课堂教学主渠道作用"，要求中小学将"心理健康教育课纳入校本课程"。多元、优质的心理健康教育课程资源有助于提升心理健康教育课程的实效性，有利于满足学生多样化的心理需求，能更好地辅助学生掌握心理健康的知识和技能，增强课堂体验感，提升心理健康教育课程的循证价值。

（一）心理健康教育课程资源的类型

按照资源的来源，心理健康教育课程资源可以划分为校内资源和校外资源。除了教材，校内资源还有师生本身不同的经历、生活经验、学习方式与教学策略，以及各种专用教室、组织的各项活动等，都是非常宝贵的课程资源。校外资源是指学校范围以外所有有利于辅导实施的资源。

按照资源的功能特点，心理健康教育课程资源可分为素材性资源和条件性资源。素材性资源主要包括心理辅导知识、心理辅导方法与手段、心理辅导组织与实施、教法与学法指导等方面。素材性资源可以看作心理健康教育课程的软件，可以从图书、报纸、杂志、广播、电视、音像材料和互联网中获取。条件性资源主要包括开展心理健康教育课程的人才资源、财力资源、时间资源、空间资源和物品资源。条件性资源是心理健康教育课程实施所需要的硬件，决定着心理的实际效果。

（二）心理健康教育课程资源的开发策略

开发多元心理健康教育课程资源时，教师需要考虑学生的整体需求和差异性需求，以确保能够有效地服务于所有学生。

1. 整合现有资源

随着我国对学生心理健康教育的重视，学生心理状况的研究成果和心理健康教育课程方面的成果越来越丰富。这些成果为中小学心理辅导活动提供了丰富的辅导资源。由于中小学生的特殊性，并非任何成果都可以直接作为心理辅导活动素材。

因此，在面对众多现有的心理辅导材料时，教师应该基于学情研究、问题研究，结合教学目标来选择、取舍和整合现有素材，使其更有针对性。例如，可以关注身边的人物、事件和媒体，从电影、电视、网络媒体、图书、杂志中寻找合适的辅导资源，寓教于乐，让学生在潜移默化中受益。

2. 加强对学生的研究

心理健康教育课程关注学生的身心状况、生活和兴趣。从一定意义上来说，学生也是心理健康教育课程的重要资源。教师应该加强对学生的心理健康状况的研究，例如，各年龄段中小学生存在的心理问题、心理特征、智力发育水平、经验特点等。通过对学生心理的研究和了解，明确更有价值的课程资源，从而合理地开发和利用。

3. 开发与利用学生活动

传授心理健康知识与技能是提高学生心理健康水平的重要途径。学生是活生生的，他们的认知和体验是在生活中形成与发展的，活动对学生的影响非常深刻。因此，利用好学生活动是开发心理健康教育课程资源的重要策略。教师可以针对学生心理发展特点与实际水平，设计好相应的教学目标、任务与过程，开发有价值的学生活动，进行体验式教学。

4. 开发家庭社会资源

心理健康教育课程资源的开发，是一项涉及多方面的系统工程，需要政府的政策支持，学校的教育创新，社会机构的积极参与，以及家长的高度配合。教师首先要全面了解政府出台的心理健康教育政策文件，利用好政策和财政支持；其次要联合心理健康教育机构和专业人士，共享资源和信息，利用好各种心理辅导平台、在线咨询、心理测评与案例库等；最后要动员社区与家长参与心理健康教育资源的研究与建设，在社区讲座、家长学校与亲子活动中，开发和丰富学生心理健康教育素材。

5. 利用优质网络资源

利用现代科技手段，如互联网、移动应用等，筛选网络上的优质资源，或者开发互动性、趣味性强的心理辅导工具，让学生在轻松愉快的环境中学习心理健康知识，触发心理体验，提高自我帮助和自我管理的能力。例如，在开展"情绪"主题教育时，用网络上"坏脾气的男孩"的故事作为案例导入，通过故事告诉学生要学会控制自己的情绪。此外，网络上优质的视频、音乐、图片等也是很好的心理健康教育课程辅导资源。

6. 提升教师自身素养水平

心理教师不仅是心理健康教育课程的开发者和实施者，也是一种重要的辅导资源，其作用主要体现在教师对学生的影响上。因此，从开发课程资源的角度出发，教师要不断提升专业化水平，促进自身人格完善与心理健康，增强自身的感召力和感染力，在师生互动中树立良好形象，做到为人师表。

浇花浇根，育人育心。心理育人是全员、全程、全方位进行的。教师要尝试把各类要素集聚起来，整合课内课外资源，优化网上网下供给，协同校内校外力量，将心理育人的观念与行动融入日常教学实践中。

第二节　学校家庭社会协同联动的心理辅导资源建设

学校、家庭和社会构成了学生学习和生活的基础环境，这些环境中的积极因素与消极因素在不同程度上影响着个体的生命历程。基于勒温的心理场理论，我们可以认识人与环境间的互动关系以及人的整体性，进而尝试构建一种涵盖自助、互助、专业援助和社会支持的综合心理健康育人模式。《教育部等十三部门关于健全学校家庭社会协同育人机制的意见》强调，要坚持育人为本、坚持政府统筹、坚持协同共育、坚持问题导向，积极构建学校家庭社会协同育人新格局，着力培养德智体美劳全面发展的社会主义建设者和接班人。

一、学校、家庭和社会对学生心理健康的影响

中小学生正处于学知识、长身体的时期，这一时期学生的逻辑思维能力不强，分辨能力、独立思考和判断能力较弱，但他们对事物的接受与模仿能力相当强。在这一弱与强的矛盾下，如何及时、有效、正确地引导学生就显得尤为重要和必要。在中小学阶段，学校教育、家庭教育和社会教育对学生心理健康的影响不容忽视。

（一）学校教育对学生心理健康的影响

学校教育在学生的心理健康发展中扮演着至关重要的角色。教育环境、教学质量、师生关系和同伴互动等都是影响学生心理状态的关键因素。积极的学校经历，如受到鼓励和支持的学习氛围、和谐的师生关系和良好的同伴交流，可以增强学生的自尊、自信和社交能力，促进其情绪稳定和个人成长。反过来，消极的学校经历，如学习压力过大、遭受欺凌或者缺乏关注，可能导致焦虑、抑郁等心理问题。

（二）家庭教育对学生心理健康的影响

家庭教育对学生心理健康具有深远的影响。家庭是学生情感和行为发展的第一课堂，家长的教养方式、家庭氛围、父母的行为示范以及家庭成员间的互动质量直接影响着孩子的心理发展。关爱、支持和鼓励的家庭环境有助于孩子建立积极的自我形象与稳定的自我价值观，增强其应对挑战的能力和抗压性。而反过来，忽视、冲突或过度保护的家庭环境可能导致孩子产生不安全感、自卑感或其他负面情绪。

（三）社会教育对学生心理健康的影响

社会教育在学生心理健康的发展中起着补充和强化学校教育与家庭教育的作用。社会环境中的文化价值观、媒体信息、社交网络以及社区互动等因素，均会对学生的心理状态产生直接或间接的影响。积极的社会教育可以通过公共宣传活动、社区服务项目和青少年团体活动等途径，增强学生的社会责任感、合作精神和自我

效能感。此外，社会对于心理健康问题的认识和接纳程度，以及对心理困扰个体的支持系统，也是促进学生心理健康的重要因素。然而，社会压力过大、不良信息的传播和网络霸凌等负面因素则可能对学生造成心理压力。

二、学校、家庭和社会发挥协同作用

学校、家庭和社会是中小学生的主要活动场所，其教育功能的健全对提高学生心理健康水平尤为重要。《教育部等十三部门关于健全学校家庭社会协同育人机制的意见》明确了学校、家庭、社会在协同育人中的职责定位与协调机制：一是学校充分发挥协同育人主导作用，及时沟通学生情况，加强家庭教育指导，用好社会育人资源；二是家长切实履行家庭教育主体责任，提高家庭教育水平，主动协同学校教育，引导子女体验社会；三是社会有效支持服务全面育人，完善社会家庭教育服务体系，推进社会资源开放共享，净化社会育人环境。只有三者形成教育合力，才能为中小学生提供更全面的心理支持。在一定程度上，学生心理健康水平取决于学校、家庭和社会的协同作用程度。

（一）在学生心理辅导上达成共识

各方需在学生心理健康的重要性方面达成共识，确保环境能为学生提供有利于心理健康成长的条件和支持。这种共识是合作的基础，能够保证在行动指导和资源配置上的一致性。

（二）保持时间上的连续性

时间上的连续性是保障合作成效的关键因素。心理辅导在时间上的连续性既包括学生在学校上课、放学在家、社区休息娱乐上的周而复始，也包括学生从放寒暑假到正常开学这一时间段上的循环反复，还包括从小学入学到中学毕业这一跨度较大的时间上的连续。学校、家庭和社会需要持续且不间断地进行沟通和协作。

（三）保持空间上的完整性

空间上的完整性要求学校、家庭和社会三方对学生心理健康保持关注和支持。学校不仅要在校内提供心理辅导，还要将心理健康教育延伸到校外，与家庭和社会资源无缝对接。家庭应成为孩子情感释放和心理恢复的安全港湾，社会则应提供包括专业的心理咨询服务和丰富的社区活动在内的健全的支持系统。

（四）保持功能上的互补性

学校、家庭和社会在学生心理健康教育方面扮演着独特的角色，发挥着各自的优势，它们之间的协同作用需要保持功能上的互补性。这意味着每一方都应发挥其特有的优势，以弥补其他方面可能存在的不足。

学校要向学生普及心理健康知识，培养学生良好的行为习惯，教育学生如何战胜困难，帮助学生远离心理困扰。对有心理问题的学生，学校应由专、兼职心理学教师进行针对性辅导。

家庭要培养孩子健全的人格，家长应采取正确的教育方式，给孩子提供磨炼意志品质的机会，鼓励其参加劳动教育。家长的期望值不宜过高，应根据孩子的兴趣爱好和认知水平，与孩子进行经常的、广泛的、深入的沟通。家长要及时了解孩子的思想动态和情绪状态，鼓励其与同伴交往，这样有助于消除孩子以自我为中心的不良品质。

社会则要承担起学校、家庭以外的那一部分责任。例如，社区环境的净化，提供释放精力、强身健体的各种健身场所，提供心理辅导和咨询服务；同时还要有力遏制学生与外界不良环境的接触。

（五）保持信息上的互通性

学校、家庭和社会对学生心理健康负有共同责任，三方之间应就学生心理援助加强磋商与沟通，及时分享有关学生心理健康状况的信息，建立长效机制，对学生心理健康问题进行全面管理和系统教育，防止新问题出现和现有问题恶化，并对现有问题共同采取及时、必要、有效的措施。学校应及时向家长反馈学生的在校表现和心理状态，家长也应当向学校报告孩子在家的情况，社会则可以通过多种渠道提供最新的心理健康资讯和服务信息。

（六）保持行动上的协作性

为了确保合作的效率和成效，学校、家庭和社会还需保持行动上的协作性。由于受到地域、时间以及资源上的限制，单方面的行动对学生很难发挥最大作用。只有加强三方之间的协作，整合资源，充分利用各自的优势，形成教育合力，才能发挥最大的协同作用。学校、家庭和社会要以科学的态度和切实可行的方法教育与引导学生，培养学生的健全人格、健康品质，为学生的学习、生活和将来的职业生涯所需的良好社会适应打下坚实的基础。

［拓展资源］
学生心理
健康假日
实践活动

三、构建学校家庭社会协同体系

学校、家庭、社会"三位一体"心理育人协同体系是指通过学校、家庭与社会的协调配合，形成以学校为基础与依托，以家庭为核心，以社会为导向的三方合力。与学校、家庭合作相比，学校家庭社会协同增加了社会维度，对青少年心理健康问题的帮扶有着重要的现实意义。

（一）建立与维护沟通机制

建立与维护一个高效的沟通机制是确保各方顺利合作的关键。在这个过程中，可以整合各方资源，创建统一的服务平台，为三方提供即时、准确且全面的信息交流渠道，并明确各自的职责和合作流程，制定完善的协同制度，确保工作效率。此外，定期的联络与反馈体系也是不可或缺的，例如，定期会议（包括家长会议、社会机构协调会议、社区协同会议等）以及专门的反馈渠道，不仅能够及时传递学生的学习进展和行为表现，还能够收集并响应家长和社区成员的意见与建议。学校、家庭和社会互动活动的组织有助于加深相互了解，增强合作的凝聚力。

沟通机制将促进学校、家庭和社会形成紧密的合作伙伴关系，共同支持学生的成长与发展，所以要确保三方信息的畅通和共享。例如，在学校网站主页开通互动窗口，使学生、家长和社会工作者可以不受时间和空间的限制，随时表达自己的想法，也可以通过此窗口共同商讨并组织相应的活动。

（二）搭建资源共享与合作框架

搭建资源共享与合作框架是必不可少的。这一框架应基于各方资源和优势的有效整合，明确各自的角色和责任，建立起共同参与和协作的教育网络。学校可以提供专业的教育资源和指导，家庭则给学生提供情感支持和日常生活的实践机会，社会机构可以参与并提供更为广泛的实践平台、更丰富的资源。通过签订合作协议、举办联合活动以及开展社区服务项目等方式，优化资源配置，促进知识和经验的交流，共同创设支持学生全面发展的环境。这种合作框架的建立将有助于打破壁垒，形成教育合力，使各方都能在学生成长的过程中发挥积极作用。

（三）系统化安排培训与教育

[拓展资源]
家长学校
专题活动：
幼小衔接

系统化安排培训与教育尤为重要，可以为教师、家长和社会所有相关方，提供全面且持续的心理健康教育和实践培训。通过专门的研讨会、在线课程、工作坊和讲座，参与者能够了解心理健康的基本概念、常见挑战以及有效的应对策略。这样的培训还应该涵盖如何识别心理问题的早期迹象、紧急情况下的干预措施以及转介至专业机构的途径。强化各方在心理健康领域的知识和技能，不仅有助于创建更加关怀和理解的社会环境，还有助于学生在面对心理困扰时能够得到及时和专业的支持。

（四）设立评估与反馈机制

为了确保协同体系的有效性并持续优化，必须设立全面的评估与反馈机制。这个机制需要定期收集和分析参与各方的反馈信息，包括学生、教师、家长和社会的意见和评价。可以通过问卷调查、访谈、会议讨论和数据分析等方法，对合作项目的进展、成效以及存在的问题进行定量和定性的评估。根据这些评估结果，参与者能够及时了解合作的优势和不足，进而制定有针对性的改进措施。这种动态的评估与调整过程不仅有助于提升合作效果，还能够增强各方的参与感和满意度，共同推动学生心理健康教育工作的持续发展。

四、学校家庭社会协同联动的策略

实现学校、家庭和社会协同，要发挥学校教育、家庭教育与社会教育的各自优势，促进学生的全面发展、健康成长。其中，学校是文化育人的主阵地，家庭是品德教育的主战场，社会是实践教育的大舞台。

（一）完善工作机制，规范育人体系

推进学校家庭社会协同育人，必须从领导体制、工作机制和工作制度 3 个层面入手。学校、家庭和社会的协同育人，需要政府的引导和统筹，以确保三方资源得到最大程度的整合，并明确各自的责任和权利，保障协同育人工作的务实开展和有效运行。一是健全领导体制，加强组织领导是推进学校家庭社会协同育人的关键。各级政府应加强组织协调和部门协同，提供必要的经费条件保障，积极推进育人机制的健全。各级各部门还应结合《中华人民共和国家庭教育促进法》的内容，依法依规履行好协同育人的相关职责，共同为培养全面发展的社会主义建设者和接班人贡献力量。二是强化工作机制，明确学校、家庭和社会在育人过程中的具体职责，确保每个环节都能高效协作。同时，加强和完善培训机制至关重要。学校作为纽带，应通过各种方式提升教师和家长的教育能力，社会则要加强服务点建设和工作人员培训，积极了解学生需求，定期开展家庭教育活动。家长应通过网络平台等途径，自觉提升家庭教育水平。通过这些措施，可以确保学校家庭社会协同育人工作的有效性和持续性。三是完善工作制度，通过制度保障强化育人效果，如将协同育人工作的成效纳入教育质量评价体系，作为文明创建活动、未成年人思想道德建设和保护工作的重要考核内容。

（二）强化主题共研，明晰育人思路

主题共研是一种针对学生发展过程中的普遍性、共通性和倾向性开展的研究合作模式。学校、家庭和社会三方围绕问题进行深入探讨，共同寻求系统化的解决方案。主题共研可以更好地发挥各方的积极性、主动性和创造性，优化资源分配，使得育人策略更加科学、明确和有效。在实际操作中，首先需要学校、家庭和社会共同总结和梳理学生成长中的共性问题，深入分析问题根源，找出解决过程中的难题和痛点。其次需要结合各自的特点和需求，准备问题清单和建议方案，为共研做好准备。最后需要在此基础上本着相互理解和支持的原则，开诚布公地讨论，集思广益，增强协同育人的实效性。

具体而言，学校应通过"引进来"和"走出去"的策略，即邀请专家进入学校开展培训，鼓励教师参与外部专业发展活动，从而确保教师能够成为精通政策、业务熟练、教学方法创新的家庭教育指导者。此外，学校还应定期邀请家庭教育专家为家长提供咨询和培训，以增强家长在家庭教育中的能力。社区作为教育实践的重要基地，也需要加强家庭教育服务点的建设和工作人员的专业培训，以便更有效地发挥其在育人中的作用。社区应当与学校和家庭积极互动，掌握学生健康成长的需求，并定期组织公益性的家庭教育宣传和服务活动。家长也应积极提高自身能力，通过学校和相关部门推荐的网络平台，自主学习家庭教育的最新知识和方法，从而更好地支持孩子的全面发展。学校、家庭和社会三方共同努力，形成良性互动、共同促进孩子成长的教育生态。

（三）加强过程共管，提升育人效果

构建学校家庭社会协同育人模式，其核心在于强调过程共管。所谓过程共管，指的是在学校、家庭和社会三个教育主体，根据各自承担的角色和职责，通过有序且高效的协作机制，采纳适合各方的教育和指导方法，共同对学生的成长过程进行全面且多维度的管理与引导，以实现既定的教育目标，落实立德树人根本任务。

1. 扎实学校教育的主导地位

学校作为专业的教育机构和知识传播的要地，在学校家庭社会协同育人体系中担当着主导角色。

一是加强理念引导。理念是行动的先导，学校需加强对教育理念的领导。学校不仅要向家庭传达正确的教育观念，确保家庭教育与党的教育方针一致，落实立德树人根本任务，还要遵循学生的成长规律和教育的基本原则，推动素质教育的深入发展。可以通过开展家长学校，开发家庭教育资源，定期制作相关家教推文和宣传展板，帮助家长获得科学的心理健康知识。每学年至少开展一次面向全体教师和学生家长的心理健康教育，举办"亲子关系沟通技巧""心理疏导与家庭成长"等线上、线下专题培训，针对学生的学业、体育、阅读、艺术、劳动教育、电子产品的合理使用、营养均衡饮食、保证充足睡眠等方面开展协同育人，通过共同努力，促进学生健康全面发展。

二是构建反馈机制。定期开展学生心理健康状况调查，以积极导向将结果反馈给家长。同时，每月定期以线上、线下家访的方式与学生家庭建立紧密沟通，每学期末将学生在校心理、学业、生活等情况及时告知家长，反馈学生心理异常动态；还应积极了解学生在家庭中的表现。此外，班主任和科任教师要积极开展家访，以保持家校之间的常态化沟通，不断增强家校教育合力。

三是强化专业支撑。学校家庭社会协同育人是一项系统工程，需要大量专业人员提供理论支撑、技术指导和业务培训。学校要加强家庭教育指导课程体系建设，开发优质家庭教育资源，面向广大家长开设家庭教育网络公益公开课，促进优质家庭教育资源共建共享和推广应用。社会要同步加强家庭教育指导服务站点工作人员培训，切实提高家庭教育指导服务水平。

四是鼓励相互参与。家校合作的真正含义是家长和学校共同参与教育工作，家长与教师相互支持、相互配合，家庭教育与学校教育同步。只有家长参与并融入学校的管理和教学工作，才能促进家校理解，从而使家庭教育跟上学校教育的步伐，督促学校的教育教学过程规范化，以达到家校合作效益的最大化。

五是发挥医校合作力量。《中华人民共和国精神卫生法》规定，心理咨询人员不得从事心理治疗或者精神障碍的诊断、治疗。因此，学校可以通过与校外精神专科医院签订合作协议，建立"医校联盟"合作模式。在这种模式下，教师和医疗专业人员可以协同工作，为不同需求的学生群体提供个性化服务。此外，学校可以在专业医疗人员的指导下，对负责心理健康教育与干预的团队进行精神卫生知识的

培训，以及危机干预技能的提升。同时，学校可以定期邀请心理科的专家进行坐诊咨询，可以为学生提供更加专业的指导和服务。开通转介和诊疗的"绿色通道"，整合各方面的资源和专业知识，形成社会支持网络，共同促进学生的心理健康发展。

六是强化警校协同。在学生心理危机干预中，强化警校协同是非常重要的环节。公安部门在这一过程中扮演着关键角色，主要负责维护校园及其周边的治安和安全。当学生出现潜在的危险行为，如自伤、自杀倾向或者对他人构成威胁时，公安部门应及时介入，采取预防措施，确保学生、教职员工和其他人员的安全不受侵害。此外，公安部门还可以通过提供培训、情报信息共享以及制定应急预案等方式，协助学校提高应对心理危机事件的能力。这种合作包括如何识别学生的心理问题，怎样有效沟通，怎样在紧急情况下的正确响应等。这样的警校合作不仅可以加强校园安全管理，还能提升学校处理心理危机的专业性和效率，为学生创设更加安全和有利于心理健康成长的环境。

七是发挥协同管理。充分挖掘社区资源，定期召开联席会议、专业技能培训、咨询督导和危机干预案例交流等，形成心理健康教育工作合力。学校发挥其专业优势，通过心理教师协助家庭和社区开展培训，也可以在社区举办专题讲座，邀请学生、家长和其他居民参与，设立心理辅导室并聘请心理教师作为兼职咨询师为社区服务，提升整体心理健康水平。同时，学校教师应密切关注学生在校的行为表现，放学后家长也能通过电话或现场咨询获得支持。对于特殊家庭背景的学生，如单亲家庭的未成年子女，学校应给予更多关注与支持，确保其得到必要的心理援助。

2. 强化家庭教育的主体地位

2021年7月，中共中央办公厅、国务院办公厅印发了《关于进一步减轻义务教育阶段学生作业负担和校外培训负担的意见》（简称"双减"政策），2021年10月，《中华人民共和国家庭教育促进法》正式公布，"双减"政策和《中华人民共和国家庭教育促进法》的出台，明确了家庭教育的主体责任和根本任务，家庭教育迎来3个重要转变，包括从实现成绩导向的功利化教育向促进孩子全面发展的转变，从完成重学业监督式教育向重内心沟通式教育的转轨，从促成"闭门式"家庭教育向家校共育的延展。以往的家庭教育模式难以应对这3个重要转变，亟须重构家庭教育功能，提升家庭教育质量，找准家庭教育指导的重点任务。例如，强化家长主体责任意识，树立科学家庭教育理念；引导家庭教育回归本真，创设丰富多彩的家庭生活；指导家长掌握儿童成长规律，保障儿童心理健康；引导家长参与家校共育，为儿童成长创造良好环境，从而培养家长的家庭教育胜任力，提高家庭教育的科学性和针对性，实现"双减"政策的工作价值。

3. 做好社会教育的服务保障

社会教育不仅是学校教育和家庭教育的有力补充，更是二者的重要服务保障。通过提供丰富多样的教育资源、组织各种文化科学活动、开展各类社区互动项目以及构建健康向上的网络环境，社会教育为学校教育和家庭教育搭建了一个更为宽广的实践平台。这样的实践平台不仅能促进学生的全面发展，还能帮助教师和家长更好地实现教育目标，共同构建一个支持性强、资源丰富、环境优良的教育生态系统。第一，社会组织和机构可以将家庭教育指导纳入城乡社区公共服务的关键领域，努力建立一个普及性强的家庭教育公共服务网络。这涉及提供各类资源和活动，以支持家长在家庭教育方面的需求。第二，社区可针对中小学生组织多样的公益性课外实践活动。这些活动不仅可以促进学生的身体健康，还可以培养学生的社会责任感。第三，各部门要创造一个有利于青少年全面健康成长的社会环境，并确保良好的网络生态。这意味着加强网络内容的监管，清除不良信息，以净化社会育人环境。

可以开设社区论坛，以某一个主题开展活动，目的在于让学生懂得感恩父母，感恩教师。例如，在母亲节或父亲节时，以"妈妈，我想对你说"或者"爸爸，我想对你说"为主题在社区论坛中展开讨论；在教师节时，在社区论坛上开展评选"我最喜爱的教师"活动。每年中考、高考过后，可以邀请企业精英在社区论坛中提供许多相关专业信息，供学生和家长参考。同时，在社区创办家长学校，引导社区家长树立正确的家庭教育观念，提高家长的教育水平，营造良好的家庭环境，形成教育合力，最终促进学生身心健康发展。社区拥有环境优势和丰富的人才资源，可以加强青少年的德育教育和实践锻炼。例如，在3月开展"学雷锋进社区"活动，邀请派出所的民警为学生进行法治专题讲座，让学生了解我国的法律体系，能够用法律约束并保护自己。

（四）开展效果共评，多元育人反馈

在学校家庭社会协同育人的过程中，评价机制的建立至关重要。这一机制应包括自我评价、互评以及学生的评价，通过多方面的反馈来构建一个客观、全面和公正的评价体系。自我评价是学校、家庭和社会三方对自身在育人过程中所扮演角色和完成任务的自我反思。各方需基于自身的责任和实际工作进行评价，强调过程性评价和优秀案例的总结，以此激发深层次的思考。互评让学校、家庭和社会三方可以定期交流各自的工作进展，提供反馈意见，促进彼此之间的改进与成长。学生评价作为直接受益者的意见反馈，对于衡量育人效果具有重要意义。可以通过问卷调查、座谈会等形式收集学生的看法和建议，从而优化教育方法。同时，还可以引入第三方专业机构设计科学的评估工具，利用大数据分析等现代技术手段，对学校、家庭与社会的协同育人成效进行量化评估，确保评价结果的准确性和科学性。

以学生手机管理为例，学校可以制订一套灵活的手机管理评价机制，涵盖在校和在家两种场景。教师定期根据评价标准掌握执行情况，家长则参与评价学生在家的手机使用。同时，通过与学生的讨论，收集其对手机管理的看法，汇总所有的评价后形成一个得到学校、家庭和社会共同认可的手机管理方案。这样多元参与的评价方式不仅为学生提供了全面的指导，也加强了学校家庭社会协同育人的实际成效。

（五）共享教育成果，优化育人效能

为了实现学校家庭社会协同育人成果的有效共享，实现研究成果的传播影响，需要坚持科学的教育理念，增强各方的协同育人共识，优化育人效果。

学校、家庭和社会在育人过程中应主动加强对经验的总结和成果的提炼，将这些成果转化为具体的实践案例和成功经验，以便实现资源共享、推广和应用。学校作为重要环节，应建立成果交流和展示平台，帮助教师、家长和社会组织机构拓宽知识视野，并在实际应用中赋予育人工作新的能量。此外，还应充分利用"互联网＋"的优势，借助其快速传播、广泛覆盖和强大的影响力，为育人成果的共享提供新的动力和渠道。

例如，为了增进家校互动和鼓励家长参与学校管理，有的学校在家长群体中推行开展了"值日校长""家庭日""家长云客厅"等活动，并以此为契机申报课题，吸引教师参与研究，邀请社会机构对家长进行岗前培训。同时，学校还可以通过微信公众号、家长群等形式大力宣传育人成果，扩大其影响力，也为其他学校提供可借鉴、可参考的家校合作模式。

[拓展资源] 家校协同育人：家庭教育规划分享会

五、学校家庭社会协同体系的挑战与展望

学校、家庭和社会三方协同旨在共同促进学生的全面发展和健康成长，这一模式在实际操作中仍然面临着一系列挑战。例如资源分配不均，即不同区域和学校所能获得的资源差异较大，这可能导致教育机会不平等；参与方期望与责任不对等，即学校、家庭和社会对于各自的责任和期望可能存在差异，缺乏统一的合作框架和共识；沟通机制不畅，即有效的沟通是学校、家庭与社会协同成功的关键，但目前仍存在信息交流障碍；家庭教育差异，即不同的家庭背景和教育理念可能影响家长参与的积极性和方式；技术支持不足，即现代教育越来越依赖科技工具，但技术接入和利用能力在不同群体间存在差距。

尽管存在挑战，但学校家庭社会协同仍然被广泛认为是未来教育发展的重要趋势。通过各方的共同努力和智慧，如政策支持、平台建设、社区资源开发、家长教育、多方合作等方式不断优化这一模式，实现教育资源的有效整合和利用，为学生创造一个更加健康、和谐和支持性的成长环境。例如，政府可以通过出台相关政策和提供资金支持，推动学校家庭社会协同机制的建立和完善；建立多方沟通的平台，提供信息共享和互动交流的渠道；积极发掘和利用社区教育资源，为学校教育和家庭教育提供补充和支持；鼓励企业、非营利组织和志愿者参与教育合作项目，形成多元化的教育支持网络。

教育是一个多维度的社会工程，它超越了传统的学校教育范畴，还包含了家庭、社会等多方面的共同努力和参与。在这个全面的社会工程中，每个部分都承担着不可或缺的责任。我们必须联合所有可动员的力量，包括学校、家庭和社会，通过有机地结合各自的教育资源和优势，建立有效的协作机制，实现资源共享、优势

互补、良性互动，共同创造支持性的环境，以促进学生的心理健康发展。

思考题

1．学完本章内容后，你对新时代学生心理健康工作有了哪些新的认识？你如何理解这项工作的系统性要求？

2．要加强学生心理健康工作的系统治理，当前教师有哪些可用资源？面临哪些挑战？你有何建议？将你的这些想法与同伴分享并讨论。

3．请通过本章学习尝试找出一两个研究议题，结合相关文献，谈谈你的研究构想。

推荐阅读

1．胡钦太．高校心理健康教育协同机制探索 [J]．中国高等教育，2023（9）：45-48．

2．边玉芳，张馨宇．"双减"背景下如何做好家庭教育指导 [J]．中国电化教育，2022（5）：8-12，34．

3．丁凤良．人力机制资源"联动"家庭学校社会"共育"：基于北京市海淀区双榆树第一小学"育·树"若水德育实践 [J]．中国教育学刊，2021（S2）：144-146．

4．尹向毅，万秀兰．教育反贫困：美国社区学校的理念、运行机制与实践举措 [J]．外国教育研究，2021，48（10）：117-128．

5．谭鑫，彭玮婧．我国中小学心理健康教育建设的省际政策比较：基于31省份中小学心理健康教育实施方案的文本分析 [J]．湖南师范大学教育科学学报，2021，20（1）：115-122．

6．金蓓蓓．心理健康服务家校医相结合模式探析 [J]．思想理论教育，2017（3）：88-91．

主要参考文献

[1] 林崇德, 俞国良. 中小学心理健康教育指导纲要（2012 年修订）解读 [M]. 北京: 北京师范大学出版社, 2013.

[2] 林崇德, 辛涛, 邹泓. 学校心理学 [M]. 北京: 人民教育出版社, 2000.

[3] 刘华山, 周宗奎. 关于中国心理健康服务体系目标的研究 [J]. 教育研究与实验, 2011（5）: 73-80.

[4] 刘华山. 心理健康概念与标准的再认识 [J]. 心理科学, 2001（4）: 480-481.

[5] 林孟平. 心理咨询与治疗 [M]. 北京: 生活·读书·新知三联书店, 2022.

[6] 汤梅. 论心理咨询与心理治疗和心理辅导的联系与区别 [J]. 中国心理卫生杂志, 2006, 20（3）: 203-204.

[7] 杨文登, 叶浩生. 循证心理治疗: 心理治疗发展的新方向 [J]. 心理科学, 2010, 33（2）: 500-502.

[8] 杨文登, 李晓苗, 张小远. 心理治疗循证实践中"证据"的四个基本问题 [J]. 心理学报, 2017, 49（6）: 841-852.

[9] 俞国良, 李建良, 王勍. 生态系统理论与青少年心理健康教育 [J]. 教育研究, 2018, 39（3）: 110-117.

[10] REISS F. Socioeconomic inequalities and mental health problems in children and adolescents: a systematic review [J]. Social science & medicine, 2013, 90: 24-31.

[11] 向祖强, 张积家. 心理健康教育教师的有效工作技能: 基于生态文化的考察 [J]. 教育研究, 2018, 39（7）: 102-110.

[12] 孔燕, 朱芬, 王少. 国外学校心理学研究的进展: 基于 WOS 数据库 1232 篇文献的分析 [J]. 外国中小学教育, 2017（9）: 14-22.

[13] 段文杰, 卜禾. 积极心理干预是"新瓶装旧酒"吗?[J]. 心理科学进展, 2018, 26（10）: 1831-1843.

[14] 谢刚. 我在美国做学校心理学家: 走进真实的美国中小学生活 [M]. 北京: 北京师范大学出版社, 2016.

[15] 中国心理学会临床心理学注册工作委员会伦理修订工作组, 中国心理学会临床心理学注册工作委员会标准制定工作组. 中国心理学会临床与咨询心理学工作伦理守则 [J]. 心理学报, 2018, 50（11）: 1314-1322.

[16] 边玉芳, 何妍, 吴洪健. 积极心理学背景下中小学心理教师的角色定位 [J]. 中国青年社会科学, 2018, 37（4）: 119-125.

[17] 马红宇, 唐汉瑛. 美国学校心理学家培养的经验及其启示: 基于胜任特征的学校心理学家的培养 [J]. 华中师范大学学报（人文社会科学版）, 2012, 51（4）: 146-151.

[18] 方双虎, 陈志强. 发达国家学校心理健康教育的发展趋势及其对我国的启示 [J]. 外国教育研究, 2011, 38 (3): 1-7.

[19] 赵旭东, 施琪嘉. 我的心理治疗之路 [M]. 成都: 成都时代出版社, 2020.

[20] 希尔. 助人技术: 探索、领悟、行动三阶段模型: 第3版 [M]. 胡博, 等译. 北京: 中国人民大学出版社, 2013.

[21] 埃尔福特. 心理咨询师必知的40项技术: 第2版 [M]. 谢丽丽, 田丽, 李想, 译. 北京: 中国人民大学出版社, 2020.

[22] 江光荣. 心理咨询的理论与实务 [M]. 2版. 北京: 高等教育出版社, 2012.

[23] SHERNOFF E S, FRAZIER S L, MARÍÑEZ-LORA A M, et al. Expanding the role of school psychologists to support early career teachers: a mixed-method study [J]. School psychology review, 2016, 45 (2): 226-249.

[24] 熊昱可, 骆方, 白丁元, 等. 我国中小学生心理健康监测框架构建的视角与思考 [J]. 北京师范大学学报 (社会科学版), 2021 (1): 16-24.

[25] 郑昊敏, 温忠麟, 吴艳. 心理学常用效应量的选用与分析 [J]. 心理科学进展, 2011, 19 (12): 1868-1878.

[26] 温忠麟, 陈虹熹, 方杰, 等. 新世纪20年国内测验信度研究 [J]. 心理科学进展, 2022, 30 (8): 1682-1691.

[27] 梁宝勇. 心理健康素质测评系统·基本概念、理论与编制构思 [J]. 心理与行为研究, 2012, 10 (4): 241-247.

[28] 姜力铭, 田雪涛, 任萍, 等. 人工智能辅助下的心理健康新型测评 [J]. 心理科学进展, 2022, 30 (1): 157-167.

[29] 李坚. 心理健康测评工具使用频度分析与思考 [J]. 华南师范大学学报 (社会科学版), 2007 (3): 119-122, 160.

[30] 彭聃龄. 普通心理学 [M]. 5版. 北京: 北京师范大学出版社, 2019.

[31] 孟泽龙, 张逸玮, 毕鸿燕. 发展性阅读障碍亚类型研究进展 [J]. 心理发展与教育, 2017, 33 (1): 113-121.

[32] 李欢, 张晓玟, 韦玲. 近十年英汉阅读障碍干预方法的比较研究 [J]. 现代特殊教育, 2019 (2): 49-57.

[33] MORSANYI K, VAN BERS B, MCCORMACK T, et al. The prevalence of specific learning disorder in mathematics and comorbidity with other developmental disorders in primary school-age children[J]. British journal of psychology, 2018, 109 (4): 917-940.

[34] 柳笛, 毛祎雯. 数学学习困难学生数学技能干预效果的元分析 [J]. 中国特殊教育, 2021 (1): 66-74.

[35] 李欢欢, 黄瑾, 郭力平. 我国数学学习困难儿童干预效果的元分析 [J]. 全球教育展望, 2019, 48 (5): 117-128.

[36] 美国精神医学学会. 精神障碍诊断与统计手册: 第5版 [M]. 张道龙, 等译. 北京: 北京大学出版社, 2016.

[37] BRIKELL I, BURTON C, MOTA N R, et al. Insights into attention-deficit/ hyperactivity disorder from recent genetic studies[J]. Psychological medicine, 2021, 51 (13): 2274-2286.

[38] 郑毅, 刘靖. 中国注意缺陷多动障碍防治指南 [M]. 2 版. 北京: 中华医学电子音像出版社, 2015.

[39] 吴晨超, 宋海东. 注意缺陷多动障碍候选基因关联研究的 2017-2022 年进展 (综述) [J]. 中国心理卫生杂志, 2023, 37 (11): 965-969.

[40] 于敬龙, 张颖, 张蔷, 等. 认知训练改善注意缺陷多动障碍儿童执行功能行为系统评价及 meta 分析 [J]. 中国康复医学杂志, 2022, 37 (10): 1371-1375.

[41] 张亚峰, 孙桂香. 儿童注意缺陷多动障碍家庭危险因素的 Meta 分析 [J]. 中国当代儿科杂志, 2015, 17 (7): 721-725.

[42] 布罗菲. 激发学习动机 [M]. 陆怡如, 译. 上海: 华东师范大学出版社, 2005.

[43] 陈庆章, 刘维超, 宦若虹, 等. 激发学生学习动机的要素和操作方法研究 [J]. 教育探索, 2010 (10): 115-118.

[44] 郭衍, 曹一鸣. 学习动机对学习效果影响的深度解析: 基于大规模学生调查的实证研究 [J]. 教育科学研究, 2019 (3): 62-67.

[45] 林崇德, 胡卫平. 创造性人才的成长规律和培养模式 [J]. 北京师范大学学报 (社会科学版), 2012 (1): 36-42.

[46] 刘电芝. 高效学习的追求: 学习策略的研究与实践 [J]. 中国教育科学 (中英文), 2019, 2 (6): 81-99.

[47] 庞维国. 创造性心理学视角下的创造性培养: 目标, 原则与策略 [J]. 华东师范大学学报 (教育科学版), 2022, 40 (11): 25-40.

[48] 孙智昌, 项纯, 李兰荣. 我国中小学生学习动力与学习策略的现状与对策 [J]. 课程·教材·教法, 2016, 36 (3): 78-85, 77.

[49] 马郑豫, 张家军. 中小学学生学习策略的调查研究 [J]. 教育研究, 2015, 36 (6): 85-95.

[50] 杜晓新, 冯震. 元认知与学习策略 [M]. 北京: 人民教育版社, 1999.

[51] 傅小兰, 张侃. 中国国民心理健康发展报告: 2021~2022[M]. 北京: 社会科学文献出版社, 2023.

[52] 孟昭兰. 情绪心理学 [M]. 北京: 北京大学出版社, 2005.

[53] 李凌江, 马辛. 中国抑郁障碍防治指南 [M]. 2 版. 北京: 中华医学电子音像出版社, 2015.

[54] 王凯, 苏林雁, 朱焱, 等. 儿童焦虑性情绪障碍筛查表的中国城市常模 [J]. 中国临床心理学杂志, 2002 (4): 270-272.

[55] 张又文, 章秀明, 钟杰, 等. DSM-5 儿童少年焦虑量表中文版的初步修订 [J]. 中国心理卫生杂志, 2018, 32 (7): 552-557.

[56] 黄琼, 周仁来. 中国学生考试焦虑的发展趋势: 纵向分析与横向验证 [J]. 中国临床心理学杂志, 2019, 27 (1): 113-118.

[57] 周慧鸣，杜亚松. 儿童青少年抑郁障碍筛查量表的比较分析 [J]. 临床精神医学杂志，2017，27（5）：355-358.

[58] 齐晓栋，张大均，邵景进，等. 气质性乐观与心理健康关系的元分析 [J]. 心理发展与教育，2012，28（4）：392-404.

[59] 王卫. 青少年抑郁的预防：青少年应变力辅导计划简介 [J]. 心理科学，2000，23（4）：506-507，498.

[60] 熊思成，张斌，姜永志，等. 手机成瘾流行率及其影响因素的元分析 [J]. 心理与行为研究，2021，19（6）：802-808.

[61] 伯恩斯. 伯恩斯新情绪疗法 [M]. 李亚萍，译. 北京：中国城市出版社，2011.

[62] 卡尔. 积极心理学：有关幸福和人类优势的科学：第 2 版 [M]. 丁丹，等译. 北京：中国轻工业出版社，2013.

[63] 克利尔. 掌控习惯：如何养成好习惯并戒除坏习惯 [M]. 迩东晨，译. 北京：北京联合出版公司，2019.

[64] NAICKER K，GALAMBOS N L，ZENG Y，et al. Social，demographic，and health outcomes in the 10 years following adolescent depression[J]. Journal of adolescent health，2013，52（5）：533-538.

[65] DICK B，FERGUSON B J. Health for the World's adolescents：a second chance in the second decade[J]. Journal of adolescent health，2015，56（1）：3-6.

[66] STOCKINGS E，DEGENHARDT L，LEE Y Y，et al. Symptom screening scales for detecting major depressive disorder in children and adolescents：a systematic review and meta-analysis of reliability，validity and diagnostic utility[J]. Journal of affective disorders，2015，174：447-463.

[67] 顾彬彬. 从严惩到调解：校园欺凌干预取向的演变及趋势 [J]. 教育发展研究，2019，39（4）：54-63.

[68] 杨书胜. 我国校园欺凌现象2006—2016年发展状况 [J]. 中国学校卫生，2017，38（3）：458-460.

[69] 滕洪昌，姚建龙. 中小学校园欺凌的影响因素研究：基于对全国 10 万余名中小学生的调查 [J]. 教育科学研究，2018（3）：5-11，23.

[70] 韩蕊，石艳. 联合国教科文组织基于循证实践的校园欺凌防治路径研究：以《数字背后：结束校园暴力和校园欺凌》为例 [J]. 比较教育研究，2020，42（5）：78-84.

[71] 谢家树，魏宇民，ZHU Zhuorong. 当代中国青少年校园欺凌受害模式探索：基于潜在剖面分析 [J]. 心理发展与教育，2019，35（1）：95-102.

[72] LEREYA S T，SAMARA M，WOLKE D. Parenting behavior and the risk of becoming a victim and a bully/victim：a meta-analysis study[J]. Child abuse & neglect，2013，37（12）：1091-1108.

[73] 李佳哲，胡咏梅. 如何精准防治校园欺凌：不同性别小学生校园欺凌的影响机制研究 [J]. 教育学报，2020，16（3）：55-69.

[74] 塔夫里斯，阿伦森. 错不在我 [M]. 邢占军，等译. 北京：中信出版社，2014.

[75] 顾彬彬. 恶意是怎么消失的："共同关切法"与"皮卡斯效应"[J]. 教育发展研究，2020，40（22）：65-76.

[76] 杜芳芳，李梦. 社会情绪学习：校园欺凌预防的一种可能路径 [J]. 济南大学学报（社会科学版），2019，29（5）：149-156，160.

[77] 熊思成，张斌，姜永志，等. 手机成瘾流行率及其影响因素的元分析 [J]. 心理与行为研究，2021，19（6）：802-808.

[78] GOSWAMI V，SINGH D R. Impact of mobile phone addiction on a dolescent's life：a literature review [J]. International journal of home science，2016，2（1）：69-74.

[79] 项明强，王梓蓉，马奔. 智能手机依赖量表中文版在青少年中的信效度检验 [J]. 中国临床心理学杂志，2019，27（5）：959-964.

[80] 杨放如，郝伟. 52 例网络成瘾青少年心理社会综合干预的疗效观察 [J]. 中国临床心理学杂志，2005（5）：343-345，352.

[81] 丛中. 心理危机干预基本要领 [J]. 中国心理卫生杂志，2020，34（3）：243-245.

[82] 边玉芳，钟惊雷，周燕，等. 青少年心理危机干预 [M]. 上海：华东师范大学出版社，2010.

[83] 王新波，姚力，赵小杰，等. 儿童青少年心理危机评估综合定级体系的构建 [J]. 北京师范大学学报（自然科学版），2021，57（4）：458-465.

[84] 詹姆斯，吉利兰. 危机干预策略：第 7 版 [M]. 肖水源，等译. 北京：中国轻工业出版社，2018.

[85] 冯建军，朱永新，袁卫星. 论新生命教育课程的设计 [J]. 课程·教材·教法，2017，37（10）：12-18.

[86] 张荣伟，李丹. 如何过上有意义的生活？基于生命意义理论模型的整合 [J]. 心理科学进展，2018，26（4）：744-760.

[87] 刘慧. 生命之美：生命教育的至臻境界 [J]. 教育研究，2017，38（9）：23-27.

[88] 黄俊杰. "生命教育"如何可能？[J]. 高教发展与评估，2021，37（4）：44-54，106，109.

[89] 金树人. 生涯咨询与辅导 [M]. 北京：高等教育出版社，2007.

[90] 张厚粲，冯伯麟，袁坤. 我国中学生职业兴趣的特点与测验编制 [J]. 心理学报，2004（1）：89-95.

[91] 陈宛玉，叶一舵. 生涯希望量表的编制与信效度检验 [J]. 心理研究，2023，16（4）：344-353.

[92] 杨洋. 美国生涯教育课程构建的特点与启示 [J]. 教学与管理，2022（3）：105-108.

[93] 张蔚然，石伟平. 芬兰中学生涯指导：内涵、特征及启示 [J]. 外国中小学教育，2019（7）：20-28.

[94] 彭文蕊，高维. 加拿大不列颠哥伦比亚省生涯教育课程改革及启示 [J]. 教

育参考，2021（6）：40-48.

[95] 张鸿莹，王祎，孙宁昊. 基于 Meta 分析的高校教师职业压力失范行为 JD-R 模型 [J]. 中国安全科学学报，2021，31（5）：174-180.

[96] 衣新发，赵倩，胡卫平，等. 中国教师心理健康状况的横断历史研究：1994～2011[J]. 北京师范大学学报（社会科学版），2014（3）：12-22.

[97] 赵云龙. 中国高校教师心理健康变迁的横断历史研究：2001-2010 年 [J]. 现代预防医学，2014，41（15）：2769-2772.

[98] 李永鑫，李艺敏. 职业健康心理学：一个新兴的应用心理学领域 [J]. 四川师范大学学报（社会科学版），2015，42（5）：146-152.

[99] 童辉杰. SCL-90 量表及其常模 20 年变迁之研究 [J]. 心理科学，2010，33（4）：928-930，921.

[100] 吴洪艳. 近十四年来普通中学教师 SCL-90 测查结果分析 [J]. 中国临床心理学杂志，2014，22（4）：702-706.

[101] 伍新春，齐亚静，臧伟伟. 中国中小学教师职业倦怠的总体特点与差异表现 [J]. 华南师范大学学报（社会科学版），2019（1）：37-42，189-190.

[102] 伍新春，齐亚静. 职业心理健康视角下教师工作资源的分类及其启示 [J]. 北京师范大学学报（社会科学版），2021（5）：48-55.

[103] 郭绒. 国际教师职业倦怠研究：知识基础、热点主题与前沿进展：基于 WOS 数据库的文献计量分析 [J]. 比较教育研究，2021，43（12）：28-37.

[104] 高昕，魏峰，周晓璐. 教师职业倦怠的多维审视：基于生态系统理论的分析 [J]. 教育发展研究，2023，43（2）：44-51.

[105] 胡钦太. 高校心理健康教育协同机制探索 [J]. 中国高等教育，2023（9）：45-48.

[106] 边玉芳，张馨宇. "双减"背景下如何做好家庭教育指导 [J]. 中国电化教育，2022（5）：8-12，34.

[107] 边玉芳，何妍，吴洪健. 积极心理学背景下中小学心理教师的角色定位 [J]. 中国青年社会科学，2018，37（4）：119-125.

[108] 丁凤良. 人力机制资源"联动"家庭学校社会"共育"：基于北京市海淀区双榆树第一小学"育·树"若水德育实践 [J]. 中国教育学刊，2021（S2）：144-146.

[109] 谭鑫，彭玮婧. 我国中小学心理健康教育建设的省际政策比较：基于 31 省份中小学心理健康教育实施方案的文本分析 [J]. 湖南师范大学教育科学学报，2021，20（1）：115-122.

[110] 金蓓蓓. 心理健康服务家校医相结合模式探析 [J]. 思想理论教育，2017（3）：88-91.

[111] 俞国良，赵军燕. 论学校心理辅导制度建设 [J]. 教育研究，2013，34（8）：90-95，116.

[112] 张大均. 青少年心理健康与心理素质培养的整合研究 [J]. 心理科学，2012，35（3）：530-536.

读者意见反馈

为收集对教材的意见建议，进一步完善教材编写并做好服务工作，读者可将对本教材的意见建议通过如下渠道反馈至我社。

咨询电话　400-810-0598

反馈邮箱　gjdzfwb@pub.hep.cn

通信地址　北京市朝阳区惠新东街 4 号富盛大厦 1 座
　　　　　高等教育出版社总编辑办公室

邮政编码　100029